Ninguém é de Ninguém

Sucessos de

Zibia Gasparetto

pelo espírito Lucius

Zibia Gasparetto

Aprendi a ler aos quatro anos de idade e, aos oito, muitas vezes passava horas sentada, escrevendo histórias. Com a chegada da adolescência, deixei esse comportamento de lado e só o retomei na forma de psicografia quando, anos depois, meu marido e eu, uma vez por semana, estudávamos os livros de Allan Kardec. Meu braço doía e a mão mexia contra minha vontade. Colocados papéis e lápis na minha frente, comecei a escrever rapida-mente.

Nós frequentávamos as sessões da Federação Espírita e eu participava como médium de incorporação, psicografava e, algumas vezes, utilizava o dom da xenoglossia (faculdade de falar ou escrever línguas estranhas). Nessa época, recebia contos, mensagens de orientação, histórias e, assim, os romances começaram a fluir.

A sensibilidade se abre e vemos muitas coisas que não entendemos. Venho estudando há muitos anos e ainda não tenho todas as respostas. Mas sei que é melhor disciplinarmos o emocional, enfrentar os medos e tomar posse de nós mesmos para que as energias dos outros não nos envolvam.

Se conseguirmos isso e nos ligarmos aos espíritos evoluídos, a mediunidade é uma fonte de conhecimento, saúde e lucidez.

Estudar a vida espiritual abre as portas do futuro, derrotando a morte e nos mostrando que somos seres imortais.

Lucius

Esse amigo espiritual, que vem me inspirando em todos os romances, trabalhou sem revelar seu nome quando eu comecei a psicografar. Eu sentia sua presença, cheguei a vê-lo algumas vezes, mas nunca perguntei nada. Prefiro as manifestações espontâneas. Só quando terminei o livro *O amor venceu*, na última página, ele assinou Lucius.

A respeito de sua trajetória só sei o que ele revelou no livro *O fio do destino*, em que relata duas encarnações na Terra: a mais antiga como membro do parlamento inglês e a outra como escritor e juiz na França.

Para mim ele tem sido um mestre. Suas energias são prazerosas e quando ele se aproxima, meu pensamento torna-se claro, lúcido. Sinto-me muito bem.

Nos primeiros tempos em que trabalhamos juntos, ele costumava andar comigo e, conforme o lugar, as cenas que eu presenciava me orientavam, fazendo-me ir mais fundo nas observações. Depois de algum tempo, ele passou a vir apenas nos momentos de trabalho.

Aprendi muito, tanto com seus conselhos quanto com as histórias que ele me passou.

Algumas pessoas me perguntam "por que você?". Não sei por que ele me escolheu, mas sinto que os laços que nos unem são antigos e continuarão existindo pela eternidade.

Zibia Gasparetto

Primeira edição em formato POCKET: setembro 2009

Direção de Arte: Luiz Antonio Gasparetto
Projeto Gráfico: Marcelo da Paz
Revisão: Fernanda Rizzo Sanchez
Diagramação: Priscilla Andrade

1ª edição — 15ª impressão
7.000 exemplares — outubro 2015
Tiragem total: 182.000 exemplares

Dados Internacionais de Catalogação na Publicação (CIP)
(Câmara Brasileira do Livro, SP, Brasil)

Lucius (Espírito).
Ninguém é de ninguém / pelo espírito Lucius ;
[psicografado por] Zibia Gasparetto. —
São Paulo : Centro de Estudos Vida & Consciência Editora.

ISBN 978-85-7722-064-9 (pocket)

1. Espiritismo 2. Psicografia 3. Romance espírita
I. Gasparetto, Zíbia. II. Título.

09-06569 CDD-133.9

Índices para catálogo sistemático:
1. Romance espírita: Espiritismo 133.9

Este livro adota as regras do novo acordo ortográfico (2009).

Editora Vida & Consciência
Rua Agostinho Gomes, 2.312 - São Paulo - SP - Brasil
CEP 04206-001
editora@vidaeconsciencia.com.br
www.vidaeconsciencia.com.br

Capítulo 1

Roberto chegou em casa confuso, irritado, batendo a porta com força. Naquele dia fora submetido a um processo de autodestruição e pensava raivoso: "Isso não vai ficar assim. Não posso tolerar ter sido feito de bobo pela pessoa em quem mais confiava. Quem poderia imaginar que, depois de me alisar a vaidade com elogios e tapinhas nas costas, ele acabasse por me apunhalar sem dó nem piedade?".

Dentro da sala espaçosa, decorada com simplicidade e sem muitos adornos, ele andava de um lado para outro, como fera acuada, dando vazão a seu mau humor e a sua revolta.

Sentia a cabeça pesada, doendo, como se a testa estivesse sendo apertada sem cessar por um círculo de ferro. Seu estômago queimava, e o almoço que engolira rapidamente havia mais de cinco horas ainda não tinha sido completamente digerido, provocando de vez em quando uma sensação de azedume em sua garganta.

Foi ao banheiro e procurou um vidro de sal de frutas. Depois, dirigiu-se à cozinha, colocou água num copo e despejou um pouco do remédio, ingerindo-o em seguida. Sentiu um arrepio no corpo e fez uma careta desagradável.

Se ao menos o mal-estar passasse! Ele precisava se acalmar. Havia uma situação difícil para enfrentar, e Roberto precisava estar com saúde. Tinha família para sustentar. Dois filhos na escola: Maria do Carmo com cinco anos e Guilherme com sete. Ele fora contra a ideia de enviar Maria do Carmo para a escola aos dois anos de idade. Mas Gabriela trabalhava e não queria deixar o emprego de forma alguma.

Quando se casaram, oito anos atrás, ele se empenhou de todas as formas para que ela deixasse a empresa onde trabalhava como secretária. Afinal, ele havia montado um negócio próprio que lhe rendia bom dinheiro. Mas Gabriela foi irredutível. Não ia largar o emprego do qual tanto gostava. Ela dava muito valor à sua independência e gostava de ganhar o próprio dinheiro.

Roberto não concordava com isso. Mulher casada precisava tomar conta do lar. Ele tinha condições de arcar com as despesas. No fundo, sentia ciúme. Saber que Gabriela, todos os dias, durante a maior parte do tempo, estava em companhia de outros homens, chegava a tirar-lhe o sono.

Apaixonara-se por ela desde o primeiro dia. Alta, cabelos louro-escuros, olhos verdes, boca carnuda e vermelha, corpo elegante e bem-feito, pele cor de pêssego levemente rosada, Gabriela representava para ele o máximo da atração.

Quando, depois de muita insistência, ela aceitou sair com ele pela primeira vez, Roberto sentiu-se o homem mais feliz do mundo. Namoraram durante dois anos. Ele confiava nela. Era moça honesta e de bom comportamento. Mas percebia claramente o quanto ela despertava a atenção masculina quando passava indiferente, desfilando sua beleza.

Ele fez de tudo para que ela desistisse de trabalhar depois do casamento. Mas ela foi taxativa:

— Não sou o tipo de mulher dependente. Trabalho desde os quinze anos. Eu me sentiria muito mal se tivesse que depender do seu dinheiro. Sou competente para cuidar de mim. Depois, não gosto dos trabalhos domésticos. Não tenho jeito para certos serviços. Por tudo isso, vou continuar trabalhando depois do nosso casamento. Esse é para mim um ponto muito importante.

— Pense em mim, em como vou ficar nervoso imaginando você lá, junto com todos aqueles homens. Tenho certeza de que muitos dão em cima de você mesmo sabendo que é comprometida. Imagino o que farão depois que for casada!

Gabriela fulminou-o com o olhar:

— Estou com você porque o amo. Escolhi me casar com você. Isso deve ser suficiente. Que me importa o que os outros pensam? A malícia é deles. Eu sei o que quero da minha vida e o que vou fazer com ela. Se não pode entender isso, sinto muito, mas você não tem condições de se casar, nem comigo, nem com qualquer outra mulher.

Roberto sentiu um aperto no coração e resolveu contemporizar. Sabia que ela às vezes era intransigente. Não desejava perdê-la. Por essa razão concordou a contragosto. Entretanto, guardava a esperança de que quando tivessem filhos ela acabasse por desistir. Afinal, cuidar de crianças era coisa trabalhosa, e as mulheres, na maioria, mudavam muito quando se tornavam mães.

Mas Gabriela não mudou. Teve dois filhos, planejou tudo com cuidado e conseguiu continuar trabalhando. Ele tentava convencê-la a ficar em casa, cuidar das crianças, porém ela arranjou uma creche, ao contrário do que o marido e a sogra queriam.

Dona Georgina implicava com a nora por causa disso. Nunca vira mulher tão teimosa e determinada. Dissimulava, porém, seus sentimentos para que o filho não se indispusesse com ela. Sabia como ele era apaixonado por Gabriela. Mas, dissimuladamente, a pretexto de estar sentindo saudade, ia à creche ver as crianças, todavia era para descobrir alguma falha, algum problema que pudesse fazer com que a nora resolvesse deixar o emprego e ficar em casa cuidando dos filhos. Enquanto o casal estava trabalhando, durante o dia, Georgina ia muitas vezes à casa deles, sob qualquer pretexto, para verificar se tudo estava bem cuidado.

A empregada fingia não perceber a intenção quando Georgina subia nos quartos do casal e das crianças, abria as gavetas e olhava tudo. Nicete sorria satisfeita ao perceber a frustração da velha senhora por não encontrar nada que pudesse criticar. Esse, aliás, havia se tornado um ponto de honra para Nicete, que trabalhava com Gabriela desde o casamento e gostava muito de sua patroa.

Gabriela era objetiva, falava logo como queria as coisas; se não gostava de algo, chamava a empregada e colocava-se de maneira clara, explicando-lhe por que desejava daquele jeito. Ela era muito exigente, mas Nicete preferia assim. Quando caprichava, ela elogiava, e isso era para ela o maior prêmio, porque sabia que, se não estivesse bom, a patroa diria logo o que pensava. Depois, Nicete sentia-se respeitada. Gabriela conversava com ela de forma clara, direta, e não ficava falando mal dela pelas costas, como muitas patroas que Nicete conhecia.

Quando os patrões estavam fora, ela caprichava mais ainda na arrumação, desejando até que Georgina aparecesse, para gozar da satisfação de vê-la contrariada.

Durante todos aqueles anos de casamento, Roberto teve de engolir o ciúme, dissimular. Gabriela nunca lhe dera motivo de queixa. Tinha suas roupas bem cuidadas a tempo e a hora, comida boa e caprichada, as crianças estavam saudáveis, alegres e bem alimentadas.

Sentou-se em uma cadeira e passou nervosamente a mão pelos cabelos. E agora, o que seria dele? Teria de falar com a esposa, contar-lhe a verdade. O que faria para sobreviver?

Ele trabalhava com construção. Tinha um depósito de materiais e sempre sonhara em montar outra empresa, construir casas para vender. Durante anos fizera os cálculos e sabia que construir dava muito dinheiro. Sonhava enriquecer, melhorar de vida. Talvez então Gabriela se resolvesse a deixar o trabalho e, quem sabe, trabalhar com ele. Era uma maneira de conseguir finalmente o que desejava. Por que não? Se ele tivesse uma grande empresa, ela certamente poderia ajudá-lo. Teria um salário bom e tudo ficaria resolvido.

Mas ele precisava de capital. Foi quando conheceu Neumes, engenheiro civil que construía um grande prédio de apartamentos para uma empresa que comprava o material em seu depósito. Conversaram muito. Roberto confidenciou seus projetos para o futuro e Neumes o ouviu com entusiasmo, ajudando-o nos cálculos dos lucros. Em pouco tempo uma amizade nasceu entre eles, e tanto o engenheiro quanto a esposa passaram a frequentar a casa de Roberto.

Sempre que podia, Neumes falava com entusiasmo sobre os projetos. Não havia como dar errado. Era lucro certo. Resolveram fazer uma sociedade e começar a empresa. Para isso, Roberto vendeu duas propriedades que possuía, construiu três salas e banheiro no terreno ao lado do depósito e lá instalaram a nova empresa.

Neumes estava construindo um prédio de apartamentos com outro engenheiro e ficou de integralizar sua parte do capital à medida que os imóveis fossem sendo vendidos. Roberto correu com as primeiras despesas, e a empresa foi montada. Neumes apresentou-lhe o dono de um grande terreno interessado em construir nele um prédio. Assinaram um contrato estabelecendo que, dos trinta e cinco apartamentos que seriam construídos, o dono do terreno receberia dez em pagamento pela sua propriedade.

Tudo parecia ir bem. Neumes entrou com pequena parte do seu capital, Roberto com tudo quanto possuía, e o projeto começou. Fizeram as plantas, aprovaram e começaram a vender os apartamentos.

Não estava fácil, porquanto a inflação alta obrigava a aumentos sucessivos de preço, mas mesmo assim o dinheiro começou a entrar no caixa, e Roberto não se cabia de satisfação.

Neumes tornou-se seu companheiro inseparável. Iam ao futebol, às corridas de carro, aos restaurantes nos fins de semana com as esposas. Tudo estava correndo muito bem. O engenheiro dizia que estava cuidando das providências iniciais. O estaqueamento do terreno, os alicerces iam bem. Roberto, orgulhoso, ia vistoriar a obra e dizia:

— Não vejo a hora em que o prédio comece a subir. Por enquanto é só alicerce.

Ao que Neumes sorria e retrucava:

— Essa é a parte mais difícil, porque não aparece. Precisa de paciência. Logo estaremos começando a levantar as paredes.

Roberto sorria feliz vendo seu nome colocado na placa do lado de fora do pequeno pavilhão de vendas que Neumes montara. Mas o tempo foi passando e Roberto achou que a construção estava demorando demais. O preço era barato, os apartamentos muito espaçosos, por essa razão eles já haviam vendido vinte e oito unidades, recebido bom dinheiro, o bastante para acelerar a construção, ao que Neumes retrucava:

— Estou tendo dificuldade de conseguir mão de obra qualificada. Mas estou contratando mais gente e vamos alavancar o projeto.

Gabriela vivia dizendo ao marido:

— Se eu fosse você, cuidava dessa construção pessoalmente. Tudo está nas mãos de Neumes. Você confia demais nele.

— Há o contador tomando conta de tudo.

— O contador que ele arranjou.

— Deixe de ser implicante. Neumes caiu do céu. Um engenheiro de alto padrão, como ele, está se dedicando a um negócio com alguém como eu, que sequer tem capital.

— Você é quem sabe. O negócio é seu.

— Eu quero que você venha trabalhar em nossa empresa.

— Por enquanto não. Meu salário é alto e vocês ainda não têm como pagar. Quando chegar a hora, veremos. Por enquanto é cedo.

— Como você é intransigente! O que custa ganhar um pouco menos e vir nos ajudar?

— Não vou fazer isso agora. Vamos deixar o tempo correr.

— Se tudo estiver bem, você virá?

— Veremos.

Roberto passou a mão novamente nos cabelos. E agora, o que lhe diria? Havia alguns dias ele recebera uma intimação judicial. Sem saber do que se tratava, conversou com Neumes, que garantiu que deveria ser algum engano.

Dois dias depois, Neumes recebeu um telegrama de seu pai, que morava no interior, pedindo-lhe que fosse ter com eles porque sua mãe estava muito mal. O engenheiro viajou imediatamente.

Por que não percebera o jogo dele? Como fora tão ingênuo a ponto de entrar naquele negócio? Comparecendo à audiência, tomou conhecimento de que algumas pessoas que haviam fechado negócio com os apartamentos haviam reclamado do não cumprimento do contrato e pediam o dinheiro de volta. O juiz deferiu o processo e a empresa teria de cumprir a sentença.

Nervoso, ele foi ao banco e lá descobriu que, antes de viajar, Neumes retirara todo o dinheiro da empresa. Desesperado, procurou pelo contador e descobriu que ele também desaparecera. Foi ao apartamento do engenheiro, e estava vazio. Ele havia se mudado sem deixar endereço.

Roberto enterrou a cabeça nas mãos, desesperado. Onde arranjar o dinheiro que teria de devolver aos compradores? Se ao menos ele tivesse como acabar a construção e entregar os apartamentos... Mas com que recursos? A conta bancária estava zerada.

Ele se deu conta de que estava arruinado. Mesmo vendendo o depósito de materiais, não teria o suficiente para pagar o que devia. Seria a falência, a vergonha, talvez até a prisão. Precisava consultar um advogado, era preciso fazer alguma coisa. Mas em quem confiar numa hora dessas? O advogado que conhecia fora apresentado por Neumes, e ele seria a última pessoa em quem confiaria.

Pensou em pedir a ajuda de alguém. Um por um, todos os parentes e amigos foram desfilando em seu pensamento. Conscientizou-se de que nenhum deles possuía recursos para lhe emprestar. Havia o projeto. Se encontrasse um sócio que pudesse liquidar o montante da dívida, tudo ficaria resolvido. Mas e a construção, quem financiaria? Ele poderia vender sua parte, isto é, sair do negócio sem receber nada. Se conseguisse salvar o depósito e pagar as dívidas, já seria um sucesso!

Mas onde encontrar a pessoa certa, que, além de ter recursos, se interessasse por um negócio mal começado?

Roberto pensou, pensou e resolveu. O primeiro passo seria colocar um anúncio no jornal. Tinha algum dinheiro em sua conta pessoal. Depois, iria procurar um advogado para uma consulta. Talvez sua mãe pudesse lhe indicar um. Apanhou lápis e papel e escreveu o anúncio. Decidido, saiu e, depois de passar pelo jornal, foi à procura de sua mãe. Vendo-o aparecer em hora tão inusitada, Georgina assustou-se:

— Você aqui a esta hora! Aconteceu algo com as crianças?

— Não. Elas vão bem. Eu é que preciso da sua ajuda.

— Você está com uma cara! Foi com Gabriela?

— Não. Foi comigo mesmo. Estou desesperado. Aconteceu uma coisa horrível. Preciso de um bom advogado. Você conhece algum?

— Advogado! Valha-me Deus! O que foi que você fez?

— Nada. Eu não fiz nada. Fui vítima de um desfalque! Neumes fugiu com o dinheiro da empresa e a justiça me condenou a devolver tudo que os compradores pagaram! Estou arruinado!

— Santo Deus! É o que dá querer ser mais do que é! Por que tanta ambição? Você não estava bem com o que ganhava?

— Acho que errei vindo buscar sua orientação. Eu preciso de ajuda, não de crítica. Se eu soubesse com quem estava me metendo, nunca teria feito esse negócio. Ele é um engenheiro! Nunca pensei que fosse querer me passar a perna desse jeito.

Roberto levantou-se nervoso e finalizou:

— Vou embora. Foi um erro vir aqui.

— Não. Vamos ver o que se pode fazer. Vamos conversar. Conte-me tudo como foi.

Roberto relatou os fatos com detalhes enquanto Georgina balançava a cabeça com ar de quem já esperava o trágico desenlace, o que deixava Roberto ainda mais nervoso.

— Na verdade, o que preciso de você é saber se conhece algum bom advogado. É só isso que eu quero agora.

Ela pareceu nem ouvir:

— O que disse Gabriela?

— Ela não sabe ainda. E o advogado? Conhece alguém ou não?

— Assim de pronto, de confiança mesmo, não sei. A coisa mais difícil é arranjar um advogado honesto. Estão sempre querendo nos enganar. Eles conhecem as leis, enquanto nós, não.

— Já vi que não vai poder me ajudar. Vou embora.

— Espere um pouco. Vou fazer um cafezinho. Precisa se acalmar.

— Não estou com paciência para esperar nada. Vou embora, para ver o que posso fazer.

Enquanto ela protestava pedindo que ele tivesse calma, Roberto saiu sentindo aumentar seu desespero. Parou em uma banca e comprou um jornal. Na seção de classificados, procurou atentamente por escritórios de advocacia.

Teria de ver os anúncios e arriscar. Ele não estava em condições de perder tempo.

Depois de escolher um escritório no centro da cidade, dirigiu-se para lá. Havia uma pessoa dentro da sala do advogado e outra na sala de espera. Ele teria de aguardar.

Seus olhos percorreram a sala. O ambiente era sóbrio, sem luxo, porém bem cuidado. Ele nunca iria a um escritório de luxo. Não estava em condições de pagar muito pela consulta. Mas, por outro lado, um advogado pobre não lhe inspiraria confiança. Era sinal de que ele não tinha muitos clientes e por essa razão não deveria ser eficiente.

Remexeu-se na cadeira tentando acomodar-se melhor. Parecia-lhe haver escolhido bem. Uma hora e meia depois, quando entrou na sala do advogado, já não suportava mais esperar.

Paulo era um homem dos seus trinta e cinco anos, alto, rosto forte de traços bem pronunciados, olhos castanho-escuros que pareciam mais claros quando ele os apertava um pouco para fixar-se em seu interlocutor quando sorria.

Convidado a sentar-se, Roberto respirou fundo e contou-lhe tudo quanto lhe havia acontecido. O advogado ouviu-o com atenção, o que fez Roberto sentir-se confortado e compreendido.

— Hoje o meu mundo desmoronou — finalizou. — Estou me sentindo perdido. Não sei como proceder. Estou arrependido de haver confiado tanto nele, sinto-me um tolo, um idiota de boa-fé que foi passado para trás sem nenhuma cerimônia. O pior é que minha mulher ainda não sabe de nada. Contar-lhe será um horror. Ela sempre desconfiou dele.

— Avalio como se sente. Entretanto, agora, precisa controlar as emoções e procurar uma saída. A lei oferece-lhe algumas alternativas. Já deu queixa à polícia?

— Queixa à polícia? Claro que não. Será um escândalo. Não quero passar essa vergonha.

— O orgulho é inimigo do bom senso. Você precisa documentar o desfalque. Embora isso não lhe anule a dívida, poderá melhorar suas condições diante do juiz. Precisa provar que foi ludibriado e não agiu de má-fé.

— Claro que não agi. Eu fui enganado, terminei como o maior prejudicado!

— Você poderia ter combinado com seu sócio para lesar essas pessoas e depois dividir o dinheiro.

— Eu sou um homem honesto! Nunca faria isso!

— Eu acredito, mas o juiz pode duvidar. Ele não o conhece e precisa de informações para julgar com justiça. Seu advogado vai precisar de documentos para entrar com recurso, e o mais importante deles é a queixa na polícia para registrar o roubo.

— Entendo. Terei que fazer isso?

— É o primeiro passo. Depois, pode visitar os credores, um a um, contar-lhes a verdade e pedir-lhes um tempo para devolver o dinheiro, o que poderá ser feito de forma parcelada, de acordo com suas posses.

— Se eu tiver que vender o depósito de materiais, não terei como ganhar dinheiro para lhes pagar.

— Esse será um bom argumento para usar com seus credores. Eles desejam receber. Você precisa mostrar boa vontade e o desejo de lhes pagar. Um acordo bem feito poderá beneficiar ambas as partes.

— O senhor acha que podemos conseguir isso?

— Seu advogado poderá tentar.

— Não tenho advogado. Ou melhor, o que eu tinha foi-me indicado pelo meu sócio. Não me sinto encorajado em dar-lhe a causa. Vim procurá-lo pelo seu anúncio no jornal. Gostei. Estou sentindo que o senhor poderá me ajudar e gostaria de contratá-lo. Estou preocupado com o preço, porque no momento minha situação é crítica. Se esperar um pouco até que as coisas melhorem, pagarei tudo que puder.

Paulo sorriu ao responder:

— Você poderá pagar os meus honorários no final.

— Sendo assim, fico-lhe muito grato.

— Vamos fazer o seguinte: vou mandar preparar uma procuração, como de praxe, e depois iremos à delegacia mais próxima da sua empresa fazer oficialmente a queixa. Tem as informações sobre seu sócio?

— Eu não sei onde ele está.

— Não é isso. Refiro-me ao nome completo, idade, número de documentos etc.

— Devo ter tudo isso na empresa. Além do contrato social, há os documentos de compra e venda dos apartamentos. Não será difícil conseguir.

— Tem consigo seus documentos?

— Tenho.

O advogado chamou a secretária e deu-lhe as instruções e os documentos de Roberto. Enquanto esperavam, mandou servir um café. Roberto sentia-se apoiado e agradecido.

Retirou uma foto da carteira e mostrou-a ao advogado.

— Estes são meus filhos. Esta é minha esposa. É por eles que eu trabalho e vivo. Nem sei como dar essa notícia a Gabriela.

— Quanto menos dramatizar, melhor será.

— Como assim?

— Se deseja que eles aceitem a verdade com calma, você precisa apresentar os fatos com naturalidade, contar o que aconteceu e não se lamentar.

— Como não lamentar um caso desses?

— Você já sofreu com o fato em si. Mas aumentar o sofrimento de sua família não vai melhorar em nada a questão. As coisas vão continuar do jeito que estão. Se deseja poupar sua esposa, o melhor é conservar a serenidade, mostrar que tomou as providências cabíveis e que está fazendo o que pode para solucionar tudo. Isso é o mais importante. Para que alarmar sua família inutilmente?

Roberto não respondeu e ficou pensativo. Para o advogado, que estava de fora e nada tinha a ver com o caso, isso poderia ser fácil. Mas ele, que fora a vítima, não se sentia calmo o bastante para falar no assunto com serenidade. Sua vida se desmoronara, como se manter calmo?

Depois de haver assinado a procuração, Roberto, em companhia de Paulo, passou na empresa, apanhou os dados de que precisava e foram até a delegacia dar queixa.

Roberto sentia-se arrasado. Logo ele, sempre tão sério, tão honesto, ter de se submeter àquela situação. Parecia-lhe que o policial que registrava suas declarações assumira um ar de deboche enquanto ele narrava os fatos.

Sentia vontade de sair dali correndo, desistir de tudo. Entretanto, a presença ereta e séria do advogado infundia-lhe coragem.

Ao deixarem a delegacia, Roberto apanhou o lenço e enxugou o suor do rosto. Fora-lhe muito penoso dar queixa. Na porta, foram abordados por um repórter que desejava mais informações sobre o caso. Roberto queria ir embora, não dizer nada, porém Paulo o impediu. Prestou os esclarecimentos enquanto o jornalista anotava tudo.

Quando saíram, Roberto considerou:

— Por que parou para falar com eles? Vai sair no jornal, será uma vergonha! Eu não queria que ninguém soubesse.

— Ao contrário. É melhor que saibam a verdade. Não há como encobrir. Os credores vão falar, as notícias vão correr de qualquer forma. Não se esqueça de que você não fez nada. Não roubou ninguém. Não tem do que se envergonhar. Você foi enganado. Está pagando pela ingenuidade. Errar é humano. Depois, quanto mais propagarmos o desfalque e a fuga do seu sócio, mais estaremos tirando sua responsabilidade. Você foi a maior vítima. Todo mundo vai ficar com pena de você, até os seus credores. Isso é fundamental para negociarmos com eles.

Apesar de sentir-se humilhado, Roberto foi forçado a concordar. Ele era o advogado, sabia o que estava fazendo. Despediram-se combinando um encontro no dia seguinte.

Havia anoitecido quando Roberto chegou em casa. Pelo caminho foi se esforçando para controlar a emoção, preparando-se para dar a notícia a Gabriela conforme Paulo recomendara. Ele estava certo. Assustar a família não iria melhorar a situação.

Mas logo que entrou em casa percebeu que isso não seria possível. Georgina estava lá e, assim que o viu, correu para ele dizendo:

— Graças a Deus que voltou! É tarde, pensei que tivesse feito alguma besteira, que houvesse acontecido alguma desgraça! Ainda bem que voltou para casa!

Gabriela vinha atrás dela, com as crianças agarradas à sua saia, com ar assustado.

— Eu não disse que a senhora estava exagerando? Não há nada. Vamos nos acalmar.

Roberto arrependeu-se amargamente de ter ido à procura da mãe. Foi dizendo logo:

— Não houve nada mesmo. Por que estão tão assustadas? Está tudo bem. Tudo sobre controle.

— Mas, filho, você não disse que seu sócio fugiu com todo o dinheiro e que você terá de pagar os compradores dos apartamentos?

— Mãe, deixemos esse assunto para mais tarde. Estou cansado. Não precisava falar disso agora.

— Quer dizer que eu me preocupei à toa? Você vai à minha casa desesperado, deixa-me preocupada e agora diz que está tudo bem, que não precisava falar nisso? Como não? Acha que sou de ferro? Eu me preocupo com o que acontece com minha família. Ou acha que não?

— Eu sei que você se preocupa, que nos quer bem. Mas veja: as crianças estão nervosas. Parece até que aconteceu uma desgraça. Vamos nos acalmar. Depois conversaremos.

Gabriela olhou para eles com raiva. Por que o marido fora à procura da mãe para se queixar em vez de falar com ela, a esposa? Se ele tivesse feito isso, não teria de aguentar a sogra, que a fizera sair do emprego mais cedo, afirmando que Roberto estava arruinado e à beira do suicídio.

Gabriela sentia ímpetos de expulsar a sogra, e fez um grande esforço para se controlar, já que seria pior se as crianças presenciassem mais uma cena. Estava pálida e nervosa. Voltou à cozinha para mexer nas panelas, colocando o jantar para esquentar.

Roberto percebeu que Gabriela estava no auge da irritação. Conhecia-lhe aquele ar controlado, aquela palidez que sempre prenunciava tempestade. O que ele precisava fazer era afastar a mãe dali. Por esse motivo, fê-la sentar-se na sala e procurou falar-lhe com calma, embora estivesse no limite da exaustão.

— Mãe, arranjei um excelente advogado e tomamos algumas providências. É melhor se acalmar. Estou muito cansado e agradeceria se nos deixasse descansar. Quero tomar um banho, jantar e dormir. Amanhã irei à sua casa e conversaremos.

Georgina tinha lágrimas nos olhos ao responder:

— Você sabe que estou do seu lado! Sou sua mãe, e tudo quanto lhe acontece é como se fosse comigo.

— Eu sei, mãe. Lamento ter lhe dado preocupação. Vá para casa, descanse. Amanhã vou até lá e conto tudo nos mínimos detalhes.

— Você não vai fazer nenhuma besteira? Senti tanto medo!

— Não, eu juro. Estou calmo, está vendo? Pode ir sossegada.

— Está bem. Então eu vou.

Ela foi até a cozinha, despediu-se da nora e das crianças e saiu. Quando a porta se fechou, Roberto deixou-se cair em uma cadeira, exausto. Ainda lhe restava falar com Gabriela. Foi à cozinha, onde ela remexia as panelas.

— Sinto muito, Gabriela. Deu tudo errado.

De repente, toda a sua tensão desmanchou-se em uma catadupa de lágrimas que lhe desciam pelas faces e ele não conseguia conter. Gabriela olhou diretamente em seus olhos e disse com voz firme:

— Sei de tudo. Não precisa dizer nada. Vá para o quarto e controle-se. As crianças já foram muito traumatizadas hoje. Não agrave mais esta situação tão desagradável.

Roberto ficou indignado. Esperava que ela o confortasse. Vendo que as crianças reapareciam na cozinha, ele correu para o quarto, onde, a portas fechadas, deu vazão à sua frustração, à sua raiva, ao seu desencanto, chorando copiosamente.

Depois, quando se acalmou, olhou-se no espelho e sentiu vergonha. Estava com os olhos vermelhos, inchados. Não podia aparecer assim diante das crianças. Tomou um banho, depois apagou a luz e deitou-se.

Gabriela entrou e informou que as crianças já haviam jantado e se recolhido.

— Você quer jantar?

— Obrigado, mas estou sem fome.

— Quer conversar?

— Só quero dizer que sinto muito o que nos aconteceu hoje. Estou arrasado, envergonhado. Você tinha razão. Por que não percebi nada?

— Vou buscar um calmante. Você precisa dormir, descansar.

— Não vai querer saber tudo que aconteceu?

— O principal eu já sei.

— Eu procurei um advogado. Ele me orientou e assumiu o caso. Vamos ver o que podemos conseguir. Espero não ter que vender o depósito. Pode ter certeza de que farei tudo para sair desta encrenca.

— Está bem.

— Você não está zangada? Não me culpa?

— Melhor não falarmos nisso agora.

— Mas você está zangada. Eu sei que está.

— Estou me controlando. Chega de confusão. Outra hora, quando estivermos mais calmos, conversaremos.

— Eu quero que você me perdoe. Eu errei, fui ingênuo. Pus tudo a perder.

— Agora está tentando consertar. Está bem. Chega. Depois falaremos. Estou cansada e quero dormir.

Roberto ainda tentou conversar, porém ela não quis ouvi-lo. Deu-lhe o calmante e, graças a isso, ele logo adormeceu. Contudo, ela, deitada de costas a seu lado, sentia dentro do peito um desânimo e um vazio que, embora tentasse afastar, não iam embora e a impediam de relaxar e dormir.

Capítulo 2

Roberto passou os olhos pelo jornal, desanimado. Estava difícil. Ele não tinha profissão definida. Sempre trabalhara por conta própria. Não cursara nenhuma faculdade.

— Está cheio de pessoas com diploma universitário que não conseguiram subir na vida. Vivem de um emprego que mal dá para se sustentar — costumava dizer para justificar-se de haver parado de estudar quando acabou o primeiro ciclo. — Mais vale quem conhece o mercado do que quem aprende na escola da vida.

Entretanto, essa escola agora não estava sendo suficiente para conseguir-lhe um emprego em que ganhasse o que precisava para sustentar a família.

O advogado ajudara-o, esforçara-se para controlar os credores, parcelando a dívida, tentando dividir o prejuízo. Mas pouco conseguiu. O juiz já havia determinado, e os compradores dos apartamentos não quiseram nenhum acordo diferente.

Roberto teve mesmo de vender o depósito e ainda ficar com algumas prestações que teria de pagar pelo menos durante cinco anos.

Ele reservou algum dinheiro para manter a família durante dois meses. Confiava em arranjar um emprego nesse período. Entretanto, já fazia três meses que estava sem trabalhar e, por mais economia que tivesse feito, essa reserva havia se acabado.

Roberto sempre se orgulhara de dizer que Gabriela trabalhava porque gostava e que ele não precisava do dinheiro dela. Agora, no entanto, estavam vivendo com o salário dela, e ele se sentia humilhado por ter de pedir-lhe dinheiro até para comprar o jornal ou ir cortar o cabelo.

Além disso, não estava conseguindo pagar as prestações do restante da dívida, e os credores estavam sempre cobrando, alguns até dizendo que ele os estava enrolando, já que morava em uma casa boa e poderia vendê-la.

Roberto ficava agoniado. A casa era a única garantia de sua família. Se a vendesse, para onde iriam? O aluguel de uma casa, mesmo mais modesta do que a sua, era caro, e ele, desempregado, como poderia pagar?

Resistia. Vender a casa, não. Pelo menos tinham onde morar sem pagar nada.

Olhou novamente o jornal, revendo os anúncios na esperança de encontrar alguma coisa. As empresas queriam currículo e experiência de pelo menos dois anos na área, e ele não tinha nenhuma dessas duas coisas.

Gabriela ajudou-o a montar um currículo que evidenciava sua experiência como gerente do depósito de construção. Graças a esse currículo, algumas empresas o chamaram para entrevistas. Entretanto, ao saberem que ele sempre fora proprietário e havia perdido tudo, não o escolhiam para a vaga. Desesperado, ele dizia à esposa:

— Acho que não deve escrever que eu era o dono. Como é que vão confiar em alguém que abriu falência? Vão pensar que não entendo nada do ramo.

Gabriela tentou reescrever o currículo, mas, para dizer que ele havia sido empregado, era preciso fornecer o nome das empresas nas quais ele havia trabalhado, e isso era impossível.

Roberto pensou em ser vendedor. Ele se considerava com talento para vendas, uma vez que foi negociando que arranjou dinheiro para montar o depósito. Mas mesmo na área de vendas estava difícil. Não conseguia nada. Se ao menos ele tivesse dinheiro para montar qualquer coisa por conta própria!

Gabriela tinha algumas economias. Já tinha gastado uma parte, mas recusava-se a gastar o resto. E se as crianças adoecessem? E se ele demorasse a encontrar um emprego? Não. Ela se sentia mais segura tendo algum dinheiro no Banco.

Roberto não tinha coragem de pedir-lhe esse sacrifício, mesmo porque a importância era pequena e não daria para resolver seu problema. O que ele precisava mesmo era arranjar um emprego. Mas como?

A campainha da porta soou e ele foi abrir. Era Georgina, que entrou dizendo:

— Vim ver você. Fiquei preocupada. Ainda não arranjou nada?

— Está difícil, mãe. Não sei mais o que fazer.

— Se eu tivesse dinheiro, daria para você abrir outro negócio. Mas infelizmente seu pai me deixou quase sem nada. A pensão mal dá para comer. Se não fosse a ajuda de sua irmã, não teria como viver.

— Eu sei, mãe. Vou dar um jeito, não se preocupe. Uma hora o emprego vai aparecer. Isso não pode ficar assim.

— Ainda se seu cunhado não fosse tão sovina, eu podia falar com Gina. Mas ele é tão mão-fechada que ela sua para conseguir dinheiro dele.

— Não vou incomodar a família. Eu arranjei esta encrenca e eu tenho que dar jeito.

— Em todo caso, sei que Nando tem dinheiro guardado. Ganha bem, leva vida boa. Você podia ir falar com ele, ver se ele arranja um emprego para você na empresa em que ele trabalha.

— Não vou, mãe. Ele é cheio de pose. Desde que casou com Gina, nunca se chegou do nosso lado. Tem amigos ricos, frequenta lugares de luxo. Não perde a chance de dizer que quem não fez faculdade é ignorante. Eu sempre senti que ele não gostava do meu ramo de atividade. É metido a intelectual. Prefiro morrer de fome a ir pedir alguma coisa a ele. E, por favor, nem comente com Gina a minha situação. Não quero dar asa àquele pedante.

— Sua irmã já sabe de tudo. Sua falência saiu no jornal, todo mundo ficou sabendo. Depois, orgulho não enche barriga. Pobre não pode ser orgulhoso. Quem precisa tem que ser humilde.

— Pois eu não sou. Posso pedir ajuda para qualquer um, menos para Nando. Depois, não fique dizendo que minha empresa faliu. Não gosto disso.

— Mas não foi o que aconteceu? Você tentou uma concordata, mas não conseguiu.

— Eu sei. Mas não precisa ficar repetindo isso. Está trovejando e eu vou recolher a roupa do varal.

— Que horror! Você precisa fazer isso? É serviço de mulher!

— Preciso e vou, senão vai molhar tudo. Já está seca.

Ele saiu rápido apanhando uma cesta e recolheu a roupa. Georgina olhava-o contrariada. Os primeiros pingos de chuva já estavam caindo quando ele entrou colocando o cesto sobre a mesa da cozinha.

Georgina tinha lágrimas nos olhos quando disse:

— Meu filho! Que humilhação. Esse serviço deveria ser feito pela sua mulher.

Ele se irritou.

— Gabriela está trabalhando. Estamos vivendo do dinheiro dela, se quer saber. Se ela não estivesse trabalhando, não teríamos o que comer.

— Aquela Nicete antipática, assim que o dinheiro acabou, foi embora.

— Ela não foi embora, mãe. Nós não podemos pagar seu salário, então ela arranjou algumas casas para fazer faxina e garantir seu sustento. Quando está, faz o serviço como sempre.

— Quer dizer que ela dorme aqui sem pagar nada? Está se aproveitando de você!

— Você está sendo maldosa. Ela chega cansada e ajuda Gabriela a fazer todo o serviço da casa.

— Aposto que Gabriela gostaria que você fizesse tudo.

— Eu estou aqui enquanto elas trabalham. Não sei fazer nada em casa, mas se soubesse faria. Não tem nada de mais. É que não tenho jeito para essas coisas. Nunca aprendi.

Georgina olhou penalizada para o filho.

— Não encontrou nada no jornal?

— Separei algumas coisas. Vamos ver — mentiu ele, na esperança de que ela se contentasse e fosse embora.

— Vou conversar com alguns conhecidos para ver se arranjo alguma coisa.

— Mãe, preferia que não fizesse isso. Deixe comigo. Eu sou autossuficiente, posso cuidar de tudo.

Ela deu de ombros, foi até a janela. A chuva forte caía do lado de fora, lavando a calçada.

— Preciso esperar a chuva passar.

Ele se resignou e perguntou:

— Vou fazer um café, você quer?

— Até isso você faz, agora?

Ele fingiu que não ouviu. Colocou a água na chaleira, apanhou o bule, colocou o pó no coador, apanhou as xícaras, o açúcar, colocando tudo sobre a mesa. Sentia vontade de gritar, de obrigá-la a sair mesmo na chuva. Por que ela tinha de ser assim tão irritante?

Controlou-se. Afinal, ela não tinha culpa por ele haver perdido tudo e estar naquela situação. Era sua mãe, devia-lhe respeito e obediência.

Coou o café, serviu, tomaram em silêncio. Quando a chuva passou e ela se foi, ele se deixou cair em uma cadeira, mergulhando a cabeça entre as mãos. As lágrimas desceram sobre o rosto e ele as deixou correr livremente. Sentia-se arrasado. Por que a vida fizera aquilo com ele? Por quê?

Sempre fora honesto, cumpridor de seus deveres, trabalhador. Respeitara todas as regras da sociedade, nunca fizera mal a ninguém. Pelo contrário, sempre que podia ajudava as pessoas. Por que Deus o estaria castigando? E se ele não conseguisse emprego? O que faria da vida? Odiava viver à custa da mulher. Era a humilhação máxima.

Enxugou os olhos. A chuva passara. Eram quase cinco horas, e ele precisava buscar as crianças. Fazia isso quando Nicete saía para trabalhar. Foi ao banheiro e olhou-se no espelho. Seus olhos estavam vermelhos. Não podia sair assim. Procurou um colírio, pingou-o nos olhos, lavou o rosto, passou até um pouco de pó de arroz de Gabriela para encobrir o vermelho das pálpebras. Penteou os cabelos e saiu.

Quando ele voltou com os filhos, Nicete já estava na cozinha.

— Ainda bem que o senhor recolheu a roupa. Eu estava na casa da dona Zilda pensando nesse varal cheio de roupas. Fiquei com medo de que o senhor esquecesse.

Enquanto ela providenciava o jantar, Roberto entretinha os filhos. Eram quase sete horas quando Gabriela chegou. Olhou o rosto do marido e notou logo que ele havia chorado. Ele fingia estar bem, brincava com as crianças. Contudo, podia enganar qualquer um, menos ela.

Se ao menos ele melhorasse o humor! Ela chegava cansada, mas não se importava de cuidar do bem-estar da família. O que a incomodava era o ar de vítima do marido.

Ela fazia o que podia, e sentia-se bem por poder colaborar nessa situação difícil. Mas ele sempre estava com um ar de insatisfação.

Claro que ela entendia que ele não podia estar feliz com uma situação daquelas. Entretanto, de que adiantaria ele agravar mais as coisas fazendo cara de vítima? Isso a irritava muito. Nunca imaginara que o marido fosse tão frágil. Ele sempre se mostrara autossuficiente, trabalhando no próprio negócio, tomando decisões, parecendo saber sempre o que fazer. Por que mudara tanto?

Ser enganado por um malandro pode acontecer a qualquer um, mas entrar na depressão, ficar remoendo o caso, só agravava o problema. Ela até pensava que ele não conseguia emprego por causa disso.

Uma colega dissera-lhe que, quando a pessoa está com energia ruim, tudo dá errado. A energia de Roberto estava horrorosa. Ela sentia isso. Não tinha vontade de ficar perto dele. Quando ele se aproximava, chegava até a sentir certa aversão. Por quê? Ela se casara por amor. Achava que amava o marido. Então, o que estava acontecendo com ela? O fato de Roberto estar atravessando uma fase ruim não a incomodava. Ele era moço, saudável, tinha a vida toda pela frente. Tendo construído um negócio próprio uma vez, poderia fazer isso de novo. Era só não entrar na lamentação.

Mas a cara dele era de tristeza. Ficava constrangido quando ela lhe dava dinheiro. Por que ela podia aceitar dinheiro dele quando ele tinha e ele não podia aceitar o dela, agora que ele precisava?

Mulher prática, Gabriela não podia compreender por que Roberto fazia tanto drama. O clima em casa era pesado, ele estava sempre aborrecido, calado. Quando falava, era sempre para se queixar. Ela estava ficando cansada daquela situação. Afinal, pensava, ninguém é de ferro. Trabalhava, trabalhava, e em casa não tinha nenhuma alegria? Até quando suportaria?

Fingiu não perceber e tratou de fazer o jantar enquanto Nicete cuidava da roupa. O cesto de passar estava lotado.

Serviu a comida, lavou a louça, viu a lição de Guilherme. Tomou banho, mandou as crianças dormirem. Nicete continuava passando roupa.

— Você deve estar cansada. Passe as que vamos precisar e deixe o resto para outro dia.

— Não, senhora. Amanhã aparece mais e eu nunca vou acabar. Não vou conseguir dormir pensando neste cesto cheio.

— Faça como quiser. Eu vou dormir.

— Se eu deixar o rádio ligado baixinho, não vai incomodar? A música me distrai, nem sinto o tempo passar.

— Não. Para falar a verdade, eu também gostaria de deitar e ficar ouvindo música. Mas Roberto anda com o sono difícil. Se eu deixar o rádio ligado, ele não vai conseguir dormir.

— O seu Roberto anda muito nervoso. Hoje quando eu cheguei ele estava com uma cara... Para mim foi conversa da dona Georgina. Quando eu virei a esquina, vi que ela estava saindo daqui.

— Tem certeza de que era ela mesma?

— Tenho.

Gabriela suspirou. Então era isso. Ela com certeza fizera Roberto sentir-se mais atormentado do que o costume. Se ao menos ela os deixasse em paz!

— Infelizmente, não posso fazer nada. Não quero me meter no relacionamento deles. Evito o quanto posso envolver-me com ela.

— Eu garanto que ela tirou o seu Roberto do sério. Ele já anda tão triste com a situação...

— Tristeza não resolve. O que ele precisa é tomar uma atitude mais séria.

— Ele tem se esforçado, dona Gabriela. É que a situação anda difícil. Cada dia que passa tem mais gente desempregada.

— Ainda bem que você é minha amiga e tem me ajudado. Estou anotando o que devo para você, e assim que as coisas melhorarem pagarei tudo. Não sei o que faria sem seu apoio.

— Eu me sinto bem aqui. Enquanto me quiser, ficarei.

— Por mim você fica o resto da vida.

— Se não fosse o dinheiro que preciso mandar para minha mãe todo mês, eu nem ia trabalhar fora. Não gosto de ver a senhora chegar cansada e ainda ter que trabalhar tanto em casa.

— Você é uma moça tão prestimosa, tão boa. De repente aparece alguém e você acaba casando, deixando-nos.

— Isso não vai acontecer, não. Já dei muita cabeçada na vida. Gosto de namorar, arranjo distração, mas nunca mais quero morar com homem nenhum. Chega o que já passei. Comi o pão que o diabo amassou.

Gabriela sorriu. Nicete era objetiva e direta. Não se deixava levar por ninguém. Era uma mulher forte, prática, sabia o que queria.

— Você pode se apaixonar de novo!

— Apaixonar até que é bom! Não tenho nada contra, não. Mas morar junto não é. No amor eu quero a melhor parte, que é o namoro, quando tudo é bonito, gostoso. Juntou as camas, pronto: começa a confusão. Já tenho quarenta anos, sou solteira, livre. Enquanto o namoro está bom, eu fico; quando começa a azedar, eu puxo o carro.

— Se você fosse casada, se tivesse filhos, não faria isso.

— Faria, sim. Filho meu, se fosse pequeno, levaria comigo; se fosse crescido; ia ter que escolher de que lado ia ficar. Não tem papel no mundo que me faça ficar amarrada a uma pessoa que está me incomodando.

— Você é corajosa.

— Sou. Enfrento o que vier na vida. Tenho disposição. Quando larguei do Albino e vim trabalhar aqui, eu estava um lixo. Magra, acabada, cansada, desiludida, de tantas que ele me fez. Eu jurei que nunca mais homem nenhum iria fazer isso comigo de novo. E não faz mesmo. Eu amava muito o Gilberto, moreno, bonitão, dançava que era um gosto.

Quando eu ia com ele no salão, as outras ficavam com olho comprido que a senhora tinha que ver. Mas, quando percebi que ele estava me fazendo de boba com a Marli, dei a volta por cima. Despachei o Gilberto na hora.

— Mas você não gostava mais dele?

— Eu amava muito. No começo sofri como um cão. A Ofélia me disse que eu era boba, que ia deixar ele livre para ficar com a Marli. Que eu deveria segurar ele de qualquer jeito. Mas eu não ouvi mesmo. Fiz o que eu queria. Mas aí aconteceu uma coisa engraçada. Ele, que já andava cheio de dedos comigo, arranjando desculpas para não sair, mudou. Nunca mais quis ver a Marli. Ficou atrás de mim, não dava sossego, olha, até me incomodou.

— Então você o perdoou.

— Que nada! Quando aconteceu isso, enjoei dele. A paixão acabou. Ele não se conforma até hoje. Quando passo com o Mário, ele fica olhando, com aquele olho comprido... Eu faço de conta que nem percebo. O Mário sabe que nós já namoramos e fica nervoso quando vê ele.

Gabriela riu.

— Todas as mulheres deveriam aprender com você. Você gosta mesmo de Mário? Não está com ele só para fazer ciúme a Gilberto?

— Não. Eu gosto mesmo do Mário. Ele me compreende e sabe namorar como ninguém. Enquanto estiver bom, eu fico com ele.

Gabriela olhou para Nicete, dizendo:

— Você me fez relaxar com suas histórias. Eu estava muito tensa. Obrigada.

— Eu notei. Sabe, dona Gabriela, não leve a vida tão a sério. Tudo passa neste mundo. Logo seu Roberto arranja trabalho, fica mais alegre, tudo melhora. O segredo da felicidade é escolher a comédia e largar o drama. Se a senhora soubesse como eu tenho vontade de rir quando vejo a dona Georgina disfarçando e xeretando nas gavetas para descobrir alguma coisa errada! É duro segurar. Ela fica com uma cara tão engraçada!

— Tem hora que eu sinto vontade de pô-la daqui para fora. Mas respeito por causa de Roberto.

— Experimente olhar para ela e ver como é engraçada! Garanto que a raiva vai embora. Agora, o duro é segurar o riso.

Gabriela sacudiu a cabeça dizendo:

— Nicete, você não existe! Achar dona Georgina engraçada quando ela é irritante, só você mesmo.

— Experimente fazer isso, dona Gabriela. De que adianta se irritar se não pode fazer nada, se tem que viver perto dela por causa do seu Roberto? Poupe-se, dona Gabriela. Cuide da sua saúde, da sua paz. Faça dela uma piada e verá que a implicância desaparece. Agora, eu até gosto quando ela chega, só para ter o gostinho de ver a cara que ela faz quando não consegue achar nada errado.

— Gostaria de ser como você. Vive de bem com a vida.

— A vida é boa mesmo, mas tem muitos lados para se ver. Depende de que lado você se põe. Eu repito: prefiro a comédia do que o drama, e isso sempre me ajudou. Até no cinema, na televisão, no rádio, eu prefiro o que é engraçado, alegre e me dá disposição.

— Você gosta de história de amor, que eu sei.

— Gosto muito. Mas às vezes me irrita quando a mocinha é bobona, sofre sem reagir. Não gosto de gente fraca.

— Eu também não. Às vezes você se engana com as pessoas. Pensa que elas são fortes e se decepciona quando elas mostram que são fracas.

— Ninguém é fraco, dona Gabriela. Todo mundo tem força, só que amolece, quer tudo fácil, espera que os outros façam as coisas para eles e acabam esquecendo que têm. Mas a força continua lá. Quando a vida provoca, quando cria uma situação dura, uma doença, um acidente grave, a pessoa encontra ela rapidinho. Lembra da Cleide? Ela vivia se queixando, sempre pendurada no marido, dizia que era doente, fraca, que não podia fazer nada dentro de casa. O coitado chegava cansado do trabalho, ainda tinha que fazer a janta. Quando desabou aquele armário em cima do filho dela e o menino ficou preso embaixo, ela estava sozinha. Quando os vizinhos chegaram, ela já tinha tirado o menino. Ninguém sabe onde ela arranjou força para levantar um armário tão pesado. Olha que depois precisaram de dois homens para colocar ele no lugar.

— Sempre me perguntei como uma mulher tão fraca tinha conseguido fazer aquilo!

— É que de tanto se fazer de fraca a pessoa acaba acreditando que é mesmo. Mas é só uma ilusão. A força está lá. É só puxar para fora que ela vem. É por essa razão que eu não gosto de gente que se faz de fraca. É tudo mentira, só para você fazer as coisas que elas querem. Quando você não entra na ilusão delas, ficam contra você. Aí, tome cuidado: mesmo com toda a fraqueza, elas mordem para valer.

— Você está certa. É isso mesmo.

— Eu tenho meu modo de ver e nunca me arrependi. Levo a vida como eu gosto.

Gabriela sorriu e sacudiu a cabeça concordando.

— Vou dormir. Boa noite.

— Boa noite, dona Gabriela.

Quando ela entrou no quarto, percebeu que, apesar de estar com os olhos fechados, Roberto não estava dormindo. Lavou-se, vestiu a camisola e deitou-se.

Ele tentou abraçá-la, ela virou de lado, fingindo não perceber. Estava cansada e indisposta. Não queria ouvir mais nenhuma queixa. Ele passou o braço em volta dela, dizendo:

— Você está muito cansada?

— Estou. Amanhã terei que levantar muito cedo e adiantar algumas coisas antes de sair.

Ele suspirou angustiado.

— Tenho a impressão de que está me evitando. Reconheço que não estou sendo boa companhia. Tenho andado angustiado.

Ela suspirou resignada.

— É impressão sua.

— Não é, não. Você está me evitando. Às vezes penso que está com raiva de mim, olha-me de um jeito...

— Você está enganado.

— Sei que errei, fui ingênuo, me deixei levar por aquele safado. Mas, que diabo, não foi de propósito. Não arranjei emprego ainda. Está difícil porque não tenho profissão definida, mas estou tentando de todas as formas.

— Sei disso. Não o estou culpando de nada.

— Você não fala, mas eu percebo que no fundo você está me culpando. Isso me derruba.

Gabriela tentou controlar-se. Era quase uma da madrugada. Ela teria de se levantar às seis. Precisava dormir pelo menos algumas horas para ter disposição. Ter boa aparência, ser agradável, fazia parte de suas funções como secretária. Quis contemporizar:

— Você está nervoso e imaginando coisas. Vamos dormir, é tarde.

— Nunca pensei que você fosse agir assim. Enquanto eu tinha dinheiro, você me tratava com atenção e carinho. Agora que estou por baixo, precisando do seu apoio, você mal fala comigo. O que foi, deixou de gostar de mim?

Foi a gota d'água. Gabriela sentou-se na cama, acendeu a luz do abajur e encarou o marido, dizendo com raiva:

— Estou querendo evitar uma discussão, mas já que insiste é bom saber. Não é a falta de dinheiro que me incomoda. O que me irrita mesmo é ver você se queixando o tempo todo, como se fosse um homem deficiente, incapaz. Por mais que eu tente ajudar, você está sempre com essa cara de vítima, como se o mundo fosse uma tragédia e você não pudesse fazer nada para sair dela.

Apanhado de surpresa, Roberto enrubesceu.

— Não posso estar feliz atravessando uma crise destas.

— Se não pode sentir-se feliz, pelo menos finja, porque eu, as crianças e até Nicete temos o direito de viver em um lugar agradável. Onde está sua força? Onde está o homem que abriu caminho na vida, fez seu próprio negócio, construiu duas casas?

— Como queria que eu ficasse depois do que aconteceu?

— Queria que mostrasse sua capacidade não ficando com essa cara compungida, implorando nossa piedade, para ganhar nossa estima, tentando apagar a própria sensação de culpa. Seu orgulho é tanto que não pode admitir sinceramente que caiu no conto do vigário, como qualquer pessoa?

— Você está me arrasando.

— Não. Eu estou falando a verdade. Ela dói, mas é bom que perceba o quanto está se rebaixando com essa atitude. O que passou já foi. Agora, é tentar começar de novo, batalhar com coragem. Mas você não esquece o que aconteceu. Fica pensando nisso a todo momento, lastimando-se, afundando-se na depressão. Como arranjar trabalho desse jeito? Quem vai confiar em sua competência quando nem você acredita nela?

— Você está sendo cruel.

— Foi você quem provocou. Eu não queria dizer nada.

— Bem se vê que eu tinha razão. Você está com raiva mesmo.

— Estou. Você está agravando a situação.

— Está decepcionada comigo. Não sou o que você esperava.

— Se quer continuar falando dessa forma, vamos parar por aqui. Vamos dormir. Tenho que levantar às seis.

— Não precisa me lembrar que agora você sai cedo e eu fico em casa, podendo dormir até mais tarde.

Gabriela franziu o cenho irritada.

— Sabe de uma coisa? Não dá para conversar com você. Vou dormir no sofá, no quarto das crianças.

Apanhou o travesseiro, algumas cobertas no armário e saiu determinada. Roberto teve um ímpeto de ir atrás dela, mas desistiu. Não queria fazer uma cena e acordar as crianças. Apagou o abajur e tentou dormir. Sua cabeça doía e ele sentia-se oprimido. Por que acontecera aquilo com ele, por quê?

As lágrimas desceram pelo seu rosto e ele as deixou correr livremente. Não percebeu que alguns vultos escuros se aproximaram dele, envolvendo-o. Sentiu aumentar sua angústia enquanto pensamentos tristes o acometiam: "Ela não me ama! Nunca me amou. Vivi enganado todos estes anos! Se ela me quisesse, agiria diferente agora que eu estou no chão. Nunca pensei que a mulher que eu amo, a mãe dos meus filhos, a quem sempre fui sincero e respeitei, me tratasse desse jeito. Minha mãe tem razão. Ela é uma mulher muito independente. Vai ver até que está gostando de outro! Sei lá, naquele escritório, com tantos homens de dinheiro, podendo darem-se ao luxo de serem amáveis o tempo todo. Vai ver até que ela mudou porque já arranjou outro!".

A esse pensamento, Roberto trincou os dentes com raiva. Por que a deixara trabalhar fora? Se a tivesse obrigado a deixar o emprego quando se casaram, ela estaria dentro de casa, como deve ser uma esposa.

Ele estava tão envolvido pelas energias escuras que o circundavam que nem considerou que, se ela não estivesse empregada, eles estariam passando fome. Ele só tinha olhos para seu ciúme, sua revolta, sua dor.

Ficou revirando na cama sem conseguir dormir. Ouviu quando Gabriela se levantou, foi para a cozinha preparar o café e pôr tudo na mesa da copa, como fazia todas as manhãs antes de sair para o trabalho. Não teve coragem de se levantar. Deixou-se ficar, imerso em seu desespero, sem vontade de fazer nada.

Ouviu quando ela saiu e só então se levantou. As crianças ainda dormiam. Ele se lavou e foi para a cozinha. Nicete estava na lavanderia colocando roupa na máquina de lavar.

Encheu de café a xícara e sentou-se. Estava sem fome. Sua vida estava acabada. Mesmo que ele arranjasse um emprego, como esquecer a atitude de Gabriela? Ela não compreendia sua dor. Como ele poderia sorrir, ficar alegre, na situação em que se encontrava?

"É na hora da necessidade que se conhecem as pessoas", pensou ele. "Se ela me amasse, não me negaria conforto nesta hora."

Nicete entrou na cozinha, olhou para o rosto abatido de Roberto. Gabriela dormira no quarto das crianças, por certo eles tinham brigado. Fingiu não notar nada. Não gostava de se meter na vida de ninguém.

Roberto, vendo-a entrar, pensou: "Gabriela e Nicete se dão muito bem. Elas conversam como amigas. Se Gabriela estiver me traindo, Nicete deve saber. Pode ser até que a ajude a encobrir. As mulheres se entendem nessas coisas".

Lançou um olhar desconfiado para Nicete, que lavava louça na pia.

— Você não vai trabalhar fora hoje?

— Só à tarde. Vou passar roupas na casa da dona Veridiana. Vou adiantar o serviço aqui, fazer almoço, deixar tudo arrumado, levar as crianças para a escola. Só não posso ir buscar. O senhor pode ir?

— Sim, pode deixar.

— Quero deixar tudo arrumado, assim dona Gabriela não vai precisar fazer nada quando chegar.

— Ela anda muito irritada ultimamente.

— Isso passa. Todos temos esses altos e baixos.

— Ela está muito mudada, você não acha?

— Não, senhor. Está como sempre foi. Só um pouco cansada. Quero dar um jeito de fazer ela descansar mais.

— Ela não aceita nossa situação.

— Dona Gabriela é uma mulher muito corajosa. Está fazendo o que pode para ajudar.

— Vocês se entendem muito bem, não é? São muito amigas.

— Sim, senhor. Gosto muito de trabalhar aqui.

— Ela fala com você sobre o que acontece no escritório?

— Não, senhor. Por que me pergunta isso?

— É que eu pensei que ela pudesse contar como são as coisas lá. Afinal, vocês conversam tanto...

Nicete olhou séria para ele. Por que estaria lhe fazendo aquelas perguntas? O que estava querendo saber?

— Dona Gabriela não me faz de sua confidente, se quer saber. Eu é que às vezes conto meus problemas para ela.

— Seria natural que ela contasse os dela para você.

— Mas ela não conta, não.

Ele não disse mais nada. O tom de Nicete não o animava a prosseguir. Se ela soubesse de algo, ele iria precisar de toda a astúcia para descobrir. Ela era esperta e parecia disposta a não contar nada.

— Vou comprar o jornal.

— Eu trouxe quando fui comprar o pão. Está na mesa da sala.

Roberto foi apanhá-lo. Tinha de arranjar alguma coisa para fazer. Não podia ficar de braços cruzados enquanto sua vida conjugal estava sendo arrasada. Depois, tinha dignidade. Não podia continuar vivendo à custa da mulher.

Fora por causa disso que ela perdera o respeito e lhe dissera todas aquelas coisas. Tinha de mostrar a ela que ele era competente para sustentar a família e não precisava mendigar o dinheiro dela. Depois da cena da noite anterior, ele não iria mais aceitar um centavo dela. Teria de dar um jeito, fazer qualquer coisa para conseguir pelo menos algum dinheiro para suas despesas e não precisar lhe pedir nada.

Até então estivera procurando um emprego que lhe desse condições de manter a família no mesmo padrão a que se habituara. Mas, naquela circunstância, aceitaria qualquer coisa, contanto que não precisasse pedir mais dinheiro à esposa.

Tinha seu orgulho e não abria mão dele. Decidido, abriu o jornal e começou a ler todos os anúncios, sem distinção. Anotou alguns que lhe pareceram melhores.

Procurou Nicete:

— Vou sair agora.

— O senhor vem para o almoço?

— Acho que não.

— Mas vai buscar as crianças na escola.

— Vou. Pode deixar.

Ele saiu e colocou a mão no bolso. Tinha apenas alguns trocados. Mordeu os lábios com raiva. Tinha de dar pelo menos para a condução. Era uma vergonha. Ele que sempre fora honesto, trabalhador, esforçado, ficar reduzido àquela miséria.

A vida era perversa, injusta. Enquanto ele, que sempre fora esforçado, correto, estava passando necessidade, Neumes, o ladrão, com certeza estava levando uma vida boa. A polícia não valia nada, uma vez que não tomara nenhuma providência para encontrá-lo. Cada vez que ia à delegacia, ouvia sempre a mesma coisa: eles estavam procurando, mas o engenheiro havia desaparecido. Suspeitavam até que ele havia saído do Brasil.

Roberto passou a mão pelos cabelos como para afastar os pensamentos desagradáveis. Por que a vida o tinha castigado tanto? Nem a mulher o respeitava mais.

Claro, ele estava por baixo. Ela tinha de sustentá-lo. Como Gabriela iria amá-lo vendo-o como incompetente, incapaz de manter a família? O amor vem com a admiração, pensava ele. As mulheres só amam o homem que podem admirar. E ele estava a zero. Até na cama ele havia fracassado na última semana. Isso nunca lhe acontecera. Fora a humilhação máxima.

Quanto mais Gabriela tentava justificar dizendo que ele estava muito tenso, preocupado e que nessas circunstâncias era normal acontecer, mais ele se sentia arrasado.

Ela estava diferente. Talvez não o amasse mais. E se estivesse apaixonada por outro? No escritório em que ela trabalhava havia muitos executivos, elegantes, de bem com a vida, com belo carro, boas roupas, podendo oferecer a ela uma vida melhor.

Ela fizera bastantes horas extras naquele mês. Ganhara bom dinheiro, inclusive um prêmio, com o qual pagara a escola das crianças. Teria feito horas extras mesmo ou teria saído com alguém?

Ela sempre fora uma mulher séria, mas agora, na situação em que se encontravam, bem poderia ser tentada. Apesar de tudo, andava bem arrumada, perfumada, vestia-se bem. O dinheiro do trabalho daria para tudo?

Enquanto esperava no saguão de uma fábrica, Roberto não conseguia desviar o pensamento de Gabriela. Havia preenchido uma ficha e quando foi chamado informaram-lhe que o único cargo que seria possível para ele era o de faxineiro. Roberto achava que tinha capacidade para fazer algo melhor, mas engoliu o orgulho e prontificou-se a aceitar. Mas disseram-lhe que sua ficha ficaria à espera de uma vaga no setor, porque naquele momento o cargo já estava preenchido.

Desanimado, ele saiu e foi aos outros endereços, mas era sempre a mesma coisa. Mesmo aceitando qualquer serviço, ele não conseguiu nada. Estava esperando a vez de ser atendido pelo gerente em um depósito de construção. Ele conhecia o ramo, estava esperançoso. Consultou o relógio e percebeu que não podia esperar mais. Tinha de buscar as crianças na escola.

Olhou o número de pessoas que aguardavam e resolveu ir embora. Não ia dar para esperar. Tanta gente para uma vaga. Com a sorte que ele estava, não iria dar certo mesmo.

Saiu dali e foi para o ponto de ônibus. Não iria contar a ninguém que nem para faxineiro conseguira emprego. Ele, que fora dono do próprio negócio! Se Gabriela soubesse, seria vergonhoso. Sentia o estômago enjoado e a cabeça doía fortemente.

De repente, sentiu-se tonto e segurou-se no poste para não cair. Lembrou-se de que não havia almoçado. O dinheiro não dava nem para um sanduíche. Respirou fundo. Tinha de pegar as crianças. Felizmente, o ônibus chegou logo e ele subiu, deixando-se cair em um banco tentando conter o mal-estar.

Subitamente teve sua atenção voltada para um carro de luxo que passava. Dentro havia um casal, e Roberto reconheceu Gabriela. Seu coração descompassou e ele sentiu sua vista nublar. O carro parou no farol, o ônibus também, e ele imediatamente desceu, tentando aproximar-se do carro. Queria surpreender os traidores. Mas antes que ele conseguisse seu intento, o farol abriu e o carro seguiu adiante.

— Parem, eu estou vendo vocês! Parem! — gritou ele.

Sem poder conter a emoção, sentiu tudo girar à sua volta e perdeu os sentidos, ficando estirado no asfalto.

Confusão, buzinas, logo Roberto foi cercado por curiosos que queriam descobrir o que estava acontecendo com ele. Finalmente apareceu um policial que, ajudado por algumas pessoas, colocou-o na calçada.

— Melhor chamar uma ambulância — sugeriu um homem. — Ele está pálido, parece morto.

— Vai ver que está bêbado — disse uma mulher.

— Não. Bêbado não está. Não cheira a álcool — disse outra.

Um homem apareceu com um copo de água, dizendo ao policial:

— Vamos ver se ele consegue beber.

Alguém levantou a cabeça dele enquanto outra pessoa aproximava o copo de seus lábios. Chegou um moço que imediatamente tomou o pulso de Roberto e disse ao policial:

— Sou médico. Abram espaço, ele precisa de ar. Está desmaiado.

Enquanto falava, foi tirando a gravata e abrindo o colarinho da camisa. Imediatamente as pessoas abriram o círculo, olhando para o moço com respeito. Ele friccionou os pulsos de Roberto, fez com que se sentasse, pediu para um dos presentes segurar suas costas. Alguém trouxe uma cadeira e conseguiram fazê-lo sentar. De repente, ele respirou fundo e abriu os olhos, olhando assustado para as pessoas à sua volta.

— Respire fundo — disse o médico.

— Estou tonto, enjoado.

— Vai passar. Baixe a cabeça assim.

Aos poucos, Roberto foi se recuperando. Ficou envergonhado.

— Sente-se melhor? — indagou o médico.

— Sim. Obrigado. Preciso ir pegar meus filhos na escola. Acho que não vai dar tempo.

Tentou levantar-se, mas não conseguiu manter-se em pé.

— Não pode sair desse jeito.

— Tenho que ir.

— Onde é essa escola? — indagou uma mulher.

Roberto informou o endereço. Ficava distante.

— Minha mulher está trabalhando e é minha vez de pegar as crianças. Tenho que ir de qualquer jeito.

— Eu vou por aqueles lados, posso deixá-lo na escola. Sei onde é — disse o médico. — Vamos. Meu carro está no estacionamento em frente.

— Obrigado, doutor — disse Roberto. — Não sei como agradecê-lo.

Sentado no carro ao lado do médico, ele não se conteve:

— O senhor está me prestando um grande favor.

Ele sorriu.

— Não custa nada. Vou para lá mesmo.

— Estou com vergonha. Foi a primeira vez que desmaiei.

— Não se envergonhe. Acontece a qualquer um.

— Quando vi minha mulher naquele carro, ao lado de outro homem, não suportei — disse, fechando os punhos e tentando segurar as lágrimas.

— Às vezes a gente se engana. Tem certeza de que era ela?

— Estava com um vestido novo, mas eu sei que era ela. Desde que perdi tudo, ela ficou diferente. O que eu temia aconteceu. Ela arranjou outro.

— O ciúme é mau conselheiro. Não se deixe levar por ele.

— Como não ter ciúme? Gabriela é linda, exuberante, sensual. Eu estou desempregado, sem dinheiro.

— Vai ver que está sem comer.

— Sim, estou. Mas não podia pedir dinheiro para ela. Chega de humilhação.

O médico deu ligeira olhada para Roberto e tornou:

— Ela não aceitou seu dinheiro desde que se casaram?

— Isso é diferente. O papel do homem é esse.

— A responsabilidade da família é dos dois. Quando um precisa, o outro ajuda. Não é nenhuma humilhação aceitar o dinheiro de sua mulher.

— Não depois do que eu vi hoje. Se não fosse pelos meus filhos, eu nem voltava para casa.

— Você não está bem. É provável que tenha se enganado. Não era sua esposa que estava naquele carro, mas uma mulher parecida com ela.

— Era ela. Eu vi. Depois, ela tem feito muita hora extra, voltado para casa mais tarde, tem trazido mais dinheiro.

— Está se esforçando para ajudar a família. Estão casados há quanto tempo?

— Oito anos.

— É bastante tempo. Ela alguma vez lhe deu motivo para desconfiar do seu procedimento?

— Até agora, não. Mas naquele tempo as coisas eram diferentes. Eu tinha um negócio próprio, dinheiro para tudo. Insistia para que ela não trabalhasse mais. Eu não queria que ela trabalhasse fora. Mas ela não concordou.

— Ela gosta de sentir-se independente, ter seu próprio dinheiro.

— Era isso que ela dizia. Mas agora ela mudou, tem estado diferente, impaciente, não me olha mais como antes. Às vezes tenho a impressão de que ela está me evitando.

— Vocês estão atravessando uma situação ruim. Ela pode estar cansada, preocupada.

— E eu, será que ela não pensa em como eu estou me sentindo? Nunca precisei pedir dinheiro a ninguém, e agora estou sendo sustentado por uma mulher.

— Essa é uma fase passageira. Logo encontrará emprego, tudo voltará a ser como antes.

— Depois do que vi hoje?

— Não se precipite. Não tome nenhuma decisão no estado de depressão em que se encontra.

— Não sei se poderei suportar.

— Você pode estar cometendo uma grande injustiça. Não agrave uma situação que já está difícil.

— Acha que devo passar por cima de uma traição? O que julga que eu sou?

— Você nem sabe ao certo se era ela quem estava naquele carro. E depois, o que você viu? Os dois sentados, cada um no seu lugar. Entrar em um carro com um homem não significa que uma mulher seja sua amante. Esfrie a cabeça e não faça nada sem confirmar sua versão. A escola deve ser por aqui.

— É naquela casa amarela. Puxa, chegamos cedo. As crianças ainda não saíram. Obrigado. Nem sei como agradecer.

— Não precisa. Olhe, fique com meu cartão. Meu consultório é perto daqui. Você está precisando de cuidados. Vá até lá e vamos cuidar da sua saúde.

— Não tenho me sentido bem mesmo. Não durmo à noite, tenho falta de ar, angústia. Quando arranjar emprego, irei.

— Nada disso. Vá o quanto antes. Terei prazer em recebê-lo e não vou lhe cobrar nada. Sinto que é um homem de bem e gostaria de ajudá-lo. Não se acanhe. Precisa estar bem, com disposição, para conseguir arranjar trabalho. Com a energia que está, não vai conseguir. Precisa melhorar. Vá até lá amanhã à tarde e conversaremos.

— Está bem, doutor. Irei. Nem sei como agradecer.

— Não se incomode. Olhe, as crianças começaram a sair. Até amanhã.

— Até amanhã.

Roberto desceu do carro, fechou a porta e acenou um adeus. Depois olhou o cartão e leu: Doutor Aurélio Dutra, médico psiquiatra.

Meneou a cabeça. Era bem o que ele estava precisando: um médico de loucos. Ele estava enlouquecendo. A rua ficava poucos quarteirões adiante e ele resolveu que iria mesmo no dia seguinte. As crianças estavam saindo e ele imediatamente foi ao encontro delas.

Capítulo 3

Na tarde seguinte, Roberto foi procurar o consultório do doutor Aurélio. Ele não conseguira pregar olho a noite inteira. A cena do carro passando com Gabriela ao lado de outro homem não lhe saía da cabeça. Ela chegou em casa usando um vestido diferente do que ele vira no carro, mas era bem possível que ela houvesse trocado de roupa no escritório.

Disfarçadamente ele perguntou se ela havia ido fazer algum serviço fora naquela tarde.

— Não. Houve uma reunião de diretoria e não pude sair nem para tomar lanche. Foi um dia cheio.

"Ela está mentindo", pensou ele. Mas resolveu não comentar que a havia visto, preferindo investigar primeiro. O médico tinha razão: ele precisava obter mais provas. Tinha tempo de sobra para segui-la e confirmar suas suspeitas. Entretanto, o ciúme incomodou-o e ele não conseguiu tirar da lembrança aquele carro com ela dentro. Enquanto Gabriela dormia tranquila, ele se revirava na cama, angustiado, sofrendo, sentindo-se fracassado e sem estímulo para viver.

Pela manhã, Nicete não se conteve:

— Credo, seu Roberto, o senhor parece um defunto! Emagreceu, tem olheiras... Desse jeito vai arranjar uma doença.

Ele olhou irritado para ela.

— Como posso estar bem, com minha vida virando de cabeça para baixo? Esse seu palpite era desnecessário.

— Desculpe. Não quis ofender. Mas o senhor precisa se alimentar melhor, tratar da saúde... Não falei por mal. As crianças precisam do senhor.

— Está certo. Não fosse pelas crianças, eu já teria sumido.

— Não diga isso. Se dona Gabriela ouvisse, ficaria muito triste.

— Ela já saiu. Posso falar a verdade.

— É melhor tomar seu café. Olha, eu trouxe aquele pão que o senhor gosta. Trate de comer bem e esfriar a cabeça. Logo tudo vai mudar, entrar nos eixos, o senhor vai ver. Tem café na térmica, e o leite da jarra ainda está bem quente. Hoje eu mesma vou buscar as crianças.

— É bom mesmo. Tenho um compromisso no fim da tarde.

Ele queria ir ao consultório depois do horário de consulta, para não atrapalhar o médico, que ia atendê-lo de graça.

Quando chegou, a sala de espera estava vazia e Aurélio atendia ao último cliente. Roberto apresentou-se à recepcionista e pediu para falar com o médico.

— É consulta?

— Não sei. Ele me deu o cartão e pediu que eu viesse aqui hoje.

— Sei. Tudo bem. Sente-se. Ele está atendendo.

— Obrigado.

Roberto sentou-se e passou os olhos pela sala mobiliada com gosto e luxo.

— Qual é o preço da consulta?

— Duzentos reais.

Ele engoliu em seco. Nas circunstâncias em que se encontrava, parecia-lhe uma fortuna.

— Tudo isso? — deixou escapar sem querer.

— É que ele fica mais de uma hora trabalhando com o cliente. O doutor Aurélio é conceituado, um dos melhores em sua especialidade. É muito procurado.

Roberto sentiu-se acanhado. Não devia ter ido. Levantou-se. O melhor era ir embora. Mas naquele instante a porta da sala do médico se abriu, e ele apareceu com uma senhora.

— Até terça-feira, doutor — disse ela. — Obrigada por tudo.

— Até — disse ele sorrindo. Vendo Roberto em pé, indeciso, dirigiu-se a ele, dizendo: — Olá! Como vai? Estava pensando em você. Vamos entrar.

Envergonhado, Roberto entrou e o médico fechou a porta.

— Ainda bem que veio. Sente-se. Vamos conversar.

— Obrigado. Vim porque me pediu. Não vou me demorar. Não quero tomar seu tempo. Sei que é muito ocupado.

Aurélio olhou para ele e não respondeu de imediato. Roberto estava constrangido.

— Você não deseja melhorar? Não confia que eu possa ajudá-lo?

— Não é isso! Pelo contrário. Sei que é muito bom profissional. Aliás, nota-se pela sua maneira segura de falar, pela sua postura. O que eu sinto é que não tenho como retribuir sua atenção. Já fez muito por mim ontem.

— Você está constrangido só porque não tem dinheiro para pagar a consulta?

— Bem, isso realmente me incomoda. Afinal o senhor é um profissional competente, estudou anos e merece ser pago pelo seu trabalho.

Aurélio sorriu e considerou:

— Como você é orgulhoso! Pensando assim, não conseguirá melhorar sua vida nunca.

— Estou dizendo a verdade. Não é por orgulho, não.

— Você pensa que ter dinheiro é sua maior qualidade e que sem ele não é nada?

— Estou habituado a pagar minhas contas.

— Não estou lhe cobrando nada.

— O que de certo modo me deixa com a sensação de estar me aproveitando da sua boa vontade.

— Engano seu. Julga-me ingênuo a ponto de ser usado pelas pessoas sem perceber?

Roberto assustou-se:

— Não... não quis dizer isso.

— Pois foi o que me pareceu. Sou um estudioso da vida, dos nossos comportamentos. Descobri que somos nós que, com nossas atitudes, atraímos todos os acontecimentos e situações que vivenciamos. Que, enquanto continuarmos agarrados a elas, os fatos irão se repetindo. Descobrindo qual atitude está causando uma situação que não nos agrada, poderemos substituí-la por outra melhor e obter outros resultados. Quando o convidei a vir aqui, não foi por sentir pena de você, nem para tentar ajudá-lo a resolver seus problemas. Foi porque me interessei profissionalmente pelo seu caso. Encontrar a causa dos seus problemas é perceber o caminho para a ajuda de muitas pessoas e seguramente aumentar o meu conhecimento, ter sucesso em minha carreira.

Roberto abriu a boca e tornou a fechá-la, sem encontrar palavras para responder. Aurélio prosseguiu:

— O que desejo lhe propor é uma troca. Você tem o que eu preciso para desenvolver meus conhecimentos, e eu posso dar-lhe alguns esclarecimentos que poderão mudar sua vida se os utilizar. Já vê que em nosso caso ninguém está abusando de ninguém e os dois poderemos lucrar.

— Sua maneira de pensar me surpreende.

— Gosto de ser verdadeiro. Depois, você estava pensando que sua situação atual pode ter me impressionado e que eu desejava ser caridoso, ajudando-o.

— Não me socorreu na via pública por caridade?

— Não. Prestei socorro, o que é natural na minha condição de médico, mas em nenhum momento fiz caridade.

— Não estou entendendo.

— Um ato de caridade o tornaria uma vítima, um coitado, incapaz de resolver os próprios problemas.

— Mas eu me sinto assim mesmo, incapaz de solucionar minha vida.

— Mas você não é. Está neste momento emocionalmente pressionado por ideias erradas a seu respeito, desvalorizando-se, não utilizando sua força interior, sua inteligência, sua capacidade. Mas elas estão lá, dentro do seu ser, à espera de que perceba e faça uso delas de maneira adequada. Eu não gosto de fazer caridade. Nunca dou nada de graça. Prefiro trocar. Não há ninguém que esteja impossibilitado de dar alguma coisa.

— Eu no momento não posso dar nada.

— Não pode me dar dinheiro. Mas pode me contar o que vai dentro do seu coração para que eu possa aprender mais sobre a alma humana.

— Acha que será suficiente?

— Para mim é o bastante. Você acha que estarei à altura de entrar na sua intimidade e mostrar-lhe alguns lados da sua personalidade que não está conseguindo ver?

— Pelo que já fez comigo desde que entrei aqui, penso que tive muita sorte em encontrá-lo.

Aurélio sorriu contente.

— Por que diz isso?

— Porque entrei aqui acanhado, sentindo-me miserável, e agora pela primeira vez em alguns meses comecei a me sentir digno. Tinha me esquecido de como é isso.

— É um bom começo, concorda?

Roberto concordou e eles marcaram hora para a noite seguinte. Quando ele chegou em casa, Gabriela já estava. Ela olhou para ele, mas não teve coragem de perguntar nada. Tinha certeza de que, quando ele arranjasse trabalho, ela seria a primeira a quem ele contaria.

Ela estava notando que ele andava calado, cabisbaixo. Por vezes sentia o olhar dele fixando-a com certo rancor. Ela não tinha culpa se ele não conseguia arranjar emprego. Fazia sua parte com boa vontade, mas ele parecia cada dia mais fechado e com cara de poucos amigos.

Nos dias seguintes, ela pouco conversou com ele, nem ao menos para perguntar como fora seu dia. Era difícil conviver, eles estavam cada vez mais distantes. Às vezes ela sentia vontade de se separar. Mas não lhe parecia correto fazê-lo exatamente naquele momento em que ele estava desempregado. Poderia parecer que ela era interesseira e maldosa. Não queria que os filhos um dia lhe cobrassem isso. Em seu íntimo já começava a formar-se a ideia de que, quando ele resolvesse o problema financeiro, ela pediria a separação.

Roberto não lhe contou nada sobre seu relacionamento com o médico. Não queria falar sobre o desmaio e que a vira naquele carro com um homem. Quando pensava nisso, o sangue subia, ele fazia tudo para se controlar. Havia concordado com Aurélio em investigar, só falar quando tivesse certeza.

Algumas vezes seguiu-a às escondidas, mas apenas constatou que Gabriela ia direto para o trabalho.

Ele se escondeu perto do escritório, vigiando durante o horário de expediente para ver se ela saía com algum colega. Mas isso também não aconteceu.

À noite, desabafou com Aurélio.

— Não aguento mais ficar calado sobre aquela tarde. Mas até agora não consegui descobrir nada, nenhuma prova. Tenho vigiado muito, e nada.

— É bem possível que tenha se enganado. Não era ela quem estava naquele carro.

— Eu vi. Tenho certeza. Também não posso ficar lá todo o tempo. Tenho que cuidar da minha vida, procurar trabalho.

— Como está se saindo?

— Está difícil. Eu não tenho curso universitário, trabalhava por minha conta, o que equivale a dizer que não tenho profissão definida. Estou desesperado, disposto a fazer qualquer serviço, mas onde quer que eu vá eles exigem experiência de pelo menos dois anos no cargo. Quando explico que trabalhava por minha conta, que perdi tudo, eles me olham desconfiados e não me chamam para as vagas.

— Você está lhes contando uma história de fracasso. Sua atitude não favorece a que eles confiem em você.

Roberto passou a mão pelos cabelos em um gesto nervoso.

— Sou sincero. Tenho que dizer a verdade. Se não contar, eles vão pensar que nunca trabalhei. Minha carteira profissional está em branco.

— Não estou lhe dizendo para mentir. Por tudo quanto lhe aconteceu, você está se sentindo um fracassado. Não confia em suas possibilidades, como quer que eles confiem em você e lhe ofereçam trabalho?

— Não estou entendendo. Claro que estou me sentindo fracassado. Perdi tudo. Não posso estar otimista. Mas sou trabalhador e honesto. Tenho boa vontade e preciso sustentar minha família. Acha que não basta?

— Não. Isso não basta. Você vai em busca de trabalho, mas carrega o desespero, a raiva, a culpa de ter sido ingênuo deixando-se roubar pelo seu sócio. Além disso, acha que sua esposa deixou de amá-lo porque você foi lesado e não tem como sustentar a família. Pensa que por causa disso o amor dela acabou.

— Essa é minha verdade, doutor. Tenho carregado essa angústia vinte e quatro horas por dia, desde que a tragédia aconteceu.

— Por causa de um fato que já passou você está destruindo todas as suas possibilidades de sucesso na vida. Você está se prejudicando muito mais do que seu sócio, que fugiu com todo o seu dinheiro.

Roberto olhou para o médico sem entender:

— Eu?! Como assim?

— Você sente vergonha por haver sido enganado. Acha que os outros o estão culpando, rindo à sua custa, chamando-o de otário.

— Isso mesmo. Eu percebo isso nos olhos das pessoas. O advogado me obrigou a ir dar queixa na delegacia e foi um vexame. Nunca sofri tanto em toda a minha vida. Os policiais me olhavam com ar de gozação. Foi um horror.

— Por que se envergonha? Você não é o ladrão. Você foi roubado!

— Fui burro. Ele me passou a perna. Acha que é bonito isso?

— Preferia estar no lugar dele?

Roberto fitou-o admirado:

— Claro que não. Nunca seria capaz de fazer o que ele fez.

— Isso porque você é um homem honesto.

— Claro. Nunca tirei nada de ninguém. Tudo quanto ganhei foi com o fruto do meu trabalho.

— Logo, você é um homem de bem. Correto.

— Claro que eu sou.

— Deveria sentir-se digno.

Roberto endireitou-se na cadeira.

— Eu sou um homem digno.

— Então por que se curva e se envergonha diante dos outros?

— Por que não gosto de passar por bobo.

— A opinião dos outros a seu respeito é muito importante para você?

— É.

— Mais do que a sua?

Roberto hesitou e não respondeu. Aurélio continuou:

— Você acha que as pessoas sabem o que vai em seu coração, o que você sente, pensa, quer?

— Não. Ninguém pode saber o inferno que está sendo minha vida agora, a humilhação que estou suportando.

— Quanto mais vaidade, mais humilhação.

— Está enganado, doutor. Nunca fui vaidoso.

— Preocupar-se com o juízo que você julga que os outros estejam fazendo de você é pura vaidade. Você acredita que os outros estejam percebendo um lado seu menos inteligente, menos bonito, e sente-se inferiorizado.

Roberto baixou a cabeça envergonhado. Lágrimas vieram-lhe aos olhos e ele esforçou-se para contê-las. Não conseguiu responder.

Aurélio ficou silencioso por alguns instantes. Roberto, cabeça baixa, lutava para conter o pranto, mas, embora se esforçasse, algumas lágrimas teimavam em descer-lhe pelas faces. O médico colocou do lado dele uma caixa com lenços de papel. Roberto respirou fundo, apanhou um lenço e assoou o nariz várias vezes. Pigarreou e disse encabulado:

— Desculpe, doutor. Tenho andado muito sensível ultimamente.

— Você não merece tudo isso, não é mesmo?

Sentindo o tom amistoso do médico, Roberto não conteve mais o pranto, que jorrou em profusão. Aurélio esperou em silêncio que ele se acalmasse.

Quando conseguiu se controlar, Roberto justificou-se:

— Isso nunca me aconteceu. Tenho andado muito tenso. A falta de dinheiro, a traição de Gabriela, tudo, tudo tem me deixado descontrolado.

— Tem razão. Você está acabado mesmo. Não serve mais para nada. Acho melhor desistir, aceitar a miséria, deixar o barco correr.

Roberto encarou-o surpreendido. Não era o que esperava ouvir.

— Vim aqui pensando que ia me animar. Pelo que vejo, o senhor está querendo me derrubar. Acho que vou embora.

— É você quem está fazendo tudo para se derrubar.

— Ao contrário. Tenho lutado, procurado emprego de todas as maneiras.

— Está difícil. Você não confia em sua capacidade. Acha que não tem experiência. Nem sei como foi que conseguiu montar seu negócio. Você diz que teve um. Será?

Roberto empertigou-se:

— Acha que estou mentindo? Só porque me vê sem dinheiro, não acredita em mim?

— Eu não o conheço o suficiente. Estou me baseando em suas informações. Você me diz que é um fracassado, que não consegue nem manter o amor da sua mulher, que não tem condições de arranjar trabalho. Está em desespero porque não consegue ver nenhuma saída.

— Pois você não me conhece mesmo. Eu trabalhei muito, primeiro como vendedor de um depósito de materiais de construção, depois comprei um terreno e construí um galpão onde comecei a comprar e revender alguns materiais. Fui progredindo até que cheguei a possuir um grande depósito, construí a casa onde moro, comprei outros imóveis. Sempre fui muito bom em negociar, vender, comprar. Meu pai dizia que eu conseguia vender até lata vazia. Quando conheci Gabriela, ela era a moça mais disputada do bairro. Não dava bola para ninguém. Quando eu cheguei, ela gostou de mim de cara. Nós nos apaixonamos de verdade. Foi uma loucura. Já fiz muitas coisas boas na vida.

Roberto havia se levantado, postura ereta, olhos brilhantes, fisionomia séria.

— Esse é você — disse Aurélio com voz calma. — Um homem forte, que sabe o que quer, que conseguiu tudo que quis na vida, que não pode ser derrotado por um ladrão sem-vergonha.

Roberto sentou-se, olhando pensativo para o médico. Aurélio continuou:

— Se quer melhorar sua vida, precisa assumir sua força, acreditar em sua capacidade, colocar sua dignidade acima do que os outros possam pensar. Você sabe que é um homem inteligente, trabalhador, honesto, capaz. Esqueça o que passou. Volte a ser o mesmo homem que era antes e logo verá que obterá de novo tudo quanto perdeu e até mais.

— Sei que sou capaz de trabalhar, ganhar dinheiro. É que me deixei levar pelas emoções.

— Você entrou na posição de vítima, o que você não é. Ele levou seu dinheiro, mas em troca você aprendeu algumas lições que nunca mais esquecerá. Portanto, estão quites. Deixe-o ir, entregue-o ao próprio destino, sem ódios ou lamentações.

— Gostaria de poder fazer isso. Mas por enquanto ainda me parece impossível.

— Enquanto não melhorar suas energias, você não vai encontrar trabalho.

— Como assim?

— Nossas atitudes criam um campo magnético próprio que forma nossa aura, que atrai energias afins. As emanações da nossa aura são percebidas pelas pessoas que reagem a elas. É a verdade de cada um. Você pode mentir, representar papéis, parecer o que não é, mas as pessoas sentem suas emanações e reagem de acordo com elas. Por tudo isso, algumas são sempre bem recebidas em qualquer lugar, enquanto outras são ignoradas, destratadas e até rejeitadas.

— Isso é questão de sorte.

— Engana-se. Isso é questão energética. Se se aproximar das pessoas sentindo-se errado, fracassado, incapaz, elas não confiarão em você. Para procurar emprego, saber isso é fundamental.

— Nunca ouvi falar nisso.

— Há muitos estudos a respeito. É a verdade maior. Se você colocar atenção no que sente quando as pessoas se aproximam, perceberá com clareza o que estou dizendo. Vai notar que as reações que as pessoas provocam em você são muito diferentes umas das outras. Tudo por causa da emanação do magnetismo delas.

— Será por isso que Gabriela nunca confiou em Neumes? Ela sempre foi desconfiada dele. Vivia me dizendo que eu precisava tomar cuidado, abrir os olhos.

— Ela registrava as emanações dele e não gostava. Percebia que ele não era de confiança.

— Puxa, se eu soubesse disso antes, não teria entrado nessa.

— Não lamente o que passou, nem se culpe. Você fez o seu melhor. Como é honesto, teve boa-fé.

— Isso é. Eu confiava tanto nele! Nunca imaginei que fosse capaz de fazer o que fez.

— Você o admirava. Sempre teve vontade de fazer faculdade?

— Sempre. Achava que quem faz faculdade é pessoa inteligente, importante.

— Por que nunca tentou estudar?

— Isso não era para mim, doutor.

— Por que não? Não acho que seja fundamental fazer uma universidade. É bom, abre a mente para várias coisas, mas há muitas pessoas com diplomas universitários que vegetam na vida, sem conseguir sucesso. Há outras coisas que são mais importantes e imprescindíveis ao progresso.

— Quais?

— Inteligência, boa vontade, ousadia, confiança em si, firmeza. Eu poderia citar outras tantas que concorrem para a conquista da felicidade. Quando você tem essas qualidades, o sucesso independe de qualquer diploma. Você ficou envaidecido com a amizade de Neumes.

— Claro. Ele era um engenheiro, formado. Havia projetado e construído um prédio bonito. Comprava material em meu depósito. Quando ele me propôs o negócio, achei o máximo. Nem me passou pela cabeça que pudesse ser enganado por ele.

— Para você ver que diploma, conhecimento, só, não bastam. É preciso mais. Gostaria que pensasse em tudo quanto conversamos e tivesse certeza de uma coisa: nesse negócio, Neumes perdeu mais do que você.

Roberto olhou surpreendido para Aurélio:

— Como assim?

— Você perdeu apenas dinheiro. Assim como conquistou tudo quanto tinha, pode recomeçar e fazer tudo de novo, agora mais experiente, mais amadurecido. Ele não.

Está sendo procurado pela polícia e, ainda que tenha saído do país, continuará lesando pessoas e acabará mal, com toda a certeza. A desonestidade tem um preço muito caro que cedo ou tarde a pessoa terá que pagar para recuperar a própria dignidade. Acho que chega por hoje.

Roberto levantou-se.

— Vou pensar em tudo isso, doutor.

— Pense. Estarei esperando você no dia marcado para continuarmos a conversar.

Roberto saiu do consultório pensativo. Ele precisava refletir mesmo. Nunca fora um fraco. Sentia-se agora mais forte. Parecia-lhe haver voltado a ser um pouco do que era antes.

Respirou fundo, sentindo que a brisa da noite lhe fazia bem. Olhou para o céu e reparou que estava cheio de estrelas. Há quanto tempo não percebia como estava a noite?

Chegou em casa. Gabriela ensinava a lição para Guilherme na mesa da sala. Ele se aproximou e beijou o filho enquanto Maria do Carmo, vendo-o, aproximou-se com um papel na mão.

— Olhe, papai: eu fiz este desenho sozinha.

Ele se aproximou dela, olhou o papel e disse:

— Que lindo!

— É uma casa! Eu pintei o céu de verde, e o Gui disse que está errado. Mas eu gosto do céu verde e pronto. O desenho é meu e eu pinto o meu céu da cor que eu quiser.

Roberto riu da careta da menina e respondeu:

— O céu é azul, mas você pode mudar a cor dele no seu desenho para ver como fica. Todos temos direito de experimentar.

Gabriela olhou admirada para o marido, mas não disse nada. Ele sentou-se em uma poltrona, chamou a filha e colocou-a no colo.

— Pai, sabe o que aconteceu hoje na escola com a Juliana?

— Não.

— Ela foi com uma meia de cada cor.

Ele riu divertido e justificou:

— Ela quis experimentar para ver como ficava.

— Todo mundo caçoou dela. Mas ela nem ligou. Disse que estava lindo assim e pronto. Amanhã eu também quero ir com uma meia de cada cor.

Gabriela olhou novamente para o marido. Roberto estava diferente. O que teria acontecido? Onde teria ido? Ele nunca saía sozinho à noite. Teria algum rabo de saia nisso?

Roberto sentia-se mais relaxado e melhor. Ficou com as crianças na sala até Guilherme acabar a lição. Em seguida, tomou um banho e foi deitar-se. Naquela noite, depois de muito tempo, ele conseguiu dormir tranquilo.

Capítulo 4

Georgina tocou a campainha várias vezes. Roberto teria saído? Ela resolveu visitar o filho na terça-feira à tarde porque sabia que tanto Gabriela quanto Nicete não estariam em casa. Roberto deveria estar, porquanto a janela do quarto da frente estava aberta. Insistiu, até que finalmente ele apareceu na porta.

— Pensei que tivesse saído e esquecido a janela aberta. Aliás, mesmo durante o dia você não deveria deixá-la assim. É um convite ao ladrão.

— Entre, mãe — respondeu ele.

Uma vez na sala, porta fechada, ela o abraçou com tristeza, dizendo:

— Pelo jeito, ainda não arranjou nada. Em casa a esta hora...

Ele sentiu vontade de não responder. Já tinha problemas demais para ter de aguentar os comentários dela. Conteve-se. Afinal, ela era sua mãe e não tinha culpa pelo que ele estava passando.

— Tenho algumas coisas em vista — mentiu ele. — Tenho certeza de que alguma delas vai dar certo. É só questão de tempo.

Georgina meneou a cabeça, fitando-o triste.

— Dói vê-lo nessa situação! Você, que sempre conseguiu tudo que quis. Fico de coração apertado, pensando em como andará sua cabeça.

— Não se preocupe tanto, mãe. Eu estou muito bem. Já disse que essa situação é temporária. Vai passar.

— Não sei, não. Nessa maré de má sorte em que você anda, tudo pode acontecer. — Aproximando-se mais dele, baixando a voz, ela continuou: — Acho que Dalva está certa. Você tem trabalho feito. Sabe como é, você estava muito bem e de repente tudo mudou. A inveja e a maldade têm meios de derrubar uma pessoa.

— Não creio nessas coisas, mãe.

— Você devia procurar um centro espírita para desmanchar esse mal. Dalva frequenta um e entende dessas coisas. Ela me contou alguns casos impressionantes. Garantiu que sozinho você não vai conseguir melhorar. Sua vida irá de mal a pior. Eu pedi, e ela fez uma consulta lá e disse que, se você não fizer nada, até sua mulher vai largá-lo.

Roberto sobressaltou-se. Com exceção do médico, ele não contara a ninguém de suas desconfianças sobre Gabriela.

Georgina continuou:

— Vim aqui especialmente para dar esse recado. Quero levar você lá para resolver isso. Não posso mais vê-lo desse jeito. Precisamos fazer alguma coisa.

Ele respirou fundo e decidiu:

— Eu não vou. Não gosto da sua amiga Dalva, nem dessa ideia de me meter com bruxarias. Largue de se preocupar comigo. Posso cuidar da minha vida.

— Pode tanto que está desse jeito! Não vê que nada tem dado certo? Até quando pretende ficar vivendo à custa de sua mulher? Até que ela se canse e lhe diga adeus?

Roberto não se conteve mais.

— Chega, mãe! Não estou com disposição para conversar. Aliás, preciso sair agora, tenho uma entrevista importante.

— Bem que Dalva me avisou que você não iria aceitar. Ela garantiu que a macumba foi muito bem-feita, que quando eu o convidasse você se voltaria contra mim. Aconteceu mesmo. Você está me mandando embora. Nunca fez isso antes. Mas saiba, meu filho, que está sendo muito ingrato. O que eu quero é ajudá-lo. Peço-lhe: vamos ao centro.

— Não acredito no que está dizendo. Não quero ir. Entenda. Não a estou mandando embora. Tenho um compromisso, já disse. Sei que deseja me ajudar.

— Você não vai arranjar nada se não desmanchar essa macumba. Por que é tão teimoso?

— Deixe que meus problemas eu resolvo. Não se preocupe.

— Eu vou embora, mas, se mudar de ideia, procure-me. Para desmanchar o trabalho, vamos precisar de algum dinheiro. Você não tem, mas eu posso dar um jeito. Eles aceitam uma parte agora e o resto quando tudo estiver resolvido. Eu tenho algumas economias, acho que dará para as primeiras despesas.

Roberto impacientou-se:

— Mãe, quantas vezes preciso lhe dizer que não irei a esse lugar? Guarde seu dinheiro, pode precisar dele. Não o entregue a esses oportunistas.

— Não diga isso, meu filho. São pessoas que fazem isso de coração. Mas eles precisam comprar o material. É justo pagar por isso.

— Espero que você não dê dinheiro a eles. O que recebe mal dá para suas despesas.

— Para salvar meu filho, farei qualquer negócio.

— Não esse, por favor. Já chegam minhas preocupações. Não posso também agora cuidar de você. Seja razoável.

— Eles já mexeram no caso! O que direi a Dalva?

— Fez isso sem me consultar. Viu no que deu? Agradeça a ajuda e trate de não arranjar mais confusão. Diga que eu já consegui trabalho, que estou viajando, invente alguma história, mas saia dessa e não me envolva. Se continuar com isso, ficarei muito zangado com você. Entendeu?

Ela suspirou desanimada. Depois disse:

— Estou desolada, mas farei o que me pede. Contudo, se mudar de ideia, poderemos ir.

Ela se despediu, e Roberto respirou aliviado quando a viu sair. Fechou a porta e deixou-se cair em uma cadeira. Era só o que lhe faltava! Pensou em Gabriela naquele carro. E se fosse mesmo verdade? E se ele estivesse sendo vítima de alguma macumba para fazer com que perdesse tudo, até a mulher? Ela andava calada, diferente, não se chegava como antigamente. Ele tinha até receio de abraçá-la. E se ela o recusasse? Andava sempre cansada, dormia logo, não o beijava nem o abraçava na cama, como antes.

Passou a mão nos cabelos num gesto de impotência. Se isso fosse verdade, ele estava vencido. Como lutar contra coisas que ele não via nem sabia como funcionavam?

Lembrou-se de alguns casos de conhecidos que os amigos diziam terem sido vítimas de feitiçaria. Eles não tinham conseguido sair.

Não havia nenhuma lógica. Ele não podia acreditar que isso existisse. Contudo, uma sensação de medo o invadiu. O sobrenatural, os rituais que vira em filmes de magia estariam destruindo sua vida? Como se defender? Ele não acreditava que Dalva e seus amigos tivessem poder para resolver seu caso, se ele estivesse mesmo sendo uma vítima dos seres do mal.

E se procurasse um padre? Não, ele não se sentia com coragem de falar com ele sobre esses assuntos sempre tão combatidos pela igreja. E o pastor? A esposa de um conhecido garantira-lhe que ele precisava ir para uma igreja evangélica, que tudo seria resolvido. Se ele fosse lá contar suas suspeitas, eles diriam que estava sendo envolvido pelo diabo. Só que ele não acreditava nele.

Esses pensamentos angustiados não o deixaram até a hora de ir ao consultório de Aurélio. Logo que entrou, o médico notou sua preocupação. Assim que o viu acomodado na poltrona, foi dizendo:

— Conte o que aconteceu.

— Nada que mereça atenção — disse ele com receio de parecer ignorante.

— Talvez não mereça, mas você deu importância. Prefere não falar no assunto?

— Não foi nada sério. Minha mãe esta tarde veio com uma conversa louca. Disse que tenho um trabalho feito.

— Uma macumba?

— É.

— Pode ser mesmo.

Roberto surpreendeu-se:

— Você acredita nisso?

— Por que não? O magnetismo, a manipulação de energias, a força mental podem criar e alimentar situações muito penosas.

— Isso seria o cúmulo do azar. Só me faltava essa! Deus está mesmo contra mim, permitindo que eu seja castigado dessa forma sem que possa me defender.

— Não fale assim sobre coisas que desconhece.

— Como quer que eu me sinta? Depois de haver sido roubado, ter perdido tudo, estar desempregado, a mulher pensar em abandonar-me, ainda as forças do mal estão contra mim. Isso me desespera. Lutar contra seres invisíveis que desejam acabar comigo é demais para um homem como eu.

— Do jeito como você está olhando a situação, parece que não tem como sair dela.

— Não tenho mesmo. Tudo quanto fiz até agora não valeu nada. Minha vida está cada vez pior.

— Acalme-se. Vamos fazer um exercício de relaxamento. Deite-se na maca.

Roberto obedeceu. Aurélio apagou a luz, deixando acesa apenas pequena lâmpada azul. Depois, colocou uma música suave, aproximou-se de Roberto e, colocando a mão direita espalmada sobre sua testa, disse.

— Relaxe, deixe seu corpo bem à vontade. Imagine que você está em um parque, as árvores muito viçosas e os canteiros cheios de flores exalando agradável perfume. Há pássaros cantando, o ruído de água caindo do morro, lavando as pedras do caminho, formando uma espuma branca que se desmancha ao chegar ao lago. Você está descansando. Agora é o seu momento. Não tem que fazer nada a não ser se integrar na harmonia da natureza. Respire fundo, aproveite esse ambiente calmo, tranquilo e vitalizante. Vamos, respire.

Roberto começou a respirar conforme ele mandava e aos poucos foi sentindo sonolência, bocejando seguidamente. Aurélio continuou:

— Vamos, continue respirando o ar puro do parque, usufruindo do gorjeio dos pássaros e da brisa perfumada do lugar. Tudo é perfeito no Universo. Você é natureza, você é perfeito. A natureza cuida do seu corpo, do ar que você precisa para respirar, do alimento que você deve ingerir. Ela provê tudo. Nada lhe falta. Você tem tudo para melhorar sua qualidade de vida. Para isso só precisa entender como a vida funciona, fazer sua parte e confiar que o invisível fará o resto. A vida é luz, beleza, harmonia, equilíbrio, paz.

De repente, Roberto começou a soluçar. As lágrimas desciam pelo seu rosto e ele tentou contê-las, mas Aurélio tornou:

— Chore. Lave sua alma. Jogue fora todos os pensamentos dolorosos que o incomodam. Você é luz, vida, bondade, beleza, paz.

Roberto soluçou durante alguns minutos. Quando ele se calou, Aurélio perguntou:

— Como se sente agora?

— Melhor.

— Agora, sente-se na poltrona, vamos conversar. Há algumas coisas que desejo lhe explicar.

Ele obedeceu. Depois, olhando para o rosto do médico, que havia se sentado à sua frente, tentou sorrir.

— Devo parecer-lhe um fraco.

— Ao contrário. Você é pessoa muito forte.

— Ainda agora, queixei-me, chorei.

— É natural. Você está sofrendo.

— O que acaba comigo é sentir-me impotente. Por mais que eu tente resolver minha vida, não consigo nada.

— Você está tentando sempre do mesmo jeito. Vai obter sempre o mesmo resultado.

— Não estou entendendo.

— É preciso descobrir como você está atraindo essa situação em sua vida. Cada um é responsável por tudo quanto lhe acontece.

— Eu não. Fui vítima da maldade de Neumes.

— Não creia nisso. Você colheu os resultados das suas atitudes.

Roberto ia interromper, mas Aurélio fez um gesto para que só ouvisse e continuou:

— Sei o que vai dizer. Que o seu sócio era mau-caráter, ladrão, e que você sempre foi honesto. Mas por que ele o procurou para propor o negócio? Por que ele escolheu você e não outro para ludibriar?

— Eu era pessoa de boa-fé.

— Sim, mas sempre se julgou inferior a ele só porque ele tinha um diploma e você não. Você acredita que, para ser importante, é preciso haver cursado uma universidade.

Nunca passou pela sua cabeça questionar os atos dele, uma vez que o via como mais sábio, mais capaz.

— Eu nunca saberia construir um prédio daqueles.

— Concordo. Ele possuía conhecimentos técnicos que você não tinha. Mas por outro lado, apesar de todo o conhecimento, ele não havia conseguido subir na vida. Não possuía o seu capital, o dinheiro que você conseguiu ganhar apesar de não ter o diploma dele. Entendeu?

Roberto coçou a cabeça admirado. Era verdade. Ele sempre fora capaz de ganhar sua vida, conseguir o que queria.

— Eu queria que você percebesse que foi você quem se colocou abaixo dele, considerando-o mais. Por causa disso, confiou cegamente nele, deixou de lado seu talento comercial, sua sagacidade, envaidecido por ele haver se associado a você. Em sua cabeça, ele era muito mais do que você. Não usando o seu bom senso, sua intuição, como sempre havia feito em sua vida, você pôde ser enganado. Você não foi uma vítima. Ao contrário, suas atitudes atraíram e facilitaram o trabalho dele.

Roberto meneou a cabeça, pensativo.

— Lembra-se de como você era antes de fazer essa sociedade?

— Claro. Eu não ouvia ninguém. Fazia o que me parecia melhor.

— E assim você prosperou, casou com a mulher amada, tudo como desejava.

— Até aparecer aquele sem-vergonha. Como pude ser tão burro?

— Não se culpe, para não piorar as coisas. Você precisa colocar sua força em coisas boas, que melhorem sua vida. A culpa, além de dispersar suas energias, ainda o empurra para o pessimismo. A condenação não ajuda em nada, só atrapalha. O que aconteceu com você foi para o bem, reconheça.

— Isso não, doutor. Tem sido horrível.

— Mas o impulsiona a pensar, a procurar as causas de tudo e encontrar a melhor solução. Você está crescendo.

— Experiência eu ganhei, isso é verdade. Nunca mais entrarei noutra.

— As pessoas não são iguais. Se você estiver bem, vai atrair pessoas boas, nutritivas, que vão concorrer para tornar sua vida melhor.

— Ainda vem minha mãe com essa história de macumba...

— Nós nunca conseguimos agradar todo mundo. Há pessoas que se incomodam com o seu sucesso. Há as que veem maldade em tudo quanto você faz. Entre elas pode haver as que, a pretexto de "salvar" você, ou de castigá-lo pelos seus erros, apelam para os espíritos desencarnados mais primitivos, realizando trabalhos de macumba.

— Então existe mesmo isso? Não é enganação para pegar dinheiro dos incautos?

— Há espertalhões em todo lugar. Mas estou falando dos que realmente estão envolvidos com espíritos e desejam interferir na vida das pessoas, manipulando-as de acordo com seus interesses.

— Eles conseguem mesmo isso?

— Só com os que não tomam posse de si mesmos.

— Como assim?

— Acontece com as pessoas muito dependentes, que não têm opinião própria, que vivem perguntando tudo aos outros. Essas pessoas são muito vaidosas. Têm medo de errar, preferem não assumir responsabilidade por si mesmas. Sempre desejam dividir com outros, querendo opinião para, depois, se der errado, culpar o outro. Uma pessoa mais lúcida, que usa o bom senso, não se deixa levar com facilidade, não pega macumba. Quem é positivo olha a vida sempre pelo lado bom, nunca dá força nem teme o mal, fica imune a todas essas investidas das trevas. Agora, conhecer a espiritualidade, saber como as energias que estão à nossa volta funcionam, dá segurança. Deus habita dentro de cada alma e, se você se habituar a buscar essa fonte espiritual, acreditar que ela está em você, agir de acordo com ela, nunca terá problemas com espíritos maldosos. A força deles é muito pequena diante da essência divina.

— Então como eles conseguem derrubar as pessoas?

— Atacando os pontos fracos que elas possuem: seus complexos, suas ilusões, crenças que têm, mas que mesmo não sendo verdadeiras criam suas atitudes.

— Você disse que eu posso mesmo estar com macumba?

— Pode porque se deixou dominar pelo pessimismo, pela falta de confiança em si próprio, pelo ciúme. De fato, é um prato cheio para qualquer macumbeiro.

— Nesse caso, eu preciso ir a um centro para desmanchar tudo?

— Se descobrir as atitudes que o estão tornando vulnerável a eles e mudá-las por outras melhores, seu padrão energético subirá e haverá uma desconexão natural. Mas para isso você vai precisar aprender como essas energias funcionam.

— Você entende dessas coisas.

— Tenho estudado em decorrência do meu trabalho. Atendendo meus pacientes, acabei descobrindo muitas coisas, inclusive a mediunidade, a continuidade da vida após a morte. Foram tantas as provas que obtive que hoje não saberia trabalhar sem analisar essas variáveis. Digo mais: meu sucesso profissional decorre de cuidar dos doentes integrando corpo, mente e espírito.

— Ouvindo você, fico pensando como minha vida está enrolada.

— Nada que você não possa mudar.

— De que forma? Estou me esforçando para encontrar trabalho e parece que fica mais difícil a cada dia.

— É que você se deprime demais. Quanto mais deprimido, mais difícil.

Roberto impacientou-se:

— Como ficar mais otimista sem dinheiro, suportando os olhares de comiseração da mãe, da esposa, dos vizinhos e até da empregada? Sinto-me como se fosse um incapaz. Estou vivendo à custa de minha mulher.

— Você não é incapaz, nem vagabundo ou aproveitador só por estar sem emprego. Essa é uma situação temporária.

— Que já dura alguns meses, e estou no limite de minhas forças.

— Enquanto ficar na queixa, não conseguirá nada. A depressão, a queixa, a falta de confiança na vida, isso afasta todas as oportunidades boas. Se quer vencer, tem que se esforçar para mudar essa postura.

Roberto fez um gesto de impotência. Ia falar, mas Aurélio continuou:

— Sei o que vai dizer. Justificar-se não adianta nada. O que precisa é sair desse estado, enxergar as coisas boas que possui, valorizá-las, agradecer a Deus pelo que já possui. Você tem uma bela família. Sua mulher tem sido boa companheira nesses momentos de dificuldade pelos quais vem passando. Não acha que tem muito a agradecer?

— Visto assim...

— Tem mais. Apesar do que você diz ter visto, não acredito que sua esposa o esteja traindo. É bom valorizar tudo que ela tem feito pela família, para que ela não se sinta desanimada e alguém venha a se aproveitar, tentando desviá-la. Aí, o que você teme acontecerá realmente.

— Você acha mesmo que posso ter me enganado?

— Acho. Uma mulher só trai o marido quando se apaixona por outro. E então ela faz tudo para se separar.

— Ela está diferente. Não me faz agrados como antes, está sempre cansada. Tenho até receio de me aproximar.

— Será que não foi você quem mudou? Prestou atenção em como você tem se comportado dentro de casa, e com ela?

— Bom, depois do que aconteceu, claro que eu mudei. Fiquei triste, sem vontade de conversar, ressabiado. Parece que todos estão me criticando por eu ter confiado naquele patife. Não me conformo de ter errado tanto e perdido todo o dinheiro.

— Você se critica, julga-se incapaz por não ter descoberto a verdade a tempo. Sente raiva por ter sido enganado e pune-se pensando que não merece o amor de sua família.

— Não mereço mesmo. Eu não soube cuidar do bem-estar deles.

— Perceba que está jogando toda a sua força contra você. Está se arrasando de propósito para se castigar.

— Como assim?

— Está com raiva por ter sido ingênuo. No fundo, acredita que merece sofrer pelo seu erro. Se um lado de você deseja prosseguir, melhorar, recomeçar, cultiva o outro, que se compraz em sofrer, em ver-se derrotado, em "pagar" pelos seus erros. No fundo, você acredita que está se depurando, tornando-se "limpo" diante da família. Não aprendeu que "o sofrimento redime"?

— Bom, sempre ouvi dizer que quem sofre está "pagando pelos seus erros".

— Você acredita nisso. Para você, sofrer significa suportar as consequências dos seus erros e tornar-se melhor.

— Falando assim, dá a impressão de que eu não quero arranjar emprego. E isso não é verdade.

— Claro que você quer trabalhar. Mas acredita que, para voltar a ter sucesso, dinheiro, precisa merecer. Como é que uma pessoa que fracassou pode merecer o sucesso?

Roberto ia retrucar, mas calou-se. Respirou fundo, passou a mão pelos cabelos como querendo entender melhor.

— Na verdade, Roberto, você se compraz em sofrer, em continuar sendo vítima da maldade dos outros. Pensa que agindo assim está demonstrando o quanto as pessoas são enganadoras e perversas e tentando justificar a lamentável experiência com Neumes.

— Do jeito que você fala, até parece que o único culpado sou eu...

— Não se trata de encontrar um culpado, entenda isso, mas de compreender como você está lidando com os fatos. Você foi enganado por um malandro. Isso acontece todos os dias com as pessoas de boa-fé. Você está perpetuando esse fato, agravando a situação. Perceba isso: o errado não é você, por haver confiado em seu sócio, mas sim ele, por haver se aproveitado da sua confiança. Quem errou foi ele, e um dia terá que responder por esse ato diante dos valores eternos da vida. Quanto a você, continua honesto, capaz, competente, e, se continuasse mantendo essa opinião a seu respeito, há muito teria encontrado a solução do seu problema.

— Sempre trabalhei por conta própria, não tenho prática para qualquer emprego. As empresas exigem dois anos de experiência.

— Talvez a vida esteja querendo lhe dizer que o melhor será fazer aquilo que sempre fez.

— Precisaria de capital, e não tenho. Depois, um emprego é mais garantido. Salário todo mês, sem preocupações ou incertezas.

— Você está com medo. Não confia mais em sua capacidade. Pensar que um emprego lhe dá mais estabilidade é ilusão.

— Você diz coisas que me perturbam e fazem pensar.

— Isso é bom, e vai ajudá-lo a sair mais depressa dessa situação.

— Do jeito que você fala, parece que depende só de mim.

— E depende mesmo. Quando mudar sua postura e voltar a agir como agia antes de conhecer Neumes, aos poucos tudo se normalizará.

— Pode me explicar melhor? Antes eu não estava nessa situação. Não tinha que suportar a penúria, ver minha mulher fazendo tantas horas extras para pagar as contas, nem minha mãe sofrendo por mim. Os fatos agora são outros. Não dá para agir como antigamente.

— Claro que a situação é outra, mas você também é outro. Seus pensamentos são angustiados, depressivos, ansiosos. Está cheio de medo do futuro. Entretanto, precisa reconhecer que esse tipo de atitude, além de dificultar, ainda cria obstáculos à sua recuperação emocional e financeira. Terá que se tornar mais otimista.

— Você já disse isso. Mas não sei como fazer. Como posso fingir que estou bem se tudo vai mal?

— Não estou dizendo que precisa fingir. Estou dizendo que, apesar de estar passando por dificuldades, você continua tendo muitas coisas boas em sua vida. Você perdeu dinheiro, mas ainda tem o que é mais importante: sua família, o amor dos seus. Eles não o abandonaram. Ao contrário, ficaram do seu lado, esforçando-se, cada um a seu modo, para mostrar o quanto o amam e acreditam em sua capacidade.

— Minha mãe me critica porque ajudo a cuidar da casa. Ela acha que um homem não deve fazer isso.

— É preconceito errado dela. Não existe isso de serviço de homem ou de mulher. Em uma família, todos precisam cooperar para que o serviço da casa seja feito. Afinal, todos usufruem e dividem o mesmo espaço. Nada mais justo que quem tenha mais tempo ajude mais.

— É isso que eu penso. Se Gabriela está trabalhando e eu em casa, por que não devo fazer pequenos serviços domésticos?

— Você está muito certo. O que sua mãe pensa não deve afetá-lo. Reconheça que essa é a forma como ela foi educada. No fundo mesmo, o que ela deseja é apoiá-lo, ajudá-lo a resolver seus problemas. Faz isso do jeito dela, sem perceber que o está constrangendo. É seu jeito de amar. Quando demonstra preocupação, está querendo dizer que o ama e torce para que seja feliz.

— Acho que tem razão. Nunca havia visto por esse lado.

— Quanto à sua mulher, está trabalhando mais horas para que nada falte a vocês, e isso, na minha opinião, não é para que você se sinta humilhado, mas para apoiá-lo até que possa assumir sua parte nas despesas. Ela faz isso por amor.

— Você acha mesmo?

— Claro. Ela deseja mostrar que o compreende e quer estimulá-lo a reagir.

— Ela reclama que estou queixoso e mal-humorado.

— Ela sente que, apesar de estar fazendo tudo que pode, você não está entendendo. Percebe sua revolta. Sente-se incompreendida.

— É verdade. Ultimamente ela não conversa mais comigo como antes. Isso me deixa mais deprimido.

— Ela tem razão. Está fazendo tudo que pode e você continua na cômoda posição de vítima. No lugar dela, você também estaria irritado.

— É... pode ser... Você acha mesmo que a mudança dela pode ser por causa disso?

— Acho. Você pode verificar. Mude sua atitude. Demonstre confiança no futuro. Prove a ela que voltou a acreditar na vida e em você mesmo. Garanto que ela também mudará com você.

— Puxa... vou tentar. Eu amo essa mulher. Só de pensar em perdê-la, sinto a vista turva e uma sensação de pavor.

— Se deseja mesmo isso, você precisa reagir antes que ela se canse de sua falta de compreensão e o amor acabe.

— Nem quero pensar nisso!

— Então faça alguma coisa. Você perdeu só o dinheiro, mas o que possui de mais valioso ainda está do seu lado. Valorize o que possui de bom, se deseja conservá-lo. Descubra sua felicidade. Você é um homem feliz. Tem uma família linda, uma mãe amorosa, até uma empregada dedicada que chega a trabalhar fora para ajudar. Isso é uma raridade.

Roberto respirou fundo! De repente ele entendeu. Era verdade. Ele perdera só o dinheiro. A família ainda estava do seu lado.

— Acho que tem razão Eu perdi o dinheiro, mas não perdi o que tenho de mais valioso.

— Isso mesmo. O dinheiro foi, mas pode voltar a qualquer momento. Os bens do coração, quando se vão, dificilmente voltam.

Roberto levantou-se e agarrou a mão do médico, apertando-a com entusiasmo.

— Obrigado, doutor. Entrei aqui arrasado, destruído, e o senhor me transformou em um homem feliz, cheio de entusiasmo. Tem razão: vou me esforçar para mudar meu comportamento.

— Faça isso. Não se deixe abater pelo que já foi. Amanhã é outro dia e novas oportunidades surgirão em sua vida.

— Não sei como agradecê-lo...

— Ainda é cedo para isso. Vamos continuar. Volte aqui depois de amanhã.

Roberto despediu-se e foi para casa. Quando entrou, Gabriela estava na cozinha.

Ele se aproximou dela. Gabriela estava com ar cansado, preparando a mesa do café para a manhã seguinte. Vendo-o entrar, olhou para ele e não disse nada.

Não sabia aonde ele ia quando saía à noite, mas estava tão desanimada que não queria perguntar. Às vezes pensava que ele poderia estar se envolvendo com outra mulher. As coisas estavam complicadas demais para que ela arranjasse mais esse problema. Por tudo isso, fingia não notar suas saídas em dias determinados. Ele não dizia, ela não perguntava.

— Deixe-me ajudá-la — disse ele dirigindo-se ao armário e apanhando as xícaras.

Ela olhou para ele um pouco surpreendida, mas não disse nada. Roberto continuou:

— Você está cansada. Nicete não podia fazer isso?

— Ela está passando roupa. Amanhã é dia em que ela trabalha para Angélica.

Roberto colocou as xícaras na mesa e abraçou-a, dizendo:

— Você tem sido maravilhosa. Sou um homem afortunado por ter me casado com você.

Gabriela olhou admirada para o marido.

— Por que isso agora?

— Estive pensando. Tenho agido como um bobo. Mas, de hoje em diante, vou mudar. Estou confiante em que tudo voltará a ser como antes. Tenha um pouco mais de paciência.

Ela se soltou dos braços dele, dizendo:

— Arranjou emprego?

— Ainda não. Talvez esse não seja o meu caminho. Sempre trabalhei por conta própria e me dei bem. Pretendo recomeçar.

— Como? Não tem capital.

— Vou dar um jeito. Quando comecei, também não tinha nada.

Ela deu de ombros e respondeu:

— É verdade.

— Estou confiante. Assim como ganhei dinheiro e construí nossa vida, vou fazer tudo de novo. Pode acreditar, vou fazer. Aí, você poderá até deixar o emprego e cuidar apenas dos nossos filhos.

— Deixar o emprego, não. Pretendo continuar a ganhar o meu dinheiro.

— Veremos quando chegar o momento.

Gabriela olhou para ele e não disse nada. Reconhecia que o marido estava diferente. Seria bom mesmo que mudasse, que não ficasse com aquela cara de vítima sofredora. Ela não aguentava mais sua depressão.

— Quer tomar um café com leite antes de dormir? — indagou solícita.

— Quero. Mas hoje eu é que vou preparar e você vai se sentar do meu lado e tomar uma xícara comigo.

— Estou cansada, vou me deitar.

— Nesse caso, levarei a bandeja no quarto. Você vai tomar comigo.

Ela esboçou um sorriso, olhando admirada para ele. Roberto estava diferente. O que teria mudado?

Gabriela foi para o quarto, preparando-se para deitar.

Capítulo 5

Gabriela levantou-se apressada. Estava atrasada. Aquele café com leite na cama, a mudança da atitude do marido haviam-na feito relaxar e dormir pesadamente.

Quanto à situação financeira dele, não queria pensar. No princípio, tentara de todas as formas ajudá-lo, sugerindo várias opções de trabalho que, seja por ele não ter prática ou por não ter entusiasmo, nunca haviam dado certo. No fim, ela ficava sempre com a sensação de fracasso. Nessas ocasiões, sentia que ele a olhava como que a culpando. Por causa disso decidiu não interferir mais nessa questão.

Entretanto, apesar disso, não conseguia manter serenidade diante das contas a pagar, da falta de compreensão dele, do ar de vítima da sogra e até das pequenas contrariedades domésticas normais do dia a dia. Sentia-se esgotada de corpo e alma.

Aprontou-se rapidamente e, tendo dado algumas recomendações a Nicete, saiu após um "até mais" ao marido.

Chegou ao escritório com quase meia hora de atraso. Uma colega informou:

— O doutor Renato perguntou por você duas vezes.

Nervosa, Gabriela guardou a bolsa no armário, ajeitou a roupa e imediatamente foi à sala do chefe. Bateu levemente e entrou.

Ele lia alguns papéis e, vendo-a entrar, levantou os olhos dizendo:

— Onde estava, Gabriela?

— Desculpe, doutor, não consegui chegar no horário.

Ele pousou os papéis sobre a mesa e olhou atentamente para ela.

— Você parece cansada. Está doente?

— Não, senhor. Estou muito bem.

— Tenho observado. Ultimamente você tem estado triste, abatida, emagreceu.

— Tenho tido alguns problemas pessoais.

Ele continuou fitando-a pensativo. Era um homem fino, elegante, que aos quarenta e cinco anos já podia considerar-se rico. Tinha mulher e dois filhos, sua empresa ia muito bem.

— Se continuar assim, vai adoecer — disse. — Tem trabalhado demais. Mesmo quando não preciso de você, tem procurado fazer horas extras em outros departamentos. O que está acontecendo?

Gabriela esforçou-se para controlar-se. Não queria mostrar-se fraca. Ele poderia despedi-la. Se ela perdesse aquele emprego, sua família não teria como se manter.

Tentou conter as lágrimas e disse com voz que tudo fez para tornar firme:

— Por favor, doutor Renato! Não me mande embora. Sei que tenho estado cansada, mas não posso perder o emprego agora!

Ele se levantou e se aproximou dela, dizendo:

— Não pensei nisso, Gabriela. Acalme-se. Estou apenas querendo saber o que está acontecendo com você. Sempre admirei sua alegria, disposição, bom humor. Agora está diferente. Não me passou pela cabeça despedi-la. Pelo contrário, desejo saber o que está acontecendo para poder ajudá-la.

Ouvindo essas palavras, Gabriela não conseguiu mais conter a emoção. Rompeu em pranto convulso e incontrolável. Tudo quanto ela havia represado durante aquele tempo aflorou, e ela não conseguia parar de soluçar.

Sensibilizado, ele a abraçou, apanhou um lenço e colocou-o na mão dela, dizendo:

— Chore, Gabriela. Extravase seus sentimentos. Desabafe.

Ela se deixou ficar ali, abraçada a ele, sentindo o conforto do seu apoio, o delicado perfume que vinha dele. Quando conseguiu se acalmar, afastou-se e ele imediatamente a largou.

— Desculpe. O senhor não tem nada a ver com meus problemas pessoais. Sinto muito. Não estou sendo profissional. Não devia ter deixado acontecer.

— Não se preocupe. Você está exausta, no limite da sua resistência. Sente-se melhor agora?

Gabriela tentou sorrir, enxugando os olhos mais uma vez.

— Sim. Obrigada pelo lenço. Vou levá-lo para lavar, amanhã eu devolvo. O senhor estava me procurando.

— Isso pode esperar. Eu queria que soubesse que pode confiar em mim. Trabalhamos juntos há mais de três anos e somos amigos. Se há alguma coisa que eu possa fazer...

— O senhor já fez muito. Meu marido está desempregado até agora. As coisas estão muito difíceis lá em casa.

— Agora me recordo, ele foi roubado pelo sócio.

— Foi. Como nunca trabalhou como assalariado, está difícil arranjar emprego. Todos pedem dois anos de experiência.

— Por que ele não volta a trabalhar por conta própria?

— Não tem capital.

— Ele tinha um depósito de materiais de construção, não é?

— É.

— Ele pode procurar um sócio e recomeçar.

— Depois do que ele passou? Desta vez ele vai precisar fazer tudo sozinho. Aliás, foi assim que ele começou.

— Não desanime. Ele vai conseguir. Agora vá lavar o rosto, refazer a maquiagem e vamos trabalhar.

— Obrigada pela compreensão. Estou melhor agora. Pode ter certeza de que vou trabalhar como nunca.

Renato sorriu. Era assim que gostava de vê-la: firme, disposta, capaz. Ele sabia que ela era muito eficiente. Gabriela retirou-se e ele ficou olhando para a porta, o lugar por onde ela desaparecera. Que mulher!

Muito diferente da sua, que estava sempre se queixando e para quem tudo era difícil. Havia momentos em que ele não conseguia suportar sua voz chorosa, lamentando-se por futilidades. Ora porque o trânsito estava ruim, ora porque o cabeleireiro estava lotado, a balconista da loja fora indelicada, uma amiga esquecera o dia do seu aniversário etc.

Se ela tivesse a metade dos problemas de Gabriela, com certeza teria um chilique. O que mais o irritava em Gioconda era sua atitude com os filhos, desculpando todas as malcriações, principalmente de Ricardinho, que aos dez anos fora expulso de duas escolas e estava difícil de manter na terceira.

Quando Renato chamava a atenção de Gioconda para que ela fosse mais firme com o filho, ela tinha crises de depressão, dizendo-se incompreendida, chamando-o de malvado.

Ele tentara várias vezes orientar Ricardinho, porém Gioconda sempre interveio, tirando sua autoridade. Pensara até em interná-lo em um colégio, o que deixou sua mulher de cama por dois dias, infernizando sua vida.

Já Célia era mais cordata. Quieta, delicada, falava pouco. Aos oito anos, fazia tudo para agradar a mãe, mesmo percebendo que Gioconda só tinha olhos para Ricardinho.

Renato, por vezes, sentia vontade de intervir, mudar tudo. Mas como? Ficava trabalhando a maior parte do tempo. Depois, Gioconda era tão frágil que ele tinha medo de pressioná-la. E se ela fizesse alguma besteira?

Ia levando a vida como dava. Gabriela era o oposto. Forte. Determinada. Bonita e indomável como um cavalo de raça.

"Vai ver que o marido dela é um moleirão que não merece tudo isso!", pensou ele.

Quando Gabriela voltou, estava renovada. Arrumara-se melhor. Não podia desagradar ao patrão. Sabia que ele detestava gente feia e mal-arrumada. Queria estar sempre rodeado de obras de arte em um ambiente agradável.

Vendo-a entrar, ele tornou:

— Vamos trabalhar. Há algumas cartas que quero ditar sobre aquele contrato com a importadora.

— Sim, senhor. Estou pronta.

Ela se sentou com o caderno de anotações nas mãos e ele começou a ditar. Trabalharam durante uma hora, depois ele decidiu:

— Providencie essas cartas com urgência. Pretendo assiná-las logo ao voltar do almoço e mandá-las o quanto antes.

— Sim, senhor. Não levarei mais do que meia hora para tê-las prontas.

— Todas?

— Todas.

— Você não sai para o almoço?

— Não. Costumo trazer um lanche e como aqui mesmo.

— Isso não faz bem à saúde. Você deveria se alimentar melhor.

— À noite, em casa, faço isso.

Ele balançou a cabeça negativamente.

— Não parece. Vai ver que é por esse motivo que tem emagrecido e sentido cansaço. Precisa se cuidar.

— Sim, senhor. Farei o possível.

Gabriela saiu e tratou de aprontar as cartas. Havia trazido o lanche, porém não sentia fome. Quando acabasse, tentaria comer um pouco. Ela não gostava daquela sensação de estômago vazio que a deixava um pouco tonta.

Atirou-se ao trabalho com capricho. Todos saíram para o almoço e ela continuou trabalhando. Meia hora depois, chegou um mensageiro com um pacote. Ela atendeu.

— É para dona Gabriela. É só entregar.

— Gabriela do quê?

— A secretária do doutor Renato.

— Sou eu. Obrigada.

Curiosa, abriu a embalagem. Era um almoço completo, com refrigerante, sobremesa e tudo. Ela corou. Quanta gentileza! Ele almoçava em um restaurante próximo e mandara-lhe aquela comida.

Sentiu-se confortada. Ele se interessara pelo seu bem-estar. Estava habituada a cuidar dos filhos, do marido, da empregada, e foi agradável ter alguém que cuidasse um pouco dela. Era como se houvesse voltado à infância e tivesse a presença de sua mãe, de quem havia se separado desde o casamento porque ela morava em outro Estado.

Abriu tudo sobre sua mesa. Ele não se esquecera dos pratos e talheres descartáveis. Abrindo as embalagens e experimentando a comida, Gabriela parecia uma criança. Seu apetite voltou como por encanto e ela comeu tudo, sentindo-se muito bem.

Depois, limpou a mesa e foi pegar um café na garrafa térmica na outra sala. Acendeu um cigarro e, enquanto observava as espirais de fumaça que formavam arabescos no ar, pensava que afinal não tinha motivos para ficar tão depressiva.

Roberto encontraria o que fazer, mas enquanto isso não acontecesse ela garantiria as despesas da família. Era bom também poder contar com a amizade de Nicete. Um dia, quando a situação melhorasse, haveria de recompensá-la pela lealdade.

Voltou ao trabalho e, quando Renato chegou, as cartas já estavam em sua mesa, prontas para serem assinadas e despachadas.

Vendo-o entrar, Gabriela seguiu-o até a sala.

— Muito obrigada pelo almoço, doutor Renato. Não precisava ter se incomodado.

— Pelo menos você comeu?

— Tudo. Estava delicioso. Mas o melhor foi sentir seu apoio. Muito obrigada.

— Não foi nada. O que eu fiz foi pensando em mim. Não conseguia comer sabendo que você, minha secretária, estava aqui, apenas com um sanduíche.

— Mais uma vez obrigada.

— Não me agradeça, porque de hoje em diante vou ter você sob minha vigilância. Terá que cuidar melhor da sua saúde.

— Farei o possível.

— Está bem. Vejamos as cartas.

Ele leu, assinou e, entregando-as, tornou:

— Despache-as e depois volte aqui.

Ela saiu e dez minutos depois voltou.

— Pronto, doutor.

— Tenho alguns contratos que gostaria que você lesse e depois me dissesse o que pensa deles.

— Eu?!

— Você. Preciso de uma opinião de alguém que esteja fora da negociação.

Ele apanhou uma pasta e entregou-a a Gabriela, continuando:

— Leia e faça os apontamentos que julgar interessantes. Entregue-me assim que terminar.

— Tem urgência?

— Sim. Pare outras coisas e dê prioridade a estes contratos.

— Está bem.

— Como são vários e diferentes assuntos, eu gostaria que, à medida que acabasse um, fosse me devolvendo. Assim estaremos agilizando as providências.

Gabriela saiu, foi até sua mesa e começou a leitura. A princípio não se sentiu muito à vontade. Analisar um contrato era atividade para pessoa habilitada, que tivesse mais qualificação do que ela.

Já ao ler o primeiro, sentiu-se muito interessada pelo assunto, pela maneira como ele estava sendo exposto. Fez várias anotações, nas quais, além de questionar algumas propostas, sugeria modificações.

Duas horas depois, ela entrou na sala de Renato com um contrato na mão.

— E então? — perguntou ele.

— Acabei de ler este. Anotei algumas questões. Não é minha área de trabalho, por essa razão peço que releve minha ignorância.

Ele apanhou o contrato e leu as anotações com atenção.

— Acho que você se saiu muito bem. Só não entendo por que sugeriu esta mudança aqui. Parece-me melhor fazer como a minuta pede.

— Se fizer como está aí, em caso de o cliente vir a falecer e deixar herdeiros menores, a empresa ficará amarrada, sem poder continuar o projeto. Se desvincular o contrato da área pessoal, colocando-o em nome do Banco e o mesmo ficar credor em caso de morte do cliente, nossa empresa estará garantida.

Renato olhou para ela admirado.

— Tem razão! Como é que não pensei nisso? Vou modificar tudo. Nosso negócio será em nome do Banco, que garantirá a outra empresa.

— Acha que eles aceitarão isso?

— Acho. Estão muito interessados neste projeto. Afinal, eles é que vão ganhar a melhor parte. Leia os outros e depois conversaremos. Estou pensando em uma coisa diferente.

— O quê?

— Em dar-lhe uma oportunidade de melhorar seus vencimentos. Estou falando de uma promoção.

Gabriela corou de prazer.

— Promoção?

— Sim. Você é arguta e observadora. Merece uma oportunidade melhor. Vamos ver como se sai com os outros contratos.

Gabriela ficou alegre. Melhorar sua situação financeira seria quase um milagre naquelas circunstâncias.

Naquela noite chegou em casa feliz. Depois de tanto tempo, acontecia alguma coisa boa. Dali para a frente tudo poderia mudar. Era só questão de tempo.

Passava das sete quando Renato deixou o escritório. Olhou o burburinho das ruas e decidiu andar um pouco antes de apanhar o carro no estacionamento.

Apesar do vento frio, foi caminhando pensativo, parando em uma vitrine ou outra, procurando alguma coisa interessante. Não sentia vontade de ir para casa, ouvir as últimas reclamações de Gioconda.

Não se interessou por nada e reconheceu que estava entediado. Advogado bem-sucedido, inclusive na área internacional, abrira sua própria empresa de assessoria e negócios, especializando-se em empreendimentos de vulto. Podia orgulhar-se de ter como clientes grandes empresas que, aliadas à sua capacidade, lhe garantiam notoriedade e sucesso. Bela casa, carro do ano, boas roupas, Renato possuía tudo quanto havia desejado.

Olhando sua figura refletida na vitrine iluminada, seu rosto aborrecido, Renato foi forçado a admitir que não estava feliz. O que estaria acontecendo com ele?

Uma mulher jovem, elegante e bonita passou por ele, encarou-o e sorriu. Ele percebeu o interesse dela, mas nem isso o fez sentir-se melhor. Fosse em outros tempos, teria pelo menos se entusiasmado.

Continuou andando, tentando encontrar o motivo da sua insatisfação, sem conseguir. Não era dado a depressão. Ao contrário, considerava-se um otimista. Fora sua postura entusiasta e seu empenho em resolver os desafios que lhe granjearam a confiança dos clientes.

Começou a garoar e ele resolveu apanhar o carro e voltar para casa. Passava das nove quando entrou na sala onde Gioconda, comodamente instalada em uma poltrona, folheava uma revista. Elegante, de estatura média, cabelos castanhos bem penteados, pele clara e delicada, vestida com apuro, era o que se pode chamar de uma mulher de classe. Vendo-o, levantou-se.

— Finalmente. Fiquei esperando você para jantar.

— Não precisava. Estou sem fome.

— Mandei servir às crianças. Sabe como é, elas precisam se alimentar nas horas certas.

— Já lhe disse várias vezes: não tenho horário para chegar. Vocês não precisam me esperar.

— Ainda assim esperei. Afinal, almoçamos sozinhos todos os dias. Você nunca está em casa. O escritório fecha às cinco e meia... o que ficou fazendo até agora?

Renato tentou conter a irritação. Não podia dizer que ficara andando na rua sem vontade de ir para casa.

— Nem sempre posso sair junto com os funcionários. Tenho assuntos sérios a estudar, contratos a resolver. Projetos de muita responsabilidade. Não posso brincar em serviço, parar de trabalhar por causa do relógio.

Ela se aproximou dele, dizendo com voz queixosa:

— Sinto tanto sua falta! Por que me abandona desse jeito? Passo o dia contando as horas que faltam para você chegar e dói muito perceber que só eu sinto essa necessidade. Você não se importa comigo nem com sua família.

— Você sabe que isso não é verdade. Agora vou subir, tomar um banho. Pode mandar tirar o jantar.

— Vê? Você não liga mesmo para mim. Estou sofrendo e você nem se importa.

Ele fez um gesto de impaciência.

— Estou cansado, Gioconda. Tive um dia de muito trabalho. Gostaria que esta noite você me poupasse.

— Você nunca tem tempo para mim. Os Mendes telefonaram para saber se iríamos jantar com eles no sábado.

— Eu já disse que neste fim de semana pretendo ir ao clube fazer um pouco de exercício. Iremos outro dia.

— Você sabe que eu detesto ir ao clube nos fins de semana.

— Seria bom que fosse e levasse as crianças. Ricardinho deveria praticar algum esporte para equilibrar seu excesso de energia.

— Lá vem você de novo com essa ideia. Ele é como eu, não gosta de nada disso.

— E fica em casa sem se ocupar, só pensando em besteiras.

— Você é um pai omisso. Nunca está em casa, não conhece o próprio filho e ainda se queixa das atitudes do menino.

— Vou subir, Gioconda. Depois conversaremos.

Ele subiu as escadas quase correndo para livrar-se da voz queixosa da mulher. Sentia vontade de dizer-lhe uma porção de desaforos. Controlou-se, porém. Não gostava de ser indelicado. Sempre primara pela boa educação, herança da postura firme e ditatorial de sua mãe, que não tolerava a mínima indelicadeza e o educara rigidamente.

Enquanto se lavava, ele idealizava uma forma de não se aborrecer com a postura da mulher. Reconhecia que ela era assim mesmo. Ele se orgulhava de saber manejar as pessoas. Decidiu que a melhor forma de lidar com ela era não a levar a sério, não entrar em seus desacertos emocionais.

Alguém naquela casa precisava conservar o bom senso. Ele não podia contar com ela na administração dos problemas da família. Por essa razão, teria de tomar todas as decisões sozinho.

Quando se sentou à mesa do jantar, Renato já conseguira se acalmar, e, quando Gioconda quis retomar seus assuntos, ele sorriu gentilmente e pediu:

— Vamos deixar os problemas domésticos para mais tarde. Não há nada como um jantar agradável. Gostaria de um pouco de música. Você pode ver isso?

— O que você quer ouvir?

— Música de filmes com orquestra. Com seu bom gosto, tenho a certeza de que escolherá adequadamente.

Nada podia alegrar mais Gioconda do que uma referência às suas qualidades. Sorriu e apressou-se em fazer o que o marido pedira.

Quando voltou, ele dirigiu o assunto para banalidades, coisa de que ela gostava de conversar, uma vez que estava a par de todas as novidades da sociedade e da moda.

Enquanto a ouvia discorrer sobre as últimas fofocas de Hollywood, Renato lembrou-se de Gabriela. Aquela sim que era mulher! Que diferença! Reconhecia que a vida fora injusta com ele, dando-lhe uma esposa infantil e fraca, muito diferente do que ele desejaria.

Assim que acabaram o jantar, Renato, dizendo que precisava estudar um projeto novo, fechou-se no escritório sob os protestos de Gioconda, que, indignada, não se conformava em vê-lo trabalhar tanto.

Uma vez lá, Renato apanhou um livro, afundou-se gostosamente em uma poltrona macia e mergulhou prazerosamente na leitura.

Esse era seu momento de reflexão e paz, e ele não desejava dividi-lo com ninguém, muito menos com Gioconda. Renato só resolveu ir dormir quando percebeu que a esposa já havia pegado no sono.

Na manhã seguinte, na mesa do café, Roberto notou que Gabriela estava mais disposta e sentiu-se mais animado. Não se conteve:

— Noto que você está melhor, menos cansada. De agora em diante, enquanto eu não estiver trabalhando, farei tudo para ajudar no serviço da casa.

— Não se preocupe com isso, Roberto. Nós damos um jeito.

— Tenho pensado muito e acredito que nós ainda vamos reconstruir nossa vida. Vou me esforçar para reaver tudo quanto perdi. Você não se arrependerá de ter me apoiado. Quando estiver bem de novo, você pode deixar de trabalhar, ficar só em casa cuidando dos nossos filhos.

Gabriela olhou séria para ele e respondeu:

— Sei que você é capaz e vai reaver o que perdeu. Mas gostaria que entendesse que eu gosto de trabalhar. É verdade que estamos vivendo tempos difíceis, mas não pretendo parar. Você pode ficar milionário que continuarei trabalhando.

Roberto fez um gesto de impaciência.

— Por quê? Meu sonho é vê-la em casa, como uma rainha. Colocar tudo a seus pés. Você não vai precisar mais de um emprego.

— Esse é um sonho seu, não meu. Nunca lhe ocorreu que eu posso desejar outra coisa? Cada pessoa tem o direito de escolher o que deseja fazer. Eu sinto muita vontade de aprender mais, de melhorar minha cabeça, de participar da vida fazendo coisas inteligentes, boas, que me realizem.

— Você é uma mulher casada, mãe de família. Tem essa responsabilidade. Essa é sua realização.

— Não penso assim. Eu posso muito bem ser ótima mãe, boa esposa e fazer coisas que me deixem feliz.

— É isso que não consigo entender. Você é diferente das outras mulheres que se contentam em cuidar da família. Você não valoriza o lar que tem.

Gabriela olhou para ele com raiva.

— Se não valorizasse, há muito já teria desistido de ficar com você. Gostaria que entendesse de uma vez por todas que eu estou aqui só porque amo vocês todos e valorizo muito minha responsabilidade familiar.

Roberto mordeu os lábios. Estava sendo injusto de novo. Tentou consertar:

— Desculpe, Gabriela. Às vezes não sei me expressar.

— Você sabe muito bem. Já conversamos inúmeras vezes sobre esse assunto e nunca concordamos. Por esse motivo, é melhor parar. Estou muito satisfeita no emprego e pretendo continuar mesmo depois que você ganhar dinheiro de novo. Estou sendo promovida, meu salário vai aumentar.

— Promovida? Por quê?

— O doutor Renato acha que eu posso progredir e deu-me um trabalho de mais responsabilidade. Além do aumento que ainda não sei de quanto será, há a chance de melhorar meus conhecimentos profissionais.

— Por que será que ele resolveu fazer isso por você?

— Ele precisava de uma assistente em outra área e eu estou experimentando. Já me disse que estou indo bem e que vai melhorar meu salário.

Roberto sentiu um aperto no coração e tentou disfarçar. Não queria que ela percebesse que sentia ciúme. A cena de Gabriela passando dentro do carro com outro homem surgiu em sua mente e ele apertou a mão na xícara que segurava, sorvendo um gole de café para ganhar tempo.

Quando se sentiu mais calmo, respondeu:

— Você vai aceitar a nova responsabilidade?

— Claro. Além de aprender mais, há o aumento. Neste momento será de grande valia. Temos algumas contas vencidas para pagar. Agora preciso ir. Ontem cheguei atrasada, não quero que aconteça de novo.

Depois que ela se foi, Roberto decidiu-se. Ele não podia ficar mais naquela situação. Tinha de dar um jeito na vida.

Arrumou-se e saiu. Estava disposto a trabalhar em qualquer serviço. Pegaria o que aparecesse, contanto que o ocupasse e lhe rendesse algum dinheiro. Do jeito que estava não podia ficar mais.

Ao passar por um prédio de apartamentos que estava sendo construído, parou. A estrutura estava em andamento e alguns andares já haviam sido levantados. Viu o mestre de obras e o engenheiro vistoriando o serviço e foi até eles, que estavam tão entretidos discutindo detalhes da obra que nem o viram.

Roberto esperou calado até que o mestre, vendo-o, tornou:

— Se deseja alguma informação sobre os apartamentos, o plantão de vendas é ali na frente.

— Eu desejo é falar com o senhor mesmo.

— Agora estou ocupado.

— Enquanto esperava, ouvi o que conversavam. Posso lhes oferecer uma solução barata e eficiente para o problema que estavam discutindo.

O engenheiro, que examinava algumas colunas, voltou-se para Roberto e perguntou:

— Você é da área?

— Desde criança. Sempre trabalhei com construção. Há um material específico, com uma liga especial e de grande resistência, que vai melhorar toda a estrutura. Além de tudo, é barato e fácil de trabalhar.

— Você é vendedor? — indagou o mestre de obras, olhando-o desconfiado.

— Sou — respondeu Roberto.

— Estou interessado em obter mais informações — tornou o engenheiro. — Esse problema está atrasando meu cronograma. Tenho urgência de solucioná-lo.

— Meu nome é Roberto Gonçalves. O senhor vai ficar aqui até a hora do almoço?

— Vou.

— Até lá estarei de volta com as informações de que precisa.

O engenheiro olhou sério para ele e respondeu:

— Está bem.

Roberto saiu dali e foi diretamente a uma empresa que ele conhecia e que produzia o material. Procurou pelo chefe de vendas.

— Roberto! Quanto tempo! Prazer em vê-lo.

— Obrigado. Estou retomando os meus negócios.

— Eu sabia que você ia dar a volta por cima. O que é que manda?

— Estou trabalhando com alguns engenheiros, sugerindo materiais e ajudando-os a comprá-los. Preciso refazer meu capital.

— Tenho certeza de que conseguirá.

— Gosto dos produtos desta empresa e pretendo comprar grandes quantidades para meus clientes. Vai depender da comissão que você me oferecer.

O chefe de vendas interessou-se imediatamente. Roberto, de posse de todas as informações técnicas, inclusive uma amostra do produto para um teste, voltou à construção, onde o engenheiro o esperava.

Juntos testaram o produto, e no fim o engenheiro resolveu:

— Vamos esperar vinte e quatro horas para ver se resiste ao peso e se mantém a consolidação. Amanhã você volta e, se tudo estiver aprovado, farei o pedido. Tem pronta entrega?

— Tem. Assim que autorizar, o material estará aqui. Não trabalho só com este produto. Sei que a rotina em uma obra é muito corrida e o trabalho não pode parar. Por esse motivo me especializei em agilizar as compras.

— Costumo pedir três orçamentos — disse o mestre de obras.

— Imagino que por telefone, e sempre para as mesmas empresas. Já no meu caso, eu ando constantemente procurando novos materiais, novas alternativas para facilitar a obra, melhorar o custo, mas mantendo a mesma qualidade. Se precisar de outros produtos, é só me pedir. Com rapidez eu lhes trarei várias opções, sem que precisem perder tempo.

— É interessante conhecer as novidades. Às vezes vejo novas opções nas revistas especializadas, mas acabo não tendo muito tempo de investigar.

— Pode contar comigo. Vou deixar meu telefone. Infelizmente esqueci meus cartões. Este é o número da minha residência. Fechei meu depósito de construções e no momento estou trabalhando em casa mesmo.

Roberto ficou de voltar na manhã seguinte. Sentia-se animado. Por que não pensara nisso antes? Naquele dia visitou o gerente de vendas de mais duas empresas onde ele comprara muito material quando teve o depósito e negociou uma comissão nas compras que faria para seus clientes.

Fez os planos para o dia seguinte. Iria visitar outras obras e propor boas soluções para seus construtores.

Capítulo 6

Naquela noite, Roberto chegou ao consultório de Aurélio muito animado. Vendo-o entrar, o médico disse satisfeito:

— Você melhorou.

— É verdade. Retomei o trabalho por conta própria. Nem sei por que não fiz isso antes.

— Não fez porque sua cabeça estava confusa.

— O senhor tinha razão: um emprego não ia dar certo para mim. Sempre trabalhei do meu jeito. Depois, só sei lidar com construção, não tenho prática em outros serviços.

— É o que gosta de fazer. Quando é que isso ficou claro para você?

— Depois daquela conversa que tivemos outro dia. Pensei muito sobre tudo quanto me aconteceu. Percebi que estava com mais raiva de mim, por ter sido tão bobo, do que de Neumes.

— É difícil reconhecer que algumas crenças suas eram erradas.

— Como assim?

— Neumes conseguiu realizar o seu maior sonho, que era formar-se engenheiro. Você o admirava. De repente, percebeu que pensava de forma errada. Um diploma não é suficiente para garantir o comportamento ético de uma pessoa. Sentiu-se enganado duas vezes. Diminuído duas vezes. Perdeu o referencial. Ficou deprimido, sem confiança em si nem na vida.

— O desânimo tomou conta de mim. Depois, veio o caso da minha mulher.

— Que você não sabe se aconteceu mesmo.

— Eu vi. Às vezes penso estar enganado, mas essa cena reaparece em minha cabeça e sempre me angustia.

— Está se torturando sem razão. Não tem certeza de nada.

— Ela está sendo promovida. Isso me deixou angustiado.

— Inseguro é o termo certo. Você sempre coloca sua mulher muito acima, como se o amor dela representasse um prêmio que você não merece.

— Ela é muito bonita e tem mais estudo do que eu.

— Na verdade, seu problema é apenas um: despeito por não haver cursado a universidade. Diga-me: em sua família, quem costumava lhe dizer que a pessoa que não estuda nunca consegue nada na vida?

— Meu pai. Todas as vezes que eu ia mal nos estudos, que não obtinha notas altas, ele contava a história de Pinóquio, que fugiu da escola para vadiar e acabou virando um burro.

— E você morria de medo de virar um burro.

— Eu fingia que não me importava com o que ele dizia. Sabia que nunca viraria burro. Mas sempre que alguma coisa dava errado eu achava que era burro mesmo, por não haver aprendido o suficiente. Por tudo isso, sempre me esforcei para que os outros pensassem que eu era inteligente, esperto.

— Trabalhou muito para progredir financeiramente. Sentiu-se valorizado tendo conseguido.

— É verdade. Minha família mudou comigo quando eu construí minha casa, aumentei o depósito, comprei carro zero etc. Meu pai me elogiava, minha mãe tinha orgulho de mim. Quando conquistei Gabriela, tão disputada e bonita, foi a glória. Nem eu acreditei.

— Claro. Você nunca acreditou no próprio valor. Estava apenas fazendo um papel.

— Isso não. Eu amo minha mulher, e tudo que fiz foi pensando em manter minha família.

— Não duvido. Mas, lá dentro do seu coração, havia a vaidade de provar para seu pai que você era capaz e inteligente.

— Quando ele morreu, eu estava no auge do sucesso. Tudo ia muito bem.

— Ele morreu, mas suas palavras continuam dentro de você, produzindo efeito, fazendo com que você se cobre, vigie-se para nunca errar. Perceba como você se impressionou com o que ele lhe dizia.

— Não gosto de pensar nisso. Sinto-me angustiado.

— Precisa libertar-se dessa pressão. Você é inteligente e não precisa provar nada para ele nem para ninguém. Tem capacidade, mas é humano. Pode errar como qualquer um e nem por isso ficará burro ou será menos do que os outros. Você sabia que ninguém consegue progredir sem errar? Os erros ensinam mais do que os acertos.

— Não nego que aprendi muito com o que aconteceu. Mas tem sido duro.

— Por causa da sua resistência em aceitar que foi enganado em sua boa-fé, mas que isso é natural em nosso mundo. Acontece a qualquer pessoa que engane também.

— Nunca enganei ninguém. Sempre fui honesto.

— Enganou a si mesmo, o que é ainda pior.

— Não entendi.

— Você atraiu Neumes em sua vida porque precisava tomar consciência de como enganava a si mesmo.

— Eu confiei nele.

— Mas ele o traiu porque você se traía.

— Não é verdade.

— Como não? Você se esforçava no trabalho, não como uma realização interior, mas como um meio de provar aos outros, principalmente ao seu pai e à sua família, que era capaz. Essa atitude revela que no fundo você não acreditava nisso, julgava-se pequeno, sem instrução, e dissimulava, receoso de que os outros notassem suas fraquezas. Por tudo isso, escolheu a mulher mais cobiçada, lutou para subir na vida, cumpriu bem esse papel. Diante dos outros era tido como um vencedor, mas, no fundo, não se sentia assim. Por essa razão, o ciúme o incomodava.

— Sinto que isso é verdade, mas nunca traí ninguém.

— Traiu sua alma, sua realidade, seu espírito. Entrou na ilusão, julgou-se mal, acreditou na mentira que lhe disseram sem consultar seu coração. Creia, Roberto, a nossa verdade maior está no espírito. E nesse particular, apesar das diferenças de níveis de evolução, todos somos iguais. O nosso espírito possui a essência divina que, quando ouvida, nos conduz à felicidade. Então, quando mergulhamos nas ilusões, estamos traindo nossa realidade. A vida tenta nos chamar a atenção, colocando pessoas à nossa volta que servem de espelho para que possamos acordar.

— Neumes foi esse espelho?

— Isso mesmo. Se você fosse verdadeiro com seus sentimentos, valorizasse o que sente, percebendo seus limites reais e suas possibilidades com naturalidade, ele não teria se interessado em trabalhar com você e teria ido ludibriar outro.

— Quer dizer que a culpa é minha?

— Cuidado com isso. Você não tem culpa de nada. Apenas ignorava o que está aprendendo agora. Você é responsável pelas atitudes que tem, atraiu essa experiência em sua vida por causa disso.

— E Neumes?

— Vai atrair também experiências que dizem respeito às suas atitudes, da maneira como só a vida sabe dar.

— Então ele também será castigado.

— A vida não castiga. Apenas ensina. De acordo com suas atitudes, ela responde com desafios que abrem a consciência e fazem amadurecer. A vida é muito sábia e trabalha sempre para o melhor.

— Eu estava bem e fiquei pior com tudo que aconteceu.

— Você estava iludido, inseguro. Agora começa a se conhecer mais, a retomar o domínio de suas escolhas com mais experiência e capacidade. Tenho certeza de que daqui para a frente será mais difícil você ser enganado nos negócios.

— Isso é verdade. Estou menos ingênuo.

— Conheceu a dedicação de sua mulher, que tem sido uma boa companheira, apoiando-o nos momentos de dificuldade.

— É... reconheço isso.

— Quero que pense em tudo que eu lhe disse. Tente sentir o que vai dentro do seu coração e daqui para a frente nunca mais traia seus sentimentos verdadeiros. Não tenha medo da opinião dos outros. Eles estão sempre interessados em manipular você, tirar proveito, criticar. Raros são sinceros.

— Tenho notado isso. Principalmente depois que perdi tudo.

— Não se iluda com os outros nem espere demais deles. Mas, ao mesmo tempo que observa isso, conviva cordialmente, sem julgamentos nem críticas, preservando sua intimidade, tirando do convívio externo apenas o bem que for possível conseguir. Todos precisamos aprender a nos relacionar bem com as pessoas.

— Ultimamente tenho estado ressabiado. Não confio em ninguém.

— Confie em você. Contudo, afastar-se do convívio com as pessoas também não é bom. Nós somos seres sociais. Gostamos de participar, cooperar, ser incluídos. É preciso ter bom senso, fugir do paternalismo, do pieguismo, das críticas e das atitudes radicais. Manter os pés no chão. Não se deixar envolver pelo que as pessoas dizem. Se você fizer isso e agir com sinceridade, obterá melhores resultados. Esse é o segredo dos que sabem conviver sem se machucar.

— Gostaria de aprender isso. Minha vida tem sido um tormento. Minha mãe, minha cunhada, todos querem me ajudar, mas, quanto mais eles fazem isso, mais eu me sinto fracassado. Sei que todos têm boa intenção e não quero ser ingrato. Mas eu preferia que não se incomodassem tanto com meus problemas.

— Você preferia, mas não consegue deixar de se impressionar com o que eles pensam ou dizem.

— Quando perguntam se arranjei emprego, parece que estão me chamando de incapaz, de vagabundo.

— Porque acreditam que, mostrando preocupação com seus problemas, estão mostrando afeto. Para muitas pessoas, preocupar-se com o outro é demonstração de apoio, é amor.

— Não sinto isso. Ao contrário. Aumenta meu desconforto, porque, além de carregar o peso dos meus problemas, sinto culpa por estar causando preocupação a pessoas da família. Minha mãe fica aflita, quer resolver por mim.

— Cada pessoa é como é, e você não pode mudar isso. Deve aprender a se isolar dessas influências.

— Como?

— Não as levando a sério. Ouvindo sem dar importância. As pessoas falam o que querem ou pensam, mas é você quem vai ou não dar crédito ao que elas dizem. Nesses casos, é prudente interessar-se somente por coisas que levantem seu moral e o coloquem para cima. As pessoas podem dar o melhor conselho, mas, se este o deixar deprimido, recuse-o, jogue-o fora, esqueça-o.

— Sem analisar?

— Experimente sentir. Nossa cabeça está repleta de ideias ilusórias, regras convencionais, que têm nos aprisionado em obrigações que nos limitam e paralisam. Já a alma não. Ela tem a sensibilidade espiritual natural que preserva nosso equilíbrio e bem-estar. Se você a seguir, encontrará o melhor caminho. É ela que sente e reage. Se prestar atenção, perceberá que há coisas que abrem seu coração e o deixam de bem com a vida e há outras que provocam aperto dentro do peito e incomodam.

— Já senti isso.

— É assim que sua alma fala com você. Se deseja sentir-se bem, é só seguir esses sinais, valorizando e conservando tudo que o faz sentir-se melhor e não dando importância ao que o deprime.

— Parece simples, mas não é.

— O que dificulta é que nos habituamos a valorizar o racional em detrimento dos sentimentos. A ideia de que somos maus, de que precisamos domar nossa fera interior e manter controle para não fazer muitas besteiras, generalizou-se. Você teme que, se seguir os impulsos do seu coração, se liberar seus sentimentos, acabará fazendo coisas ruins.

— Minha mãe dizia que "é de pequeno que se torce o pepino", que desde cedo as crianças têm que obedecer às regras e se comportarem. Aí, ela contava histórias de meninos desobedientes que se tornavam maus, ninguém gostava deles e acabavam como marginais. Eu não queria ser ruim. Eu queria que todos me admirassem.

— Você queria ser herói. Todos nós gostamos disso. Mas, para conquistar a admiração dos outros e sermos aceitos, entramos nas regras, sepultamos nossos sentimentos, enterramos nossos talentos e nos tornamos meros atores representando papéis de conveniência. Isso cria infelicidade, aquele vazio no peito, a depressão, o tédio.

— Estou tão condicionado que, quando saio um pouco do habitual, torno a ouvir a voz de minha mãe repetindo frases que ela costumava dizer.

— É isso que o impede de ouvir seus verdadeiros sentimentos, de abrir sua intuição e valorizar seu espírito. Faça de conta que você perdeu o controle, que pode fazer tudo que quiser, sem censura. O que faria?

Roberto olhou assustado para o médico:

— Não sei. Senti até um arrepio de medo.

— Faça de conta que está livre de qualquer perigo. É apenas uma suposição. Você é livre e pode fazer o que quiser. O que gostaria de fazer agora? Diga a primeira ideia que lhe ocorreu.

Roberto riu e respondeu:

— Você vai rir de mim. Mas eu vou falar. Eu gostaria de ir para o palco de um teatro cheio de gente e cantar a plenos pulmões.

Aurélio fez um gesto largo:

— Pois faça. Você é livre, pode fazer tudo que quiser.

Roberto abanou a cabeça:

— Seria ridículo. Onde já se viu?

— Seria você, fazendo uma coisa que seu coração quer e que lhe daria muito prazer.

— Quando era criança eu gostava de cantar e sonhava que um dia seria um grande cantor, aplaudido, famoso. Um absurdo.

— Por quê? Talvez seja essa sua verdadeira vocação. Cantar é uma forma deliciosa de expressar sentimentos.

— Não tem cabimento. Nem sei por que me lembrei disso.

— Quem em sua família costumava dizer que cantar não é profissão?

— Meu pai dizia que só é digno o dinheiro que se ganha com muito trabalho e suor. Cantar para mim é um prazer. Logo não poderia ser uma coisa boa.

— Isso é mentira, você sabe. Há muitas pessoas que são inteligentes o bastante para fazer um trabalho interessante, de que gostam, e ganhar muito dinheiro com ele.

— É mesmo. Os jogadores de futebol, os atores, os pintores.

— Aliás, só os que trabalham em sua vocação, com prazer e capricho, obtêm fama e sucesso profissional. Essa é a verdade. Se você tivesse tentado ser um cantor, não sei se teria sucesso, mas pelo menos teria tentado, experimentado. Quantas vezes imaginamos que ser uma coisa ou outra nos traria felicidade, mas quando a obtemos descobrimos que estávamos enganados?

— Eu sei que tinha boa voz e que era afinado. Mas senti vergonha. Não tive coragem para enfrentar esse risco.

— Você não ousou. Bloqueou o que sentia. Deixou de experimentar e saber aonde poderia chegar, por medo de errar, de fracassar e de enfrentar a crítica dos outros. Só vaidade. Ilusão. Medo de perder o sonho.

— É verdade.

— Quantas coisas ainda estão dentro de você, bloqueadas impedindo seu crescimento e progresso? Pense nisso. Observe também que, quando se permitiu ser livre, não fez nada de ruim. Procurou a alegria e a arte.

— Cantar é para mim um grande prazer.

— Pois cante, seja onde for, ainda que seja apenas para você. Deixe seu espírito se manifestar. Confie na vida. Sua alma é essência divina e, quando tem liberdade de se expressar, faz só o bem. Não reprima sua alegria, seja verdadeiro, seja apenas o que você é. Essa é a receita para ser aceito e respeitado pelos outros.

— Puxa! Estou me sentindo tão bem!

— Isso mesmo. Você está muito bem. Penso mesmo que podemos espaçar nossos encontros. O que acha?

— Já? Tem sido tão bom... Isto é, acho até que estou abusando da sua bondade, todo esse tempo.

— Tenho aprendido muito com nossas conversas. Estamos trocando experiências. Você virá apenas uma vez por semana.

— Ainda bem.

Ambos riram e Roberto levantou-se. Sentia-se revigorado e alegre. Chegou em casa e encontrou Gabriela ensinando a lição para Guilherme. Vendo-o entrar, ela se levantou, dizendo:

— Agora seu pai vai ensinar. Tenho que lavar a louça.

— E Nicete? — perguntou Roberto.

— Está cuidando da roupa. Você demorou. Pelo menos veja se ajuda Guilherme com a matemática.

Roberto percebeu a irritação dela, mas não ligou. Nunca lhe contara que ia ao consultório de Aurélio. Não queria que ela soubesse que estava sendo tratado por um psiquiatra. O que ela iria pensar? Depois, as coisas estavam começando a melhorar e ele tinha esperanças de logo poder ter dinheiro e colocar as contas em dia.

Olhou-a lavando louça na pia da cozinha. Gabriela não era mulher para fazer esse tipo de trabalho. Era instruída e fina. Assim que a situação melhorasse, iria compensar todo o esforço dela naquele período. Não a deixaria mais trabalhar, compraria boas roupas, joias e até um carro, só dela. Por que não? Ela tirara carta, mas nunca dirigira. Quando ele tinha carro, nunca permitira que ela o usasse.

Sentou-se ao lado do filho, que o esperava impaciente, com cara de sono, e com boa vontade procurou ajudar.

Na manhã seguinte, Gabriela acordou cedo, preocupada com o futuro. Sentada no ônibus durante o trajeto para o escritório, não conseguia pensar em outra coisa.

Sentia-se cansada, não de trabalhar tanto, mas da situação de frustração dos últimos meses. Seu relacionamento com Roberto havia se tornado desagradável, cansativo. Quando ele a tocava, não sentia prazer como antigamente.

Dependendo do momento, era-lhe até penoso manter intimidade com ele. O que estaria acontecendo com ela? Havia se casado por amor e eles haviam desfrutado preciosos momentos juntos.

Agora, quando perdia o sono, ouvindo-o ressonar a seu lado, sentia vontade de empurrá-lo para fora da cama. Reconhecia que estava cansada, e talvez essa fosse a razão de sua irritação, mas a cada dia mais e mais se tornava difícil dissimular seus sentimentos.

Ele estava sofrendo, desempregado, humilhado. Ela não podia tripudiar sobre a situação, deixando-o notar o que ia dentro de seu coração. Não seria justo para com ele. Precisava controlar-se.

Depois, havia as crianças. Elas precisavam de um lar onde houvesse um pai e uma mãe. Não podia se deixar levar por um momento de cansaço e desânimo.

Gabriela sacudiu a cabeça querendo expulsar os pensamentos desagradáveis. Mas não podia deixar de perceber que seus sentimentos haviam mudado. A atração por Roberto desaparecera. Havia apenas medo, insegurança, vontade de contemporizar para não magoar a família.

"Isso vai passar!", reagiu ela, tentando sair daqueles pensamentos desagradáveis. "Quando ele melhorar, tudo voltará ao normal."

Mas, apesar da boa vontade, Gabriela não conseguia sentir-se melhor. Lá dentro, bem no fundo do seu coração, havia uma vontade louca de romper as cadeias que a estavam oprimindo e libertar-se.

Ah! Poder viver sem preocupações, como quando era solteira! Seria muito bom. Depois se arrependia, pensando nos filhos que tanto amava.

"Deus pode castigar-me", pensava. "Sou muito feliz por ter os dois em minha vida."

Assim, voltavam as preocupações, as dúvidas e os medos. Gabriela entrou no escritório e foi procurar um comprimido para dor de cabeça. Tratou logo de mergulhar no trabalho. Talvez com isso pudesse esquecer.

Renato chegou ao escritório e Gabriela apanhou os contratos que ela refizera para que ele os examinasse e levou-os à sua sala.

Bateu ligeiramente e entrou. Ele estava atrás da escrivaninha, apoiando a cabeça entre as mãos, pensativo.

Gabriela notou que ele não estava bem e lhe disse:

— Desculpe, doutor Renato. Volto depois.

Ele meneou a cabeça:

— Não. Entre. Vamos trabalhar.

— O senhor me parece preocupado.

— Há momentos na vida em que as coisas se complicam e exigem mais de nós. É preciso pensar e tomar algumas decisões.

Gabriela suspirou pensando nos seus problemas:

— O que nem sempre é fácil. Mas, pelo que sei, a empresa vai muito bem. Novos contratos interessantes, crescimento, produtividade.

— Não me referi à empresa. Essa felizmente está melhor do que eu.

— Desculpe. Não desejei ser indiscreta.

— Não foi. Você tem filhos. Que idade eles têm?

— Guilherme sete e Maria do Carmo cinco.

— São pequenos. Ricardinho tem dez e está me dando trabalho. Foi suspenso no colégio e já prevejo que da próxima vez poderá até ser expulso.

— Essa idade é difícil. É preciso conversar com ele, saber o que está acontecendo na escola. Há crianças que fazem isso para chamar atenção, para conseguir afeto.

— Não é o caso dele. Foi expulso de duas escolas e, ao contrário, penso que ele tem afeto demais. A mãe faz-lhe todas as vontades, e isso está estragando o menino. Por mim, eu o colocaria em um colégio interno. Mas Gioconda não quer nem ouvir falar nisso.

— Talvez ela possa conversar com ele, fazê-lo entender melhor as coisas. É o que tenho feito com Guilherme todas as vezes que ele tem algum problema na escola. Primeiro me informo direito, com outras pessoas, sobre como as coisas se passaram. Depois, converso com ele.

— Isso é bom. Ricardinho mente mesmo. Nunca conta o que fez e por que está sendo castigado. Para ele, os professores são sempre os culpados.

— Já verificou se isso é verdade?

— Claro que não. Os professores sabem o que estão fazendo. As crianças é que estão sempre querendo enganá-los.

— Desculpe, doutor Renato, mas não penso assim. Ensinei meu filho a dizer a verdade, doa a quem doer, e, sempre que ele faz isso, eu o apoio. Por esse motivo, quando ele diz alguma coisa, procuro saber se ele tem razão.

Apesar de achar que os professores precisam ser apoiados pelos pais, há alguns que não respeitam a criança, humilhando-a diante dos colegas, valendo-se da sua posição de superioridade hierárquica para impor-se de forma injusta. É claro que isso desperta a revolta e a indisciplina. É uma maneira de reagir, dentro da sua situação de impotência.

Renato fitou-a admirado. Nunca lhe ocorrera que seu filho pudesse estar sendo injustiçado. Quando acontecia qualquer coisa com ele, sempre tomava partido contrário. Não o deixava falar e o condenava, castigando-o sem ouvir o que ele desejava dizer, por achar que procuraria enganá-lo de todas as formas.

Não era isso o que todas as crianças faziam com os pais? Não fora isso que ele fizera todo o tempo para escapar da disciplina rígida e autoritária com a qual fora educado?

— Educar filhos é uma arte. Gostaria de saber como fazer isso.

— Eu também. Procuro conversar muito com eles, saber como pensam, do que gostam, interesso-me pelo que sentem e tento apoiá-los. Acredito que isso seja importante para que eles aprendam a viver a própria vida confiando em sua própria força. Tudo que eles podem fazer sozinhos, eu deixo. É uma forma boa deixá-los experimentar e tornarem-se independentes. As crianças adoram participar, aprender a fazer coisas.

— Só se são os seus. Ricardinho está sempre fazendo o contrário do que nós queremos e nunca quer fazer nada. Isso está começando a me preocupar.

— Claro que as pessoas são diferentes e cada uma reage de um jeito, mas tenho observado que, de um modo geral, as crianças têm muita vontade de saber como fazer as coisas.

— Minha mulher acha que eles são pequenos e nunca fazem nada certo. Prefere fazer ou mandar que os outros façam.

— Não podendo experimentar, nunca vão aprender.

— Há coisas que são perigosas. Eles querem fazer o que não podem. Mexer na cozinha, por exemplo, não é aconselhável.

— Depende. Se você os ensinar, há muitas coisas que eles conseguirão fazer. Claro que isso dá trabalho, requer acompanhamento e paciência.

— Você trabalha o dia inteiro. Não tem medo de que eles se machuquem quando não está em casa?

— Por esse motivo mesmo os ensinei como fazer e mostrei os perigos. É muito pior eles serem muito protegidos e não terem autonomia. Se acontecer algum acidente e ninguém estiver junto, não saberão como resolver. Eles são ainda muito pequenos e não os deixo sozinhos. Nicete cuida deles desde que nasceram.

— Nesse caso ela faz tudo para eles.

— Tudo que eles ainda não conseguem fazer. Essa é a questão. Até Maria do Carmo, que tem cinco anos, escolhe a roupa que quer vestir, toma banho sozinha, coloca seu prato na mesa, os talheres e ainda lava o copo sempre depois de tomar água.

— Isso em minha casa seria impossível. Gioconda vive vigiando para que eles tomem cuidado sempre que pegam um copo na mão. Diz que eles derrubam tudo.

— A pressão deixa-os tensos. Eu mesma, em casa, nunca quebro nada. Parece mentira, mas quando vou à casa de minha sogra acontece de tudo. Derrubo café, deixo cair o talher, esbarro nos bibelôs. Um horror. Sabe por quê?

Ele balançou a cabeça negativamente. Ela continuou:

— Porque ela não tira os olhos de mim, esperando que eu erre para me criticar. Para ela, nenhuma mulher é boa o suficiente para ser sua nora. Vai à minha casa na minha ausência para ver se tudo está em ordem, do jeito que ela acha que deveria estar.

— Você se importa com ela?

— Nem um pouco. Por mim ela pode falar o que quiser. Mas evito ir à sua casa, porque sua postura me incomoda e irrita. Acabo sempre provocando alguma situação desagradável, mesmo sem querer.

— Não deve ser fácil ter uma sogra dessas.

— Por isso, doutor Renato, penso no problema das crianças. Elas são inseguras, precisam do nosso apoio. Se, em vez de fazê-las acreditar em si mesmas e na própria capacidade, nós as criticamos, dizendo a todo momento que elas ainda não têm condições de cuidarem de si mesmas, aumentaremos sua insegurança, tudo ficará mais difícil e elas acabarão sempre fazendo os erros que queremos evitar.

— O que você diz tem lógica. Gioconda tem medo de tudo. É pior do que sua sogra.

— Desculpe, doutor Renato. Não quis dizer isso.

— Não quis, mas foi o que você disse. Aliás, começo a pensar que pode estar certa. Gostaria que ela conversasse com você. Talvez lhe pudesse ensinar alguma coisa.

— Seria pretensão de minha parte. Nesse assunto todos estamos aprendendo.

— Você acha que Ricardinho tem jeito depois de tudo que ele já fez?

— Quero crer que sim. Por que não experimenta conversar com ele, sem cobrar nada nem punir, para conhecê-lo melhor?

— Acha que não conheço meu próprio filho?

— Bem... não sei. Nós vemos as pessoas através da nossa óptica e elas gostam de parecer o que não são. Nós nos iludimos uns aos outros. Quando a verdade aparece, pega-nos desprevenidos. É por tudo isso que tenho procurado desde cedo me conhecer e conhecer melhor os meus filhos. Sentir como eles pensam, como olham a vida. Acredito que juntos poderemos nos ajudar mutuamente, eu fazendo com que eles acreditem que podem viver melhor e eles me ensinando como eu posso lidar com as minhas ilusões, aprendendo a valorizar o que é verdadeiro.

Renato fitou-a admirado. Não se conteve:

— Você é uma mulher maravilhosa!

Ela corou e desviou o olhar, tentando ignorar a emoção dele.

— Sou apenas uma mãe interessada em criar bem seus filhos. Tenho certeza de que dona Gioconda vai encontrar o jeito certo de ajudar Ricardinho a perceber que não precisa chamar a atenção sobre si dessa forma para ser ouvido.

— Vou pensar no que você me disse. Talvez ainda possamos dar um jeito nele.

— Faço votos.

— Obrigado, Gabriela. Suas palavras me fizeram muito bem. Quando entrou aqui, eu estava em um beco sem saída, num fim de linha que não levava a nenhuma solução. Agora me sinto aliviado. Gostaria de conversar mais. Você tem uma forma de pensar diferente das outras pessoas.

Ela não respondeu de imediato. Depois de alguns segundos, estendeu os papéis, dizendo:

— Gostaria que verificasse esses contratos e os assinasse.

Ele assentiu. Ela saiu da sala pensando em como tudo ficava fácil quando se conversava com uma pessoa inteligente e culta como Renato. Várias vezes havia conversado com Roberto para fazê-lo entender sua forma diferente de educar os filhos. Ele era de boa índole e fazia tudo como ela pedia, mas ela percebia que pensava diferente. Às vezes pretendia educar as crianças da forma repressiva sob a qual fora educado.

Ela tinha horror à maneira fingida com que dona Georgina falava com o filho, sempre como uma mãe amorosa, mas atrás dessa atitude havia a cobrança constante, a manipulação.

Quando Gabriela chamava a atenção do marido para esse lado, ele dava de ombros e respondia:

— Coitada. Deixe-a para lá. Sempre foi assim. Não preciso fazer o que ela diz, mas também não quero entristecê-la. Sempre tão dedicada!

Com o tempo, evitava falar nela com Roberto, que reclamava por Gabriela se esquivar de ir visitar a sogra, ao que ela respondia:

— Nós não combinamos mesmo. E ela não sente nenhum prazer em me ver. No Natal e no aniversário dela sempre compareço. É suficiente.

Ele sabia que quando ela falava não adiantava insistir. Foi assim que ela conseguiu paz em sua vida conjugal. E não estava disposta a transigir.

Ele não insistia. Reconhecia que sua mãe se excedia. Claro que era por amor, por querer que tudo andasse melhor com ele e sua família.

Capítulo 7

Renato saiu da empresa no fim da tarde e foi direto para casa. As palavras de Gabriela não lhe saíam do pensamento. Ele sempre se julgara um bom pai, cumpridor dos seus deveres.

Afinal, era à mãe que competia educar os filhos. A parte dele era a de sustentar a família, e isso ele sempre fizera muito bem, proporcionando conforto e bem-estar aos seus.

Se seus filhos não estavam sendo educados como deveriam, a responsabilidade era de Gioconda. Ela não estava fazendo bem sua parte. Se fosse uma mulher como Gabriela, tudo estaria em ordem.

Suspirou resignado. Às vezes se perguntava por que havia se casado com ela. Era bonita, exuberante, alegre. Isso o atraíra. Mas mudara depois do casamento. Transformara-se em uma mulher lamentosa, as coisas mais simples com ela se complicavam. Era muito sensível. A menor contrariedade era motivo para deixá-la abalada.

A convivência que de início fora agradável tornara-se aborrecida e cansativa. Apesar disso, as palavras de Gabriela haviam-no impressionado e ele resolveu ter uma conversa com Gioconda e descobrir como ela via a questão.

Ao entrar, perguntou por ela e soube que estava deitada. Isso não era novidade. Sempre que o filho criava algum problema, ela ficava deprimida e ia para a cama.

Resignado, Renato subiu até o quarto, entreabriu a porta e aproximou-se da cama.

— Gioconda! Levante-se, quero conversar com você.

Ela se remexeu, abriu os olhos e respondeu em voz lamentosa:

— O que você quer? Estou com uma tremenda dor de cabeça.

— Faça um esforço. O assunto é importante.

Ela se sentou na cama, dizendo:

— Aconteceu mais alguma coisa? Uma desgraça nunca vem só. O que foi? Você nunca vem tão cedo para casa!

— Acalme-se. Não aconteceu nada. Está tudo bem.

— Nesse caso, por que tenho que levantar?

— Por que não gosto de conversar com uma pessoa que está derrotada antes de tentar resolver o assunto.

Ela olhou nervosa para ele e retrucou:

— O que você acha que estou sentindo ao ver meu filho novamente suspenso na escola? O que será que eu fiz para passar por isso? Onde foi que eu errei?

Renato respirou fundo antes de responder. A atitude dela o irritava. Sentia vontade de gritar. Controlou-se. Foi com voz baixa que tornou:

— Onde você errou é o que estou querendo descobrir.

— Você também me acusa? Já não basta minha própria condenação?

— Onde está Ricardinho?

— No quarto. O que vai fazer? Já lhe dei corretivo. Não precisa dizer nada. O que tinha que ser feito eu já fiz.

— Posso saber o que você fez? Já foi à escola saber como as coisas aconteceram?

— Como assim? Eu já sei. A diretora me telefonou e contou tudo.

— O que foi que ela contou?

— Não adianta repetir. Não leva a nada ficar repisando este assunto. É melhor esquecermos. Já disse a ele como essa sua maneira de agir está acabando comigo. Ele sabe que é o responsável pelo meu mal-estar.

Renato fitou-a surpreendido. Era assim que ela agia? Fazendo chantagem emocional? Olhou sério para ela e pediu:

— Quero saber o que a diretora contou que ele fez.

— Bem... ela disse que ele desacatou a professora de matemática. Foi malcriado com ela e não quis deixar a sala de aula quando ela o mandou sair.

— E ele, o que disse?

— Como, o que ele disse?

— Ele contou por que fez isso?

— Ele quis se justificar. Mas nem ouvi. Onde já se viu? Ele tem que obedecer aos professores. Não pode ser malcriado. Afinal, o que vão dizer de mim? Que eu não soube ensiná-lo a respeitar os mais velhos?

— Está preocupada com o que vão dizer de você? Pensei que estivesse interessada em saber o que realmente aconteceu lá.

— O que aconteceu eu já sei, infelizmente. A diretora foi categórica. Ou ele pede desculpas à professora ou ela dobra a suspensão. Pelo jeito, ela quer mesmo é expulsá-lo. Acho até que é perseguição.

— Ouça, Gioconda: não é perseguição, não. Ricardinho é mesmo muito malcriado. Deve ter realmente desacatado a professora. Mas precisamos saber como foi que isso ocorreu.

— Não estou entendendo você. A diretora já disse como foi.

— Tem certeza de que as coisas aconteceram como ela contou?

— Claro. Ela não ia mentir. É a diretora de uma escola.

— É. O mais provável é que ela não tenha mentido mesmo. Mas vou falar com Ricardinho, ouvir o que ele tem a dizer.

— Claro que ele vai mentir, se defender.

— Mesmo assim vou falar com ele.

Ela olhou para o marido admirada, mas deu de ombros e disse:

— É inútil. Mas cuidado: já o repreendi bastante por hoje. Chega de castigo. Sabe como é, pode traumatizá-lo.

Renato saiu sem responder. Encontrou a criada com uma bandeja no corredor.

— O que é isso, Maria?

— A bandeja do quarto de Ricardinho.

— Ele jantou?

— E como. Tem um apetite invejável! Quis até mais sorvete de chocolate.

— Ele estava triste?

— Que nada, doutor Renato. Estava ouvindo música, cantarolando e montando aquele quebra-cabeças grande do avião que dona Gioconda lhe deu ontem.

Renato entrou no quarto do filho. Era evidente que ele não ficara nem um pouco abalado com a "reprimenda" da mãe. Assim que o viu entrar, desligou o rádio e abaixou a cabeça.

— Ricardinho, temos que conversar.

O menino levantou a cabeça, dizendo em tom lamentoso:

— Já sei, pai. Fui suspenso e a mamãe está muito doente. Mas não foi culpa minha.

Renato sentiu uma impressão desagradável. O menino estava usando o mesmo tom lamentoso da mãe. Sabia que era falso. Ele estava bem-disposto, alegre, com bom apetite. Por que mudara diante dele?

Preocupado, aproximou-se do filho, colocou as mãos em seus ombros e olhando diretamente em seus olhos disse com voz firme:

— Você não está triste com o que aconteceu. Está fingindo. Para que isso? Acha que vou castigá-lo?

Apanhado de surpresa, Ricardinho não encontrou palavras para responder. Renato continuou:

— Sua mãe é uma pessoa frágil, se aborrece com tudo. Você acha bom ficar igual a ela?

— Não sei, pai... — murmurou ele, tentando descobrir aonde o pai queria chegar.

— Você é um homem! Tem que ser forte. Logo terá que enfrentar a vida lá fora, e as pessoas não vão tratá-lo com delicadeza. Quer tornar-se um fraco?

— Não, pai. Eu não sou fraco. Nunca levo desaforo para casa.

— Depende. Nem sempre reagir brigando é ser forte. Às vezes é preciso mais força para ser paciente do que para brigar.

— Não acho, não. Lá na escola, se eu não peitar os caras, eles me ignoram. Tenho que ser respeitado.

— Foi por isso que desacatou a professora de matemática?

Ricardinho baixou a cabeça sem saber como responder. Seu pai nunca se interessara em conversar com ele sobre esses assuntos. Aquilo bem poderia ser uma armadilha para castigá-lo mais.

— Responda, meu filho. Foi por isso? Para fazer bonito diante dos colegas?

O menino remexeu-se e não respondeu. Renato continuou:

— A diretora contou uma história à sua mãe e o suspendeu. Antes de acreditar no que ela disse, eu gostaria de ouvir a verdade de você. Como foi que aconteceu?

— Não quero falar nisso, pai. A mãe já me repreendeu. Eu prometo não fazer mais.

— Não é a primeira vez que você promete. Nunca cumpriu essas promessas. A história se repete. Gostaria que soubesse de uma coisa. Estou procurando saber a verdade. Sem isso não poderei formar uma opinião sobre o assunto. É a palavra dela contra a sua. Gostaria muito de poder acreditar em você. Faço mais: seja o que for que você tenha feito errado, prometo não o castigar se me disser a verdade.

— Ih, pai... Não vai dar certo!

— Vai, sim. Você é meu filho. Eu preciso saber como você pensa. Quero sentir de perto quais os problemas e dificuldades que tem encontrado na escola. Não para castigá-lo, mas para ajudá-lo. Como posso ser seu amigo se você não me conta a verdade? Você seria amigo de alguém assim?

Ricardinho suspirou e olhou meio acanhado para o pai.

— Você nunca disse isso antes.

— Mas estou dizendo agora. Quero que de hoje em diante você me diga a verdade, sem medo. Sou seu pai. Sempre farei tudo para apoiá-lo.

— Sabe o que é, pai? A dona Mercedes não gosta de repetir a explicação. Ela deu um ponto e eu disse a ela que não tinha entendido. Mas ela ficou zangada e disse que, se eu era burro, não era culpa dela, que não ia repetir. Então eu disse que burra era ela que não sabia dar a aula. Ela me mandou para fora da classe, e eu não fui. Aí chamou a diretora, e pronto. Foi assim.

Renato fez cara séria para esconder o riso. Sentiu vontade de dizer que ele tinha feito muito bem. Mas conteve-se. Vendo que o pai não dizia nada, o menino perguntou:

— Você acha que fui errado, que faltei com o respeito à professora. Mamãe ficou doente por minha causa. Sei que fui errado, mas, pai, ela estava com uma cara tão posuda! Só porque ela é grande e é professora, achava que podia me xingar na frente dos colegas. Não aguentei isso!

— Pelo jeito você não está nem um pouco arrependido.

— Estou só por ver a mãe nervosa.

— Sei que você não queria magoá-la. Obrigado por ter contado a verdade. Gostaria que fosse sempre assim. Amanhã mesmo irei à sua escola ter uma conversa com essa diretora.

— O que vai fazer lá?

— Dizer que meu filho está na escola para aprender e não para ser chamado de burro.

— Xi, pai... Vai dar um bode! Aí que ela pode me expulsar mesmo. Vai dizer que menti.

— Você mentiu para mim?

— Não, pai. Falei tudo como foi. Meus amigos viram, podem confirmar. Mas na escola nunca o aluno tem razão. É costume.

— Pois desta vez vai ser diferente. Se eles não entenderem, eu tiro você dessa escola. Tenho certeza de que encontraremos outra melhor, onde os professores realmente respeitem os alunos. Há muitas delas por aí.

Ricardinho deu um pulo e seus olhos brilhavam alegres quando respondeu:

— Puxa, pai! Você vai fazer isso mesmo?

— Vou. Você deve respeitar os outros, mas precisa ser respeitado também.

Ricardinho abraçou o pai. Em seus olhos havia o brilho de uma lágrima quando disse:

— Você é o melhor pai do mundo!

— E você é o melhor filho do mundo. Agora já sabe: entre nós não há segredos. Fale a verdade, mesmo que tenha feito alguma coisa errada. Converse comigo.

Renato saiu do quarto sentindo-se emocionado e alegre. Ricardinho era um menino diferente do que falavam. Dali em diante, iria se aproximar mais dele para ajudá-lo a enxergar a vida de maneira melhor.

O problema maior era Gioconda. Se ele a deixasse continuar a educar o filho, Ricardinho acabaria por copiar-lhe as atitudes. Há muito ele desconfiava que ela se fazia de doente e fraca para manipular todo mundo, principalmente ele.

Essa fora a atitude do menino quando entrou no quarto. Estava alegre e no fundo muito satisfeito por haver respondido a ofensa à altura. Com certeza todos os colegas o tinham apoiado e elogiado. Ele estava de bem com a própria consciência.

Pela primeira vez Renato começou a pensar nos abusos dos adultos para com as crianças. Recordou-se de todas as injustiças que sofrera na escola, com os pais. Ele nunca tinha razão. Era verdade que abusava e muitas vezes se divertia perturbando os outros. Não seriam essas atitudes uma forma de reação, uma desforra diante da própria impotência frente às injustiças que sofria?

Gabriela tinha razão. Que mulher! Se ela fosse sua esposa, certamente tudo teria sido diferente. Além de tudo, ela era muito atraente. Quando se aproximava, Renato sentia um calor agradável. Ela tinha um perfume suave que o eletrizava.

Pena que eles eram comprometidos. Ela também não parecia muito feliz com o marido. Apesar disso, ele se continha. Não se sentia disposto a misturar afeto com trabalho. Sabia que isso nunca dava certo.

Lamentar não adiantava. Era resistir e manter apenas amizade. Ela, além de estar se mostrando muito competente no trabalho, ainda tinha uma visão clara da vida. Sua presença fazia-lhe muito bem. Ia melhorar ainda mais seu salário. Sentia-se grato pela ajuda que ela lhe estava dando.

No dia seguinte, assim que chegou ao escritório, Gabriela levou-lhe alguns papéis para assinar.

— Obrigado — disse ele, olhando-a com satisfação. Vendo que ela ia retirar-se, continuou: — Ontem segui seu conselho e conversei com Ricardinho. O resultado foi surpreendente.

— O que descobriu?

— Que foi bom ter me aproximado dele para ouvi-lo. E que o que ele fez não havia sido tão sério como diziam. Ele reagiu como qualquer pessoa ofendida teria reagido quando é desrespeitada.

Vendo que Gabriela o ouvia com interesse, contou-lhe toda a conversa que tivera com o filho. E finalizou:

— Fez-me pensar em como as crianças sofrem a pressão dos adultos, sentem-se impotentes e reagem para se defender, algumas tornando-se tímidas e fracas, outras rebeldes e provocadoras. Isso ficou muito claro para mim. Para ser franco, acho que nisso elas levam vantagens. Conseguem infernizar a vida familiar.

— É por isso que procuro conversar com meus filhos. Fazê-los sentir que os apoio. Desejo que eles se sintam seguros ao meu lado e que confiem no meu amor mais do que nos amigos.

Renato pensava em Gioconda e não se conteve:

— Isso nunca acontecerá com Gioconda. Ela está mais preocupada com o próprio desempenho como mãe, o que os outros vão dizer dos filhos dela, do que com os sentimentos de Ricardinho. Ele percebe o quanto ela é fraca, e então prefere confiar nos companheiros.

— Converse com Gioconda. Tenho certeza de que ela deseja fazer o melhor.

Renato não conteve um gesto de desânimo ao responder:

— Acho difícil. Por qualquer contratempo se deprime, debulha-se em lágrimas, vai para a cama.

Vendo que Gabriela se mantinha discreta, continuou:

— Desculpe, não deveria estar falando de Gioconda dessa forma. É que às vezes a fragilidade dela me preocupa. Gostaria que ela fosse mais forte. Não me agrada vê-la sofrer.

Gabriela pensou em Roberto e respondeu:

— Às vezes desejamos dar um empurrãozinho nas pessoas que amamos, mas descobri que não adianta. Elas só andam quando querem.

Renato olhou para Gabriela, tentando descobrir o que ela desejava dizer. E pensou: como seria seu relacionamento com o marido desempregado? Talvez estivesse tão deprimido quanto Gioconda. Mas, pelo menos, ele tinha um motivo, enquanto ela, não.

— Seu marido ainda não arrumou emprego?

— Não. Tem saído, procurado. Mas agora parece que está reagindo um pouco. Vejo-o mais animado.

— Com uma mulher como você do lado, ele vai subir na vida com toda a certeza.

Ela corou um pouco. Talvez Roberto não pensasse assim. Também, com Georgina por perto!

— Por que diz isso? — perguntou ela.

— Porque você trabalha, é esforçada e tem a cabeça boa. Muitos homens gostariam de estar no lugar dele.

— Roberto pensa o contrário. Gosta de mulher que seja dona de casa, fique com os filhos. Nunca gostou que eu trabalhasse. Quando estava bem de vida, brigava comigo para que eu deixasse de trabalhar.

— Foi bom não ter conseguido.

— Foi. Agora, se não estivesse trabalhando, nem sei o que seria de nossa família. Mas é minha sogra que põe essas ideias na cabeça dele. Ela odeia que eu trabalhe fora. Insinua que lugar de mulher é em casa, com os filhos.

— Ele escuta.

— Não só escuta como concorda. Tem ciúme. Pensa que posso arranjar outro.

— Porque você é muito atraente. Nesse ponto ele tem razão.

— O senhor também, doutor Renato? Sempre me pareceu um homem moderno, de ideias largas.

— E sou. Entendo que prefira trabalhar fora, ser independente, mesmo porque eu mesmo nunca suportaria viver fechado dentro de casa. Essa é uma forte razão para que eu nunca queira exigir isso de minha mulher. Gostaria muito que ela fosse assim como você, arranjasse alguma coisa para fazer. Fica em casa só se queixando.

— Eu não teria essa paciência. Gosto de sair, fazer coisas, ver pessoas, conversar. Preciso disso para me sentir viva. Ele não entende isso.

Renato suspirou ao dizer:

— Por que será que só percebemos essas coisas depois de anos de casamento?

— Não sei. Mas apesar de tudo não vou deixar o emprego, mesmo que ele ganhe dinheiro novamente.

— Ainda bem! — Vendo que ela o fitava um pouco surpreendida, ele consertou: — Não quero perder uma boa funcionária. Ainda mais agora que você está indo muito bem na nova função.

Quando ela saiu, ele continuou pensativo. Compreendia o ciúme de Roberto. Ela tinha muita vida. Quando falava de seus sentimentos, seus olhos brilhavam, sua boca tinha um ricto voluptuoso, e ele sentia uma vontade imensa de beijá-la. Controlava-se, porém.

Estava decidido a não misturar trabalho com outro tipo de relação. Não que ele não tivesse tido algumas aventuras depois do casamento. Como suportar a convivência com Gioconda sem isso?

Sua mulher havia muito tempo perdera o prazer da aventura, do mistério. Ele precisava disso para sentir-se bem. O problema era que ele logo se desinteressava, e elas, ao contrário, desejavam continuar.

Não acreditava que o amassem. Descartava-se delas friamente. Tinha certeza de que estavam insistindo por causa de seu dinheiro e de sua posição.

Por vezes sentia-se triste. Gostaria de ter uma companheira com quem pudesse conversar mais intimamente, o que nunca seria possível com Gioconda.

Era incrível como depois de tantos anos de vida em comum ela ainda não o conhecia. Percebia claramente que, para ela, ele era apenas o marido, cujos deveres e obrigações ela cobrava insistentemente sem tentar descobrir o que ele pensava ou sentia.

Com o tempo, em vez da companheira para compartilhar sua vida, ele via nela mais uma filha, fraca, dependente, incapaz. Sentir isso o deixava muito angustiado, frustrado mesmo. Até a atração que sentira por ela nos primeiros tempos havia desaparecido. E, quanto mais ele espaçava seu relacionamento íntimo, mais ela se entregava à depressão e à dependência.

Suspirou resignado. Apesar de tudo, ele não pensava em separar-se dela. Quanto mais fraca ela se mostrava, mais ele sentia que precisava assumir a educação dos filhos.

Ainda mais depois que se aproximara de Ricardinho e percebera que ele precisava de ajuda e de disciplina.

Um cliente ligou e Renato atendeu. Ele estava com uma dúvida a respeito do contrato que lhe fora enviado e queria maiores esclarecimentos. Tentou esclarecer, mas como o assunto era complexo, resolveu:

— Não se preocupe, doutor D'Angelo. Uma pessoa vai agora mesmo ao seu escritório para explicar-lhe tudo detalhadamente.

— Obrigado. Estarei esperando.

Renato desligou e chamou Gabriela, dizendo:

— Preciso que você vá até o escritório do doutor D'Angelo explicar-lhe os detalhes daquele contrato. Ele não está entendendo a mudança que fizemos.

— Agora?

— Sim. Nosso motorista vai levá-la. Trate de convencê-lo a assinar.

Ela hesitou:

— É muita responsabilidade. Tem certeza de que poderei fazer isso?

— Tenho. Aliás, essas mudanças foram sugeridas por você. Está mais credenciada a explicar do que eu.

— Está bem.

— Se tiver qualquer dificuldade, telefone. Estou esperando uma ligação importante e não posso me ausentar. Leve os documentos aqui.

Entregou-lhe uma pasta de couro. Gabriela colocou dentro tudo de que precisava. Deu uma vista de olhos em sua aparência. Quando desceu, o motorista já estava com o carro na porta esperando.

Ela se sentou atrás, deu a direção. No aconchego do banco macio do carro de luxo, Gabriela sentia-se muito bem. Seu trabalho estava sendo valorizado. Aquela era uma oportunidade que ela não podia perder.

Sentia prazer em saber que estava progredindo e seguia imaginando como deveria abordar o assunto com o cliente. Aquele trabalho era feito sempre pelo próprio Renato. Era a primeira vez que ele mandava outra pessoa.

Faria tudo para justificar sua confiança e voltar com aquele contrato assinado.

Roberto sorriu com satisfação ao receber os quinhentos reais de comissão da venda do material que fizera para aquele engenheiro. Finalmente ele estava novamente ganhando dinheiro.

Sentia que podia fazer isso e que dali para a frente seria apenas uma questão de tempo. Não procuraria mais emprego. Trabalharia por conta própria, como sempre havia feito.

Como era bom ganhar seu próprio dinheiro, não depender mais de outros para as próprias despesas! Da mãe, ele não tinha vergonha; já de Gabriela, sentia-se humilhado cada vez que ela pagava uma conta ou lhe dava dinheiro para a condução.

Passava das duas, e ele ainda não havia almoçado. Levantara cedo e visitara alguns prédios em construção, deixando seu telefone, propondo-se a encontrar material bom e barato.

Tinha alguns negócios em vista, mas, antes de ir batalhar pelos preços, resolveu comer um lanche. Havia muito tempo não fazia isso. Entrou em uma lanchonete, sentou-se e escolheu um sanduíche e um refrigerante. Enquanto esperava, sentia-se alegre, bem-disposto. Foi com prazer que comeu tudo. Comprou um chocolate para sobremesa. Há quanto tempo não comia um?

Pensou nos filhos. Mesmo quando tinha dinheiro, nunca levara chocolate para eles. Era Gabriela quem comprava tudo. Mas agora, depois do que passara, tudo lhe parecia diferente. Queria que as crianças compartilhassem sua alegria, que sentissem que ele estava reassumindo seu lugar no comando da família. Levaria chocolates para casa.

Saiu da lanchonete alegre. Tinha de visitar um depósito de materiais cujo dono era seu conhecido de longa data. Lá talvez encontrasse o que precisava.

Tomou um ônibus, sentando-se próximo à janela. A certa altura, o veículo parou em um farol e foi aí que ele estremeceu de susto: em um carro de luxo parado do lado de sua janela, estava Gabriela.

Desta vez pôde ver muito bem. Era ela mesma, com um vestido seu conhecido e aquela postura que ele tão bem conhecia: elegante, desafiadora, que a fazia parecer uma grande dama.

Quem estaria com ela? Esforçou-se para enxergar, mas o sinal abriu e o carro arrancou, e ele não viu porque logo outros carros avançaram cobrindo sua visão.

Roberto, que se levantara pensando já em descer para abordar o carro, deixou-se cair no assento novamente, enquanto uma onda de violento ciúme o atormentou.

Desta vez ele vira bem. Não havia possibilidade de erro. Por que ficara paralisado, não descera para ver de perto quem era o homem que a acompanhava?

Um carro de luxo como aquele, com motorista, só podia ser de um homem muito rico. Ela se cansara de viver aquela vida miserável que ele lhe oferecia e buscara outro caminho.

Talvez estivesse até pensando em deixá-lo para ficar com o outro. Roberto suava frio, sentia-se atordoado. Esqueceu completamente o que estava fazendo ali. Foi até o ponto final da linha e o cobrador cutucou-lhe de leve com o picotador, dizendo:

— Ponto final, moço!

— O quê?

— É final. Vai descer?

— Não. Vou voltar. Eu me distraí e passei do ponto. Ficou longe.

O homem deu de ombros e desceu. Roberto ficou ali, perdido em seus pensamentos. A realidade era dura, mas ele tinha de enfrentá-la!

Apesar de julgar-se traído, não queria que ela o deixasse. Não saberia viver sem ela. Depois, havia os filhos. Se ela ficasse com outro, ele não poderia permitir que as crianças fossem junto. Isso não. Não suportaria ver toda a sua família vivendo com outra pessoa. Ele nunca permitiria isso. Se ela quisesse separar-se, ele não aceitaria.

Sua alegria de momentos antes foi substituída pela tristeza, pela depressão. Bem que sua mãe o avisara que não deixasse Gabriela trabalhar fora.

O lugar da mulher era em casa, com os filhos. Por que ele fora tão fraco a ponto de concordar com ela? Angustiado, pensava que, se tivesse bastante dinheiro, poderia exigir que ela deixasse o emprego.

Mas, apesar de estar recomeçando, o que ele podia oferecer naquele momento? Nada. Nem tinha ainda como pagar todas as despesas da casa.

Desceu do ônibus e foi andando. Estava longe de casa, mas não tomou outra condução. Precisava pensar no que fazer quando chegasse em casa. Nem se lembrou de comprar os chocolates para as crianças. Sentia um gosto amargo na boca, o peito oprimido, a cabeça zonza.

Atendida pelo cliente, Gabriela apresentou-se com sobriedade e firmeza. Apesar de nervosa, soube controlar-se muito bem. Agiu de tal forma que não só tirou todas as dúvidas do cliente, mas também conseguiu que ele assinasse o contrato.

Foi com alegria cantando no coração que Gabriela voltou ao escritório. Tinha sido sua primeira vitória, e ela sentia o prazer da realização. Fora ela quem sugerira aquelas mudanças e conseguira a aprovação do cliente.

Estava corada, seus olhos brilhavam de alegria quando entrou na sala de Renato, com a pasta de couro nas mãos.

— E então? — indagou ele.

— Consegui. O contrato está aqui, assinado.

— Parabéns. Eu perguntei, mas já sabia. O doutor D'Angelo ligou-me logo que você saiu de lá. Estava muito satisfeito. Fez questão de dizer que você, sim, soube esclarecer, enquanto eu não. Cumprimentou-me por ter uma funcionária tão eficiente.

Gabriela corou de prazer. Renato prosseguiu:

— Como não pensei nisso antes? De hoje em diante você vai em meu lugar visitar os clientes mais importantes.

— Obrigada. Eu estava nervosa, mas consegui me controlar. Fechar um negócio desses é emocionante. Quando ele concordou e assinou, senti um friozinho na barriga!

Renato riu com satisfação.

— Você agora foi contaminada com o vírus do sucesso. Vai querer mais. Se continuar assim, vai melhorar a cada dia. Para cada contrato que você redigir, estudar e conseguir a assinatura do cliente, vou dar-lhe uma comissão de dois por cento.

Gabriela não se conteve:

— Do valor do contrato?

— Claro.

Ela respirou fundo. Eram contratos vultosos, e dois por cento representavam muito dinheiro.

— Não acha muito?

— Não. A empresa tem bom lucro, e acho justo que você receba essa quota.

— Puxa, doutor Renato! Não sei o que dizer!

— Não precisa. Trata-se de um negócio rendoso para a empresa. E você o está desempenhando muito bem.

Gabriela saiu da sala feliz. Foi para sua mesa e fez a conta na calculadora. Só com aquele contrato, iria receber duas vezes mais do que ganhava pelo mês inteiro.

Pensou em Roberto e sentiu um aperto no peito. Ele iria sentir-se mais humilhado. Por que tinha de ser assim? Por que ele não entendia que essa fase em que ela ganhava dinheiro, e ele não, era temporária?

Gabriela estava feliz e resolveu não pensar mais nisso. A vida agora se abria a novas perspectivas e ela se sentia muito capaz. Não tinha culpa por ele pensar daquela forma e não podia se limitar só porque ele se sentia inferiorizado.

Não era esse o ponto que a preocupava. Gostaria que ele entendesse seu esforço em prol do bem-estar da família e tratasse, por sua vez, de reconhecer isso e de acreditar mais na própria capacidade.

Apesar da diferença de instrução, ela sempre admirara no marido sua capacidade de abrir caminho na vida, de subir pelo próprio esforço. Agora que ele estava se revelando um fraco, ela sentia que essa admiração estava indo embora.

Esforçava-se para continuar admirando-o, porém a cada vez que ele se colocava na postura de vítima, queixava-se, dava ouvidos à conversa da mãe, ela sentia morrer um pouco em seu coração o amor que sentia por ele.

Tentava reagir, repetindo para si mesma que aquela atitude dele era temporária, que ele logo reagiria e voltaria a ser como antes. Mas isso não acontecia e ela, angustiada, tentava ignorar os próprios sentimentos e continuar seu papel de esposa dedicada e amorosa.

Chegou em casa eufórica com a vitória alcançada. Queria contar ao marido, mesmo com medo de que seu sucesso o incomodasse ainda mais. Era franca. Não gostava de situações dúbias.

Ao entrar na sala, notou logo que ele não estava bem. Estava sentado no sofá lendo o jornal e respondeu ao seu cumprimento sem levantar os olhos da leitura.

Resignada, Gabriela foi para o quarto, deixou a bolsa, trocou-se e tratou de ver o que havia para o jantar. Vendo Nicete, perguntou baixinho:

— Roberto está com uma cara... Sabe se aconteceu alguma coisa com ele?

— Não. Ele chegou da rua assim. Mal falou comigo, nem ligou para as crianças.

— Vai ver que não arranjou nada hoje. Vamos servir logo o jantar.

Sentados à mesa, Gabriela decidiu tocar no assunto. Assegurar que ia entrar mais dinheiro em casa era uma boa notícia. Começou:

— Consegui uma promoção no trabalho.

Roberto sobressaltou-se:

— De novo?

— Sim. Consegui que um grande contrato fosse assinado e o doutor Renato disse que, a cada contrato que eu obtiver a aprovação, terei uma comissão de dois por cento. Só no de hoje, vou ganhar dois meses de salário. Sem falar nos que ainda poderei conseguir.

Roberto sentiu o sangue subir e fez grande esforço para se controlar. Era essa a desculpa que ela usaria para explicar o dinheiro sujo que estava conseguindo com o amante? Conseguiu dizer com voz irritada:

— Preferia que você não fizesse esse trabalho. Hoje consegui algum dinheiro. Estou trabalhando. Dentro de pouco tempo você nem vai precisar trabalhar mais.

— Você sabe que eu gosto do meu emprego e não pretendo abandoná-lo. Principalmente agora que estou progredindo, descobrindo que posso subir na vida.

Roberto levantou-se da mesa dizendo nervoso:

— Você deseja subir na vida e eu estou muito para baixo. Com o tempo, tenho certeza de que poderei dar-lhe tudo que quiser. O que pretende? Joias, carro de luxo, dinheiro, posição?

Gabriela olhou para ele desanimada. Era inútil tentar conversar. Ele tinha o dom de jogar um balde de água fria em seu entusiasmo.

— Acho melhor sentar-se e terminar o jantar. Não vamos voltar a esse assunto, senão acabaremos brigando. Hoje não tenho vontade de discutir. Vamos parar por aqui.

Ele procurou se acalmar e sentou-se novamente. Mas estava sem apetite. Disse apenas:

— Estou sem fome.

— Arranjou emprego?

— Não. Mas encontrei uma maneira de trabalhar por conta própria. Hoje recebi algum dinheiro.

— Nesse caso, deveria estar contente. Não entendo você. Finalmente encontrou uma solução, mas parece que não foi o bastante para tirá-lo da depressão.

Ele olhou com tristeza para ela e disse com voz dorida:

— Não quero perder você, Gabriela. Mas a cada dia sinto que está se distanciando mais de mim.

— Seria melhor que me compreendesse, que me apoiasse. Tenho procurado fazer isso com você desde que nos casamos. Mas você quer que eu seja o que não sou. Não respeita minha forma de pensar, quer que eu me limite e fique em casa mesmo sabendo que eu gosto de trabalhar, de aprender coisas, de descobrir que tenho capacidade.

Roberto afundou a cabeça entre as mãos e não respondeu. O que poderia dizer? Que sabia de tudo? Que ela o estava traindo?

Bem que sentiu vontade de gritar sua raiva, sua dor, seu desespero. Mas e depois, o que faria? Teria de tomar uma atitude, e ele não se sentia com coragem para deixá-la.

Gabriela olhou desanimada para o marido. Por que ele não entendia uma coisa tão simples? Ficava irritada quando ele assumia aquela postura triste de vítima, como se ela fosse a última das mulheres. Percebia nele a reprovação e a crítica velada. Preferia que ele falasse abertamente em vez de fazer aquela cara.

Era crime querer progredir, ganhar dinheiro, subir na vida? Seria ele tão vaidoso a ponto de não suportar que ela fizesse sucesso enquanto ele continuava limitado?

Gabriela levantou-se e resolveu. Estava feliz e não iria perder sua alegria só porque ele sentia ciúme e não compartilhava.

— Vamos encerrar o assunto — disse ela. — Você nunca me entenderia.

Tentando sufocar sua dor, Roberto não respondeu. Gabriela foi à cozinha e contou sua vitória a Nicete, que a aplaudiu contente. As duas conversavam alegres enquanto Roberto, na sala, cabisbaixo, triste, fazia grande esforço para não chorar.

Capítulo 8

— Aqui está parte dos seus salários atrasados. De hoje em diante, quero que volte a trabalhar só para nós — disse Gabriela a Nicete.

— Não vai lhe fazer falta?

— Não. No próximo mês pagarei o restante.

— Não quero, dona Gabriela. Nem deveria receber este. Tenho trabalhado pouco aqui, e a senhora não tem obrigação de pagar todo o salário.

— O que você tem feito por nós não há dinheiro que pague. Estou feliz em poder dividir com você esse dinheiro. Você merece. É de coração.

— Obrigado. Ainda bem que tudo está melhorando.

Roberto fechou o jornal que fingia ler e aproximou-se, dizendo:

— Eu ia dizer isso mesmo. Estou ganhando dinheiro e de hoje em diante voltarei a pagar as despesas. Aqui há o suficiente para a semana.

Entregou a Gabriela um envelope com dinheiro.

— Arranjou emprego? — indagou ela.

— Não. Resolvi que vou mesmo continuar a trabalhar por conta própria. Os empregadores querem pagar pouco porque não tenho diploma nem experiência. Depois, eu gosto de fazer tudo do meu jeito.

— Talvez seja melhor mesmo. Como você conseguiu ganhar esse dinheiro?

— Não tenho capital para montar um negócio, então estou intermediando compras de materiais de construção. Desse ramo eu entendo.

— Ótimo! — fez Gabriela sorrindo. — Eu tinha certeza de que você ia reagir. Sempre se saiu bem.

Vendo que ele se sentara novamente e apanhara o jornal, Gabriela continuou:

— Apesar disso, você não parece satisfeito. Aliás, tem andado calado, com ar preocupado, não conversa, não brinca com as crianças... Não entendo. Deveria estar contente por haver conseguido uma saída.

— Estou contente. Sinto que dentro em breve poderei voltar não só a pagar todas as despesas da casa como até a dar-lhe mais conforto e bem-estar.

— Sinto que você está diferente. Pensei que fosse pela sua situação financeira. Se não é o dinheiro, o que é?

— Sua teimosia em querer continuar trabalhando. Isso me entristece muito.

Gabriela trincou os dentes e respirou fundo antes de responder:

— Por que você é tão preconceituoso? Em teimosia você ganha longe! Em vaidade também. Quando vai entender que o fato de eu trabalhar não significa que você seja incapaz de manter a casa? Quando vai perceber que eu preciso do meu espaço para fazer o que gosto?

— Eu não ia dizer nada. Você perguntou, eu respondi.

— Gostaria que soubesse como me sinto com essa sua atitude. O casamento para mim é parceria, é igualdade, é cooperação. Quando você precisou, eu fiz tudo para ser companheira, para ajudá-lo, fiz o meu melhor. Mas você nunca reconheceu esse esforço. Ao contrário, continua desvalorizando o que faço, como se eu não servisse para mais nada a não ser ficar em casa, como se eu não tivesse querer. Você deseja que eu me torne um objeto de adorno em nossa casa para que seus amigos digam: "Olhe como Roberto é capaz! Como ele consegue ser um bom chefe de família!". Para que sua mãe possa finalmente aprovar nosso casamento, coisa que ela nunca fez, e dizer: "Roberto soube encontrar uma mulher digna dele!".

Ele se levantou e tentou abraçá-la, dizendo:

— Não é nada disso, Gabriela. Você está enganada!

Ela se esquivou do abraço com raiva:

— É, sim. Que outro motivo haveria para esse seu comportamento?

— É que eu a amo muito! Sou louco por você. Morro de ciúme vendo-a passar o dia inteiro no meio de outras pessoas enquanto eu estou longe.

— Isso que você sente não é amor! Não é mesmo. É insegurança, é falta de confiança em você, é falta de confiança em mim. Sua maneira de falar me ofende. Como se eu precisasse estar sendo vigiada constantemente para não fazer nenhuma besteira... Para não arranjar um amante... O que pensa que eu sou? Como pôde passar nove anos do meu lado e não perceber minha maneira de ser?

— Não é o que está pensando... Eu confio em você, mas não confio nos outros. Você é muito atraente, eu sei como os homens agem.

— Deveria saber como eu ajo. Isso é que deveria lhe interessar. Quem quer trair não precisa trabalhar fora para isso. Você está sendo injusto. Só que não vou fazer o que você quer. Não vou mesmo. Gosto de ter meu dinheiro, de fazer o que faço, de tomar conta da minha vida do meu jeito. Fazendo isso tenho certeza de que não estou fazendo nada errado. Se quiser continuar comigo, terá que respeitar minha maneira de ser.

Roberto empalideceu. Sentiu vontade de gritar que sabia de tudo, que a vira mais de uma vez num carro em companhia de outro homem, mas conteve-se. Ela parecia decidida, e ele teve medo de perdê-la. O que seria de sua vida se ela o abandonasse?

Respirou fundo e disse com voz baixa:

— Vamos mudar de assunto. Não quero brigar.

— Eu também não, mas é bom saber como eu penso e refletir bem antes de voltar a falar nisso.

Roberto voltou a fingir que lia o jornal e Gabriela foi ter com as crianças. Sentia-se indignada. A custo tentava controlar-se. Roberto deixara bem clara sua insegurança, e aquela fraqueza do marido a incomodava e ofendia.

Se ela quisesse, poderia arranjar outro homem com facilidade. Percebia a admiração masculina à sua volta, mas não se impressionava com ela. Sabia que eles queriam só aventura, e isso não a interessava.

Amava sua família e acreditava que, sendo correta, sentindo-se digna, teria o direito de viver em paz. Por que Roberto não via isso? Por que teimava em desconfiar dela?

Uma onda de desânimo invadiu-a. Teria de passar o resto da vida ao lado de um homem que não a compreendia? Naquele instante arrependeu-se de haver se casado com ele.

"O amor é cego!", pensou triste.

Ela se casara por amor. Agora, começava a duvidar de seus sentimentos. Pensou nos filhos e tentou reagir. Estava cansada e nervosa. Precisava ajudar Guilherme com as lições da escola. Ele estava indo bem, e gostava quando ela olhava seus cadernos e via como ele estava progredindo com a leitura.

Depois que ela se foi, Roberto passou a mão pelos cabelos nervoso. Aquilo não podia continuar. Não estava mais aguentando. Qualquer hora, não iria conseguir dominar-se e então tudo poderia estar perdido. Precisava fazer alguma coisa. Mas o quê?

Um detalhe incomodava-o. As duas vezes que a viu foram durante o expediente. Como ela conseguiu licença para sair? De repente estremeceu. E se seu amante fosse o próprio patrão? O carro em que a viu era de luxo. Não era para qualquer um.

Ela estava com mais dinheiro. Pagou os atrasados de Nicete. Comprou roupas para as crianças, para ela e um aparelho de som. Como conseguiu tanto dinheiro?

Remexeu-se na cadeira inquieto. Não desejava separar-se dela, mas não podia aceitar que o traísse. Só em pensar nisso, tinha ímpetos de ir ter com ela e exigir que lhe contasse a verdade. Não teve coragem. Ficou ali, sofrendo, pensando, perdido em sua dor.

Gabriela, depois de tomar a lição de Guilherme, mandou os filhos para a cama e, depois de vê-los acomodados, tomou um banho e deitou-se. Gostaria de conversar com o marido, de contar-lhe como se sentia valorizada desempenhando suas novas funções, o quanto desejava que ele progredisse e pudessem melhorar de vida.

Queria que seus filhos estudassem, tivessem um futuro melhor, mas acima de tudo que conseguissem viver bem, tornar-se pessoas felizes.

Suspirou triste. Roberto estava diferente. Não era mais o moço alegre, cheio de planos e de vontade de vencer. Havia se transformado em um homem ciumento, desconfiado, desagradável, de pouca conversa. Se tentasse conversar, ele não iria entender.

Sempre acreditou que ele era muito diferente da mãe, mas agora notava que ele estava se tornando parecido demais com ela. Por que não percebera isso antes do casamento? Para ela, casar era ter um parceiro, alguém com quem dividir alegrias e tristezas, desabafar, ser ela mesma sem segredos.

Ela era reservada e não se abria com as outras pessoas. Mas considerava o marido uma extensão de si mesma, um companheiro em quem podia confiar e que confiava nela. Infelizmente, ele não pensava assim.

Como lhe contar os detalhes do seu trabalho se ele não aprovava que trabalhasse? Como falar de sua realização por estar progredindo com seu próprio esforço se ele se sentia menos porque ela estava ganhando mais do que ele?

Antes, quando ela se deitava, ele já estava na cama, esperando ansioso que ela acomodasse as crianças e pudessem conversar, ficar juntos. Agora, onde estava ele? Por que não ia se deitar?

Acomodou-se e resolveu dormir sem esperar por ele. Estava cansada, teria de se levantar cedo na manhã seguinte. Se sua vida afetiva estava ruim, pelo menos a profissional ia cada vez melhor.

"Nem sempre se pode ter tudo!", pensou. "O melhor é aprimorar meu desempenho profissional, porque, se um dia o casamento acabar, terei como viver com as crianças sem esperar nada dele."

Virou-se para o lado e adormeceu. Quando Roberto subiu, passava da uma da manhã. Vendo-a adormecida, pensou revoltado: "Como ela pode dormir tranquila depois do que fez?".

Deitou-se, mas somente conseguiu adormecer quando o dia estava clareando.

Quando Roberto acordou, passava das dez. Levantou-se assustado. Ficara de passar em uma obra às dez e meia. Olhou preocupado para o relógio. Daria tempo?

Vendo-o descer apressado, Nicete chamou-o:

— Seu Roberto, a mesa ainda está posta. Tem café na térmica.

— Estou atrasado. Não vai dar para tomar.

— Em cinco minutos sairá alimentado e se sentirá melhor.

Cinco minutos a mais não iriam fazer diferença. Sentou-se, tomou café com leite e comeu uma fatia de pão.

— Papai, olha a boneca que a mamãe me comprou ontem!

Maria do Carmo aproximara-se sorrindo e mostrando a boneca com satisfação.

Roberto sentiu uma onda de rancor. Aquela boneca fora comprada com o dinheiro sujo da traição.

Levantou-se nervoso e empurrou a filha, dizendo irritado:

— Você não precisa dessas coisas. Jogue-a no lixo.

A menina assustou-se e abraçou a boneca com força, chorando.

— Não jogo. Ela é minha. Minha mãe me deu!

Nicete apareceu assustada:

— O que foi, Maria do Carmo?

— Papai quer jogar minha boneca no lixo. Eu não quero.

Nicete abraçou a menina, dizendo:

— Você não entendeu. Não é nada disso. Vamos, não chore.

Roberto mordeu os lábios nervoso. Tentou contornar. Maria do Carmo não tinha culpa de nada.

— Eu não quis dizer isso. Não chore. Sua boneca é linda. Mas tenho que ir, estou atrasado.

Saiu rápido, sob o olhar admirado da empregada. Ele nunca gritara com a menina. Ainda abraçada a Maria do Carmo, Nicete perguntou:

— O que você disse que deixou seu pai nervoso?

— Eu só disse para ele olhar a boneca que mamãe comprou ontem... Ele disse que eu não precisava dessas coisas e que era para jogar a boneca no lixo. Eu não quero... é minha... minha mãe me deu...

— Ele já falou que não quis dizer isso. Ele estava brincando. Você entendeu mal. Ninguém vai tirar sua boneca, sossegue. Depois, quando eu acabar o serviço, vamos fazer um vestido novo para ela. Você quer?

— Oba! Faz uma calcinha também?

— Claro. Ela não pode ficar com uma só. Como vai fazer quando precisar trocar? Mas você tem que ajudar.

— Vamos fazer agora?

— Não. Depois do almoço. Hoje você não precisa ir à escolinha. Vamos pegar o saco de retalhos e escolher um pano bem bonito.

— A Biloca levou na escola uma caminha com lençol, travesseiro e fronha. Dá para fazer uma?

— Dá. Agora vá brincar que preciso lavar a louça do café.

Enquanto a menina se entretinha com os brinquedos, Nicete pensava na cena de momentos antes. Seu patrão andava muito estranho nos últimos tempos. Logo agora que ele voltara a ganhar dinheiro, era de se admirar.

Notava que as coisas não estavam bem entre o casal. Até que Gabriela tinha muita paciência. Reconhecia que para um homem era difícil aceitar que a mulher sustentasse a casa. Quando é que os homens iriam aprender que a mulher é tão capaz de ganhar dinheiro quanto eles? Para que aquele orgulho bobo?

Percebia que Gabriela já começava a se cansar do mau humor dele. Se ele continuasse com aquela atitude, poderia acabar mal. Nenhuma mulher aguenta muito tempo uma situação como aquela.

Gostava muito de sua patroa. Era uma mulher decidida, sabia o que queria da vida e, ao mesmo tempo, era dedicada aos filhos e ao marido. Não merecia a ingratidão dele.

Gabriela chegou ao escritório e procurou esquecer seus problemas familiares. Sentia prazer em mergulhar no mundo dos negócios, principalmente porque estava podendo participar mais. Lia com atenção os contratos, estudava novas possibilidades de negociação e conseguia encontrar algumas saídas inteligentes.

Renato admirava-se com o talento que ela demonstrava, com sua inteligência arguta e sua dedicação ao trabalho.

Na verdade, ela se interessava vivamente pelo que estava fazendo. Encontrava grande prazer em se dedicar inteiramente. Esses momentos eram para ela a opção de liberdade, de poder fazer alguma coisa do seu jeito, sentindo que estava sendo valorizada em seu esforço.

Era um grande contraste com sua rotina familiar. Lá se sentia criticada, diminuída, vigiada. Roberto não falava abertamente, mas ela percebia em seus olhos, em seus gestos e até em algumas atitudes a reprovação, a crítica.

Ultimamente parecia que ela estava sempre fazendo alguma coisa errada. Entretanto, nunca trabalhara tanto em sua vida, nunca apoiara tanto o marido como nos últimos meses.

Quando no escritório, sentia-se outra pessoa, esquecia o resto do mundo, mas quando saía, já no ônibus de volta, seu peito se comprimia e não podia evitar a sensação desagradável.

Entrava em casa querendo abraçar os filhos, buscando uma compensação no amor que sentia por eles. A cada dia estava mais difícil viver ao lado de Roberto.

Renato chamou-a em sua sala:

— Preciso que me traga o contrato com aquela mineradora do doutor Silveira.

Ela saiu e voltou com os papéis, entregando-os a ele.

— Eles mudaram o contrato social. Fundiram essa empresa com outra e precisamos refazer este contrato.

— É só atualização?

— Vai além. Pretendo renegociar as condições. Vou dar uma olhada e depois passo para você fazer a minuta.

Ela ia saindo quando ele tornou:

— Estou pensando em mandar Ricardinho para um acampamento nas férias. Gioconda é contra. Você, o que acha?

— Será bom para ele. Aprenderá a se socializar.

— É o que eu penso. Tenho conversado muito com ele, dado mais atenção. Tem melhorado na escola, mas em casa, ao lado da mãe, noto que ele muda muito. Quando ela não está por perto, ele se mostra mais equilibrado, mais calmo, menos exigente. Basta ela aparecer, pronto: começa a ficar rebelde, cheio de manias, reclama de tudo. Fica impossível.

Gabriela abriu a boca, mas fechou-a novamente sem dizer nada. Renato notou:

— O que ia falar? Fale. Você tem jeito para lidar com crianças. Infelizmente, Gioconda é uma nulidade. Só estraga o menino.

— Ele está muito mimado. Já sabe que dona Gioconda cede aos seus caprichos e aproveita quando ela está por perto.

Ele fez um gesto de desânimo.

— É o que eu lhe digo, mas ela não percebe, continua do mesmo jeito. Por esse motivo quero que ele vá para o acampamento.

— Será muito bom se ele aguentar ficar lá.

— Alguns colegas de escola já fizeram as reservas. Ele está com muita vontade de ir. Tenho certeza de que vai com prazer. Gioconda não quer nem ouvir falar nisso. Diz que pode acontecer um acidente, que ele pode adoecer. Em suma, fica arrumando empecilhos, fazendo drama.

— Nesse caso, terá de convencê-la.

— É. Vou tentar. Essa atitude dela me assusta. Não parece natural.

— Se ela se ocupasse com alguma coisa interessante, tivesse algum trabalho, ainda que fosse beneficente, mas que lhe desse prazer, talvez se libertasse dessa fixação nos filhos.

— Seria ótimo. Já pensei nisso. Sugeri várias opções, mas parece que nenhuma a atraiu. Fica em casa lendo revistas, visita algumas amigas, vai às compras e nada mais.

— Pelo menos ela gosta das atividades caseiras? Da ornamentação do lar, da organização?

— Nunca a vi interessar-se por nada disso. É exigente, diz como deseja o serviço e pronto. Pessoalmente não se ocupa com nada em casa.

— Não é de estranhar que se fixe nos filhos. — Hesitou um pouco e concluiu: — E também no senhor. Isto é, deve reclamar, exigir atenção e queixar-se de tudo.

— Você descreveu Gioconda com perfeição. Como sabe?

— A vida dela deve ser muito vazia, monótona. Ela não faz nada por si e espera tudo dos outros. Essa fantasia sempre custa muito caro. Acaba na depressão e na doença.

— Isso já está acontecendo. Gioconda está sempre adoentada, sentindo-se indisposta. Nunca se mostra satisfeita com nada.

— Ela foi sempre assim?

— Não. Quando nos casamos era uma moça alegre, bem-humorada, disposta. O problema apareceu depois que Ricardinho nasceu. Gioconda é uma boa esposa, honesta, dedicada. Gostaria de ajudá-la, mas não sei como.

— Se eu tivesse um problema, procuraria um terapeuta — disse Gabriela pensando em Roberto.

— Acha que poderia ajudar?

— Se ela aceitasse, sim. Qualquer mudança de comportamento só ocorre se a própria pessoa quiser.

— Esse é o ponto. Mas vou pensar. Pode ser que seja um caminho.

Gabriela saiu da sala do chefe pensando no marido. Seria muito bom se ele fosse procurar ajuda. Talvez conseguisse aceitar a mudança que sua vida profissional tivera. Assim que surgisse a oportunidade, falaria com ele.

Roberto foi vistoriar a obra e conseguiu um bom pedido de materiais. Imediatamente tratou de concretizar a compra para o cliente. Isso o manteve ocupado até as três da tarde.

Sentado na lanchonete à espera do sanduíche, pensou em Gabriela, com raiva. Mesmo ocupado, não conseguia tirar de sua mente a cena do carro. Precisava fazer alguma coisa.

Quando deixou a lanchonete, ficou andando a esmo, pensando. Depois decidiu-se: iria procurar Aurélio novamente. Quando conversava com ele, sentia-se mais calmo.

Na sala de espera do consultório, enquanto esperava, uma senhora aproximou-se dele, sentando-se a seu lado.

— Está demorando hoje — disse, olhando para Roberto.

— Não sei. Cheguei agora.

— Minha sobrinha está lá dentro faz mais de uma hora. Conheço o doutor Aurélio, é muito bom, mas o caso de Neusa... Neusa é minha sobrinha... acho que não vai adiantar nada. Ela está com obsessão. O que ela precisa mesmo é de ajuda espiritual.

Era uma senhora forte, aparentando uns quarenta anos, de ar agradável e sorriso largo. Mais para ser educado, Roberto perguntou:

— Qual é o problema dela?

— Tem altos e baixos. Vai da euforia à depressão sem mais aquela. Está bem e, de repente, começa a tremer, a suar, passar mal. Sente arrepios, tonturas e enjoo. Fica com frio, pés e mãos geladas. Eu sei que seu caso é espiritual. Mas ela não acredita. Nos últimos meses tem corrido de médico em médico, fez vários exames, mas nenhum dá nada. Sem falar do emprego que ela perdeu e do marido que fugiu com outra. Se ela não procurar ajuda de quem entende disso, não vai resolver.

Roberto interessou-se:

— O que quer dizer com espiritual?

— Ela está com perturbação de espíritos desencarnados.

— Coisa de espiritismo?

— Isso mesmo.

— Como sabe?

— É fácil. Na vida dela corria tudo normalmente. De repente mudou. Ela começou a passar mal, perdeu o emprego, o marido, a saúde, tudo. Os médicos dizem que é sistema nervoso. Mas eu não creio. Tenho visto muitas coisas neste mundo. Eu sei que a vida continua depois da morte e que os espíritos interferem na vida de todos nós.

— Isso me deixa pensando. Comigo aconteceu a mesma coisa. Será que estou sendo prejudicado por espíritos?

— Pode ser. Seria bom ir a algum centro fazer uma consulta.

— Não conheço nenhum. Nunca fui e tenho receio.

— Procure um lugar sério, de mesa branca, onde fazem trabalho de Allan Kardec. É o mais seguro.

— A senhora conhece algum?

— Conheço. Tem papel e caneta aí?

— Tenho. Está aqui. Pode escrever.

Ela apanhou o bloco e a caneta que ele lhe estendeu e escreveu o nome e o endereço.

— Olhe, se quiser pode ir agora. Eles começam a atender às sete. Deixei também meu telefone. Meu nome é Maria, e se precisar de mais alguma coisa, e eu puder ajudar, pode ligar. Espero que consiga. A cabeça dura da Neusa bem podia ser como o senhor. Ela vai sofrer mais tempo e no fim terá que acabar indo de qualquer maneira.

Roberto despediu-se e saiu. Não esperou pelo médico. Sua mãe de vez em quando falava de uma senhora que benzia e lia as cartas. Desde que Neumes levara seu dinheiro, ela queria que ele fosse lá para uma consulta.

Roberto não acreditava naquilo. Entretanto, aquela senhora conseguiu descrever uma situação parecida com a sua. Perdera o dinheiro, não se sentia bem de saúde e estava perdendo Gabriela. E se ele estivesse sendo vítima de um espírito desencarnado?

Já ouvira contar muitas histórias sobre o assunto. Haveria alguma verdade naquilo?

Tirou o papel do bolso e leu o endereço: Vila Mariana. Não era longe. Decidiu ir.

Tratava-se de uma casa antiga, reformada. A porta estava aberta e ele foi entrando. No hall, uma senhora atendeu-o, perguntando o que ele desejava.

— Uma consulta.

— Temos um plantão de atendimento. O senhor vai para aquela sala conversar com um plantonista. Sente-se lá e espere chamar seu número.

Entregou-lhe uma senha e Roberto foi para a sala indicada. Havia algumas pessoas e de vez em quando alguém saía da outra sala e um número era chamado.

Enquanto esperava, Roberto começou a sentir-se angustiado. Arrependeu-se de ter ido. Afinal, o que estava fazendo ali? O lugar era limpo, mas muito simples; as pessoas, de condição humilde.

Ele estava sendo ajudado por um grande médico e havia aprendido muito com ele. Mas ali, com aquelas pessoas sem qualificação profissional, sem grandes conhecimentos, o que poderia esperar?

Nunca se detivera muito pensando em Deus. Não tinha certeza de nada. Cedo aprendera que, se não cuidasse da própria vida, ninguém o faria por ele.

— As coisas não caem do céu! — costumava dizer. — É preciso ir à luta.

Por insistência da mãe, ia à igreja de vez em quando. Casara-se nela, batizara os filhos. Mas isso representava apenas uma cerimônia social, um pretexto para reunir a família e oficializar costumes.

Aquela situação era ridícula. O melhor era sair. Fez menção de levantar-se, mas a porta abriu-se e alguém chamou:

— Dezessete.

Era o dele. Fez de conta que não ouviu. Uma senhora a seu lado colocou a mão em seu braço, sacudindo-o:

— É o seu número. Não ouviu?

Roberto levantou-se e a moça da porta pediu:

— Entre, por favor.

Roberto respirou fundo e entrou. Na sala ampla havia quatro pequenas mesas. Três estavam ocupadas por pessoas conversando. Na outra, apenas uma senhora de meia idade.

— Pode sentar-se lá — indicou a moça.

Roberto aproximou-se da mesa e a mulher levantou os olhos, fixando-os nele com interesse.

— Sente-se, por favor. Meu nome é Cilene. Prazer em conhecê-lo.

— Obrigado.

— Seu nome e endereço, por favor.

Ele falou e ela anotou em uma lista que estava sobre a mesa. Depois perguntou:

— É a primeira vez que vem aqui?

— Sim.

— Qual é seu problema?

— Bem, minha vida mudou muito e alguém me sugeriu a ajuda espiritual. — respondeu acanhado.

Não pensou que fossem perguntar-lhe aquilo. Imaginou que não fosse preciso dizer nada. Afinal, um médium deveria adivinhar tudo. Estava claro que eles não tinham nenhum poder. Se nem percebiam o que ele tinha, jamais teriam como resolver seus problemas. Tinha sido loucura ter ido.

Cilene olhou séria para ele e respondeu:

— Você está realmente precisando muito. Sente-se perdido, não confia em mais ninguém. Desconfia até de sua família. Esse sentimento está infelicitando sua vida e dificultando sua prosperidade.

Roberto olhou admirado para a mulher.

— Por que está dizendo isso?

— Porque cada um é inteiramente responsável por tudo quanto lhe acontece. É hora de tentar descobrir como você atraiu em sua vida uma mudança tão drástica e por que está tão difícil se recuperar.

— É verdade que minha vida mudou muito, mas não fiz nada para isso. Sempre fui trabalhador e honesto. O culpado foi meu sócio, que me roubou todo o dinheiro, e não pude fazer nada. Até hoje estou tentando sobreviver com dignidade.

— Há pessoas honestas. Por que é que você atraiu um sócio desonesto em vez de um correto?

— Não sei. Nunca pensei nisso.

— Está na hora de começar a pensar. É importante que saiba que a vida é muito mais do que parece ser. Vivemos rodeados de energias sutis que trocamos com as pessoas, e essa troca determina os fatos em nossa vida. Nossa atitude interior imprime nas energias que emitimos os sentimentos nos quais acreditamos.

— Não estou entendendo.

— As energias cósmicas são como o ar que respiramos. Elas sustentam a vida. Todos os seres as absorvem e transmitem conforme suas necessidades. Quando nosso corpo físico sofre um acidente, uma doença, são elas que trabalham na recuperação do nosso equilíbrio, refazendo os pontos atingidos, recompondo a saúde. Os médicos sabem disso. Fazem a parte que lhes cabe e esperam a reação natural. Como pensa que a natureza executa todo esse trabalho de refazimento? Por meio das energias. São elas que mantêm seu corpo funcionando.

Roberto abriu a boca e fechou-a de novo, sem saber o que dizer. Ela prosseguiu:

— Para compreender melhor os fatos que lhe acontecem, é preciso que você comece a observar, a estudar as energias que o cercam.

— É uma ideia interessante. Meu médico já tinha dito alguma coisa sobre isso.

— O que ele não lhe disse com certeza foi que é você quem transforma a energia que recebe, conforme suas atitudes.

— Como poderia fazer isso se nunca ouvi falar a respeito?

— Essa troca é natural. Você faz e não percebe. Mas, se ficar atento, começará a notar como. Por exemplo: quando está se sentindo mal, precisa perceber se essas energias vieram de fora já ruins ou se foi você quem as tornou assim.

— Acho difícil saber isso.

— Não é, não. Se você estava muito bem e de repente, sem nenhum motivo aparente, começou a sentir-se mal sem estar doente, é porque absorveu energias negativas. Elas vieram de fora, de outras pessoas, desencarnadas ou não. Se você estava revoltado, negativo, de mal com a vida, julgando-se vítima da maldade alheia, triste, inconformado, foi você quem transformou as energias em ruins. Entendeu?

— Começo a perceber.

— Nos dois casos, é preciso transformar aquelas energias, tornando-as boas.

— De que forma?

— Positivando os pensamentos, tomando atitudes otimistas, esforçando-se para mudar seu modo de ver. Funciona em qualquer caso. Estamos rodeados por energias de todos os níveis. Atrair esta ou aquela é apenas questão de sintonia. Quando você está mal, quando nada dá certo, quando tem problemas financeiros ou de saúde, é porque teve atitudes, crenças que o sintonizaram com padrões negativos, ligando-o a essas faixas. Para sair delas, basta desconectar-se. Às vezes precisa fazer o oposto do que vinha fazendo. Em todo caso, é você quem deve prestar atenção e descobrir isso.

— Percebo que nos últimos tempos tenho andado muito preocupado. Mas foi por causa do que tem me acontecido. Quando tudo ia bem, eu não tinha pensamentos ruins.

Cilene olhou para ele com seriedade e respondeu:

— Não precisa se justificar. Você tem força bastante para sair do mal e permanecer no bem.

— Eu não estou no mal! Nunca desejei mal a ninguém. Nem ao sócio que me roubou. Se ele aparecesse, eu só queria que me devolvesse o dinheiro que ganhei com muitos anos de trabalho honesto.

— Sei que você é pessoa de bons sentimentos e não pensa em vingança. Mas quando imagina coisas ruins, se deprime, se angustia, está no mal. Não existe meio termo. Quando não está positivo, está no negativo. Quando não está otimista, está no mal. Entendeu?

Roberto fez um gesto desalentado:

— Nesse caso, é difícil ficar no bem. A vida é cheia de surpresas desagradáveis, ninguém pode ficar otimista sempre.

— Reconheço que neste mundo não é fácil conservar o otimismo. Penso até que foi para fazer este treinamento que reencarnamos aqui. Este mundo é cheio de desafios para que aprendamos a desenvolver nossa força interior. Somos espíritos eternos em evolução. Desejamos viver em um mundo melhor, sem dor, com alegria, com amor. Aliás, a felicidade é nosso maior objetivo. Como acha que alcançaremos tudo isso sem conquistar a sabedoria? E, para conquistar a sabedoria, precisamos desenvolver nossa força interior, aprender a lidar com as leis da vida, nos harmonizar com elas.

— A senhora é pessoa de fé. Gostaria de ter esse conforto.

— A conquista da fé depende do esforço de cada um. Se você deseja desenvolver sua fé, comece a experimentar suas crenças e verificar quais são verdadeiras. Não aceite coisas só porque alguém famoso disse ou escreveu. Também não recuse. Procure descobrir até que ponto funcionam.

Jogue fora os preconceitos. Teste, questione, busque. Peça a Deus que o ajude a descobrir a verdade.

— Vou tentar. Cheguei aqui angustiado e já estou me sentindo melhor.

— Desde que entrou aqui, está sendo assistido por amigos do plano espiritual. Vou encaminhá-lo para um tratamento de renovação energética. Vai fazê-lo sentir-se aliviado, dormir melhor. Entretanto, a conquista do seu equilíbrio depende apenas de você. Gostaria que não se esquecesse de observar seus pensamentos íntimos, as frases que costuma dizer a você mesmo. A chave do que lhe acontece está aí.

Estendeu-lhe um papel, dizendo com simplicidade:

— Terá que vir aqui duas vezes por semana durante um mês para esse tratamento. Depois, volte para falar comigo e vamos ver como está.

Roberto pegou o papel, hesitou um pouco, depois perguntou:

— Se eu precisar, isto é, se não conseguir me lembrar de tudo que falamos, posso vir conversar com você antes desse tempo?

— Pode. Mas, se fizer tudo que eu disse, não vai precisar.

Roberto agradeceu, levantou-se e saiu da sala. A moça da porta o encaminhou para uma fila em outra sala. Sentia-se sensibilizado. Parecia-lhe que de repente as coisas tinham outro significado.

Quando chegou sua vez, entrou no salão iluminado por duas lâmpadas azuis, onde atrás de cada cadeira da fileira havia uma pessoa em oração. Os que entravam sentavam-se nas cadeiras e, quando elas lotaram, a porta fechou-se. Uma música suave tornava o ambiente particularmente agradável.

Roberto não conteve a emoção. Quando a pessoa que estava atrás de sua cadeira ficou à sua frente, ele fechou os olhos como para impedir que as lágrimas caíssem, mas foi inútil. Elas desabaram e ele rompeu em soluços, sem conseguir controlar-se.

De olhos fechados, sentia que uma brisa suave envolvia seu corpo e ele perdeu a noção do tempo e do lugar. Sentia enorme alívio naquele pranto, como se com ele jogasse para fora toda a sua dor, sua angústia, seu desvalimento.

Aos poucos foi se acalmando. Depois de alguns segundos, sentiu um leve toque no braço. Abriu os olhos, e o rapaz à sua frente oferecia-lhe pequeno copo com água, que ele bebeu, um pouco envergonhado por não ter conseguido segurar as lágrimas.

Devolveu o copo e saiu, acompanhando os demais. Uma vez fora da sala, foi até o banheiro. Queria lavar o rosto e refazer-se um pouco. Olhou-se no espelho e a custo conteve o pranto.

O que estava acontecendo com ele? Precisava dominar-se. Não podia ser tão sensível. Mas, quanto mais se esforçava para controlar-se, mais lágrimas brotavam. Quando se sentiu melhor, lavou o rosto e penteou os cabelos.

Lembrou-se dos seus óculos escuros que estavam no bolso e colocou-os. Sentiu-se mais à vontade depois disso.

Quando chegou à rua, sentiu fome. Olhou no relógio. Àquela hora Gabriela já teria chegado em casa. Ao pensar nela, sentiu um aperto no peito.

As palavras de Cilene voltaram aos seus ouvidos e ele reagiu: "Não vou pensar nisso agora. Chorar me fez bem. Sinto-me muito aliviado. Só que chegar em casa com esta cara... Acho que vou comer um sanduíche por aqui e dar um tempo".

Entrou em um bar e pediu um sanduíche. Comeu com vontade. Depois, tirou os óculos e olhou-se no espelho. Estava melhor. Seus olhos não estavam tão vermelhos. Podia ir para casa.

Capítulo 9

Gabriela chegou em casa carregando uma pasta. Havia levado duas minutas de contrato que pretendia examinar depois do jantar. Precisava encontrar um jeito de modificar as condições com as quais os clientes não concordavam, sem prejudicar os interesses e os ganhos da empresa.

Gabriela não costumava levar trabalho para casa, porquanto se ocupava com os filhos e o bem-estar da família, o que não era fácil ficando fora o dia inteiro.

Sentia-se satisfeita com o progresso alcançado, com o dinheiro que estava começando a ganhar, e desejava progredir cada vez mais. Depois, era-lhe muito prazeroso perceber que, ao contrário do que diziam seu marido e sogra, ela tinha capacidade para ganhar dinheiro.

Quanto mais Roberto a criticava por trabalhar fora de casa, mais ela se sentia valorizada, percebendo que tinha elementos para subir na vida.

Claro que considerava importante sua presença ao lado dos filhos, orientando-os, ajudando-os, exercendo suas funções de mãe. Apesar do esforço daqueles dias difíceis, quando não pôde contar o tempo todo com Nicete, nada faltara aos seus. Mesmo quando ela se sentia exausta, procurava tornar o ambiente da casa alegre, apesar do mau humor do marido.

Se tivera capacidade para isso quando tudo estava ruim, por que deveria desistir agora que as coisas começavam a melhorar?

Roberto não havia chegado ainda. Como ele estivesse demorando, as crianças comeram e foram brincar. Gabriela sentou-se na sala de jantar, colocou sobre a mesa a pasta que trouxera e começou a ler o primeiro contrato, anotando alguns detalhes em um bloco ao lado.

Foi assim que Roberto a encontrou quando entrou em casa. Imediatamente ela se levantou, dizendo:

— Vou mandar esquentar o jantar. As crianças já comeram.

— Não estou com fome. Eu me atrasei e acabei comendo um sanduíche.

Nicete, que aparecera na porta da sala, perguntou:

— Coloco a mesa só para a senhora?

— Também não sinto fome. Quando eu terminar isto, comerei um lanche. Pode acabar com a cozinha.

Roberto aproximou-se curioso:

— O que está fazendo?

— Examinando estes contratos. Não deu tempo durante o dia e eles são urgentes.

— Desde quando você examina os contratos de sua empresa? Que eu saiba não é essa sua função.

— Eu disse a você que fui promovida, lembra-se?

— Não é muita responsabilidade? Será que você não vai fazer nenhuma besteira?

Gabriela levantou para ele os olhos nos quais havia um brilho de irritação.

— Não. Não vou porque o dono da empresa confia em mim, sabe que tenho capacidade para opinar e dar sugestões que ele usa se quiser. São só sugestões; quem decide é ele. A responsabilidade é só dele.

Roberto sentiu um aperto no peito. Suas suspeitas justificavam-se. Bem que desconfiara que era com o chefe que ela andava se envolvendo. Imagine, ela, analisar contratos. Estava claro que ele fazia isso para conquistá-la.

Não se conteve:

— Cuidado. Esse homem deve estar querendo alguma coisa mais. Por que ele não dá esses contratos para seu advogado ou seu contador? Seria mais adequado.

Gabriela levantou-se fuzilando-o com os olhos e respondeu:

— Já vem você com essa conversa. Às vezes chego a pensar que você deve ter muitas amantes na rua, porque não consegue pensar em outra coisa. Quem usa cuida, sabia?

— Não precisa ficar nervosa. Conheço os homens. Sei como agem. Esse parece que tem segundas intenções. É bom tomar cuidado e não cair na lábia dele.

O rosto de Gabriela coloriu-se de vivo rubor. Sentia-se indignada. Colocou as mãos na cintura e disse com raiva:

— Está me chamando de ingênua ou de burra? Acha que não sei diferenciar uma cantada de um trabalho profissional? Há momentos em que me arrependo de haver me casado com você. Não confia em mim, me ofende julgando-me leviana e, para coroar tudo isso, ainda me passa um atestado de incapacidade. Pois fique sabendo que meu trabalho tem sido muito elogiado, que cada contrato desses, quando conseguimos fechar, está me rendendo excelente comissão, além do salário normal do mês. Portanto, cuidado você com o que diz, porque poderá chegar um momento em que não suportarei mais a tensão e resolverei minha vida de outra forma.

Ela tocou no ponto crucial e Roberto assustou-se. O que faria se ela o abandonasse? Uma onda de desespero acometeu-o e ele tentou contemporizar.

— Não quis dizer isso. Você está torcendo minhas palavras. É que não gosto de vê-la trabalhando tanto. Se eu digo que gostaria que deixasse de trabalhar, é porque de-sejo que tenha uma vida boa, só cuidando da família. Desejo poupá-la.

— Não me venha com essa história. Sei muito bem o que você pensa. Sou uma mulher digna, que tem feito tudo pela nossa família. Se ainda assim não consigo agradá-lo, paciência. Estou no limite de minhas forças. Afirmo de uma vez por todas: gosto do meu emprego, estou me realizando profissionalmente, ganhando mais, e tenho à minha frente a oportunidade de progredir como nunca tive. Por tudo isso, se deseja continuar comigo, nunca mais toque nesse assunto. Agora me deixe em paz. Vou terminar este trabalho.

Roberto mordeu os lábios e foi para o quarto. Nicete entrou em seguida, dizendo:

— Dona Gabriela, venha comer um pouco agora. Assim ficará mais calma para trabalhar.

— É melhor mesmo. Estou trêmula de raiva e sem serenidade para discernir. Minha cabeça está fervendo.

— Venha, vou lhe contar a última que a Maria do Carmo aprontou hoje. Essa menina tem cada uma...

Gabriela sorriu. Nicete tinha um jeito especial para acalmá-la, e falar da filha era sempre prazeroso.

Sentou-se, ouviu o que ela disse e comeu um pouco. Quando terminou, Nicete, vendo-a pensativa, procurou confortá-la:

— Um dia ele vai perceber a mulher que tem em casa...

— Só que esse dia pode chegar tarde. Estou cansada e não sei quanto tempo mais consigo aguentar. Vou ver se consigo trabalhar.

Foi para a sala e mergulhou no trabalho. Passava da meia-noite quando finalmente conseguiu finalizar. Havia feito todas as anotações e preparou-se para dormir.

Quando entrou no quarto, percebeu que Roberto não estava dormindo. Tinha os olhos fechados, mas permanecia atento a todos os movimentos dela.

Respirou fundo e deitou-se, virando-se para o lado. Pretendia evitar que ele recomeçasse o assunto. Estava cansada, precisava levantar cedo no dia seguinte. Depois, de que adiantaria conversar com ele? Seu ciúme cegava-o a ponto de não enxergar mais nada.

Roberto virou-se para o lado dela e abraçou-a, dizendo ao seu ouvido:

— Gabi, eu fui rude ainda há pouco. Estou arrependido. Você me desculpa?

— Está bem, vamos esquecer isso.

— É que ultimamente tenho sentido muito medo de perder você. Isso tem me atormentado.

— Por enquanto não corre esse risco. Mas, se continuar me criticando como fez hoje, não sei se poderei aguentar.

— Eu a amo demais.

— Nesse caso, respeite-me.

— Eu vou fazer o possível para mudar. O que eu mais desejo é vê-la feliz.

— Se isso é verdade, deixe de me atormentar com seu ciúme. Ponha na sua cabeça que, se eu não o amasse e tivesse de deixá-lo, teria feito isso quando você ficou sem nada. Eu fiquei do seu lado por amor. Além disso, há os nossos filhos.

Ele a abraçou com força e procurou seus lábios, beijando-a longamente. Gabriela não sentiu nenhum prazer com aquele beijo. Sentia-se irritada com a insegurança dele, mas não o afastou. Também não correspondeu como em outros tempos. Deixou-se amar, em meio à apatia, à desilusão e ao cansaço, esforçando-se para não o empurrar para longe.

Ele tentou de todas as formas motivá-la, inutilmente. Quando acabou, ele se separou dela dizendo triste:

— Você está magoada comigo. Não me ama mais.

— Por favor, não vamos recomeçar. Não leve para esse lado. É que estou cansada, só isso. Você já teve dias assim. Veja se me entende.

— Está bem. Não quero discutir. Vamos dormir.

Gabriela virou para o lado e em poucos instantes adormeceu. Roberto, no entanto, sentindo o peito oprimido, uma horrível sensação de desconforto e receio, ficou ali, no escuro, tentando vencer seu medo. Mas o medo continuava lá, impávido, levando a melhor. Roberto só conseguiu adormecer quando o dia começou a clarear.

Levantou passava das dez. Estava atrasado. Respirou fundo tentando evitar o mau humor. Foi inútil. A lembrança da noite anterior aumentou sua depressão.

Tomou uma ducha rápida, engoliu o café puro para espantar o desânimo e saiu. Tinha marcado com o engenheiro às oito horas e eram quase onze. Tentou melhorar a expressão de seu rosto, estendendo os lábios em um sorriso:

— Desculpe o atraso, doutor. É que passei a noite em claro, meu filho chorou e não nos deixou dormir. Quando consegui pegar no sono, estava tão cansado que não acordei na hora.

— Sinto muito, mas eu tinha urgência do material. Não podia deixar os homens parados. Mandei buscar em nosso fornecedor habitual e já deve estar chegando.

— Eu teria conseguido um preço melhor.

— Pode ser, mas e se você não viesse?

— Sou homem de palavra. Não ia deixá-lo na mão.

— Mas deixou. Marcou às oito e são onze. Se fosse de palavra, teria vindo no horário.

Roberto conversou um pouco na tentativa de obter outros pedidos, mas notou que o engenheiro não estava interessado. Saiu dali aborrecido.

"Hoje não é o meu dia!", pensou.

A obra era grande e estava no início. Ele poderia fazer grandes negócios com aquela construção. Achou melhor não insistir. Deixaria passar alguns dias para que o engenheiro esquecesse o episódio e voltaria.

Embora estivesse ganhando algum dinheiro, não conseguira guardar nada. Tinha acumulado algumas dívidas e as estava pagando. Havia também as dívidas com os fornecedores. Roberto planejava pagar tudo para limpar seu nome e poder reabrir seu negócio. Esse era seu objetivo, e faria qualquer sacrifício para alcançá-lo.

Ao passar por uma praça, sentou-se em um banco. Pretendia visitar outra obra, mas era hora de almoço e achou melhor esperar. Sabia que para eles o horário de almoço era sagrado. Não gostavam de tratar de negócios nessa hora. Não queria arriscar-se a perder outro possível comprador.

Seu pensamento voltou-se para Gabriela. Sua frieza deixara-o sentido. Abraçara-a cheio de amor, mas era tarde. Sua esposa não o amava mais.

A esse pensamento, sentiu o coração oprimido e respirou fundo, tentando acalmar-se. Lembrou-se do centro espírita e do alívio que sentira lá. À noite deveria ir novamente para o tratamento.

Iria mais cedo e tentaria conversar com Cilene. Talvez ela o ajudasse a libertar-se daquela opressão que sentia no peito.

O dia custou a passar e Roberto visitou mais duas obras, sem conseguir nada. Também, com a disposição que estava, nada poderia dar certo.

Passava um pouco das seis quando ele entrou no centro espírita. O atendimento não havia começado, porém ele viu Cilene no hall conversando com uma senhora. Aproximou-se esperando que ela terminasse. Quando a viu só, disse:

— Estou precisando conversar. Você disse que me atenderia.

Ela pensou um pouco e depois respondeu:

— Não é nosso costume atender antes do horário, mas vou abrir uma exceção. Vamos entrar.

Vendo-o sentado em sua frente na sala de atendimento, Cilene perguntou:

— E então, melhorou?

— Aquela noite saí daqui aliviado. Fiquei bem. Mas depois tudo voltou a ser como antes. A depressão voltou, sinto-me triste, tenho impressão de que algo muito ruim vai me acontecer.

— Percebeu se esses pensamentos vêm de fora, de repente, ou se é você quem os está criando?

— Claro que não sou eu. Não gosto de me sentir assim. Mas eles vêm e não tenho como evitar.

— Sei que preferia sentir-se bem. Mas, se está mal, com certeza está olhando a vida pelo lado errado. Foi por isso que eu lhe disse para prestar atenção às conversas que costuma manter consigo mesmo. Elas revelam sua maneira de reagir aos fatos do dia a dia.

— Meu médico disse que somos responsáveis por tudo que nos acontece na vida. Mas penso que ele está enganado. Tenho me esforçado para fazer as coisas do jeito certo. Sou um homem honesto, amo minha família, meus filhos, minha mulher. Entretanto, fui roubado, minha mulher deixou de me amar, estou sendo traído. Está difícil segurar essa opressão. Como posso fechar os olhos e ser otimista com tudo de mal que está acontecendo à minha volta?

As lágrimas brotaram dos olhos de Roberto, que não se importou e deixou-as cair. Precisava desabafar, contar a alguém seu sofrimento, suas dúvidas, seus medos.

As palavras brotavam em seus lábios e ele foi falando de sua vida, contando o que lhe acontecera e o que ele pensava que poderia acontecer.

Cilene deixou-o falar sem interferir. Sabia que ele precisava desse conforto. Ele finalizou:

— Agora ela não me ama mais. Gosta de outro. Eu vi. Qualquer dia destes vai querer separar-se e eu não vou aguentar. Sei que deveria ter vergonha de gostar de uma mulher que está me traindo, mas não posso viver sem ela. Suportarei tudo, a menos que ela vá embora.

Quando ele se calou, Cilene disse com simplicidade:

— O ciúme é mau conselheiro. Cria um inferno para quem o sente e afasta as pessoas. Você pode estar destruindo seu lar com seu ciúme.

— Mas eu vi Gabriela em um carro de luxo. Aonde ela ia ao lado de outro homem?

— Estavam abraçados? Podia ser um encontro de trabalho.

— Mas ela nunca me falou nada sobre isso. Por quê? Se fosse um trabalho, ela teria me contado.

— Ela nunca lhe contaria por causa do seu ciúme.

— Tem aparecido com dinheiro. Diz que foi promovida, mas eu a vi no carro do chefe.

— Pode ser verdade. Ela pode estar sendo sincera. Pense em como ela deve estar se sentindo se for inocente, se estiver se esforçando no trabalho para ajudar você a suprir as necessidades da família e notar suas desconfianças. Deve sentir-se desvalorizada, desanimada, e isso sim pode fazer com que a admiração que ela sente por você comece a mudar.

— Eu seria o homem mais feliz do mundo se fosse como você diz. Nesse caso ela deveria me odiar. Mas não creio. Eu a vi naquele carro. Depois, ela mudou comigo. Não é mais a mesma.

— E vai mudar mais se você não trabalhar esse ciúme e continuar agindo dessa maneira. Ninguém é de ninguém. Você não é o dono de sua mulher. Ela só vai ficar ao seu lado se quiser, se continuar gostando de você. Por isso, deixe de trabalhar contra seu casamento. Comece a valorizá-la como pessoa enquanto é tempo e ela ainda pode ouvi-lo.

Roberto baixou a cabeça confundido. Era difícil acreditar nas hipóteses que ela levantava. Percebendo sua hesitação, Cilene continuou:

— Sua mulher alguma vez demonstrou interesse por outro homem depois do casamento?

Roberto estremeceu.

— Claro que não! Ela é inteligente e esperta, nunca deixaria perceber. Depois, penso que apesar de tudo ela não teria coragem de me confrontar dessa forma.

— Ela é tímida e passiva?

— Ao contrário. Sempre sabe o que quer e é teimosa também. Só faz o que ela acha que deve fazer. Se me ouvisse, já teria deixado o emprego e tudo estaria bem.

— Você perdeu tudo, ficou sem emprego. Como viveriam se ela também não trabalhasse?

Roberto remexeu-se na cadeira inquieto.

— Devo reconhecer que ela tem mantido a casa desde que perdi meu negócio. Agora estou começando a ganhar dinheiro novamente, assim mesmo não o suficiente.

Cilene olhou seriamente para ele e depois disse:

— Acho que você está precisando de uma consulta especial.

— Como assim?

— Vou marcar e vamos ver o que acontece.

— Como é isso?

— É uma reunião à qual você vai comparecer, sentar-se em uma cadeira por alguns instantes. Não precisa dizer nada. Basta dar apenas seu nome e endereço. Os espíritos vão averiguar seu caso e dar orientação.

— Eles vão falar comigo?

— Não. Conversarão com os médiuns videntes que fazem parte dessa reunião. Cada um deles vai anotar tudo que conseguir ver sobre seu caso. Depois você volta aqui e conversaremos.

— Vão poder saber se Gabriela me trai?

— Eles podem ver muitas coisas, mas só vão dizer o que for permitido pelo plano superior. Entretanto, pela experiência que tenho tido, eu o aconselharia a seguir todas as orientações que eles lhe derem.

— Pois eu gostaria que eles me dissessem a verdade. Seja ela qual for, é preferível a este tormento.

— É você quem está se atormentando, imaginando o pior. Por que não tenta olhar para o outro lado? Por que não pensa que sua mulher sempre lhe foi fiel e está se esforçando para ajudá-lo a manter a família? Tenho certeza de que se sentiria bem melhor e muitos dos seus problemas acabariam.

Roberto suspirou fundo, depois disse:

— Se eu pudesse, faria isso. É que quando penso dessa forma sinto-me como um bobo, enganado, iludido, fracassado.

— O orgulho é o maior obstáculo à felicidade. Ilude, infelicita, destrói. Cuidado com ele.

— Sou um homem simples. Vim de baixo. Sou de origem humilde.

Cilene sorriu e respondeu:

— Ser pobre, sem instrução, levar vida modesta, não é prova de humildade. Se você fosse humilde, não se sentiria ofendido por sua esposa manter a casa enquanto estava desempregado. Você se sentia envergonhado. A vergonha é sinônimo de vaidade.

— Sentia-me incapaz, e isso dói. Depois, minha mãe é muito preocupada e vivia atrás de mim querendo saber como iam as coisas. Ela também não gosta que Gabriela trabalhe fora. Acha que ela deveria ficar em casa para cuidar dos filhos. Temos dois, como já lhe contei.

— As mães se preocupam e não percebem que às vezes contribuem para aumentar os problemas, interferindo indevidamente na vida do casal.

— Minha mãe é pessoa muito dedicada à família. Nunca trabalhou fora.

— É de outra geração, tem outros costumes. Mas hoje a mulher é mais independente. Depois, o casamento é uma sociedade em que tudo deve ser compartilhado. Pense nisso. Vou marcar a consulta e você vai voltar aqui no próximo sábado, às duas da tarde.

Preencheu um papel e entregou-o a ele, finalizando:

— Agora vá tomar seu passe. Pense em tudo quanto eu lhe disse. Seja sincero, analise com cuidado tudo que costuma pensar. Faça mais. Pegue um papel e anote todas as vezes em que tiver um pensamento desagradável.

— Anotar? Não vai ser pior?

— Não. Vai mostrar-lhe como anda sua cabeça.

Roberto saiu. Estavam chamando para o tratamento. Ele entrou novamente na sala em penumbra e rezou. Pediu a Deus que o orientasse e esclarecesse. Saiu de lá mais calmo, aliviado.

Na volta para casa, rememorou tudo quanto Cilene lhe dissera. As palavras dela fizeram-lhe muito bem, mas em meio a isso pensava que ela era ingênua, como todas as pessoas que se dedicam à religião, e que por essa razão não via mal em nada.

Quando dava força a esse pensamento, sentia que a depressão voltava. Lembrava-se de que ela lhe pedira para tomar nota dos maus pensamentos. Arranjou um papel no bolso e resolveu escrever suas dúvidas.

Seria muito bom se o que ela dissera fosse verdade. Se Gabriela nunca o houvesse traído, se ela realmente só estivesse cuidando do trabalho e da família. Esse pensamento dava-lhe alívio, mas logo a dúvida reaparecia e ele sentia voltar a depressão.

Agitava-se pensando que não podia ser ingênuo e deixar-se influenciar por Cilene. Ela dizia isso para acalmá-lo, era função dela no trabalho que estava realizando. De nada adiantava enganar-se nem tentar acobertar uma verdade que ele não desejava ver.

Por mais que tentasse, nunca poderia deixar de notar o quanto Gabriela havia mudado com relação a ele. Evitava contato íntimo, isso ele não podia aceitar. Certamente estava apaixonada por outro e por esse motivo não sentia prazer aceitando suas carícias.

As mulheres são sensíveis e diferentes dos homens, que podem relacionar-se apenas por atração sexual. Sua mãe sempre dizia que, quando uma mulher está apaixonada por um homem, sente repulsa em manter relações sexuais com outro.

A esse pensamento, Roberto sentiu-se inquieto, faltou-lhe o ar. Respirou fundo e resolveu esquecer os conselhos de Cilene. Era uma boa pessoa, bem-intencionada, mas muito distanciada da realidade.

Voltaria para a consulta marcada e continuaria o tratamento, porque se sentia aliviado cada vez que ia lá, contudo continuaria com os pés no chão, vivendo sua triste realidade.

Se ao menos pudesse ter certeza de que um dia Gabriela mudaria, voltando a amá-lo como antes! Para conseguir isso, faria qualquer sacrifício, inclusive o de continuar sofrendo calado, sem dizer a ela que sabia de tudo.

Ao mesmo tempo em que decidia isso, Roberto sentia-se abatido, triste. Dizia a si mesmo que não podia esmorecer.

Se era de dinheiro que ele precisava para restabelecer o equilíbrio de sua família, ele não mediria sacrifícios para consegui-lo.

Foi para casa disposto a elaborar um plano de ação que lhe permitisse ganhar dinheiro rapidamente.

Ao chegar, Gabriela já estava sentada à mesa, jantando. Vendo-o entrar, disse:

— Não o esperei porque não sabia se viria para o jantar. Ultimamente você não mantém horário nem avisa quando vai chegar.

— Não tem importância.

— Vou colocar um prato para você.

Nicete apareceu na porta.

— Pode deixar, dona Gabriela. Eu coloco.

— Vou lavar as mãos — disse Roberto.

Ele foi ao banheiro lavar-se, pensando: "Antes ela me esperava mesmo que eu chegasse à meia-noite!".

Sentou-se à mesa, esforçando-se para distender a fisionomia e deixar transparecer um ar amável.

Gabriela comia em silêncio. Ele se serviu e começou a comer, de vez em quando olhando-a disfarçadamente. Ela lhe pareceu distante, perdida em seus próprios pensamentos. Tentou conversar:

— Gostaria de ter chegado mais cedo, mas há clientes que não respeitam os horários. Não têm nenhuma pressa. Gostam de conversar, e é preciso ter paciência, deixá-los falar. No fim, acaba saindo algum negócio ou pelo menos a promessa de alguma coisa para o futuro.

— Tudo bem.

Ele continuou:

— Estou com alguns planos que acredito darão bom resultado. Tenho certeza de que dentro de pouco tempo estarei ganhando mais dinheiro.

Ela não disse nada. Ele se irritou, mas esforçou-se para controlar o mau humor. Gabriela não parecia interessada em manter uma conversa com ele.

A situação estava pior do que havia pensado. Sentiu um aperto no peito. E se ela resolvesse separar-se? Agora estava ganhando o suficiente para manter até a família, não precisava dele para nada.

Remexeu-se na cadeira inquieto. Ele não suportaria uma separação. Precisava tentar todos os recursos. Engoliu a raiva e a tristeza. Terminou o jantar e depois da sobremesa, antes do café, ele se levantou, foi até a cadeira dela, pousou a mão em seu ombro e disse:

— Estou achando você muito calada. Aconteceu alguma coisa?

Gabriela levantou os olhos para ele, encarando-o.

— Não. Está tudo bem.

— Pois não parece. Tenho impressão de que está com algum problema. É algo com as crianças?

— Engano seu. As crianças estão bem.

— É que você me pareceu tão distante, nem se interessou pelos meus planos de negócio, como fazia antigamente.

— Tudo muda, Roberto. Nós mudamos. Hoje estou mais madura, e o fato de eu estar mais discreta não significa que não esteja interessada em seu progresso profissional. Fico feliz que esteja encontrando novamente o caminho da prosperidade. Você sabe disso.

Ele não respondeu. Voltou para seu lugar, serviu-se de café. Decididamente ela estava diferente. A Gabriela de antigamente não existia mais.

Tentou dissimular sua tristeza e depois se sentou em sua escrivaninha, na pequena sala que lhe servia de escritório, tratando de trabalhar.

Apanhou um caderno que lhe servia de agenda e anotou: no dia seguinte iria à Prefeitura visitar um funcionário seu conhecido e tentar conseguir dele uma relação de todos os projetos de construção de imóveis aprovados nos últimos meses. Sabia que com uma boa gorjeta conseguiria.

Depois, analisaria esses projetos e entraria em contato com os proprietários desses imóveis.

Desde que recomeçara a trabalhar frequentando as obras, pretendendo arranjar material melhor e mais barato para os encarregados, descobriu que muitos deles enganavam os proprietários, superfaturando os materiais, não só para ter maiores comissões, uma vez que ganhavam por valor do material gasto na obra, como engolindo polpudas quantias que certas empresas lhes pagavam pela sua preferência na compra. Por tudo isso não tinham muito interesse em que Roberto conseguisse preços melhores.

Ele pensou que, se procurasse os proprietários, oferecendo seus serviços para conseguir baixar os custos da construção, levando-lhes orçamentos que comprovassem que, contratando-o, eles economizariam muito, tinha certeza de que em pouco tempo voltaria a ganhar dinheiro.

Claro que ele precisava conquistar a confiança desses proprietários. Pretendia trabalhar com muita honestidade e dedicação. Por esse motivo tinha a certeza de que conseguiria seu intento.

De repente teve uma ideia: de início não exigiria um salário, apenas uma comissão em tudo que o cliente conseguisse economizar. Era um excelente negócio. Qualquer pessoa aceitaria imediatamente.

Como se tratava de uma comissão sobre algo que o cliente estava ganhando, já que gastaria menos do que lhe haviam pedido, ele poderia colocar um índice melhor.

Quem fosse economizar dez mil reais certamente não se importaria em dar-lhe vinte por cento desse dinheiro. Anotou todas as ideias, pretendendo iniciar no dia seguinte.

Quando ele foi se deitar, Gabriela já estava dormindo. Passava das onze horas. Notou que ela não o esperara para dormir, mas estava por demais interessado em seus planos para ficar remoendo isso.

A partir do dia seguinte, tudo iria mudar. Ela deixaria de vê-lo como um incapaz, um imbecil que fora roubado pelo sócio. Ele mostraria a ela que era muito capaz. Ganharia mais dinheiro do que aquele empresário pelo qual ela tinha tanta consideração.

Cerrou os punhos com força, dizendo baixinho:

— Você vai ver, Gabriela, com quem está casada! Eu juro! Aí vai se arrepender de me trair, de jogar fora nossa felicidade. Vou provar para você que sou um homem capaz.

Sentiu-se confortado com esse pensamento. Virou-se para o lado e sem mais problemas conseguiu adormecer.

Capítulo 10

Renato chegou ao escritório nervoso, agitado. Tivera uma discussão com Gioconda, e ela, como sempre, se refugiara na cama alegando mal-estar.

Estava difícil levar adiante a vida familiar, porquanto sua mulher a cada dia mais e mais se mostrava incapaz e fraca. Ele percebia que, com a desculpa de estar se sentindo mal, ela fazia tudo do jeito que queria, perturbando a educação dos filhos e o andamento da casa.

Até os criados estavam abusando, e ele, embora notasse, não queria intervir. Pensava que, enquanto ela estivesse se ocupando com os problemas domésticos, pelo menos desviaria um pouco a atenção dos membros da família. Não podia conceber que uma mulher como ela, forte, saudável, tendo uma família bonita, conforto e bem-estar, se comportasse como uma criança mimada, estragando sua própria vida, colecionando problemas inexistentes, imaginando dificuldades, tornando-se tão alheia à realidade como as crianças.

Enquanto se tratava dela, de sua maneira errada de viver, não quisera intervir. Mas, agora, as crianças estavam sendo prejudicadas, e isso ele não iria tolerar.

Estava cansado das chantagens que ela fazia com os filhos a propósito de qualquer coisa, obrigando-os a fazer tudo que ela quisesse.

Ricardinho, inteligente e esperto, percebia o jogo dela. Renato notava que o menino perdera completamente o respeito pela mãe, não lhe obedecendo em nada, a não ser quando ele intervinha.

Com ele, o menino mostrava-se completamente diferente. Depois que ele se aproximara, ouvindo-o, levando em consideração suas opiniões, ele mudara radicalmente seu comportamento na escola.

Tornara-se querido pelos colegas. Os professores, admirados, contavam ao pai satisfeito os progressos que Ricardinho fizera, tornando-se mais corajoso em assumir seus erros e interessado em aprender mais.

Mas em casa, com a mãe, ele andava impossível. Quando o pai não estava, divertia-se em atormentá-la, inventando histórias sobre os colegas, deixando-a assustada.

Naquela manhã ela lhe dissera na mesa do café:

— Estou preocupada com Ricardinho. Estou procurando outro colégio para ele. Nesse não quero que ele fique.

— Por que isso agora? Ele está indo bem nos estudos, os professores até o elogiam.

— Isso eles dizem a você. Mas Ricardinho tem colegas perigosos. Ontem ele me contou coisas de arrepiar. São verdadeiros marginais. Não quero que meu filho fique em companhia deles. Já pensou o que pode acontecer?

— Não acredite em tudo que ele diz. As crianças gostam de fantasiar. Ricardinho tem uma mente fértil. Acho que ele andou lendo muitas revistas em quadrinhos.

— O que não posso acreditar é que você ouça isso e não tome nenhuma providência. Se você não for, eu mesma irei ao colégio para pedir sua transferência. Aliás, já escolhi um outro. Eles ficaram de me arranjar uma vaga.

Renato, contrariado, colocou a xícara de café sobre o pires.

— Gioconda, deixe Ricardinho por minha conta. Estou satisfeito com o colégio e com ele. Não vejo motivo para transferi-lo. Estamos no segundo semestre, e uma mudança agora com certeza vai prejudicá-lo.

— Não sei o que está acontecendo com você. Antes deixava que eu cuidasse dos nossos filhos. Agora está interferindo, e isso está sendo desastroso. Ele não me obedece. Quando pergunto das aulas, desconversa. Para mim, esse menino está escondendo algo, e você fica aí, nessa postura calma, sem fazer nada. Já pensou se ele estiver fazendo alguma coisa errada?

— Nosso filho não é um marginal, se é disso que você tem medo. É um menino inteligente e não vai deixar-se levar por ninguém.

— Pois eu sinto que não é assim. Não quero que ele estude mais nesse colégio e vou tirá-lo.

Renato levantou-se, olhando para ela e tentando controlar a raiva:

— Você está proibida de fazer qualquer coisa. Ele vai continuar lá e não se fala mais nisso.

— Puxa, você está sendo grosseiro comigo! Nunca pensei que chegasse a tanto. Logo eu, uma mãe preocupada com o futuro dos nossos filhos. Pode haver maior ingratidão?

— Não se faça de vítima. Você é uma mulher privilegiada, tem tudo de que precisa para ser feliz. Por que prefere colecionar problemas?

— Tenho tudo, menos um marido que me apoie. Começo a pensar que você não me ama mais. Está mudado. Não me trata mais como antigamente. O que está acontecendo?

— Nada. Não está acontecendo nada. Quem mudou foi você. Não é mais a moça alegre e agradável com quem me casei. Sempre que chego em casa tem uma nova reclamação, vive chorosa pelos cantos. Às vezes, olha-me como se eu fosse culpado de alguma coisa.

— É que a vida não é do jeito que eu gostaria. Meus filhos não ligam para mim, meu marido está se distanciando a cada dia. Eu não fiz nada para isso. Tenho desempenhado meu papel de esposa e mãe com devotamento.

Renato sentia-se irritado. Detestava discutir logo cedo, principalmente com Gioconda, cujos argumentos infantis o indignavam. Apesar do esforço para controlar-se, ele não conseguiu segurar as palavras:

— Isso é o que você diz. Mas passa os dias folheando revistas, conversando com as amigas ao telefone, circulando pelas lojas. O que você tem é tédio. Está jogando fora sua vida, gastando seu tempo sem fazer nada de útil. Penso que, se procurasse algum trabalho para fazer, ocupasse seu tempo com coisas interessantes, não ficaria criando problemas para sua família. Há muitas obras filantrópicas precisando de voluntárias. Por que não tenta ocupar-se? Garanto que lhe faria muito bem.

O rosto de Gioconda cobriu-se de rubor, e ela, indignada, levantou-se:

— Não dá para conversar com você! Não vou ficar aqui ouvindo. O ar está me faltando. Vou tomar meu remédio.

Saiu revoltada, e Renato, meneando a cabeça contrariado, não terminou o café. No carro, enquanto se dirigia para o escritório, sentia-se desanimado.

Sua mulher era um desastre. Imatura, incapaz, vaidosa e cheia de exigências. Ele sentia que precisava fazer alguma coisa, mas o quê?

Gabriela entrou na sala e percebeu logo que ele não estava bem.

— Doutor Renato, trouxe-lhe aquele contrato que me pediu. Fiz algumas considerações sobre o projeto e gostaria que o senhor visse.

— Agora não. Estou sem cabeça para resolver qualquer assunto.

— Desculpe, doutor. Aconteceu alguma coisa?

— O de sempre. Só que hoje Gioconda caprichou. Conseguiu tirar-me do sério e acabamos discutindo. Ela foi para a cama, e, se a conheço bem, a estas horas já deve ter infernizado a vida de seu médico, dos empregados. Felizmente as crianças estão na escola.

— Podemos deixar para amanhã. Temos prazo.

Ela ia se retirando quando ele disse:

— Espere, Gabriela. Estou arrasado. Sou um homem educado. Detesto discutir logo cedo com uma pessoa tão confusa quanto Gioconda. Ela não se coloca como qualquer pessoa faria. Ela se faz de vítima e atira toda a culpa sobre mim.

— Se o senhor sabe disso, não precisa se aborrecer. Cada pessoa é como é, e não temos como mudá-las.

— Está difícil continuar convivendo. Estou cansado. Sinto que preciso fazer alguma coisa, mas não sei o quê. Gostaria que ela percebesse que está jogando fora nossa felicidade. Eu amo minha família.

Gabriela pensou em Roberto e suspirou. Ela também gostaria de fazer alguma coisa para que ele voltasse a ser como antes.

— Há muitas pessoas com problemas de relacionamento. Nesses casos, o melhor é procurar um terapeuta. É o que eu faria se tivesse dinheiro para isso.

— Você também está com problemas com seu marido?

— Os de sempre. Ele é muito ciumento, como o senhor sabe.

— Nesse caso, quem deveria procurar ajuda terapêutica é ele.

— É. Mas ele nunca faria isso. É um homem antiquado. Sua mulher concordaria em procurar ajuda de um psicólogo?

— Não sei. Acho que não. Ela vive com médicos, pretendendo provar que tem alguma doença para nos comover. Para ir a um terapeuta, teria que admitir que precisa de ajuda. Isso, acho que ela não faria. Pensa que está sempre certa. Os outros é que estão todos errados.

Gabriela sorriu.

— Meu marido é igual. Sempre acha que está com a razão.

Depois que Gabriela se foi, Renato ficou pensando. A ideia era boa. Se Gioconda concordasse em procurar um psicólogo, talvez pudesse melhorar. O que não dava era para continuar daquele jeito.

No fim da tarde, ao chegar em casa, encontrou-a na sala, folheando uma revista. Gioconda não respondeu quando ele cumprimentou.

Renato respirou, tentando segurar o mau humor que tornaria as coisas ainda piores. Procurou contornar:

— Vejo que está melhor.

Ela olhou séria para ele e respondeu:

— Preciso me fazer de forte, tenho dois filhos pequenos para criar.

Renato sentou-se na poltrona em frente a ela.

— Gioconda, nossa discussão de manhã deixou-me de péssimo humor. Não gosto de discutir com você.

— E você acha que eu gosto? Passei o dia inteiro indisposta. Sabe como tenho a saúde delicada.

Ele procurou ignorar suas palavras e continuou:

— Precisamos conversar. Ultimamente não estamos nos entendendo. Não desejo continuar assim. Nossos filhos precisam viver em um lar harmonioso, tranquilo, alegre.

— Você mudou de algum tempo para cá.

— Não é verdade. Eu amo você, vivo para a família e para meu trabalho.

— Pois não parece. Vive me contrariando. Pode avaliar como me sinto quando me desautoriza diante dos nossos filhos?

— É sobre isso que quero conversar. Com relação à maneira de educá-los, temos ideias diferentes. Temos que discutir e acertar nossas diferenças nesse sentido em benefício deles. Não gosto de intervir quando você decide alguma coisa. Tenho certeza de que deseja o melhor para eles. Mas às vezes você não percebe que algumas atitudes que toma não dão bom resultado.

— Quer dizer que não sei educá-los?

— Não diria isso. Você sempre foi uma mãe amorosa, interessada. Mas, Gioconda, você tem se colocado em uma posição frágil diante deles, e essa não é uma postura adequada.

— Sou uma mulher sensível. Não consigo tolerar certas coisas...

— Respeito sua sensibilidade, mas já reparou como Ricardinho procede exatamente como você? Até Célia, que era mais alegre, está adotando sua postura.

— O que há de errado que os filhos copiem a mãe? Isso é natural nas crianças.

— É que você vive se queixando, reclamando de tudo, mostrando-se fraca. Fazendo isso, eles também vão se tornar fracos como você. Enquanto são crianças, estão protegidos. Mas, quando forem viver a própria vida, estarão despreparados. As pessoas só respeitam os fortes, quase sempre costumam passar por cima dos fracos, esmagando-os.

Gioconda levantou-se nervosa:

— É isso que pensa que eu sou? Uma fraca? Até que tenho sido muito forte aguentando tudo que me tem acontecido. Não pode falar isso de mim, não pode.

As lágrimas estavam prestes a cair, e ela saiu da sala indo fechar-se no quarto. Renato passou a mão pelos cabelos desanimado. Qualquer conversa com ela naquele sentido era impossível. Ela lhe pareceu realmente desequilibrada. Antes ela não era tanto assim. E se com o tempo piorasse?

Ele precisava fazer alguma coisa, mas o quê? Aquela tentativa lhe valeria mais alguns dias de cara fechada, de suspiros e idas ao médico. Era isso que ela faria. Ouviu o ruído de alguém discando no telefone. Era ela com certeza solicitando a visita do médico, como sempre fazia.

No dia seguinte, desanimado, contou a Gabriela o que acontecera. Ela ouviu-o com atenção e ao final sugeriu:

— Se dona Gioconda não vai ao terapeuta, por que o senhor não vai no lugar dela?

— Eu?!

— Claro. Ele poderá lhe dar sugestões de como ajudá-la. É a pessoa certa para isso.

— É. Sabe que tem razão? Estou me sentindo perdido. Preciso mesmo de uma direção de quem entende. Se continuar como está, tenho certeza de que não suportarei por muito tempo. Como eu disse, amo minha família. Não desejo me separar por causa das crianças. Nesses casos a lei favorece a maternidade. Sinto que Gioconda não está preparada para educá-los como é preciso. Tenho que ficar lá, fazendo minha parte. Mas está cada dia mais difícil.

— O senhor é um bom pai. Procurar ajuda especializada é o melhor caminho.

— É o que farei.

Gabriela saiu pensativa da sala. Por que na hora de casar as pessoas escolhiam errado? Um homem bonito, rico, culto, amoroso e sincero, por que se casara com uma mulher despreparada, que estava tornando aquele lar infeliz?

Pensou em seu casamento. Se pudesse voltar atrás, não se casaria com Roberto. Lembrou-se de seus sonhos de moça, das ideias que fazia de como deveria ser um casamento harmonioso e feliz.

Na verdade, ninguém conhece ninguém intimamente. As ilusões, os sonhos, são muito agradáveis. Mas as pessoas nunca são como as vemos. Com o tempo, a verdade aparece e é preciso esquecer os sonhos, juntar os pedaços de realidade e tentar pelo menos levar adiante.

Renato falara nos filhos. Não fosse por eles, certamente ele já teria se separado da esposa. E ela, teria feito o

mesmo? Se não tivesse Guilherr
bém teria se separado?

Lembrou-se dos primeiros
amava o marido. Casara-se por
mentos de felicidade. Quando tudo

Percebeu que, mesmo quand
de Neumes haver levado todo o dinh
começado a modificar-se. Quanto m
insistia para que ela abandonasse o
que ela mudasse de hábitos, usasse r
se maquiasse. Quando saíam a passe … andar por lugares com pouca gente. Se ela desejava ir a alguma festa, ele acabava se atrasando, indo sem vontade, criticando suas roupas, vigiando-a o tempo todo. Era insuportável.

Gabriela era jovem, cheia de vida, gostava de viver. Ele e dona Georgina sugeriam que ela era leviana. Isso a ofendia profundamente. Sempre fora sincera e respeitara o marido. Nunca lhe dera nenhum motivo para duvidar de sua dignidade.

Gabriela tinha a sensação de que ele, de certa forma, até gostara de terem ficado sem dinheiro, porque assim não podiam ir a lugar algum.

Apesar de tudo, ela não pretendia mudar em nada. Gostava de vestir-se na moda, de ficar bonita, olhar-se no espelho e sentir-se viva, alegre, bem cuidada. Não podia entender por que deveria ficar feia, maltratada, só porque era casada. Seu marido deveria sentir-se orgulhoso de ser casado com uma mulher bonita, charmosa, agradável.

Lembrou-se de que Renato reclamava exatamente disso, que sua esposa não se interessava em ficar bonita, em cuidar da aparência. Se Gabriela fosse casada com um homem como ele, certamente não o decepcionaria. Andaria no maior luxo, ele teria orgulho dela.

Suspirou resignada. Afinal, escolhera Roberto por marido, e Renato escolhera Gioconda. Ninguém poderia mudar aquilo.

ou a um amigo médico pedindo que lhe terapeuta. Conseguiu o nome e o endearcando hora. Ficou admirado ao saber que ga para dali a quinze dias. Não imaginava que essoas procurassem aquele serviço.

Marcou a consulta, e a sensação de estar fazendo alma coisa em favor de sua família deixou-o um pouco aliviado. Depois, esforçou-se em esquecer o assunto. Havia muito trabalho a atender, decisões importantes a tomar, e ele precisava estar lúcido para fazer o melhor.

Gioconda olhou o relógio e pensou desanimada: "Minha vida está cada dia mais sem graça. O que está acontecendo conosco? Renato nunca me tratou dessa forma. Já não me procura como antes. Terá deixado de me amar?".

Levantou-se da poltrona e foi olhar-se no espelho do hall. Seus olhos estavam sem brilho, e as olheiras fundas davam um aspecto envelhecido a seu rosto. Já não era mais a mocinha com a qual ele se casara. Os anos haviam deixado sua marca.

E se ele houvesse se apaixonado por outra? Isso justificaria sua falta de interesse. E se resolvesse abandoná-la?

Gioconda passou a mão pelo rosto preocupada. Sempre ouvira falar que o casamento tinha momentos de crise. A rotina, os filhos, tudo contribuía para que aos poucos a paixão dos primeiros tempos desaparecesse.

Os sintomas eram claros. Seu marido estava entediado, nem sequer disfarçava. Que ingratidão! Ela sempre se esforçara em ser uma boa esposa e cumprir seus deveres, chegando até ao sacrifício de deixar seus interesses de lado para cuidar primeiro da família.

Isso não valia nada. Os homens são venais e estão sempre interessados em novas conquistas. Acreditava haver encontrado um homem fiel e dedicado, mas estava enganada. Ele era como os outros. Bastou ela ficar um pouco mais envelhecida e, pronto, ele se mostrava distante e desinteressado.

Renato chegara a ponto de criticar suas atitudes, como se ela fosse culpada pela infelicidade que estavam sentindo. Não adiantava negar. Ele se sentia infeliz dentro de casa, evasivo, preferindo isolar-se com os filhos ou no escritório lendo.

Quando estava em casa, nunca a procurava para trocar ideias, como faziam no começo de casados. Ela nunca sabia se ele estava triste ou alegre, preocupado ou relaxado.

A iniciativa para conversar sempre partia dela, e ele a ouvia com aquele ar distante, sem muito interesse, embora fosse educado, atencioso.

Ultimamente, então, dava mais razão às crianças, aos estranhos, do que a ela. Interferia na educação dos filhos, mostrando claramente que não concordava com sua forma de pensar.

A cada dia que passava, as crianças estavam mais difíceis de lidar. Não lhe obedeciam, faziam-se de desentendidas quando ela dava uma ordem. Ela não podia reclamar a Renato, porque com o pai elas agiam completamente diferente.

Renato, com aquela história de ouvir o que eles pensavam, acabava por facilitar que o enganassem. Na opinião dela, criança tinha de ouvir e obedecer. Dar importância ao que elas pensavam seria relaxar a disciplina, favorecer a que mentissem. Estava claro que fingiam diante dele. Por que Renato não percebia?

Ela precisava reagir. Fazer alguma coisa para salvar seu casamento. Mas o quê?

Lembrou-se de que sua amiga Leucádia lhe contara que fora a uma cartomante maravilhosa. Não só adivinhara detalhes de sua vida, mas também previra muitas coisas do seu futuro. Resolveu fazer uma consulta. Pelo menos poderia descobrir se havia outra mulher na vida de Renato.

Foi ao telefone e falou com a amiga, pedindo o endereço.

— Vá, sim, Gioconda — respondeu Leucádia com entusiasmo. — Ela é boa mesmo. Falou tudo sobre Geraldinho, até que ele estava com problemas na empresa por causa da inveja de um colega que estava fazendo tudo para tomar-lhe a chefia. Acertou em cheio.

— Vou telefonar e marcar logo. Quero ir hoje mesmo.

— Diga que fui eu quem a indicou. Sabe como é, ela só atende por indicação. Tem medo da polícia. Eles não gostam dessas coisas.

— Compreendo.

— Você está com algum problema?

— Problema, propriamente, não. Mas tenho notado Renato diferente nos últimos tempos. Bateu uma desconfiança...

— Hmm... Para isso ela é ótima. Você vai ver. Se não tiver nada, ela fala logo; mas, se tiver, revela tudo.

— Estou ansiosa. Eu ligo depois da consulta.

— Ficarei esperando.

Gioconda desligou e ligou em seguida para a cartomante. Depois de dizer quem a indicara, insistiu. Queria a consulta imediatamente.

— Madame Aurora não tem hora vaga para hoje, minha senhora. Não posso fazer nada.

— Por favor, é urgente... Diga a ela que eu pago o quanto for.

— Ela está atendendo a uma pessoa e não posso interrompê-la. Deixe o seu telefone. Vou conversar com ela assim que a cliente sair e ligarei para a senhora. Mas desde já lhe digo que não vai ser fácil. Madame respeita a fila. Não passa ninguém na frente.

— Faça uma forcinha. Saberei reconhecer sua boa vontade, tenha certeza. Preciso falar com madame Aurora ainda hoje.

— Está bem. Verei o que posso fazer.

Ela desligou o telefone e tratou de se arrumar para sair. Sabia que iria conseguir. O dinheiro sempre abre todas as portas. E ela estava disposta a pagar regiamente pela consulta. Sua tranquilidade valia muito mais.

Quase uma hora depois, o telefone tocou: ela havia conseguido uma consulta para aquela tarde. Gioconda sorriu. Quando queria alguma coisa, sempre conseguia.

Cinco minutos antes da hora marcada, ela já estava tocando a campainha da casa de madame Aurora. Uma moça convidou-a a entrar, conduzindo-a a uma sala mobiliada com luxo e bom gosto.

— Queira sentar-se, senhora. Madame está se preparando para atendê-la.

Gioconda não conteve a curiosidade:

— Ela se prepara para atender a cada cliente?

— Claro. Ela faz um pequeno intervalo entre um atendimento e outro para manter a privacidade dos clientes e também para renovar as energias da sala. Mas sente-se, fique à vontade. Não vai demorar.

Gioconda sentou-se e esperou. Estava emocionada. O que iria saber?

A moça apareceu na sala e pediu:

— Vamos entrar, por favor.

Gioconda acompanhou-a pelo corredor até outra sala.

— Pode entrar.

Gioconda abriu a porta e entrou. A sala estava em penumbra e havia no ar um forte cheiro de incenso. Pesadas cortinas fechavam as janelas. Atrás de uma mesa, uma mulher de meia-idade estava sentada, à espera. Vendo-a entrar, fixou-lhe os olhos penetrantes.

Gioconda estremeceu. Havia alguma coisa diferente naquela mulher. Cabelos castanhos, lisos, presos em um coque na nuca, rosto moreno, lábios grossos, traços fortes embora fosse magra.

— Sente-se, Gioconda — disse ela com voz suave.

Ela obedeceu. Sobre a toalha bordada da mesa, um baralho bastante manuseado e uma lamparina acesa.

— Você me procurou porque não está segura em sua vida. As mudanças estão ocorrendo e você não sabe como as enfrentar.

— É. De fato. Meu marido mudou muito. Suspeito que haja outra mulher.

— Vamos ver. Corte o baralho com a mão esquerda três vezes.

Gioconda obedeceu, e a mulher, com mãos ágeis, manuseou as cartas, dispondo algumas delas sobre a mesa, dizendo:

— Você está certa. Sua vida familiar corre perigo. Seu marido está muito distante da senhora. Veja: ele está lhe voltando as costas.

— Bem que eu senti isso. Diga, ele tem outra?

Ela continuou manuseando as cartas e continuou:

— Ainda não. Mas está em via de apaixonar-se por outra. Veja: uma mulher bonita, mais jovem do que você.

— Quem será?

— Ela é muito infeliz no casamento. Está sempre do lado do seu marido.

— Nesse caso tem alguma coisa com ele...

— Não. Ainda não. Seu marido trabalha no quê?

— É empresário. Por quê?

— Porque acho que essa moça trabalha com ele. Está sempre mexendo com papéis. Você conhece as pessoas que trabalham com ele?

— Não. Nunca vou à empresa. Não gosto de me meter nos negócios.

— Pois tome cuidado. Trate de ir verificar. Trata-se de uma mulher muito bonita e atraente. Ele a admira muito. Daí a se apaixonar é fácil. Corte o baralho novamente.

Ela obedeceu e Aurora prosseguiu:

— Veja... De novo! Confirmado! Veja: os dois aparecem sempre juntos. Um olhando para o outro. Ele lhe faz confidências.

— Confidências? Sobre nossa vida particular?

— Sim. Ela ouve e aconselha. Ele anda triste com você. Está desanimado. Vocês não estão se entendendo bem nos últimos tempos.

— Se ele está interessado em outra...

— O afastamento dele ainda não é por isso. Você não está sabendo lidar com ele. Precisa mudar se quiser conservar o marido.

— Como assim?

— Você é que tem de notar o que está fazendo que o deixa descontente. Ele se afasta porque você tem estado muito queixosa. Vive reclamando de tudo.

— Eu??

— Sim. Se ama seu marido, trate de mudar sua forma de viver dentro de casa. Caso contrário, ele vai se afastar cada dia mais.

— Ele está se apaixonando por outra e a culpa é minha? Acho que você não está vendo direito. Leucádia me disse que você sabia tudo e iria me dizer a verdade. Eu acreditei. Agora vejo que não é bem assim.

— Sinto que você está resistente. Não quer saber a verdade. Essa postura só vai agravar seu caso. Seu marido é um homem bom, dedicado, mas eu o vejo cansado do relacionamento em casa.

— Agora fala bem dele e eu é que sou a errada. Acha que vou acreditar nisso? E dizer que prometi pagar um dinheirão por esta consulta. Acho que cometi um erro vindo aqui. Você não sabe de nada. Não ficarei aqui nem mais um minuto.

Gioconda levantou-se. Aurora olhou para ela sem se perturbar com seu tom irritado e disse calma:

— Lamento. Você me procurou para que eu lhe dissesse o que você desejava ouvir. Mas eu prefiro lhe dizer o que estou vendo de fato. Se está lamentando seu dinheiro, não precisa pagar nada. É uma norma que tenho. Se meu cliente não está satisfeito, não cobro nada. Vá com Deus e pense no que ouviu aqui.

Gioconda deu-lhe as costas e saiu dirigindo-se à porta da rua sem dar atenção à moça que a acompanhou silenciosa.

Depois que ela saiu, a moça foi ter com Aurora, dizendo:

— Que mulher antipática, madame.

— Não diga isso, Maria. Ela pensa que sabe, mas está iludida. Não deseja conhecer a verdade.

— Nesse caso, a vida vai cobrar o preço. Toda ilusão deve ser arrancada.

— É por essa razão que lhe peço para não a julgar. Não vamos agravar seu estado. Já basta o que ela consegue fazer por conta própria.

Maria sorriu.

— Só a senhora para dizer uma coisa dessas!

— É por esse motivo que não gosto de abrir exceções no atendimento. Geralmente os que se deixam levar pelo desespero, que não têm paciência de esperar sua vez, são pessoas mimadas, cheias de ilusões. Atendê-las sempre nos causa problemas. Aprenda. Nunca mais insista para passar alguém na frente.

— Sim, senhora.

Gioconda saiu de lá irritada. Essa era a mulher que adivinhava tudo? Leucádia estava enganada. Era uma embusteira que gostava de explorar o próximo. Ainda bem que não pagara a consulta. Não fora lá para ouvir desaforos nem para ouvir elogios ao seu marido.

Mas apesar disso um pensamento incomodou-a. Haveria mesmo essa mulher ao lado dele, para quem Renato fazia confidências? Podia ser mais uma mentira daquela farsante, mas, diante das circunstâncias, não era demais verificar.

Nos próximos dias faria uma visita à empresa do marido. Iria ver com seus próprios olhos.

Capítulo 11

Na tarde seguinte, Gioconda arrumou-se e foi ao escritório de Renato. Sem se preocupar com o ar de admiração dos empregados, dirigiu-se ao andar da diretoria. Lembrava-se vagamente onde ficava a sala de Renato. Aproximou-se e entrou.

Gabriela estava ao lado de Renato, esperando que ele assinasse alguns papéis. Assim que Gioconda entrou, eles a olharam admirados. Renato levantou-se assustado.

— Você aqui? Aconteceu alguma coisa?

— Não. Por que se assustaram com minha presença? Será que não sou bem-vinda aqui?

Gabriela fez menção de retirar-se. Renato deteve-a, dizendo:

— Um momento, Gabriela. Esta é Gioconda, minha esposa. — Voltando-se para ela, continuou: — Claro que é bem-vinda. Fiquei admirado porque você nunca aparece por aqui. Depois, as pessoas costumam bater antes de entrar. Esta é Gabriela, minha assessora.

Gioconda mediu-a de alto a baixo com curiosidade. Claro que a cartomante dissera a verdade. Tratava-se de uma mulher muito bonita, de uma beleza picante, como os homens gostam.

— Vejo que está bem assessorado — disse ela com um sorriso, mas em tom que não ocultava uma ponta de ironia.

— Gabriela tem sido muito competente — disse Renato, esforçando-se para conter a irritação.

— Prazer em conhecê-la, senhora — disse Gabriela sustentando o olhar dela com naturalidade. — Com licença.

Ao sair, Gabriela ainda a ouviu dizer:

— O ambiente desta sala é aconchegante, não sabia que era tão agradável, eu deveria ter vindo antes.

— Não veio porque não quis. Por que está aqui?

— Curiosidade. Afinal, você passa mais tempo aqui do que comigo em casa.

— Preciso trabalhar. Se quer dar uma volta pela empresa para matar sua curiosidade, pedirei a Gabriela que a acompanhe.

— Pelo visto você pede tudo a ela...

— Não gosto do seu tom. O que quer insinuar?

— Nada. É que ela me parece muito eficiente mesmo. Eu vou aceitar o seu oferecimento. Desejo conhecer cada dependência desta empresa.

Renato apertou um botão, Gabriela atendeu:

— Sim, doutor Renato.

— Gioconda deseja visitar nossa organização. Gostaria que a acompanhasse.

— Sim, senhor.

Gabriela abriu a porta, convidando-a a acompanhá-la. Enquanto percorriam as dependências da empresa, Gabriela ia explicando o que era feito em cada seção, porém Gioconda não estava nem um pouco interessada em suas palavras, apenas observava atentamente a elegância de seu andar, a classe com que ia descrevendo tudo, o leve perfume que vinha dela, seus gestos delicados.

Assustada, reconheceu que aquela mulher era muito atraente. Por essa razão seu marido andava tão distante nos últimos tempos. Talvez estivessem tendo um caso. Afinal, as secretárias querem subir na vida à custa do dinheiro do patrão.

Tratou de dissimular, sorriu e perguntou com naturalidade:

— Faz tempo que trabalha aqui?

— Cinco anos.

— Você é casada? Tem filhos?

— Sou. Tenho dois filhos.

— Suponho que gosta do seu emprego, uma vez que está aqui há tanto tempo.

— Gosto. É bom trabalhar aqui.

— Imagino! Renato sempre foi um bom patrão. As pessoas abusam dele o quanto podem.

Gabriela não respondeu. Percebia que Gioconda estava com ciúme. Roberto costumava usar o mesmo tom quando queria especular sua vida. Aquela mulher era pior do que havia imaginado. Pelo que Renato deixava transparecer de vez em quando, imaginava que ela fosse difícil, mas ela ia além, conseguia tornar-se muito antipática. Esforçou-se para não demonstrar desagrado. Era a esposa do patrão e precisava tratá-la com consideração. Não tinha nada com as particularidades dela.

Depois de darem a volta, Gabriela levou-a até a sala de Renato. Bateu levemente na porta. A uma ordem, abriu, esperou que Gioconda passasse e depois, ainda na soleira, indagou:

— Deseja mais alguma coisa, doutor Renato?

— Não. Pode ir.

Gabriela voltou-se para Gioconda, dizendo:

— A senhora aceita uma água, um chá ou café?

— Não quero nada, obrigada.

Gabriela afastou-se e Gioconda sentou-se na cadeira em frente à escrivaninha do marido.

— Então, gostou do que viu?

— Sim. Parece que tudo está indo bem. Só essa sua assessora é que destoa, não parece uma pessoa dedicada ao trabalho.

— Engana-se, Gioconda. Gabriela é muito profissional, inteligente, dedicada. Tem me ajudado muito.

Ela meneou a cabeça negativamente.

— Profissional ela pode até ser, mas não de uma empresa.

Renato impacientou-se. Gioconda estava exagerando.

— Ela é minha melhor funcionária. Além disso, como pessoa é esposa dedicada. O marido perdeu tudo e ela manteve a família, ajudou-o de tal maneira que agora ele está começando a se recuperar. Você não devia prejulgar as pessoas nem falar de quem não conhece.

— Ela é provocante... Viu como rebola? Acha que isso é adequado para quem está trabalhando?

— Acho melhor você parar. Não creio que tenha vindo aqui para interferir no meu trabalho, criticar meus funcionários.

— Agora por causa dela você está me maltratando. Vim aqui na melhor das intenções. Você tem andado diferente nos últimos tempos, tem me deixado de lado. Sabe há quanto tempo não fazemos amor? Pensei que, interessando-me pelo seu trabalho, aproximando-me de você, poderíamos voltar a ser como no princípio do nosso casamento. Mas acho que cheguei tarde... Você prefere defender essa mulher a ouvir o que sua esposa tem para dizer.

Renato passou a mão pelos cabelos tentando controlar a impaciência. A última coisa que desejava era discutir com ela ali. Resolveu contemporizar:

— Vamos sair um pouco, dar uma volta, conversar melhor. Aqui ao lado há uma confeitaria boa. Podemos nos sentar, tomar alguma coisa.

— Deseja que eu vá embora? É isso? Estou arrependida de ter vindo.

— Não torça minhas palavras. Você está reclamando que temos estado distantes um do outro. Convidei-a para dar uma volta a fim de podermos trocar ideias. Aqui é um escritório, não é o melhor lugar para isso.

Gioconda cedeu. Não queria que Gabriela descobrisse que ela sabia a verdade sobre os dois. Reconhecia que se tratava de uma mulher perigosa. Gioconda queria reconquistar o marido, e para isso precisava de tempo.

Acompanhou-o tentando dissimular o mau humor. Na confeitaria, Renato procurou conversar com naturalidade, mas Gioconda não se interessava por nenhum dos assuntos em que ele tocava.

Ao mencionar os filhos, ela não se conteve:

— Ultimamente você tem interferido demais na educação deles. Tenho me sentido inútil, incapaz. Eu digo uma coisa para Ricardinho e você diz outra. Antes você não se envolvia, eu tinha autonomia. Agora ele não me obedece mais.

— As crianças precisam de firmeza. Você cede a tudo que ele pede. Agora ele está estudando mais, tem melhores notas. Além disso, o pai também deve ajudar na educação dos filhos.

Gioconda remexeu-se na cadeira, inquieta.

— Você está dizendo que faz isso porque eu não sei educá-los.

— Você tem bom coração, cede com facilidade. As crianças são endiabradas, precisam de pulso, e nesse caso o pai é que precisa intervir.

— Você deu corda a ele contra os professores. Isso é errado.

— Não dei corda a ninguém. Fui saber o que havia acontecido e agi de acordo com os fatos. Os professores também erram. Procurei ser justo e saber quem estava com a razão.

— Acreditou nele. Não sabe que Ricardinho mente para fugir à responsabilidade?

— É isso que desejo evitar: que ele viva mentindo. É preciso valorizar a verdade, fazer com que ele não tenha medo de assumir o que faz. Isso só vai acontecer quando ele confiar em nós.

— Está dizendo que nossos filhos não confiam em mim? Que sou culpada pelas mentiras que pregam? Isso é absurdo.

— Não adianta tentar conversar com você. Infelizmente pensamos de forma diferente. Jamais chegaremos a um acordo. É melhor irmos embora. Tenho muito que fazer no escritório.

Gioconda mordeu os lábios. Por que não conseguia controlar-se? Tentou reagir:

— Desculpe, estou nervosa. Sinto que você está se afastando de mim, e isso me deixa muito triste.

— É que você está sempre mal-humorada, insatisfeita. Por que não procura alguma coisa com que se ocupar? O trabalho voluntário em alguma obra social é gratificante.

Ela se irritou, mas procurou não deixar transparecer. Disse apenas:

— Pode ser, vou pensar.

— Faça isso. Vai fazer-lhe bem.

Gioconda chegou em casa preocupada. Apesar de tudo, aquela cartomante dissera a verdade. A mulher que estava o tempo todo ao lado de Renato era perigosa.

Precisava afastá-la do seu caminho. Tinha de ser esperta. Renato nunca a demitiria.

Renato voltou ao escritório aborrecido. As insinuações de Gioconda incomodaram-no. Era uma injustiça. Gabriela era muito atraente, mas ele, apesar da atração que sentia por ela, nunca se insinuara.

Ela sempre se portara dignamente e nunca dera abertura para qualquer intimidade. Sua conduta sempre impecável fizera-o admirá-la ainda mais. Respeitava-a.

Por tudo isso, a atitude de Gioconda ofendia-o. Apanhou o cartão do médico e leu: doutor Aurélio Dutra, médico psiquiatra. Apesar da pressa, teria de esperar pela consulta.

Gabriela fingiu que não vira o olhar rancoroso que Gioconda lhe dera quando saiu com o marido. Respondeu ao cumprimento educadamente, mas percebeu o que ela estava pensando.

Sentiu-se triste. Além do ciúme do próprio marido, teria de tolerar as desconfianças de Gioconda? Notara a malícia com que ela a interrogara sobre sua família. Logo agora que estava progredindo na empresa, aprendendo coisas importantes, ganhando melhor.

Se tivesse de deixar o emprego, sentiria muito. Depois, não era fácil ganhar um salário como o seu. Roberto reagiu, estava ganhando algum dinheiro, mas o que ele recebia ainda não dava para pagar nem a metade das despesas.

Pensou em falar com Renato, mas desistiu. Era humilhante tocar em um assunto tão delicado. Depois, ele poderia pensar que ela estivesse interessada nele. Não. Não diria nada.

Era provável que Gioconda nunca mais aparecesse na empresa e tudo fosse apenas uma impressão sua.

De fato, nos dias que se seguiram ela não voltou lá nem mencionou o assunto com o marido. Entretanto, ele não saía de sua cabeça. Se Renato demorava um pouco a voltar no fim da tarde, ela o imaginava nos braços de Gabriela, trocando beijos e carinhos.

Quando ele chegava, ela ficava observando disfarçadamente, para ver se encontrava algum vestígio de um relacionamento extraconjugal.

Quando ele se afastava, ela revistava seus bolsos, cheirava suas camisas, procurava as marcas da traição.

Esse pensamento tornou-se uma obsessão para Gioconda. Não conseguia pensar em outra coisa. Em nenhum momento refletiu que não tinha nenhuma prova de que isso fosse verdade.

Para ela, estava mais do que provado que eles eram amantes.

Quinze dias depois da visita de Gioconda à empresa, Renato compareceu ao consultório do médico para a consulta.

Sentado na sala de espera, ele aguardava. Quando a porta da sala do médico se abriu, Roberto saiu e, vendo-o, sobressaltou-se. O que o patrão de Gabriela estaria fazendo no consultório de Aurélio?

Sabia que ele não o conhecia e tentou disfarçar o mal-estar. Precisava saber por que ele fora justamente ao seu médico.

Foi ao corredor, apanhou um copo com água e voltou à sala de espera. Renato já havia entrado. Aproximou-se da secretária e tentou conversar.

— Tenho impressão de que conheço esse senhor que entrou agora. Faz tempo que ele vem aqui?

— Não. É a primeira consulta.

Roberto saiu com mil pensamentos tumultuando sua cabeça na tentativa de encontrar explicação plausível. Estava difícil. Gabriela não sabia que ele estava se tratando. Nunca lhe contara. Sentia vergonha de dizer que estava precisando de terapia. Preferia que ela acreditasse que ele conseguira melhorar sem ajuda de ninguém.

Poderia ser coincidência, mas mesmo assim era intrigante. Que problemas Renato poderia ter? Era um homem bem-sucedido.

Esse pensamento o incomodava. E se ele houvesse se apaixonado por Gabriela e estivesse em crise com a esposa?

Sentiu um aperto no peito, como um mau presságio. E se o relacionamento entre eles não fosse uma paixão passageira, se ele estivesse pensando em se separar para ficar com Gabriela? Nesse caso ele precisaria mesmo de um terapeuta.

Roberto passou a mão trêmula sobre os cabelos. Sentiu uma onda de rancor e pensou: "E se eu esperasse ele sair, me apresentasse e conversasse com ele francamente? Afinal, eu sou o marido. Tenho todo o direito de exigir satisfações".

Ficou andando na calçada em frente ao prédio durante algum tempo. Por fim, resolveu não dizer nada. Sua atitude poderia precipitar os acontecimentos. Vendo-se descobertos, eles poderiam assumir a relação, e ele perderia Gabriela. Não. O melhor era fingir que não sabia.

Sentiu que o ar lhe faltava e respirou fundo. Até quando suportaria aquela situação? Entrou em um bar e pediu um café. Precisava reagir, aguentar.

Renato entrou na sala do médico e depois dos cumprimentos esclareceu:

— Vim procurá-lo porque preciso de ajuda.

Aurélio olhou sério para ele e pediu:

— Pode falar.

— O problema é minha mulher. Ela mudou muito depois do nosso casamento. Tornou-se problemática, e nossa vida em família está se deteriorando. A cada dia sinto menos vontade de voltar para casa. Gosto de minha família, temos dois filhos, faço o que posso para torná-los felizes. Mas está difícil, porque Gioconda vive deprimida, insatisfeita, os filhos abusam dela e preciso intervir. O clima em casa é pesado. Não sei o que fazer.

— Vamos ver o que é possível ser feito. Fale-me dela, de como a conheceu e como se casou.

Renato contou tudo ao médico, inclusive a ajuda de Gabriela, que lhe chamara a atenção sobre os problemas de Ricardinho e o aconselhara a procurar um profissional.

Quando ele terminou, o médico tornou:

— Essa sua funcionária é muito inteligente e observadora. Deu-lhe sábios conselhos. Ela é bonita?

— Muito.

— Sua indiferença por sua esposa não virá de um interesse maior por sua funcionária?

— Não. Confesso que ela é extremamente atraente e muitas vezes senti-me atraído por ela. Mas trata-se de uma mulher muito honesta, dedicada ao marido e aos dois filhos, que nunca se insinuou. É muito profissional. O marido foi roubado pelo sócio, perdeu tudo e ela o apoiou, encorajou, sustentou a família até que ele reagiu e teve ânimo para recomeçar. Eu a estimo e respeito. Se fôssemos livres, talvez até eu tentasse alguma coisa. Entretanto, não gosto de misturar negócios com relacionamento afetivo. Não dá certo. Por tudo isso, nunca houve nem haverá entre nós qualquer ligação íntima. Gabriela é ótima funcionária e não desejo perdê-la. Tenho certeza de que, se tentasse alguma coisa, ela iria embora.

— Entendo... O senhor disse Gabriela?

— Disse. Por quê?

— Por nada.

O médico, depois de informar-se de que Gioconda não iria voluntariamente para um tratamento, sugeriu:

— Se o senhor quiser, poderá vir para algumas sessões. Para tentar alguma coisa, preciso conhecê-lo melhor.

Renato concordou. Depois que ele se foi, Aurélio ficou pensativo. Gabriela não era um nome comum. Depois, a história que Renato contou foi a que ele já conhecia. Sua funcionária seria a esposa de Roberto?

O empresário parecera-lhe sincero. Afirmou que nunca tivera intimidades com Gabriela. Nesse caso, Roberto estaria errado ao afirmar que ela era amante do patrão.

Aliás, ele suspeitava que o ciúme de Roberto era exagerado e suas suposições fantasiosas. Agora tinha certeza. Gabriela era inocente. Quando ele voltasse a procurá-lo, tentaria ajudá-lo a entender o quanto estava errado.

Renato apanhou o carro e se foi. Roberto, da porta do bar, viu quando ele saiu, mas não teve coragem de abordá-lo. Depois se arrependeu. Por que o deixara ir sem lhe dizer que sabia a verdade? Por que não lhe pedira satisfações da traição odiosa que estava destruindo sua família?

Pensou em voltar ao médico. Chegou à porta do consultório e resolveu ir embora. Ficou andando pelas ruas sem destino, ruminando sua dor, recordando-se do seu romance com Gabriela, dos momentos de intimidade que viveram juntos, do nascimento dos filhos.

Estava escurecendo quando resolveu ir até o centro espírita. Lá não precisaria dizer nada. Receberia ajuda e conforto, se é que alguém ou alguma coisa poderia confortá-lo diante daquela tragédia.

Quando chegou lá, a fila para o tratamento espiritual era grande, mas ele pacientemente esperou. Quando chegou sua vez, entrou e sentou-se diante dos médiuns, pedindo ajuda a Deus.

O médium à sua frente inclinou-se para ele e disse baixinho:

— Tome cuidado com seus pensamentos. Eles são a causa de sua perturbação. Se não se ajudar, nós não poderemos fazer nada para a solução dos seus problemas.

— Tenho me esforçado, mas não depende de mim!

— Depende só de você. Peça a Deus que o esclareça. A maledicência atrai espíritos trevosos e agrava qualquer situação. Confie em Deus, tenha bom senso. Não se deixe levar pelas aparências. Agora vá.

Roberto saiu contrariado. Ele não era maledicente. Aquele médium por certo estava fantasiando. Vai ver que não havia ali nenhum espírito desencarnado.

Arrependeu-se de ter ido até lá. Tudo aquilo era bobagem, e o melhor era não se envolver com aquelas pessoas.

Sua cabeça estava pesada e doía. Sentiu arrepios e seu corpo doía. Teria se resfriado?

Ele não viu que um vulto escuro o estava esperando na calçada e colou-se a ele satisfeito. Afinal conseguira seu objetivo. Agora poderia dominar Roberto com facilidade.

Renato chegou em casa disposto a convencer Gioconda a ir se tratar com Aurélio. O médico inspirara-lhe confiança, não só pela postura muito profissional, mas também pela simpatia pessoal, olhando-o, mostrando-se muito interessado em fazer um bom trabalho.

Encontrou Gioconda na sala folheando uma revista. Vendo-o chegar, ela se levantou:

— Estava preocupada. Você demorou.

— Cheguei no horário de sempre.

— É que eu precisei falar com você, liguei e não estava no escritório. O curioso é que sua secretária também havia saído. Foram juntos visitar algum cliente?

— Não. Gabriela foi discutir um contrato, eu fui a outro lugar. Por que pergunta isso?

— Por nada. Curiosidade.

— O que desejava falar comigo?

— Não era nada de mais. Um pequeno problema em casa, mas já resolvi. Não precisa se preocupar. Mas, se não foi a um cliente, aonde foi?

Apesar de irritado com o tom dela, que, embora procurasse ser amável, indiferente, não encobria uma insinuação maldosa, Renato tentou aproveitar o momento:

— Fui consultar um médico.

— Você está doente?

— Não. Sente-se, precisamos conversar seriamente.

Depois de vê-la acomodada no sofá, sentou-se a seu lado e continuou:

— Tenho me preocupado com nosso casamento. Nosso relacionamento não é mais como antes. Por esse motivo fui consultar um psiquiatra em busca de ajuda. Desejo muito que possamos melhorar nosso entendimento.

Gioconda olhou surpreendida para o marido:

— E o que foi que ele disse?

— Que deseja nos conhecer melhor, estudar nosso comportamento. Só assim poderá nos ajudar efetivamente. Eu já marquei algumas sessões de terapia com ele, gostaria que você fizesse o mesmo.

Gioconda levantou-se irritada:

— Por que eu faria isso? Não preciso de um psiquiatra. Não estou louca.

— Um psiquiatra estuda o comportamento, não cuida só de loucos. Depois, o doutor Aurélio foi indicado por um amigo que estava para separar-se da esposa e, com a ajuda dele, conseguiu encontrar um jeito de resolver seus problemas. Hoje eles estão vivendo muito bem, são felizes.

— Pois eu não preciso de ninguém para me dizer do que eu necessito para ser feliz. E, se você está sendo sincero mesmo quando diz que deseja viver melhor com sua família, podemos resolver sozinhos. Eu sei muito bem o que está errado com você. Se me ouvir, tudo estará resolvido. Não precisamos que um estranho nos diga como proceder. Aliás, não me agrada nada que você ande fazendo confidências a todo mundo, falando dos nossos problemas. Eu sei por exemplo que essa sua secretária vive se metendo, dando conselhos sobre nossos filhos e até sobre nós. E isso é revoltante. Mas a culpa é sua. Se não lhe desse asa, por certo ela não teria essa liberdade.

— Você está errada, Gioconda. Eu não vivo fazendo confidências a todo mundo, muito menos a Gabriela. Ela é muito discreta e nunca tomou nenhuma liberdade. Você está se excedendo com essas insinuações.

— Pois, se deseja melhorar nossa vida, mande embora essa mulher. Não gosto dela e não quero que ela continue a seu lado o dia inteiro. Tenho certeza de que está tramando contra mim, que deseja tomar meu lugar. Afinal, seu dinheiro pode ser uma boa motivação para essa ambiciosa.

Renato empalideceu e tentou controlar-se. Gioconda estava passando dos limites. Respirou fundo e disse:

— Você está cada dia mais maldosa. Desse jeito não dá para conversar. Mas tome cuidado. Se a situação aqui ficar insuportável, lembre-se de que eu tentei ajudá-la. Foi você quem escolheu esse caminho.

Renato levantou-se e saiu. Gioconda cobriu o rosto com as mãos e rompeu em soluços. Ela era muito infeliz. Seu marido estava tão apaixonado pela outra que não atendia a seu pedido para despedi-la. Mas isso não iria ficar assim.

Ela teria de fazer alguma coisa para tirar aquela mulher de seu caminho. Eles não perdiam por esperar.

Gioconda não viu que uma sombra sinistra e escura se aproximou dela, abraçando-a e dizendo ao seu ouvido:

— Isso mesmo. Não seja boba. Não se deixe enganar por essa mulher. Reaja. Nós vamos ajudá-la.

Ela não viu nem ouviu nada, mas sentiu aumentar sua raiva e intimamente firmou o propósito de afastar Gabriela de seu marido. Eles não iriam ficar impunes. Ela era a esposa, tinha todos os direitos. Deus estava do seu lado. Precisava defender sua família.

Enxugou os olhos com raiva. Sentia uma dor forte na nuca e ligeiro enjoo. Ela não podia ficar nervosa. Era de saúde delicada. Tentou controlar-se. Precisava ficar mais calma para resolver o que iria fazer.

Capítulo 12

Roberto chegou em casa radiante. Havia fechado um grande negócio e, se tudo corresse bem, ganharia muito dinheiro.

Ainda estava devendo e pensou em conversar com os credores para convencê-los a retirar os títulos do cartório. Todos sabiam que ele fora vítima e que estava se esforçando para pagar tudo.

Havia sido contratado por um grande empresário para assumir o controle da construção de vários prédios.

Dessa forma contava futuramente reabrir seu depósito de materiais de construção. Era a oportunidade esperada, não só para reaver o que perdera, como até para crescer mais do que antes. Agora ele estava mais experiente, sem o sócio para dividir os lucros ou para prejudicá-lo.

Lembrou-se de que uma semana antes, ao tomar o passe no centro espírita, fora chamado para conversar com o mentor espiritual, que lhe dissera:

— Terminamos seu tratamento espiritual. Não precisa mais vir tomar passes.

— Eu gostaria de continuar. Meus problemas ainda não foram resolvidos.

— Fizemos o que nos foi permitido. Agora depende de você.

— Eu me sinto bem quando venho aqui.

— Continue frequentando. Sua vida vai ter uma boa melhora, mas não se esqueça de que quem vive no mundo é bombardeado constantemente por energias de todos os tipos. Aprender a lidar com elas é fundamental para viver bem e proteger-se dos perigos. Por esse motivo, procure estudar as leis espirituais. Será a forma de proteger-se. Nunca se esqueça disso.

— Está bem. Mas, se me sentir mal, posso voltar ao tratamento?

— Nossa casa está aberta para todos. Mas a fonte divina só ajuda quem está pronto para receber.

Roberto saiu de lá preocupado. Não se sentia seguro de que sua vida iria melhorar. Por tudo isso firmou o propósito de estudar seriamente a vida espiritual, conforme lhe fora aconselhado.

Agora, na euforia do que lhe acontecera, lembrou-se das palavras do amigo espiritual. Ele estava certo. Sua vida iria melhorar e desta vez ninguém iria derrubá-lo.

Satisfeito, comprou algumas guloseimas para sobremesa e uma garrafa de vinho do melhor. Precisavam comemorar.

Entregou tudo a Nicete e esperou ansioso a chegada de Gabriela. Quando ela entrou, ele a recebeu com flores. Depois lhe contou a novidade. Ela sorriu feliz. Finalmente aquele pesadelo iria acabar. Roberto, reabrindo seu negócio, ficaria de bom humor e talvez eles pudessem voltar a ser felizes como antes.

Nos dias que se seguiram ele se desdobrou para satisfazer o dono dos empreendimentos, fazer um bom trabalho. Saía de casa muito cedo e só voltava tarde da noite. Além disso, aproveitava o tempo para procurar algum credor e conseguir resolver suas dívidas.

Apesar de não tocar no assunto, Roberto acariciava o desejo de convencer Gabriela a deixar o emprego. Era para isso que ele trabalhava dia e noite, não se poupando, pensando em ganhar muito dinheiro.

Ficava nervoso por saber que ela estava progredindo no emprego e ganhando mais a cada dia. Desconfiava que isso tinha um preço e, quando pensava nesse assunto, quase enlouquecia.

Sua mulher estava mais bonita a cada dia. Sempre fora muito elegante, mas agora ela comprava roupas de qualidade, o que a deixava com mais classe. Vendo o marido progredir de novo, Gabriela mostrava-se alegre, bem-humorada, chegando a cantar dentro de casa quando desempenhava alguma tarefa doméstica.

Roberto olhava-a preocupado, mas não se atrevia a tocar no assunto. Esperava o momento certo.

— Este fim de semana terei que trabalhar — disse ela uma noite.

Roberto irritou-se:

— Já não chega a semana inteira?

— É importante. Trata-se de um evento especial para grandes empresários. Nossa empresa está participando. Terei que estar presente.

— Eu não concordo. Vai deixar sua família, não pensou nisso?

— Eu sei, Roberto. Mas tenho interesse em participar. Estamos com um projeto muito importante, e fui encarregada de apresentá-lo.

— Você fala como se já fosse a dona dessa empresa. Isso é tarefa para seu chefe. Por que ele não faz isso?

— Porque essa função é minha. Eu cuidei de todos os detalhes técnicos. Eu tenho condições de esclarecer todas as dúvidas. Depois, eu quero fazer isso. Estou entusiasmada com esse trabalho.

Roberto não se conteve:

— É bom não ir se entusiasmando. Agora que estou progredindo, você não precisa mais trabalhar. Quero que se demita dessa empresa.

Gabriela olhou-o incrédula:

— Não é possível que ainda pense nisso!

— Pois é só no que eu penso. Acha que gosto de ver minha mulher no meio desses empresários? O que pensa que eu sou?

— Não vejo em que meu trabalho possa estar incomodando você.

— Não vê porque não quer. Não imagina o que vai pela cabeça dos homens quando veem uma mulher insinuar-se nos negócios.

Gabriela empalideceu:

— Se há homens com a cabeça suja, não tenho nada com isso. O que me espanta é que você, que me conhece há tanto tempo, que tem convivido comigo todos esses anos, venha com uma conversa dessas. Francamente, Roberto, pensei que já tivesse se curado desse ciúme doentio.

— Pois não me curei e tenho meus motivos. Você sabe do que estou falando.

— Não sei, não. Pode falar mais claro?

Roberto titubeou. Se ele falasse que sabia de tudo, teria de tomar uma decisão, e isso o assustava. Tentou recuar.

— São coisas que passam pela minha cabeça quando vejo você toda elegante, perfumada, muito bem-vestida, saindo para trabalhar.

— Sua mente é doentia. Mas não vou entrar nesse seu jogo odioso. Gosto de me vestir bem, de me perfumar. Sempre fui assim. Faço isso por mim, para me sentir bem, não para atrair olhares masculinos. Além do mais, gosto de criar, de usar minha inteligência, de produzir, de ganhar meu próprio dinheiro. Às vezes penso que você tem inveja de mim. Quando você estava por baixo, eu achava que você agia assim por não aceitar que sua mulher ganhasse mais dinheiro do que você. Mas agora você está novamente ganhando bem, não há motivo para isso.

— Eu posso sustentar nossa família. Por que não entende isso? Qualquer mulher ficaria feliz em poder ficar em casa, usufruir da companhia dos filhos. Eu tenho dinheiro. Posso lhe dar o que quiser: joias, roupas bonitas, tudo. Por que não pode atender a um desejo meu? Que capricho é esse que põe em risco nossa vida familiar? O que custa fazer o que estou pedindo?

— Custa minha dignidade. Sou uma pessoa. Tenho direito de escolher o que fazer da minha vida.

— Você será mais digna dedicando-se inteiramente à sua família.

— Não, Roberto. Eu estarei traindo meus verdadeiros sentimentos. Desde que nos casamos tenho feito minha parte com dedicação e carinho. Você não pode me acusar de haver negligenciado meu papel de esposa e mãe. Respeito você. Jamais faria alguma coisa que pudesse prejudicar nossa família, mas não reconheço o direito de você interferir em meus sentimentos íntimos, dizendo-me o que eu devo fazer.

— Você não me ama mais. Se você me pedisse alguma coisa, fosse o que fosse, eu faria de coração.

— Pois então me deixe em paz. Não queira mandar nos meus sentimentos. Essa é uma tarefa minha, e não estou disposta a ceder o lugar a ninguém.

— O que pede não depende de mim. É mais forte do que eu.

— Nesse caso é você quem precisa aprender a vencer suas fraquezas. Eu não posso fazer isso.

Roberto não respondeu. Sentiu vontade de gritar que a tinha visto no carro com um homem e também no carro de luxo do patrão. Conteve-se. De que adiantaria?

Tinha receio de que ela aproveitasse a oportunidade para romper com o casamento. Talvez até estivesse esperando um motivo. Ele precisava ter paciência. Com o tempo iria conseguir o que queria.

Gabriela deitou-se e tentou dormir. Mas o sono não vinha. Sentia-se decepcionada. Fizera tudo para ajudá-lo enquanto estava sem dinheiro. Acreditara que agora pudessem retomar sua vida, pensando no futuro, na educação dos filhos. Mas não. Roberto nunca mudaria. Estava sendo mesquinho, maldoso. Sua natureza generosa não conseguia admirar o marido, vendo-o tão injusto.

Como seria sua vida dali para a frente? Até quando teria de suportar suas desconfianças? Sempre fora fiel, e as indiretas dele a ofendiam e desanimavam.

Apesar disso, não pensava em abrir mão do que conquistara com tanto trabalho e estudo. Estava sendo gratificante saber que tinha capacidade para grandes negócios. Por que Roberto não entendia isso?

No dia seguinte acordou indisposta e um pouco abatida. Quando chegou ao escritório, entrando na sala de Renato, ele notou logo:

— O que foi, está doente?

— Não, senhor. Apenas um pouco cansada. Ontem custei a dormir.

— Algum problema?

Gabriela deu de ombros:

— O de sempre. As desconfianças de meu marido.

Renato suspirou:

— Esse problema eu conheço bem. Gioconda faz o mesmo. Vive jogando indiretas, dizendo frases com duplo sentido.

— Isso é desgastante. Confesso que estou ficando cansada.

— Eu também. Se não fosse pelos meus filhos, já teria me separado. Faço de conta que não entendi e vou levando. Minha mulher é imatura e mimada. Não dá para manter uma conversa franca e colocar tudo no lugar.

— Eu tenho conversado com Roberto, tenho sido sincera, aberto meu coração, falado dos meus sentimentos, do meu amor pela nossa família. Mas tem sido inútil. Ele finge que aceita, mas depois de pouco tempo volta ao assunto.

— Ultimamente venho refletindo muito sobre o relacionamento afetivo. Estive algumas vezes com o psiquiatra em busca de ajuda, mas ele garantiu que o problema está nela. Ela é que precisaria buscar ajuda. Isso ela nunca fará.

— Não haveria uma maneira de Gioconda entender?

— Não. Quando tento conversar, ela não escuta, então acabo desistindo.

— É uma pena.

— Estou conformado. Alguém disse que a felicidade não é deste mundo, e eu acredito.

— Pois eu não me conformo. Sou uma pessoa boa, dedicada, honesta. Não vou aceitar essa situação.

— Às vezes os filhos pequenos merecem nosso sacrifício. Pelo menos até se tornarem adultos.

— Uma separação talvez seja menos dolorosa para eles do que uma convivência perturbada, cheia de desentendimentos e desconfianças. Como eles vão confiar na vida se descobrirem que seus pais são imaturos?

— Isso também me preocupa. Mas por enquanto vou levando.

— Eu também.

Passaram a falar de trabalho.

Roberto também não dormira bem naquela noite. Gabriela nunca faria o que ele desejava. Ele precisava fazer alguma coisa. E se ela fosse despedida da empresa? Ela não desconfiaria dele.

Naquele dia ele quase não conseguiu trabalhar direito. Aquele pensamento não o deixava. Por que não pensara nisso antes?

Mas Gabriela era muito competente. Ele não tinha acesso aos documentos que ela manuseava para alterá-los, dar prejuízo à empresa. Fazendo isso, ela seria despedida.

Esse pensamento o dominou nos dias que se seguiram. Tinha de descobrir um jeito. Chegou à conclusão de que, se não podia atingi-la no trabalho, deveria atingi-la na moral. Renato tinha mulher e filhos. O que aconteceria se ele enviasse uma carta anônima à sua esposa sugerindo a ligação dele com Gabriela?

A princípio assustou-se com a ideia. Mas aos poucos esse pensamento foi ganhando força. Se a esposa dele desconfiasse da relação dos dois, exigiria que ela fosse despedida.

Gabriela não podia desconfiar dele. Teria de escrever à máquina em um lugar que ela jamais descobrisse. No dia seguinte, pediu ao cliente permissão para escrever um contrato, alegando que teria de entregá-lo em seguida e não haveria tempo de ir fazê-lo em casa.

Tendo conseguido, escreveu a carta, contando que, enquanto Gioconda ficava em casa cuidando dos filhos, o marido se divertia com a secretária. Ele estava avisando pelo bem da família.

Colocou-a em um envelope branco, endereçou-a e pôs na caixa do correio. Pronto. Estava feito. Agora era esperar o resultado.

No dia seguinte, Gioconda acordou particularmente indisposta. Renato telefonara na noite anterior dizendo que não iria jantar e chegaria depois da meia-noite. Aonde teria ido? Certamente não estaria fazendo coisa boa.

Sua mãe sempre dizia que "homem quando sai sozinho à noite é porque está mal-intencionado". Suspirou triste. Enquanto aquela secretária estivesse na empresa, ela não teria sossego.

Estava claro que ele estava tendo um caso com ela. A cartomante dissera-lhe claramente. Por que ele não atendera a seu pedido para despedi-la? Se fosse apenas uma funcionária comum, ele o teria feito.

Ele dizia que estava se esforçando para a harmonia da família, entretanto se recusara a atender um pedido tão simples. Havia dúzias de boas secretárias procurando emprego. Não lhe seria difícil substituí-la por outra melhor. Mas não. Ele queria aquela. Por quê?

A resposta era clara. Estava apaixonado por ela. Há quanto tempo estava sendo traída? Havia muito que ele espaçara suas relações íntimas com ela, certamente porque estava com a outra.

Gioconda comprara roupas novas, arrumara-se com capricho, tentara interessá-lo em conversas sobre os filhos. Mas nada. Ele se esquivava, fechava-se no quarto, brincava com os filhos e ia dormir. Precisava fazer alguma coisa. Aquilo não podia continuar.

Na hora do almoço, ela mal tocou na comida. Sua cabeça doía e ela tomou dois comprimidos para ver se passava. Apanhou uma revista e foi ler na sala, mas não conseguia pensar em outra coisa.

A criada entrou e colocou a correspondência sobre a mesa. Gioconda não se interessou. Mas a moça comentou:

— Há uma carta para a senhora.

Ela estendeu a mão e a criada entregou-a. Gioconda abriu-a e, à medida que lia, seu rosto ficava mais pálido e ela começou a passar mal.

Maria assustou-se.

— O que foi? A senhora está se sentindo mal?

Gioconda levou a mão ao peito, dizendo baixinho:

— Sim. Acho que vou desmaiar.

— Respire fundo, senhora. Vou buscar um copo d'água.

Saiu correndo enquanto Gioconda pegava novamente aquele papel e o lia. Não havia dúvida. Ali estava a prova da traição. Ela estava certa. Seu marido e Gabriela eram amantes.

Maria trouxe a água e ela bebeu alguns goles. Precisava controlar-se. Não podia deixar-se dominar pelo rancor.

Respirou fundo tentando acalmar-se. Maria perguntou:

— Foi essa carta que a deixou mal?

Fez menção de apanhá-la, mas Gioconda respondeu rapidamente:

— Não foi isso, não. — Segurou a carta, colocou-a no envelope e continuou: — Você sabe que sou uma pessoa doente. Vou subir e descansar um pouco.

Levantou-se e foi para o quarto. Sua cabeça doía ainda mais. O remédio não fizera nenhum efeito. Estirou-se na cama e chorou de raiva. O que ela sempre temera havia acontecido.

Sentiu vontade de ir ter com o marido na empresa, gritar toda a sua revolta, atirar a carta na cara dos dois. Porém, pensando melhor, achou que de nada adiantaria fazer escândalo. Renato ficaria com mais raiva dela e certamente defenderia aquela sirigaita, que, claro, se faria de vítima.

Não. Isso não daria certo. Precisava pensar em outra coisa. Algo que resolvesse definitivamente a questão. Gabriela era casada. E se procurasse o marido para uma conversa? Certamente ele a faria deixar o emprego e Renato nunca saberia que ela fora a responsável.

Era uma boa ideia. Antes precisava descobrir onde ela morava. Apanhou o telefone e ligou para a empresa:

— Aqui é a secretária do doutor Guedes. Ele está muito grato pela atenção com que foi atendido pela dona Gabriela e deseja mandar-lhe algumas flores. Não para a empresa. Poderia dar-me o endereço da residência dela?

Anotou tudo sorrindo satisfeita. Descobriu o telefone e ligou. Nicete atendeu.

— Dona Gabriela está?

— Não, senhora. Ela está trabalhando.

— Eu poderia falar com o marido dela, o senhor...

— Roberto. Ele também não está. Quem está falando?

— É a secretária do doutor Guedes. Trata-se de um assunto profissional. Poderia dar-me o telefone do escritório dele?

— O senhor Roberto ainda não tem telefone comercial. Quer deixar recado?

— Não, obrigada. Ligarei à noite.

Gioconda ficou pensando. Precisava encontrar um jeito de conversar com ele sem que Gabriela soubesse. Não podia dar o telefone de sua casa. Gabriela poderia descobrir. Pensou, pensou e resolveu procurar um detetive particular. Havia visto o endereço de um numa revista.

Telefonou e marcou um encontro com ele em uma confeitaria. Enquanto tomavam o refresco, foi direto ao assunto:

— Meu marido é amante da secretária. Resolvi procurar o marido dela para tirá-la do emprego. Quero que você entre em contato com ele e marque um encontro comigo. Eis o meu telefone. Aqui estão os dados dele.

— Marco para quando?

— Hoje, amanhã, o mais rápido possível.

— Está bem, senhora. Pode aguardar que entrarei em contato.

Gioconda voltou para casa, mas não conseguia se acalmar. O tempo iria custar a passar. Até que no fim da tarde o detetive ligou:

— Já fiz o contato e ele disse que está à sua disposição.

— Onde?

— Está aqui comigo. A senhora marca onde quiser.

— Está bem. Leve-o até aquela confeitaria em que nos encontramos e irei imediatamente.

Ela desligou trêmula. Finalmente iria conseguir o que desejava. Pintaria as coisas de um jeito que ele não teria alternativa senão tirá-la do emprego. Assim estaria livre dela.

Uma vez na confeitaria, o detetive apresentou-os. Gioconda despediu o detetive, dizendo:

— Pode ir por enquanto. Ligue-me amanhã.

Depois que ele se foi, Roberto disse educadamente:

— Deseja conversar aqui mesmo?

— Preferia um lugar mais discreto.

— Vamos ver se eles têm mesa reservada. — Voltou logo, dizendo: — Pode vir, senhora.

Acomodaram-se em uma mesa cercada por um biombo. Roberto pediu dois guaranás e justificou-se:

— Temos que pedir alguma coisa. Deseja algo mais?

— Não. O que eu quero é conversar com o senhor sobre um assunto do nosso interesse.

— Pode falar, senhora.

— Deve ter estranhado meu chamado, mas garanto que, se não fosse tão importante, eu não o teria incomodado.

Fingindo ignorância, Roberto indagou:

— Do que se trata?

— De meu marido e de sua mulher.

Apesar de saber, Roberto estremeceu. Aquele assunto o tirava do sério.

— Pode ser mais clara?

— Infelizmente o que vou dizer não é nada bom. Meu marido e sua mulher são amantes.

— Tem certeza?

— Tenho. Há muito andava desconfiada. Ele falava nela com admiração. De uns tempos para cá, ele mudou comigo. Não me ama mais como antes. Tenho sido esposa dedicada e mãe amorosa, mas ele está cada dia mais distante. Tem vindo mais tarde.

— Eu também andava desconfiado. Minha mulher está ganhando mais, arruma-se cada dia melhor, e eu a vi no carro dele duas vezes.

Gioconda empalideceu de raiva.

— Eles não podem fazer isso comigo. Tenho dois filhos que preciso defender. Por eles farei qualquer coisa... qualquer coisa!

— Também tenho dois filhos.

— Eu pedi a ele que a despedisse, mas, como era de esperar, recusou-se. Vim procurá-lo para que o senhor obrigue sua esposa a deixar o emprego. Assim ficaria tudo resolvido. Apesar de traída, quero proteger meus filhos e não desejo que minha família se desfaça.

Roberto abanou a cabeça negativamente:

— Eu não tenho feito outra coisa. Mas ela se recusa a deixar o emprego.

— Você é o marido. Deve saber como obrigá-la!

— Ela é teimosa. Não quer me obedecer.

— Nesse caso foi inútil procurá-lo. Terei que pensar em outra coisa. Mas eu garanto: com ele ela não vai ficar, nem que eu tenha de matá-la!

Roberto estremeceu.

— Isso não. A violência não resolve nada. Temos que encontrar outro meio.

— Não sei até quando suportarei saber que, enquanto estou em casa cuidando dos nossos filhos, eles estão juntos, rindo e divertindo-se à nossa custa.

Roberto tentou contemporizar:

— Vou pensar em alguma coisa. Deixe comigo.

— Minha vontade é ir até lá e acabar com tudo de uma vez!

— Espere. Não faça nada. Hoje falarei com ela novamente. Quem sabe resolve me atender.

— Está bem. Vou esperar até amanhã. Ela vai deixar meu marido por bem ou por mal. Isso eu juro!

Gioconda disse isso com tanto ódio que Roberto se arrependeu de haver escrito a carta. Aquela mulher era bem capaz de fazer uma loucura. Ele queria acabar com o relacionamento deles, mas com inteligência, para não ficar mal diante de Gabriela. Não queria ficar sem ela.

— Não podemos perder a cabeça. Apesar de tudo, amo minha mulher e não desejo que ela parta. A senhora também não quer que seu lar se desfaça. Precisamos agir com inteligência. Se seu marido descobrir que a senhora fez alguma coisa contra Gabriela, ele ficará do lado dela. O mesmo acontecerá comigo. O que nos interessa de fato é que eles se separem definitivamente.

— Sei que tem razão, mas não sei se terei paciência para suportar. Há momentos em que penso em acabar com tudo de uma vez!

— Calma, senhora. Ninguém mais do que eu deseja isso.

Gioconda suspirou pensativa, depois disse:

— O que sugere, então?

— Preciso pensar. Peço-lhe alguns dias.

— Esperarei uma semana. Aqui tem meu cartão. Telefone e voltaremos a nos encontrar.

Despediram-se e Roberto sorriu satisfeito. Agora não estava mais sozinho. Com tal aliada, certamente conseguiria o que queria.

Sentiu um aperto desagradável no peito e pensou: por que Gabriela mudara tanto?

Estava escurecendo e ele se lembrou de que era dia de tratamento espiritual no centro. Fazia um mês que ele não ia lá. Sentia-se aliviado quando saía daquele lugar, mas por um motivo ou outro nos últimos tempos deixara de ir.

Sentiu vontade de voltar lá. No trajeto, mudou de ideia. Estava cansado de paliativos. Cada vez que conversava com Cilene, ela lhe dizia que ele precisava fazer sua parte para que fosse ajudado pelos espíritos. Nesse caso, de que lhe adiantaria ir lá? Ele iria fazer sua parte, sim, mas do seu jeito. Tinha certeza de que daria certo.

Foi para casa, pensando em como fazer com que Gioconda pressionasse Renato para despedir Gabriela.

Não viu que dois vultos escuros o abraçaram satisfeitos. Mas sentiu-se tomado de indignação. Gabriela não tinha o direito de fazer isso com ele e com os filhos.

Ele a amava muito e sempre fora fiel. Lembrou-se de que ela era mais culta e bonita do que ele e sentiu a angústia aumentar. Por que se apaixonara por ela? Bem que sua mãe o avisara de que ela não era do mesmo nível que ele.

Mesmo não sendo de família abastada, Gabriela cursara universidade, tinha classe, enquanto ele viera de família de operários, deixara os estudos muito cedo para trabalhar. Além disso ela era linda. Qualquer homem se sentiria atraído.

Roberto trincou os dentes com raiva. Ela era dele, e não iria perdê-la. A vida sem ela não teria nenhum sentido.

Nos dias que se seguiram, Roberto não pensava em outra coisa. Aos poucos foi elaborando um plano, e quanto mais pensava mais acreditava que poderia dar certo. Resolveu ligar para Gioconda e marcar o encontro.

Capítulo 13

Gabriela chegou ao escritório pela manhã, aborrecida. Seu relacionamento com Roberto estava pior a cada dia. Embora ele não dissesse claramente, ela percebia que o marido a vigiava, controlando seus horários, suas palavras, até seu dinheiro.

Era insuportável e injusto. Ela nunca lhe dera motivos para isso. Sempre fora esposa dedicada, fiel. Amava-o. Se não fosse pelas crianças, pensaria em separação. Estava cansada daquela desconfiança.

Ele insistia que deixasse o emprego. Nunca faria isso. O trabalho ajudava-a a esquecer e a suportar os problemas em casa. Gostava de sentir-se útil, inteligente, respeitada, ter seu próprio dinheiro. Sentia-se viva, participando da vida. Não suportaria ficar sem fazer nada.

Sacudiu a cabeça tentando expulsar os pensamentos desagradáveis e mergulhou no trabalho.

Passava das onze quando um homem procurou por Renato. Depois de falar com seu chefe, Gabriela introduziu-o na sala, retirando-se em seguida. Sentia o coração oprimido e certo mal-estar, mas reagiu. Não podia deixar que questões pessoais atrapalhassem seu lado profissional.

Quinze minutos depois, Renato chamou-a, e ela o atendeu prontamente. Pelo seu rosto sério, notou logo que estava contrariado.

— Dona Gabriela, poderia explicar-me o que significam estas retiradas das contas de nossa empresa?

— Retiradas? Como assim?

— O gerente do banco trouxe-me estes cheques assinados pela senhora. Por que fez estes saques?

Atônita, ela apanhou os três cheques que ele lhe estendia, examinando-os. As assinaturas eram iguais às suas, mas ela nunca os assinara.

— Não compreendo, doutor Renato. Eu nunca assinei estes cheques. Deve haver um engano.

— Nega que tenha sacado este dinheiro?

— Claro. Por que o faria? Todos os cheques são sempre assinados pelo senhor...

— Mas a senhora tem minha procuração para assiná-los quando viajo.

— Mas nunca assinei nada sem que o senhor autorizasse.

— Mas estes não autorizei.

— Estas assinaturas são falsas. Nunca vi estes cheques.

Voltando-se para o gerente do banco, Renato disse:

— Obrigado pelo seu interesse. Pode deixar que eu resolvo isso.

— Seria bom dar queixa à polícia.

— Pode deixar.

Ele se despediu e Gabriela, pálida, olhava sem entender bem o que estava acontecendo.

— Sente-se, Gabriela. Vamos conversar. Você está passando por algum problema financeiro?

— Não, senhor. Meu marido voltou a trabalhar e o que ganho aqui tem dado para nossas despesas. O senhor está pensando que fui eu quem tirou esse dinheiro?

— Custo a crer, Gabriela. Você é a pessoa em quem eu mais confiava nesta empresa. Mas conheço sua assinatura. Posso entender um ato de desespero. Não quer me dizer a verdade?

As lágrimas desceram pelas faces de Gabriela, que, trêmula, tornou:

— Como pode pensar isso de mim? O senhor me conhece há tanto tempo!

— Nega que tenha sacado esse dinheiro?

— Nego. Seria bom que o senhor investigasse para descobrir quem foi. Garanto que não fui eu.

Ele ainda a interrogou mais um pouco, mas ela continuava negando. Por fim ele disse:

— O que aconteceu foi muito sério. O gerente disse que recebeu um telefonema avisando que uma pessoa da empresa estava dando um desfalque. Então fez uma sindicância e descobriu estes três cheques, com sua assinatura, sem nenhum comprovante de pagamento. Desconfiou e veio até aqui.

— Pois eu garanto ao senhor que não fui eu quem os assinou.

Renato suspirou aborrecido. Gabriela parecia sincera, mas as provas eram irrefutáveis. Ele não podia facilitar. Respirou fundo e decidiu:

— Preciso pensar melhor. Vá para casa, tire uma semana de férias. Vou investigar. Gostaria muito de acreditar em você.

— Eu não fiz nada, eu juro. O senhor vai descobrir a verdade!

— Farei o possível para isso.

Gabriela saiu dali arrasada e, sem dizer nada a ninguém, foi para casa. Renato deixou-se cair na poltrona, passando a mão pelos cabelos, preocupado.

Pensou, pensou, depois decidiu. Abriu sua agenda, procurou um telefone e ligou:

— Egberto? Preciso de você. Pode vir até meu escritório agora?

— Irei imediatamente, doutor Renato.

Meia hora depois, Egberto entrava na sala de Renato. Depois dos cumprimentos, Renato colocou-o a par dos acontecimentos. Finalizou:

— Quero que você investigue essa história. Gabriela está aqui há anos e sempre foi excelente.

— As pessoas mudam, doutor.

— Eu sei. Mas ela negou com tal veemência que me pareceu estar dizendo a verdade. Pode mesmo ter sido outra pessoa.

— O senhor gostaria que fosse.

— Sim. Para ser honesto, sim. Ela é minha secretária de confiança.

— Bem, vou investigar. Saber se ela tinha dívidas, se comprou alguma coisa de valor, se abriu alguma conta em outro banco.

— Faça isso o mais rápido possível. Dei-lhe uma semana de férias. É o prazo que você tem.

— Um detalhe chama minha atenção: o telefonema para o gerente do Banco. Como é o relacionamento dela com os colegas?

— Bom. Não me consta que tenha algum inimigo na empresa.

— Um inimigo, não, mas alguém querendo apenas dizer a verdade.

— É, pode.

— Preciso dos dados dela para começar a trabalhar.

Depois que ele saiu, Renato colocou a cabeça entre as mãos, aborrecido. Aquilo parecia um pesadelo. Nunca havia se enganado com alguém. Não descansaria enquanto não descobrisse a verdade.

Gabriela chegou em casa abatida. Vendo-a, Nicete preocupou-se:

— O que foi, dona Gabriela? Está doente?

— Não. Aconteceu uma coisa horrível! Alguém tirou dinheiro da empresa falsificando minha assinatura. Eles pensam que fui eu...

— Que horror! Quem teria feito isso?

— Não tenho ideia. Deve ser alguém que conhece minha assinatura. Estava bem parecida. Você pode imaginar como fiquei!

— Você foi despedida?

— Não. O doutor Renato deu-me uma semana de férias. Espero que ele consiga descobrir quem foi, caso contrário não sei o que será da minha vida. A quantia desviada foi grande. Não tenho esse dinheiro. Se ele acreditar que fui eu, não vou poder pagar.

Gabriela cobriu o rosto com as mãos e começou a chorar. Estava assustada. Se a empresa desse queixa à polícia, ela poderia ser presa.

Nicete tentou confortá-la:

— Não chore, dona Gabriela. Deus é grande. A senhora não fez nada, por esse motivo, não deve temer. Vai ver que em pouco tempo o doutor Renato descobre quem foi e tudo ficará bem.

— Estou me sentindo muito mal. Ser tachada de ladra... Logo eu, que sempre fiz questão de ser honesta. Foi como se alguém me tivesse dado uma paulada na cabeça. Estou tonta, sem rumo.

— Vamos rezar, dona Gabriela. Deus vai nos ajudar.

— Não tenho cabeça nem para isso.

— Vou fazer um chá de cidreira. Enquanto isso, a senhora deve tomar um bom banho, descansar. Eu levo o chá no quarto.

— Obrigada, Nicete, mas não quero nada.

Nicete não escondeu a preocupação. Durante anos convivera com Gabriela e nunca a vira em tal estado de depressão, nem mesmo quando Roberto perdera tudo.

Quando Roberto chegou e perguntou pela esposa, ela disse triste:

— Está no quarto, foi se deitar.

— Ela está doente? Veio mais cedo hoje. Aconteceu alguma coisa?

O coração de Roberto bateu forte e ele se esforçou para dissimular a satisfação. Ela teria sido despedida?

Imediatamente subiu as escadas e entrou no quarto. Gabriela estava deitada, janelas fechadas, e ele acendeu a luz. Ela protestou:

— Apague, por favor. Estou com dor de cabeça.

Ele apagou a luz e aproximou-se da cama, dizendo:

— O que aconteceu?

— Nada. Não estou me sentindo bem, tirei uma semana de férias para descansar.

— Está doente? É melhor chamar um médico.

— Não é preciso. Quero descansar. Não estou disposta a conversar. Não é nada sério.

Ele alisou a cabeça dela com carinho:

— Não gosto de vê-la assim. Deu para notar que está abatida, parece ter chorado. Deve ter acontecido alguma coisa. Não vai me contar?

— Tomei um comprimido para dor de cabeça e quero dormir um pouco para ver se passa. Depois conversaremos.

— Deve ter sido alguma coisa no emprego. Eles estão abusando de você. Tem trabalhado demais.

Gabriela suspirou triste. Não sentia disposição para contar o que acontecera. Sabia o que ele pensava sobre seu emprego. Certamente ficaria ofendido por ela ter sido humilhada daquela forma, talvez até fosse na empresa tomar satisfações, causaria mais confusão, e ela não desejava isso.

Renato prometera investigar, o melhor seria esperar. Pediria a Nicete que não dissesse nada.

— Deixe-me descansar. Nicete preparou um chá. Peça-lhe para trazer mais uma xícara.

Ele saiu, e, assim que Nicete entrou, Gabriela perguntou:

— Onde está Roberto?

— Ficou com as crianças na copa.

— Feche a porta. Olhe, não conte nada a ele sobre o que aconteceu. Sabe como ele é. Vai logo querer se envolver, tomar satisfações. Eu prefiro que ele fique fora disso. Só vou contar se for preciso. Está bem?

— Claro. Pode ficar tranquila. Eu só disse que a senhora estava indisposta.

— Fez bem.

— Não vai descer para o jantar?

— Não.

— Vou trazer a comida aqui.

— Não quero nada. Meu estômago parece que tem uma bola dentro. Cresceu de repente.

— A senhora não pode ficar sem comer. Vou fazer uma sopa e deixar sobre o fogão. Trarei algumas frutas e deixarei aqui. Estou pensando em sair um pouco. Vou ao centro pedir ajuda. Lavo a louça na volta. Posso?

— Vá. Reze por mim.

Depois que ela saiu, Gabriela fechou os olhos e tentou rezar. Mas não conseguiu. A cena de Renato mostrando-lhe os cheques com sua assinatura não lhe saía do pensamento.

Roberto desejava saber como as coisas haviam acontecido. Mas precisava esperar. Não queria telefonar para Gioconda de sua casa. Preferia conversar com ela pessoalmente no dia seguinte. Ela lhe garantira que fizera tudo direito. Ele lhe levara alguns documentos assinados por Gabriela e ela conseguira uma pessoa que falsificara as assinaturas. Ele vira os cheques. Haviam ficado perfeitos. Se ele não soubesse a verdade, diria que aquelas assinaturas eram de Gabriela.

Depois, Gioconda retirara o dinheiro e guardara em casa. Colocando um lenço no bocal do telefone, Roberto ligara para o gerente do banco fazendo a denúncia. Certamente ele fora procurar Renato. Imaginava que Gabriela já houvesse sido despedida. Mesmo que Renato a amasse, certamente não suportaria ver-se roubado por ela.

Estava radiante. Gabriela ficaria em casa e, com o tempo, esqueceria o desagradável incidente. Gioconda prometera interceder para que o marido não desse queixa à polícia. Fazia parte do trato. Assim, tudo estaria resolvido.

Ele não podia demonstrar sua alegria. Tomou conta das crianças para que não incomodassem a mãe, esforçando-se para parecer preocupado diante de Nicete.

Na manhã seguinte, Roberto levantou-se bem-disposto, porém fingiu preocupação. Gabriela só conseguiu adormecer quando o dia começou a clarear, e ele pediu a Nicete:

— Não deixe as crianças fazerem barulho. Gabriela não dormiu bem e está descansando. Não a acorde. Preciso trabalhar. Eu telefono.

Apesar de ter ido dormir muito tarde, Gabriela levantou-se às nove horas. Vendo-a, Nicete disse:

— Vou servir um café reforçado. A senhora não pode adoecer. Está abatida.

— Não tenho fome, Nicete. Só vou tomar um gole de café.

— Nada disso. O pão está fresquinho e tem aquele queijo que a senhora adora.

— E as crianças?

— Estão brincando no quintal. Fizeram a lição.

Gabriela sentou-se à mesa, servindo-se de café.

Nicete preparou um sanduíche e colocou-o no prato ao lado dela. Depois sentou-se em frente à patroa, dizendo:

— Coma. Não sairei daqui enquanto não a vir comendo tudo.

Gabriela esboçou um sorriso.

— Está me tratando como se eu fosse criança.

— A senhora precisa reagir. Não pode se abater dessa forma. Fui ao centro e tenho um recado para a senhora. Sabe, eu frequento lá há mais de cinco anos. Sempre desejei conversar com o doutor Bezerra de Menezes, que é o mentor espiritual. Nunca consegui. Ontem, coloquei seu nome no livro de orações e, quando menos esperava, chamaram-me dizendo que queriam falar comigo. Fiquei tão emocionada! Entrei na sala e o doutor Bezerra estava falando com algumas pessoas. Depois me chamou e disse:

— Sei por que você veio. Diga a ela que tenha fé. Nós a estamos protegendo. Tudo será esclarecido.

— Ele disse isso mesmo?

— Disse. Bom, eu fiquei muito emocionada. Senti um ar diferente quando ele falou comigo, uma brisa leve, era como se eu estivesse no ar. Não consegui nem falar. Não via a hora de lhe contar. Seria bom a senhora ir até lá.

Gabriela hesitou:

— Não sei... Nunca fui a um centro espírita. Tenho medo dessas coisas.

— Pode ir sem medo. Lá é uma casa de oração onde todos só fazem o bem. As pessoas são muito agradáveis e há muito respeito. Eu lhe garanto. Tenho certeza de que vai se sentir muito melhor.

— Está bem, Nicete, vou pensar.

— Isso, dona Gabriela. Tenho fé em que tudo será esclarecido.

— Faço votos.

Roberto aproveitou o telefone em uma construção, enquanto esperava o engenheiro, e ligou para Gioconda:

— Então? Acho que estourou a bomba.

— É. Deve ter acontecido. Renato chegou em casa abatido, com cara de poucos amigos, e por mais que eu insistisse não quis me contar o que o estava preocupando. Estou morta de curiosidade.

— Eu também. Pensei que você soubesse. Gabriela voltou mais cedo para casa e foi se deitar. Está abatida, chorosa, disse que está indisposta e tirou uma semana de férias. Não acreditei em nada disso. Ela não quis me contar. Mas acho até que já foi despedida.

— Não diga! Que maravilha!

— Precisamos saber como estão as coisas.

— Hoje à tarde irei à empresa investigar.

— Tome cuidado.

— Fique sossegado. Arranjarei um pretexto e tentarei descobrir o que aconteceu.

— Eu ligo no fim da tarde para saber.

— É melhor não. Ligue amanhã cedo, como agora.

— Está bem. Vai ser difícil esperar tanto tempo.

— Se ela está em casa de férias, é porque foi despedida.

— Não quero que seu marido dê queixa à polícia. A situação pode se complicar se ele fizer isso.

— Ele gosta dela, não fará nada disso. Estou certa de que vai despedi-la e pronto.

— Espero que seja assim.

Naquela mesma tarde, Gioconda foi ao escritório do marido a pretexto de fazer hora para uma consulta ao dentista que ficava próximo. Depois de cumprimentar o marido, disse cordata:

— Não desejo atrapalhar. Sei que está muito ocupado.

— De fato. Há uma pessoa importante que já deve estar chegando para uma reunião.

— Só vou fazer um pouco de hora. Não gosto de ficar na sala de espera do consultório. Fico nervosa.

Renato foi avisando que a pessoa esperada chegara, e Gioconda levantou-se logo, dizendo:

— Pode atender. Faltam quinze minutos para minha hora. Vou dar uma volta pela empresa e sair.

Despediu-se e foi à copa. Disse à funcionária:

— Pode me servir um café?

Enquanto tomava o café, Gioconda deu uma volta pelo escritório, cumprimentando os funcionários. Parou perto de uma que já conhecia e com a qual simpatizava e indagou:

— Gabriela não veio trabalhar hoje?

— Não, senhora. Ela está de férias.

— Férias? Que eu saiba ela tira férias sempre junto com a escola das crianças. Tem certeza?

— Bom, foi o que eu ouvi dizer...

— Estranho. Teria acontecido alguma coisa com ela?

— Não sei. Ela me pareceu doente. Estava muito pálida, nervosa. Apanhou suas coisas e foi embora antes de terminar o expediente.

— Por que será?

— Não tenho ideia. Também gostaria de saber. Deve ter acontecido alguma coisa mesmo. Depois que ela saiu, o doutor Renato estava muito nervoso. A senhora precisava ver. Quando Ana lhe perguntou o que havia acontecido com Gabriela, ele disse que ela estava indisposta e ficaria de férias por uma semana.

Não era bem o que Gioconda desejava ouvir, mas foi só o que conseguiu. Saiu de lá pensativa. Claro que havia estourado a bomba. Certamente Renato ficara sabendo do desfalque e tivera uma briga com ela. Essa história de uma semana de férias fora só para encobrir a verdade.

A esse pensamento, Gioconda estremeceu de raiva. Apesar de tudo, ele a protegia, e estava claro que não pretendia denunciá-la à polícia. De repente uma ideia começou a incomodá-la. Ele a mandara embora com certeza, porque não queria ser roubado, mas pelo jeito estava muito apaixonado. E se continuasse se relacionando com ela mesmo depois de a ter despedido?

Era até provável que isso acontecesse. Nesse caso, não teria adiantado incriminá-la. Precisava certificar-se de que, depois que ela saíra da empresa, não se encontrara mais com Renato. Precisava falar com Roberto para que ele a vigiasse.

Ela preferia que a polícia a prendesse, mas, uma vez que Roberto era contra isso, ele que a vigiasse para que não continuassem se encontrando. Era o mínimo que ele poderia fazer.

Na manhã seguinte, quando Roberto ligou conforme o combinado, Gioconda foi taxativa:

— Não vamos conversar pelo telefone. Prefiro pessoalmente.

— Já sabe o que aconteceu?

— Uma parte. Vamos nos encontrar às duas horas no mesmo lugar da outra vez. Está bem?

— Vou esperá-la.

Ela desligou pensando no que desejava dizer-lhe. Conforme o tempo passava, mais e mais ela temia que eles continuassem se encontrando. Queria evitar aquilo a qualquer preço.

Quando chegou ao local do encontro, Roberto já a esperava com certa impaciência. Procuraram uma mesa reservada e sentaram-se para conversar.

Gioconda foi direto ao assunto:

— Renato deve ter mesmo descoberto o desfalque e mandado Gabriela embora.

Roberto exultou:

— Finalmente conseguimos!

— Ele disse ao pessoal do escritório que ela estava indisposta e tirou uma semana de férias, mas tenho certeza de que ela não voltará a trabalhar. Ele não permitiria isso. Conheço como Renato é rigoroso nesse aspecto.

— Nesse caso, podemos comemorar.

— Não penso assim. Ele nem tentou chamar a polícia. Deve estar muito apaixonado. Nesse caso, ela não vai mais trabalhar lá, mas receio que o romance deles continue.

— Como assim?

— Talvez eles continuem se encontrando, apesar de tudo.

Roberto empalideceu. Isso bem poderia acontecer. Passou a mão pelos cabelos, preocupado, e perguntou:

— O que podemos fazer?

— Eu já fiz minha parte. Agora você deve fazer a sua: precisa vigiá-la até termos certeza de que eles acabaram mesmo.

— Não vai ser fácil. Tenho que trabalhar, e às vezes nem posso almoçar em casa.

— Não pode deixar um pouco o trabalho, até que estejamos seguros de que romperam mesmo?

— Estou em uma fase de muito trabalho, em que preciso reconstruir o que perdi. Se parar agora, posso perder o que já conquistei.

— Não há uma pessoa de confiança que possa fazer isso em seu lugar? Uma criada, você daria algum dinheiro.

— A criada fica sempre do lado dela. Nunca concordaria.

— Pois pense, ache uma solução. Pelo menos nos primeiros tempos precisamos ter certeza de que não estão se encontrando.

— Bem que eu gostaria de ter essa certeza.

— Só vai ter se fizer o que estou dizendo.

Depois que Roberto deixou Gioconda, esse pensamento não saiu de sua cabeça. Se por um lado não queria nada com a polícia, por outro reconhecia que qualquer patrão em um caso como aquele teria dado queixa.

Por que ele não o fizera? Por amor, certamente. Gabriela era atraente, e, se ele estivesse muito apaixonado, continuaria com a ligação mesmo depois que ela deixasse o emprego.

Ele precisava ter certeza de que aquilo nunca mais iria acontecer. Depois de muito pensar, decidiu. Iria pedir ajuda à sua mãe. Claro que não lhe contaria o que aconteceu, mas diria que Gabriela estava doente e ele queria que ela estivesse sempre ao lado dela para que não fizesse nada que prejudicasse sua saúde.

Gabriela levantou-se naquele dia abatida, triste. Nicete esperava-a na copa e, vendo-a, disse:

— Está melhor?

— Um pouco. Estou mais calma. Sou inocente. Hoje acordei com a impressão de que logo tudo estará esclarecido. Apesar disso, sinto-me triste.

— No centro eles me mandaram ir ontem novamente para ajudar. Fizeram um trabalho especial à distância. Mandaram lhe dizer que tenha fé e coragem. Eles a estão protegendo.

— Acredito, porque esta noite consegui dormir. Foi uma boa ajuda.

— Agora precisa confiar e fazer sua parte. Vai se alimentar bem e entregar tudo nas mãos de Deus.

— Não posso fazer nada mesmo. Sequer sei quem falsificou minha assinatura.

— Lembre-se de que, quando você não pode, Deus pode. Vamos confiar.

— Gostaria de ter a sua fé.

— Seria bom que a senhora fosse comigo ao centro esta noite tomar um passe. Estou certa de que lhe faria muito bem.

— Vamos ver. Agora vou costurar um pouco. Não aguento ficar sem fazer nada. Preciso ocupar minha cabeça para não pensar. Há algumas roupas das crianças que precisam de reforma.

— É bom. Mas tome seu café antes.

Passava das quatro quando Georgina chegou. Roberto fora à sua casa pedir-lhe ajuda para Gabriela, e ela não podia recusar. Sentia-se lisonjeada por ele haver ido à sua procura e firmou o propósito de mostrar sua dedicação.

Encontrou Gabriela costurando e comentou:

— Bem que Roberto me falou que você estava doente! Está tão pálida, abatida. Por que não deixa esse serviço para Nicete? É melhor se deitar.

Gabriela, apesar de contrariada com a presença dela, não deixou transparecer. Respondeu apenas:

— Eu estou bem. Não precisa se preocupar.

— E o médico, o que disse que é?

— Não fui ao médico, dona Georgina. Não é caso para isso.

— Como não? Sua aparência é péssima. Acho que vou chamar o doutor Miranda. É um excelente médico.

— Não é preciso. Estou muito bem. Já passou.

— Mas as pessoas não se sentem mal sem uma causa. Insisto que devemos chamar o médico.

Gabriela sentiu que estava no limite de sua paciência e disse com voz firme:

— Não vou chamar o médico. Obrigada pelo seu interesse, mas estou bem.

— Eu vim para ajudá-la. Ficarei aqui até Roberto chegar. Virei todos os dias até que fique bem. Meu filho está muito preocupado com sua saúde.

— Ele não precisava preocupar a senhora. Não há necessidade de ficar aqui. Nicete faz tudo. Estou costurando porque não gosto de ficar sem fazer nada.

— Sei que quer me sossegar, mas vou ficar.

Gabriela suspirou e não respondeu. No estado em que se encontrava, aguentar Georgina era muito penoso. Por que Roberto contara a ela que não estava bem?

Teve vontade de mandá-la embora, mas conteve-se. Não estava disposta a enfrentá-la, muito menos a Roberto. Para se acalmar, pensou que ele estava interessado em seu bem-estar e não podia ser grosseira. Suspirou resignada, dizendo:

— Nesse caso, vou pedir a Nicete para servir-lhe um café.

Respirou aliviada quando a viu ir para a copa tomar um lanche. Sabia que ela gostava de observar os mínimos detalhes de como ela dirigia a vida da família, e, a pretexto de ajudar Nicete, ficaria lá durante a maior parte do tempo, o que a pouparia de sua presença.

Enquanto costurava, Gabriela pensava, tentando encontrar uma explicação para o que lhe acontecera. Quem teria feito aquilo? Com certeza alguém que a conhecia. Em sua mente desfilaram um a um todos os colegas de trabalho, sem que pudesse suspeitar de nenhum. Eram todos amigos, formavam uma equipe entrosada, em que se ajudavam mutuamente. Renato era um chefe firme, porém justo, e conseguira formar um grupo interessado em progredir com a empresa.

Alguns estavam com ele havia vários anos, e, quando alguém entrava, se não se afinasse, acabava saindo. Por isso, Gabriela não conseguia entender o que lhe havia acontecido. Só podia pedir a ajuda de Deus e esperar.

Renato chegou ao escritório pontualmente às oito. Gabriela estava fazendo-lhe muita falta. Entretanto, não pensara em substituí-la antes de Egberto terminar as investigações.

A semana que dera a Gabriela estava terminando, e ele ainda não tinha nenhuma informação. Estavam no sexto dia. O que fazer se ele não descobrisse nada que a inocentasse? Quanto mais o tempo passava, mais Renato duvidava de que Gabriela tivesse praticado aquele desfalque.

Ela lhe parecia uma mulher de princípios, honesta, cultivando valores éticos verdadeiros. Esse comportamento não se ajustava à sua personalidade.

A secretária ligou, avisando que Egberto estava esperando na recepção.

— Mande-o entrar — ordenou Renato ansioso.

Depois dos cumprimentos, tendo o detetive sentado à sua frente, Renato disse preocupado:

— E então, descobriu alguma coisa?

— Sim. Mas as notícias que eu trago não são muito boas. Estou constrangido.

— Gabriela tirou mesmo aquele dinheiro?

— Não, doutor. Não foi ela.

Renato respirou aliviado.

— Não sabe o peso que tira de cima de mim.

Egberto hesitou:

— É que o caso é mais grave do que parecia à primeira vista. Funcionário que dá um desfalque é coisa bastante usual hoje em dia. Mas este caso envolve pessoas tanto da família dela quanto da sua.

Renato olhou admirado:

— Como assim? Não estou entendendo.

— Vou lhe contar tudo. Meus relatórios estão claros.

Egberto entregou algumas folhas para Renato.

— Depois eu leio. Conte você. Quero saber tudo.

— Naquele dia fui ao banco, mas não consegui saber nada além do que me contou. Tentei descobrir se ela tinha algum vício, dívidas, que a pudessem empurrar ao desfalque. Uma pessoa que sempre foi honesta só faria isso se tivesse desesperada. Tentei descobrir o motivo. Descobri apenas que o marido perdera tudo, ainda tinha dívidas que estava tentando pagar. Então eu pensei que talvez ele fosse cúmplice no desfalque. O dinheiro teria sido para ele. Assim resolvi segui-lo.

Egberto fez uma pausa e Renato pediu:

— Continue, por favor.

— Ele se encontrou com dona Gioconda em um restaurante. Foram para uma mesa reservada. Aproximei-me o mais possível tentando ouvir o que diziam. Algumas palavras me escaparam, mas ouvi o suficiente para saber que eles planejaram o desfalque.

Renato levantou-se de um salto, dizendo:

— Isso não é possível! Eles não se conhecem.

— Pois eu conheço bem dona Gioconda. Eles estavam curiosos para saber que providências o senhor ia tomar com relação a Gabriela. Pelo que ouvi, ambos queriam que ela fosse despedida.

Renato deixou-se cair na cadeira sem saber o que dizer. Egberto prosseguiu:

— Não deu para saber certos detalhes, mas, pelo que ouvi, penso que foi por ciúme. Eles pensam que o senhor tem um caso com ela.

— Isso é um absurdo! Gabriela é uma moça correta. De fato, Gioconda vive implicando com ela. Várias vezes pediu que a despedisse. Trata-se de uma excelente funcionária, e eu me neguei a fazer isso. Por outro lado, Gabriela sempre dizia que o marido queria que ela deixasse o emprego. Mas daí a praticarem esse crime, é difícil de acreditar.

— Pode crer, doutor Renato. É a pura verdade. Fotografei os dois juntos, pode verificar.

Renato, com mãos trêmulas, abriu o envelope que Egberto colocara sobre a mesa e tirou as fotos. Não havia dúvida. Eram Gioconda e um outro homem.

— Tem mais, doutor.

— Mais? O que pode ser pior do que isso?

— Mandei um perito examinar os cheques. Eles disseram que as assinaturas são falsas, mas que é trabalho profissional. Eles contrataram alguém para o trabalho. Por outro lado, foi dona Gioconda quem sacou o dinheiro.

— Voltei ao banco e conversei com os caixas, descrevendo dona Gioconda, e uma moça lembrava-se de havê-la atendido. Ela tinha pressa, mas, como a quantia era alta, foi preciso esperar para pagar. Foi ela quem sacou o dinheiro.

— Parece impossível!

— De fato. A princípio eu também duvidei. Mas sei que mulher ciumenta é o diabo! Já vi cada coisa! Ouvi quando ele disse a ela para intervir e evitar que o senhor desse parte à polícia.

— Sabem que eu a estimo e admiro.

— Bem, agora já sabe o que houve.

— Você foi maravilhoso, como sempre.

— O que pretende fazer?

— Ainda não sei. Mas é claro que preciso tomar algumas providências. Eles foram longe demais.

— Já vou indo, doutor. Se precisar de mim é só avisar.

Depois que ele se foi, Renato leu o relatório, inteirando-se de todos os detalhes da investigação. Quando acabou, pensou em Gabriela. Pobre moça! Como deveria estar sofrendo!

Renato sentiu o estômago embrulhado. Chamou uma das secretárias e pediu que lhe arranjasse um sal de frutas. Pensou em Gioconda e sentiu repulsa. Depois do que ela fizera, não havia mais como continuar com o casamento.

Há muito aquele relacionamento se arrastava desagradável, mas ele, preocupado com as crianças, tentava protelar a separação. Agora não daria mais para conviver com Gioconda. Uma pessoa que faz o que ela fez é capaz de qualquer coisa. Iria pedir a separação e a guarda dos filhos. Sua interferência na educação deles sempre fora perniciosa, mas ele levava em conta sua falta de capacidade, de experiência. Mas o que ela fizera provava que era maldosa, desonesta, falsa.

Por tudo isso esteve no escritório a pretexto de estar fazendo hora. Foi para tentar descobrir se ele despedira Gabriela. Mostrara-se amável, cordata, diferente do que costumava ser.

Um arrepio de raiva percorreu-lhe o corpo. Como é que ela conheceu Roberto? Teria ido procurá-lo?

Renato sentia a cabeça pesada e, quanto mais pensava, mais e mais se sentia indignado. Tomou então a decisão de se separar. Iria consultar seu advogado para decidir como conseguir a guarda dos filhos. Sabia que ela jamais permitiria e que as leis favoreciam a mãe.

Mas ele haveria de provar ao juiz que Gioconda não possuía equilíbrio suficiente para cuidar deles.

Renato passou a mão pelos cabelos, angustiado. Sabia que iria ter pela frente um período difícil, porém estava decidido. Não voltaria atrás. Ao praticar aquele ato deplorável, Gioconda, sem o saber, assinara a separação.

Capítulo 14

A primeira providência que Renato tomou foi ligar para Gabriela. Nicete atendeu e avisou:

— O doutor Renato quer falar com você.

Gabriela estremeceu. Deveria voltar à empresa na manhã seguinte. Por que ele ligara antes? Nervosa, foi atender:

— Alô. Sim, é Gabriela.

— Preciso falar com você, mas não pode ser pelo telefone.

— O senhor marcou para eu voltar amanhã.

— Não posso esperar. O assunto é delicado e urgente. Já descobri quem foi.

Gabriela sentiu ligeira tontura e as pernas bambas. A emoção foi tanta que não conseguiu responder.

— Está me ouvindo?

— Sim — murmurou ela.

— Você está bem? Sua voz está fraca.

— Não tenho conseguido dormir nem me alimentar depois do que aconteceu. Se tudo estiver esclarecido, ficarei bem.

— Temos que conversar sem que ninguém saiba. Não diga nada a ninguém. Pode vir encontrar-se comigo agora?

— Na empresa?

— Não. Nossa conversa precisa ser sigilosa. Passarei perto de sua casa para apanhá-la.

— Aqui não. Roberto é muito ciumento e pode não gostar.

— Onde, então?

— Na praça que fica a quatro quadras daqui. Sabe onde é?

— Sei. Vou sair agora. Pode me esperar.

Gabriela sentiu seu estômago dar sinal e lembrou-se de não haver jantado na véspera nem tomado café da manhã. Procurou Nicete e pediu:

— Preciso sair. Enquanto me visto, pode me arranjar uma xícara de café com leite?

— Claro. O que aconteceu? A senhora parece melhor, está até corada!

— Por ora não posso contar. Tive uma notícia muito boa. Na volta eu explico. Se Roberto aparecer, diga apenas que fui dar uma volta, fazer umas compras. Não fale do telefonema do doutor Renato.

Arrumou-se rapidamente, engoliu o café com leite, comeu a generosa fatia de bolo que Nicete colocara ao lado e saiu. Caminhou a passos rápidos até a praça. Ainda não teria dado tempo para ele chegar, então Gabriela sentou-se em um banco para esperar.

Mesmo sem saber o que acontecera, sentia-se aliviada. Finalmente saberia quem fez aquela maldade, poderia voltar ao emprego.

Quando viu o carro de Renato aproximar-se, levantou-se e foi até ele, que parou, abriu a porta e ela entrou.

— Espero que esteja melhor — disse ele.

— Fiquei aliviada depois que falei com o senhor.

— Vamos procurar um lugar sossegado para conversar.

Ele deu algumas voltas e parou sob uma árvore em uma rua deserta e residencial. Gabriela olhou para ele esperando. Renato começou:

— O que vou dizer é muito grave. Atinge a nós dois.

— Como assim? O senhor disse que descobriu quem falsificou os cheques.

— Com isso resolvemos um problema, mas descobrimos outro.

— O senhor me assusta!

— Não é esse meu intento. Eu disse que iria investigar. Para essa razão contratei um detetive. Hoje à tarde ele apareceu e trouxe este relatório.

Renato tirou alguns papéis do porta-luvas e entregou--os a Gabriela. À medida que ela lia, seu rosto foi empalidecendo e seu corpo começou a tremer.

— Não posso crer! Isto não pode ser verdade. Roberto não pode ter feito isso!

— Pois fez. Gioconda e ele. Movidos pelo ciúme. O que me espanta é que eles não se conheciam. Como puderam juntar-se para tramar tudo isso?

Seja pela tensão dos últimos dias, seja pela emoção daquela descoberta, Gabriela rompeu em soluços. Penalizado, Renato apanhou um lenço, oferecendo-o.

— Sinto muito. Sei que ama seu marido e imagino como se sente.

Gabriela soluçava sem conseguir dominar-se. Renato segurou sua mão para dar-lhe coragem, dizendo:

— Acalme-se, Gabriela. Reconheço que é uma situação muito triste, porém verdadeira. Precisamos aceitar os fatos e decidir as providências a tomar. Penso que não pode ficar assim. Hoje fizeram isso, amanhã farão coisa pior. Temos que encontrar coragem para decidir.

Aos poucos Gabriela parou de soluçar e enxugou os olhos. Por fim disse:

— Sinto que tem razão. Mas confesso que não sei o que fazer. Está doendo muito saber que Roberto foi capaz de fazer isso comigo. Ele viu como eu fiquei arrasada, ele sabia como essa suspeita me machucaria. Mesmo assim, não titubeou em me fazer passar por essa vergonha. Pensei que ele me amasse, agora vejo que não. Quem ama não age dessa forma. Eu seria incapaz de fazer isso a qualquer pessoa, muito menos a ele.

— Tenho certeza disso. Quanto a mim, decidi me separar de Gioconda. Nunca comentei abertamente com ninguém, mas nossa vida em comum tornou-se desagradável. Arrependi-me de haver casado com ela. Há anos venho suportando essa união por causa das crianças. Agora não dá mais. Sinto que não poderei mais conviver com ela. Vou procurar meu advogado para tratar da separação.

Gabriela ficou olhando para ele enquanto pensava em como seu casamento se transformara nos últimos tempos.

— Roberto sempre foi ciumento — considerou —, mas piorou muito depois que perdeu o dinheiro. Vivia pedindo para eu deixar o emprego, mas nunca imaginei que chegasse a tanto.

— Pensei em dar queixa à polícia. Eles usaram um falsário profissional. Isso é crime. Por outro lado, trata-se da mãe dos meus filhos e do seu marido. Não sei como proceder.

— Uma coisa eu sei, doutor Renato. Vou deixar Roberto. Para ser bem sincera, o amor que sentia por ele já não era mais o mesmo. Fiz o que pude para salvar nosso casamento. Mas agora não dá mais.

— Nesse caso, o mais urgente seria consultarmos um bom advogado. Pretendo conseguir a guarda dos meus filhos. Gioconda não tem condições de tomar conta deles. Você poderia voltar ao trabalho amanhã, conforme havíamos combinado?

— Sim. Agora mais do que nunca preciso do emprego.

— Será seu enquanto quiser. Vou chamar um bom advogado e amanhã mesmo faremos uma reunião com ele, expondo os fatos e pedindo orientação. Enquanto isso, será melhor fingirmos que não estamos sabendo de nada.

— Não sei se vou conseguir. Só de pensar nele, sinto vontade de brigar.

— Se quisermos agir de maneira adequada, será melhor controlarmos nossos ímpetos e cuidarmos das providências que precisaremos tomar. Nossos filhos merecem esses cuidados. Eles devem ser atingidos o menos possível nesta triste história.

— Tem razão. Agradeço a confiança que tem em mim. Se não fosse isso, nunca teríamos descoberto a verdade.

— Sempre tive uma boa intuição e ela me dizia que você seria incapaz de fazer uma coisa dessas.

Gabriela suspirou aliviada, mas apesar disso sua cabeça doía, e ela considerou:

— Vou para casa tomar um comprimido e tentar descansar.

— Quer ir comer alguma coisa?

— Não, obrigada. O café que tomei embrulhou meu estômago.

— Posso compreender. Gostaria de recompensá-la de alguma forma. Há alguma coisa que posso fazer por você?

— Eu gostaria de voltar ao trabalho ainda hoje. Não quero ficar em casa sem fazer nada com esses pensamentos tumultuando minha cabeça.

— Não seria melhor descansar?

— Acha que eu conseguiria? O trabalho vai me ajudar a suportar essa triste descoberta.

— Nesse caso, pode ir. Vou ver se consigo que o advogado vá ao nosso encontro hoje mesmo. Vou levá-la para casa.

— Se temos que guardar segredo por enquanto, será melhor deixar-me na praça onde nos encontramos.

Renato concordou e levou-a até lá. Depois que a deixou, sentiu-se triste. A irresponsabilidade de Gioconda levou-os àquela situação tão desagradável. Claro que Roberto teve culpa também, mas, se ela não concordasse, nada daquilo teria acontecido.

O que mais Gioconda estaria fazendo que ele ignorava? De quem fora a ideia do desfalque? Quem conhecia o falsário profissional?

Talvez fosse melhor pedir a Egberto que continuasse investigando para descobrir mais informações.

Quando Gabriela chegou ao escritório, Renato informou-a de que o advogado viria em seguida. Assim que ele chegou, conforme o combinado, Gabriela introduziu-o na sala de Renato. Quando ia sair, ele a impediu:

— Fique, Gabriela. O assunto diz respeito a você também. Sente-se.

Quando os viu sentados, Renato contou tudo ao doutor Altino, que ouviu em silêncio. Renato finalizou:

— O caso é delicado. Confio na sua capacidade profissional e gostaríamos que cuidasse de tudo. Tanto eu quanto Gabriela desejamos a separação. Eu pretendo obter a guarda dos meus filhos. Como faremos isso?

— Para cuidar do caso, preciso saber toda a verdade. Posso fazer uma pergunta indiscreta?

— Claro.

— Nunca houve um caso entre o senhor e dona Gabriela?

— Nunca. Garanto que nosso relacionamento tem sido muito bom, mas exclusivamente de trabalho.

— Muito bem. O senhor quer a guarda dos filhos. Para isso esse ponto precisa ficar claro. Suponho que dona Gabriela também pretenda ficar com os filhos.

— Sim, doutor — respondeu ela.

— Geralmente a guarda dos filhos menores fica com a mãe, exceção feita somente em caso de mau comportamento.

— Se depender disso, ninguém me tirará os filhos — disse ela.

— Está certo. Nesse caso, cada um tem que conversar com seu cônjuge e tentar uma separação amigável. Seria o melhor, a fim de evitar um escândalo. Acho que é isso que ambos desejam.

— É. Por causa das crianças.

Gabriela ficou pensativa por alguns instantes, depois disse:

— Vou falar com Roberto. Não sei se ele vai concordar. Sempre foi muito apegado. Vai pedir perdão, querer outra chance, sinto que não será fácil.

— Gioconda também vai dar trabalho. Vai fingir-se doente, infernizar a vida dos meninos, chorar, fazer-se de vítima. Só de pensar nisso, fico nervoso.

— É uma situação que terão que enfrentar. Há outro meio: dar parte à polícia e justificar a separação mediante as provas. O falsário seria responsabilizado e é bem possível que o juiz desse uma sentença favorável a vocês dois.

— Meu primeiro impulso foi de fazer isso. Contudo, repugna-me levar a mãe de meus filhos à polícia. Prefiro resolver de maneira amigável.

— Nesse caso, cada um deve conversar com o cônjuge, dizer que sabe de tudo e pedir a separação. Estarei esperando o que decidirem para tomar as providências.

Depois que o advogado se foi, Gabriela considerou:

— Não vai ser fácil.

— Temos que tentar. Hoje mesmo falarei com Gioconda. Quero resolver tudo o quanto antes.

— Eu também. Não suportaria ficar calada. Quanto mais penso, mais fico indignada.

— Vou para casa falar com ela. São três horas. Se desejar sair, também pode ir.

— Não. Roberto só estará em casa à noite. Ficarei até o fim do expediente.

Renato saiu. As crianças estavam no colégio, por isso ele e a mulher poderiam conversar à vontade. Ele temia que Gioconda fizesse cena diante dos meninos.

Chegou em casa e encontrou-a na sala lendo. Vendo-o, levantou-se surpreendida:

— Você em casa a esta hora? Aconteceu alguma coisa?

— Precisamos conversar. Vamos até o quarto.

— Que foi? Está com uma cara... Alguma coisa com os meninos?

Ele não respondeu. Subiu para o quarto e Gioconda acompanhou-o. Uma vez lá dentro, Renato fechou a porta à chave. Indicou uma cadeira para que ela se sentasse e sentou-se por sua vez.

— Sei de tudo, Gioconda. Não adianta fingir.

Ela empalideceu e murmurou:

— Tudo o quê?

— O que você e o marido de Gabriela fizeram. O desfalque, a falsificação dos cheques, tudo.

Gioconda sentiu a vista toldar e teria caído se Renato não a segurasse. Assustada, procurou recuperar-se. Tinha de saber o que estava acontecendo. Respirou fundo e levantou os olhos para ele, dizendo com indignação:

— O que está dizendo? Que calúnia é essa? Quem lhe contou essa mentira? Foi ela, essa mulher que está tentando nos destruir?

— Não adianta fingir. O detetive deu-me todas as provas. Eis o relatório. Tudo que vocês fizeram está relacionado aqui, horários, conversas. Veja estas fotos. Você e Roberto juntos. Como é que se conheceram? Qual dos dois tramou essa falcatrua?

Gioconda não encontrou palavras para responder. Percebeu que haviam sido descobertos, estavam perdidos. Tentou comovê-lo.

— Foi ele quem me procurou dizendo que você e Gabriela eram amantes. Foi ele quem fez tudo. Eu concordei, mas estou arrependida. Estava até pensando em contar a você.

— Jamais faria isso. Não acredito em nada que me diz. Você é uma perversa, não teve escrúpulo de envolver uma moça honesta que trabalha para viver, uma mãe de família, como você, que tem dignidade.

Gioconda enfureceu-se:

— Você a defende e me acusa! Eu, sua própria mulher. Você está cego de amor por ela. Esse amor ainda vai destruí-lo.

— Você está louca! Se quer saber, admiro Gabriela, porém nunca fomos amantes. O que está nos destruindo é seu ciúme.

— Sou uma mulher traída! Como quer que suporte isso?

— Não adianta falar mais. Há muito nossa vida em comum está se deteriorando. Tenho tentado continuar vivendo a seu lado por causa dos meninos, mas agora você realmente exagerou. Não estou disposto a suportar seu ciúme infundado. Devemos nos separar.

Gioconda levantou-se nervosa, agarrando o marido pelo braço.

— Não, isso não. Pelo amor de Deus! Não faça isso! Talvez eu tenha exagerado, mas é pelo muito que eu o amo. Por favor, separação não.

— Estou decidido. É melhor que concorde logo. Faremos tudo de forma amigável. Dividirei o que tenho com você e nada vai lhe faltar. Se quiser, poderá ficar com esta casa e tudo que há dentro. Eu me mudarei. Mas as crianças vão comigo.

— Não. O que pensa que eu sou? Quer tirar até meus filhos? Acha justo? Nunca vou aceitar uma separação.

— Se não quiser, serei forçado a ir à polícia e dar queixa. O falsário será preso, você e Roberto responderão pelo que fizeram. Com você não vivo mais. Acabou, Gioconda. Acabou. Pense e escolha. Tem até amanhã para decidir.

Ele saiu do quarto e Gioconda agoniada atirou-se na cama chorando em desespero. Precisava fazer alguma coisa. Mas o quê?

Apanhou o telefone e ligou para Roberto. Assim que ele atendeu, disse chorando:

— Roberto, eles descobriram tudo. Estamos perdidos!

— Como?! Quem descobriu o quê?

— Renato contratou um detetive, que descobriu o que fizemos. Renato quer separar-se de mim e tirar meus filhos.

Roberto sentiu que as pernas bambearam. Tentou reagir:

— Acalme-se. Conte-me tudo. Gabriela sabe?

— Sim. Ele a defende e me acusa. Acha que pode ser isso? Ah! Mas garanto que não vai ficar assim. Gabriela é culpada de tudo. Ela vai me pagar. Você vai ver!

— Calma. Não piore as coisas.

— Não vou suportar uma separação. Antes eu acabo com sua mulher. Era isso que eu deveria ter feito.

— Não seja louca. Converse com seu marido. Ele está zangado, mas vai refletir melhor e acabará perdoando-a. Não se precipite...

— Vou resolver as coisas do meu jeito!

Gioconda desligou e Roberto nervoso imediatamente ligou para casa. Gabriela só deveria retornar ao trabalho no dia seguinte.

Nicete atendeu e explicou:

— Dona Gabriela está no escritório. Recomeçou a trabalhar hoje depois do almoço.

Ele desligou nervoso. Olhou o relógio. Gabriela deixaria o escritório dentro de meia hora. Gioconda poderia tentar alguma coisa contra ela. Apanhou um táxi, foi até lá, ficou esperando no saguão, perto da porta do elevador.

Gabriela saiu e ele a pegou pelo braço.

— O que está fazendo aqui? — perguntou ela.

— Vamos para casa. Temos que conversar.

Quando estavam saindo pela porta, ele viu Gioconda parada. Tudo aconteceu muito rápido. Ela tirou o revólver da bolsa e o apontou para Gabriela. Roberto imediatamente colocou-se na frente da esposa, gritando desesperado:

— Não atire, Gioconda! Largue essa arma!

Mas era tarde. Ela disparou quatro tiros, atingindo Roberto, que caiu. Gabriela sentiu a vista toldar e perdeu os sentidos.

Gioconda aproveitou a confusão que se estabeleceu e fugiu. Uma colega de Gabriela correu para ampará-la enquanto Roberto gemia estirado na calçada.

Imediatamente apareceu um guarda, que de pronto chamou uma ambulância e reforço policial. Gabriela voltou a si e assustada olhou para as pessoas que estavam ao seu redor, penalizadas, e logo se lembrou do que havia acontecido, perguntando à sua colega que a estava amparando:

— E Roberto? Ele precisa de ajuda. Pelo amor de Deus, não o deixem morrer! Onde ele está?

— Acalme-se, Gabriela. Ele está aqui do lado. A ambulância já deve estar chegando.

Gabriela olhou em volta e viu Roberto gemendo, estirado no chão.

— Ninguém vai fazer nada? Ele está ferido. Por favor, ajudem-me a socorrê-lo.

O policial aproximou-se:

— Calma. Estamos tratando de tudo. Tentei estancar a hemorragia, mas é melhor não tocar nele. O socorro está a caminho.

Alguém trouxe um copo com água para Gabriela, que, trêmula, bebeu alguns goles. Ela se debruçou sobre Roberto, dizendo aflita:

— Roberto, fale comigo. Por favor! Abra os olhos.

Ele perdera os sentidos. Assustada, Gabriela chorava desconsolada.

A ambulância chegou, os dois foram colocados dentro e ela partiu rumo ao hospital enquanto dois policiais investigavam o que havia acontecido, procurando testemunhas.

A colega de Gabriela, que havia saído com ela pelo elevador, havia presenciado tudo. Depois de relatar ao policial o que vira, subiu novamente ao escritório e ligou para Renato.

— Doutor Renato, aconteceu uma desgraça! Dona Gioconda tentou matar Gabriela, mas atingiu o marido dela que veio esperá-la e colocou-se na frente.

Renato empalideceu.

— Onde eles estão?

— A ambulância levou-os para o hospital. Os tiros não atingiram Gabriela, mas o marido dela está muito ferido. A polícia continua arrolando testemunhas.

— Vou para aí imediatamente. Obrigado por me avisar.

Quando Renato chegou ao local, a polícia estava lá à sua espera. As testemunhas haviam contado que fora Gioconda quem atirara, e Marisa informara que seu patrão estava a caminho.

Ouvindo as informações dos policiais, Renato parecia estar vivendo um pesadelo. Sentiu-se culpado. Sabendo como Gioconda era descontrolada, deveria ter tido mais cuidado. Mas nunca pensou que ela fosse capaz de uma loucura daquelas.

— O senhor sabe se o ferimento de Roberto é grave?

— Ele levou quatro tiros, está mal. Onde está sua esposa?

— Eu estava em casa e não a vi sair. Até agora ela não voltou.

— Vamos até lá.

— Eu pretendia ir até o hospital ver como eles estão.

— Eles estão sendo cuidados. Precisamos encontrar sua esposa.

Renato não teve outro remédio senão obedecer. Marisa tentou confortá-lo:

— Já sei o nome do hospital em que eles estão. Vou para lá imediatamente e telefono para sua casa contando tudo.

Renato agradeceu. Suas mãos tremiam na direção do carro, enquanto a polícia o acompanhava. Estava preocupado com as crianças. Precisava tirá-los de casa a fim de poupá-los, porém não teve como fazer isso.

Quando entraram, Renato encontrou Maria nervosa:

— Doutor Renato, estou preocupada. Dona Gioconda chegou em casa descontrolada, mandou arrumar as malas das crianças correndo, arrumou a dela, juntou todas as joias, colocou tudo no carro e saiu com eles.

— Saiu? Por que não tentou impedi-la?

— Tentei falar com o senhor, mas a linha do escritório estava sempre ocupada. Ela não estava bem.

A polícia entrou e Renato esclareceu:

— Gioconda enlouqueceu, Maria. Temo pelas crianças.

O policial pediu fotos dela e das crianças, e, enquanto um ficava na casa, os outros foram para a delegacia. Renato não sabia o que fazer. Imediatamente ligou para seu advogado explicando o que estava acontecendo e pedindo que fosse à polícia informar-se.

Depois, dirigiu-se ao policial:

— Vou até o hospital. Preciso saber como estão.

— É melhor ficar aqui. Podemos precisar do senhor.

— Não posso ficar aqui sem saber de nada.

— Vou me informar.

O policial ligou para o hospital enquanto Renato angustiado esperava. Depois disse:

— A moça não está ferida. Ele se colocou na frente e a salvou. Ele, porém, está sendo operado. Está mal.

— Preciso ir até lá.

— Vai ter de esperar. Meu chefe quer que vá à delegacia prestar declarações.

Renato chamou Maria e pediu:

— Se Gioconda der alguma notícia, ligue para este telefone. É da delegacia. Este outro é do hospital. Estarei em um desses dois lugares. Quando puder eu telefono.

Depois que eles saíram, Maria, nervosa, resolveu rezar. Foi para o quarto, ajoelhou-se diante do pequeno oratório e pediu ajuda para aquela família. Com eles há alguns anos, gostava das crianças e não queria que nada lhes acontecesse.

Era madrugada quando finalmente Renato conseguiu ir até o hospital, onde Gabriela, recostada em uma poltrona, esperava.

Vendo-o, ela se levantou, dizendo aflita:

— Por favor, doutor Renato. Faça alguma coisa! Nunca pensei que isso pudesse nos acontecer!

— Nem eu. Foi uma tragédia. Sinto-me culpado. Deveria saber que Gioconda é doente. Eu podia ter sido mais cuidadoso. Nunca pensei que ela chegasse a esse extremo.

— Roberto está mal. Estou esperando sem saber o que está acontecendo. Ele está na UTI e no momento não pode receber visitas.

— Disseram-me que estavam fazendo uma cirurgia.

— É. Parece que terminou há pouco. Mas é só o que sei. Eu quero vê-lo, saber de tudo.

— Vou providenciar para que nada falte a ele. Você também precisa descansar. Não pode passar a noite toda nessa cadeira.

— Ficarei aqui até poder vê-lo. Ele me salvou a vida! Se não fosse ele, talvez eu estivesse morta...

— Nem fale uma coisa dessas!

Nesse instante, Georgina chegou aflita. Aproximou-se de Gabriela, gritando nervosa:

— Viu o que você fez? Está satisfeita agora?

Gabriela olhou surpreendida para a sogra.

— O que está dizendo?

— Isso que ouviu. Sempre desconfiei de você. Sabia que traria a desgraça para Roberto. Se ele me ouvisse, não teria se casado com você.

Renato interveio:

— Acalme-se, senhora. Não agrave a situação.

— Meu filho está mal e você quer que eu me acalme? Meu único filho, meu tesouro. Como acha que eu me sinto sabendo que a mulher do amante dela tentou matá-lo? Ah, mas eu contei tudo ao policial que foi à minha casa.

Gabriela estava trêmula e Renato percebeu que ela estava prestes a desmaiar.

— Venha, Gabriela. Você precisa de um pouco de ar fresco. — Vendo que ela mal podia suster-se em pé, pediu: — Apoie-se em mim.

Voltando-se para Georgina, Renato considerou:

— Peço-lhe que respeite este momento de dor. É hora de rezar. Se teme pela vida de seu filho, é o que deveria estar fazendo.

Georgina mordeu os lábios e não respondeu. Seu olhar enfurecido seguiu-os pelo corredor até que desaparecessem no jardim.

— É o cúmulo. Eles perderam o senso e a vergonha. Onde já se viu? Pobre Roberto, que não tem como se defender dessa traição. Eles vão pagar, lá isso vão.

Ela não duvidava que Gabriela estava traindo o marido. Por isso Roberto se mostrara tão nervoso ultimamente. Por que ele se colocara na frente de Gabriela quando a mulher de Renato disparara os tiros? Por que apesar de tudo tentara salvar-lhe a vida?

Com isso ela não podia se conformar. Agora ele estava lá, entre a vida e a morte, enquanto os dois estavam juntos, talvez até comemorando a vitória.

Georgina não viu que duas sombras escuras a abraçaram satisfeitas, apenas sentiu que um ódio profundo contra aqueles dois a envolvia, provocando náuseas e dor de cabeça.

Sentou-se em uma poltrona ruminando seu ódio, pensando em fazer tudo para que eles pagassem pelo mal que tinham feito a seu filho.

Capítulo 15

Uma vez no jardim, Gabriela respirou fundo tentando reagir. Renato conduziu-a a um banco, fazendo-a sentar-se.

— Vou buscar um café e alguma coisa para comer.

— Não, por favor. Estou enjoada. Não quero nada.

— Não pode ficar sem comer.

— Não agora. Estou com medo. Se Roberto morrer, nem sei o que farei.

— Vamos conservar a calma. Ele é forte, saudável, vai conseguir superar.

— Estou pensando nas crianças. Como ficarão quando souberem? Ainda mais com dona Georgina inventando histórias...

— Espero que a polícia localize Gioconda. Ela está nervosa, alterada, as crianças devem estar assustadas. Não sei o que disse a elas. Receio que lhes aconteça alguma coisa mais grave.

— Meu Deus, que desgraça! Arrependo-me de não ter deixado o emprego.

— Isso não mudaria nada. Ele continuaria ciumento onde quer que você fosse trabalhar. Gioconda faria o mesmo. O ciúme é uma doença grave capaz de levar à desgraça aqueles que se deixam dominar por ele.

— Estou me sentindo um pouco culpada.

— Não diga isso. Nós não fizemos nada de mau. Sempre respeitamos nossos compromissos conjugais. Eles não tinham nenhum motivo para fazer o que fizeram. Nós não podemos nos responsabilizar pela loucura deles.

— Você está certo. Não temos do que nos culpar. Eles fizeram tudo. Eu fui injuriada, caluniada, ofendida. As palavras de dona Georgina me fizeram mal. Como sempre, ela tenta me responsabilizar por tudo de ruim que acontece ao filho. Ignora que quem errou foi ele, que eu é que tenho de perdoar o que ele fez.

— Infelizmente, ele se acumpliciou com Gioconda sem notar o quanto ela é desequilibrada. Se ele foi esperá-la na saída do escritório foi porque percebeu que ela tinha intenção de fazer alguma coisa contra você. Estava lá para impedi-la, tanto que salvou sua vida.

— E foi abatido em meu lugar! Meu Deus, até parece um pesadelo!

— Sente-se melhor?

— Sim. Vamos entrar. Quero saber como ele está.

— Vamos.

Ela se levantou e foram andando devagar até o corredor onde ficava a UTI. Renato conduziu-a até um banco e disse:

— Fique aqui. Vou tentar saber como ele está.

Gabriela concordou e ele foi até o médico que havia operado Roberto, esperando que ele terminasse o que estava fazendo e pudesse atendê-lo.

Conversaram e ele ficou sabendo que o estado de Roberto era muito grave. Apenas duas balas o haviam acertado, porém uma se alojara no pulmão esquerdo e por pouco não atingira o coração, o que o teria matado instantaneamente. A outra perfurara os intestinos, alojando-se na bacia. Haviam retirado um pulmão e as balas, porém ele se encontrava inconsciente. O médico disse que ele tanto poderia reagir como entrar em coma. Haviam feito o possível e era preciso esperar para saber como o organismo reagiria.

Renato procurou Gabriela e a informou:

— Falei com o médico que o operou. Ele disse que fez tudo que podia e agora só nos resta esperar.

— O estado dele é muito grave?

— Não vou enganá-la. É grave, mas não desesperador. O médico não sabe como o organismo vai reagir. Temos que esperar.

Gabriela suspirou agoniada.

— Esperar, nesse caso, vai ser uma agonia.

— Temos que pensar no melhor. Ele vai superar. Precisamos ter esperança.

— Tem razão. Precisamos acreditar que ele vai ficar bom.

— Não adianta ficarmos aqui, porque eles não vão permitir que você o veja. É melhor irmos para casa e voltarmos amanhã cedo.

— Não. Quero ficar. Não posso abandoná-lo nesta hora.

— Você precisa se cuidar. Ele vai melhorar e precisar da sua ajuda para ficar bom. Depois, há as crianças. Se ficar, vai esgotar suas energias e amanhã, se ele estiver melhor, você não estará em condições de ajudá-lo.

— Não adianta ir embora. Não vou conseguir dormir. Ficando aqui tenho a impressão de que estou fazendo alguma coisa.

— Nesse caso também ficarei. A polícia sabe que estou aqui e vai me avisar assim que encontrar Gioconda.

— Não precisa fazer isso. Eu ficarei bem. A enfermeira já me ofereceu um sofá discreto para eu repousar.

— É que eu também não vou aguentar ficar em casa pensando que as crianças estão acompanhando Gioconda na fuga. Nem quero pensar no que lhes pode acontecer.

Gabriela suspirou. Georgina apareceu no corredor e olhou para ela com raiva. Gabriela fechou os olhos e tentou ignorá-la.

— Ela já se foi — informou Renato, depois de alguns instantes.

— O pior é ficar aqui com ela por perto.

— Não vai se livrar dela tão cedo.

— Reconheço que deve estar desesperada. É alucinada pelo filho. Imagino sua dor. Por tudo isso não respondo quando me agride. Mas estou no limite da minha paciência. Peço a Deus que ela não se aproxime de novo.

— Falei com a administração e informaram-me que vai vagar um quarto. Está reservado para você, apesar de o hospital estar lotado. Só vão precisar dele se ocorrer alguma emergência. Dessa forma, você não terá de passar a noite no sofá.

— Não precisava se incomodar.

— É o mínimo que posso fazer depois do que minha esposa fez. Há telefone, banheiro, e você ficará mais à vontade. Depois, quando Roberto melhorar, precisará mesmo de um quarto.

— Obrigada. Eu aceito. Assim dona Georgina não me incomodará.

— Isso mesmo. Quando o quarto estiver pronto, seremos avisados.

Apesar do esforço de Renato, o quarto só ficou livre às sete da manhã, e passava das oito quando Gabriela finalmente pôde acomodar-se. Ligou para Nicete, colocou-a a par de tudo e informou-se sobre as crianças. Pediu-lhe que, depois que eles fossem para escola, ela lhe levasse algumas roupas.

Renato telefonara várias vezes para a delegacia, porém eles não tinham nenhuma notícia de Gioconda. Depois de um último telefonema, dirigiu-se para o quarto de Gabriela a fim de despedir-se. Queria ir até sua casa tomar um banho, trocar de roupa. No corredor, Georgina abordou-o, entregando-lhe um jornal e dizendo:

— Veja o que vocês conseguiram fazer à minha família. Deus é justo e vai lhes dar o castigo que merecem.

Saiu chorando antes que Renato pudesse responder. Ele abriu o jornal e viu na primeira página o retrato de Gioconda com a manchete: "Mulher traída tenta matar a amante do marido, mas atinge o marido dela". Abaixo havia a descrição dos fatos, em que se lia que "tendo descoberto a relação do marido com a secretária, a esposa atirou nela. Mas o marido traído colocou-se na frente e está morrendo no hospital".

Irritado, Renato amassou o jornal. Voltou para o quarto, e Gabriela, vendo-o, perguntou:

— O que foi? Você está pálido. Roberto piorou?

— Não. Não foi nada.

Renato dobrou o jornal e fingiu indiferença, porém Gabriela desconfiou:

— O que há nesse jornal? Por que o amassou desse jeito?

— Nada que valha a pena. Esses repórteres não sabem de nada.

Gabriela apanhou o jornal, abriu-o e leu a notícia. Sua voz estava trêmula quando disse:

— Havia esquecido essa possibilidade. Eles estão prejulgando. Preciso impedir que meus filhos vejam isto.

— As pessoas estão sempre prontas a condenar. Assim como esse jornalista, muitos dos nossos conhecidos vão pensar a mesma coisa. Temos que estar preparados. O escândalo foi brutal. Não há como escapar da maledicência popular.

— Tenho que falar com as crianças. Eles precisam saber que sou inocente. Talvez seja melhor não irem à escola hoje. Vou ligar novamente para Nicete.

— Faça isso.

Renato deixou-se cair em uma cadeira, segurando a cabeça entre mãos desanimado. Por que Gioconda fizera aquela loucura?

Gabriela ligou para casa, mas ninguém atendeu. Olhou o relógio e disse angustiada:

— A esta hora eles já devem estar na escola. Nicete saiu, está vindo para cá.

Renato levantou a cabeça e respondeu:

— Tenha calma. Pode ser que ninguém conte nada a eles.

— É o que estou pedindo a Deus. Eles terão que saber, mas eu gostaria que fosse por mim, não através da maldade dos outros.

— Você pelo menos pode conversar com eles. Eu não posso. Isso está me deixando louco!

Gabriela olhou para ele penalizada:

— Estava tão mergulhada em minha dor que sequer tive tempo de imaginar o que você deve estar sentindo.

— Estou arrasado, perdido, agoniado.

— Precisamos ter forças para enfrentar esta tragédia que ainda não sabemos como vai acabar.

— Espero em Deus que Roberto melhore. Seja como for, não nos resta outro recurso.

— É melhor ir para casa, tomar um banho e descansar um pouco. Se eu tiver alguma notícia, telefonarei.

Depois que Renato se foi, Gabriela deixou-se cair na cama, desanimada. Apesar de tudo, não se sentia culpada. Ela nunca traíra o marido. Sempre respeitara sua família.

Aquela loucura um dia teria de ficar esclarecida. Temia que os filhos sofressem. Sabia que precisava reagir, ser forte, mas ao mesmo tempo sentia-se impotente. Diante do que acontecera, quem acreditaria que nunca houve nada entre eles?

As lágrimas rolaram pelo seu rosto e ela as deixou cair livremente. Depois, exausta, adormeceu. Acordou com algumas batidas na porta. Deu um pulo assustada e viu o rosto de Nicete espiando.

— Pode entrar.

— Que horror, dona Gabriela. Ainda não acredito que isso aconteceu!

— Foi horrível! As crianças foram à escola?

— Eu vi o jornal e achei melhor levar os dois para brincar na casa da Alcina.

— Fez bem. Eu liguei, mas você já havia saído. Acha que eles não vão incomodar sua prima?

— Ela adora os dois. Depois, tem a Claudete para brincar.

— Obrigada, Nicete.

— Como vai o seu Roberto?

— Mal, mas tenho esperanças de que melhore.

— Faço votos. Trouxe algumas roupas.

— Vou tomar um banho para ver se tira um pouco o cansaço. Estou moída. Parece que levei uma surra. Meu corpo todo dói.

— É nervoso. Posso imaginar.

— Depois vamos saber como está Roberto. Foi operado e ainda não me deixaram vê-lo. Está na UTI. O que você disse para as crianças?

— Nada. Apenas que vocês não iriam dormir em casa.

— Pretendo contar a verdade a eles assim que puder. Precisam saber que sou inocente. Juro que nunca tive nada com o doutor Renato, nem com qualquer outro. Sou uma mulher honesta.

— Sei disso. Mas sei também que o ciúme é um monstro que cega e pode causar muito mal.

Depois de tomar um banho e arrumar-se, Gabriela saiu com Nicete em busca de notícias de Roberto. Ela ficou no corredor da UTI e abordou uma enfermeira que passava:

— Por favor, sou esposa de Roberto Gonçalves, que foi operado esta noite. Desejo vê-lo, saber como está.

— Infelizmente na mesma. Não acordou ainda da anestesia.

— Quero vê-lo.

— É melhor falar com o médico. Ele logo estará aqui e poderá informá-la melhor. Só ele pode dar permissão para a senhora vê-lo.

— Por favor! Deixe-me espiar como ele está.

— Não posso fazer isso. Quer que eu perca meu emprego?

Gabriela conformou-se e decidiu esperar pelo médico.

— É melhor se alimentar — aconselhou Nicete. — A senhora está muito abatida.

— Não quero nada.

— Faça força pelo menos de tomar um café com leite, comer um pãozinho com manteiga. Se a senhora adoecer, quem vai cuidar de tudo?

Gabriela deixou-se conduzir à lanchonete e, apesar de não sentir fome, tomou o café com leite, comeu o pão e sentiu-se melhor. Compreendeu que Nicete tinha razão. Ela precisava preservar suas forças. Não sabia o que poderia acontecer.

Renato chegou em casa e encontrou Maria inconformada. Ela havia lido os jornais, mas não comentou. Pensava que, se seu patrão arranjara outra mulher, tivera bons motivos. Não gostava de Gioconda. Só continuava na casa por causa das crianças, que ela queria muito bem, e da generosidade do patrão, que lhe pagava um salário muito bom.

— Alguma notícia de Gioconda ou das crianças?

— Não, senhor. Eu ia lhe perguntar a mesma coisa.

— Até agora nada. A polícia os está procurando.

— Meu Deus! As crianças devem estar assustadas! Célia é tão sensível! Depois, dona Gioconda deve estar fora de si, para fazer o que fez...

— Nem quero pensar nisso, Maria.

— Vou acender uma vela para Nossa Senhora dos Aflitos. Quando a polícia os encontrar, o que vai acontecer com dona Gioconda?

— Terá que responder pela sua loucura. Infelizmente não vou poder evitar esse desgosto. Estou muito cansado, Maria. Vou tomar um banho e depois irei até a delegacia.

— Vou preparar um café reforçado. O senhor não dormiu a noite toda, precisa refazer as energias.

Depois de se barbear, tomar um bom banho e trocar de roupas, Renato sentiu-se menos cansado. Maria tinha razão. Sentia um vazio no estômago que chegava a doer, precisava comer alguma coisa.

Sentou-se à mesa e comeu tudo que ela colocou em sua frente. O telefone tocou. Maria ia atender, mas Renato correu e pegou o aparelho. Era o delegado.

— Tenho notícias para o senhor. Sua mulher foi encontrada e detida na rodovia Fernão Dias, perto de Belo Horizonte. As crianças estão bem. Nossos homens estão trazendo-os para cá.

— Irei para aí imediatamente. Tem certeza de que as crianças estão bem?

— Tenho, fique tranquilo. Não precisa apressar-se. Eles vão demorar pelo menos três ou quatro horas.

Renato resolveu ligar para seu advogado e contar a novidade. Pediu-lhe para cuidar do caso. Apesar da repulsa que sentia pelo que Gioconda fizera, não poderia abandoná-la à própria sorte. Era sua mulher, mãe de seus filhos.

Como dispunha de tempo, passou pelo hospital para saber de Gabriela. Encontrou-a desanimada e triste. Falara com o médico, que não lhe permitira entrar no quarto de Roberto.

Renato contou-lhe que Gioconda fora encontrada, finalizando:

— Pedi ao doutor Altino que acompanhe o caso. Pelo menos ficaremos informados de tudo.

Quando Renato partiu para ir à delegacia, Nicete aproveitou para sair com ele. Gabriela queria que ela levasse Guilherme e Maria do Carmo para casa.

Uma vez na rua, considerou:

— O seu Roberto está muito mal. A enfermeira disse que não voltou da anestesia. Isso não é bom. Está demorando demais. O médico não nos deixou entrar no quarto dele.

Renato passou a mão pelos cabelos em um gesto nervoso.

— Vamos pedir a Deus que ele se recupere. Ele não pode morrer. Até onde vai esta loucura?

Vendo-o afastar-se angustiado, Nicete meneou a cabeça com tristeza. O que seria das duas famílias se o pior acontecesse?

Renato foi até a delegacia e o delegado informou que eles já estavam chegando. A polícia descobrira o carro na estrada, tentara fazer com que ela parasse. Ela, porém, não obedeceu e acelerou. Percebendo o quanto ela estava nervosa, os policiais, por causa das crianças, pediram reforço pelo rádio e logo apareceu outro carro policial em sentido contrário, e ela finalmente parou.

Depois de pedir-lhe os documentos, prenderam-na. As crianças estavam pálidas e assustadas, porém os policiais conversaram com naturalidade e tentaram acalmá-las.

Ricardinho queria saber o que estava acontecendo, por que eles estavam viajando sem o pai. O policial prometeu que quando chegassem saberiam de tudo e que seu pai os estava esperando.

Colocaram Ricardinho e Célia no carro da polícia, dizendo:

— Vocês já andaram em uma viatura?

— Não — respondeu Ricardinho.

— A mamãe não vem junto? — perguntou Célia, aflita.

— Ela vai, mas não neste carro. Um policial vai dirigir o carro dela de volta. A mãe de vocês está muito cansada, é perigoso dirigir assim.

Eles concordaram e iniciaram a viagem de volta. Passava das cinco da tarde quando finalmente chegaram à delegacia.

— Estão chegando — avisou o delegado.

Renato saiu para esperá-los. Havia combinado com o delegado que as crianças não entrariam na delegacia. Como os policiais afirmaram que eles estavam bem, bastava que eles declarassem isso. Renato os levaria para casa no carro de Gioconda. Ela ficaria detida. O doutor Altino já estava esperando. As crianças, assim que desceram do carro, correram a abraçar o pai, e Gioconda vendo-os gritou furiosa:

— Conte para eles o que você fez. Diga todo o mal que me causou.

Renato não respondeu, e os policiais levaram-na rapidamente para dentro.

— Pai, o que está acontecendo? Por que a mamãe foi presa? — indagou Ricardinho, tentando segurar as lágrimas.

— Pai, faça alguma coisa. Não quero que a mamãe fique presa! — disse Célia chorando e agarrando-se a ele.

Renato sentiu um nó na garganta, mas reagiu. Ele não podia deixar-se abater.

— O doutor Altino está cuidando dela. Vamos embora. Em casa conversaremos.

Ricardinho contou que a mãe havia chegado em casa aflita mandando Maria arrumar as malas deles enquanto ela cuidava da sua. Depois disse-lhes que precisavam viajar porque estavam em perigo. Colocara-os no carro e pegara a estrada. Estava nervosa e não conversava. Tarde da noite haviam parado em um pequeno hotel em uma cidadezinha e foram para o quarto. Ela havia comprado lanche e eles comeram. Ficaram lá até o dia amanhecer, depois reiniciaram a viagem.

Uma vez em casa, Renato subiu com eles pedindo que tomassem um banho.

— Nós vamos, pai — garantiu Ricardinho —, mas antes precisamos saber o que está acontecendo.

— Está bem, meu filho. Sentem-se aqui e vamos conversar.

Quando os viu acomodados, Renato continuou:

— Vocês sabem como sua mãe é ciumenta. O ciúme faz a pessoa imaginar coisas que nunca aconteceram.

— Eu sei como é — tornou Ricardinho. — A mamãe tem um modo de ver muito diferente. Ela torce tudo que a gente fala.

— Pois é. Ela sentia ciúme de Gabriela, minha funcionária. Eu juro para vocês que eu nunca tive nada com ela. Gabriela é uma mulher casada, honesta, tem dois filhos e ama muito seu marido. Mas, como Gioconda, o marido dela também sente ciúme dela. Bem, os dois se conheceram e acharam que eu estava namorando Gabriela. Ontem sua mãe pegou um revólver e foi esperar Gabriela na saída do escritório. Mas Roberto, que é o marido dela, também foi. Então ele viu quando Gioconda ia atirar em Gabriela e tentou impedi-la. Colocou-se na frente e levou os tiros. Está no hospital.

Célia chorava e Ricardinho abraçava o pai, assustado.

— Ela vai ficar presa para sempre? — perguntou Célia.

— Não. Mas o tempo que ficará lá depende da justiça. Por essa razão, nós precisamos ser fortes. Sua mãe agiu sem pensar nas consequências. Aliás, é bom que saibam toda a verdade: eu havia decidido me separar de sua mãe.

— Você não gosta mais dela? — perguntou Célia.

— Não se trata disso. É que nós não conseguimos mais viver em paz. Eu penso de um jeito e ela de outro. Não somos felizes.

— Sei disso e tinha medo de que um dia acontecesse. Eu também não consigo falar com ela a sério. Aprendi a não entrar nos jogos dela. A Célia cai direitinho.

— Eu gosto dela. Não queria que ela ficasse triste ou doente. Quando eu fazia alguma coisa ruim, ela passava mal. Então eu fazia tudo do jeito que ela queria.

— Sua mãe é como uma criança que nunca cresceu. E como criança vai ter que responder pelo que fez para poder crescer.

— E agora, pai, o que vai ser de nós se ela ficar presa e demorar a voltar? — indagou Célia com voz trêmula, tentando reter as lágrimas.

Renato abraçou-a com carinho, puxou Ricardinho também e prometeu:

— Eu estou aqui e farei de tudo para que vocês estejam bem. Nunca os deixarei.

— Eu queria que a mamãe voltasse... — retrucou Célia chorando.

Renato afastou-os um pouco e, segurando a menina pelos ombros, olhando-a nos olhos, disse com voz firme:

— Na vida, minha filha, precisamos ser fortes, estar preparados para superar todos os desafios. Você é inteligente e eu sei que vai cooperar. Apesar do que houve, nós somos uma família. Um precisa apoiar o outro.

— Mas sem a mamãe não será a mesma coisa.

— Não diga isso. Sua mãe agiu sem medir as consequências, agrediu uma pessoa, não temos como impedir que responda pelo que fez. Mas ainda é a mãe de vocês, e o melhor que tem a fazer é rezar por ela para que se recupere. A esta hora já deve estar arrependida e lamentando.

Ricardinho meneou a cabeça, dizendo triste:

— Quando ela se fingia de doente ou queria nos obrigar a fazer as coisas, muitas vezes eu quis fazer com que ela entendesse que isso não era bom. Mas ela ficava mais zangada, não me ouvia, e continuava.

— Agora não vale a pena criticar.

— Mas eu era como ela. Quando você conversou comigo, mostrou-me as vantagens de dizer a verdade sem medo, eu aprendi. Nunca mais menti para você.

— Mas continuou a fazer isso com ela — retrucou Célia.

— É que ela só entendia dessa forma.

— Discutir não adianta. De hoje em diante, serei mãe e pai ao mesmo tempo. Sempre estarei pronto e por perto para ajudá-los. Agora vão tomar banho. O jantar logo estará pronto.

Eles obedeceram e Renato deixou-se cair extenuado em uma poltrona. Apesar de arrasado e temeroso de que a situação de Roberto se agravasse, o que tornaria o problema muito pior, tentou reagir. Dali para a frente sabia que teria de suportar muitos problemas, por isso mesmo não podia entregar-se à depressão.

Gabriela, a cada meia hora, ia até a UTI em busca de notícias, mas Roberto continuava na mesma. Ficou esperando o médico e assim que ele chegou abordou-o perguntando sobre o estado de seu marido.

A resposta foi evasiva:

— Por enquanto ele está aguentando. Vamos ver.

— Disseram-me que ele ainda não voltou da anestesia. Isso não é natural.

— Seu marido está em pré-coma. Não vou enganá-la. Estamos vivendo momentos decisivos. O estado em que está tanto pode evoluir para o coma profundo e a morte como levá-lo a recuperar a consciência e ficar bem.

Gabriela segurou o braço do médico nervosa.

— Há alguma coisa que possamos fazer para salvá-lo?

— Acalme-se. Estamos fazendo todo o possível para isso. Seu marido é jovem, forte, saudável. Tem muitas probabilidades de conseguir. Vamos manter a calma e esperar confiantes.

Depois de agradecer ao médico, Gabriela ia voltando para o quarto quando foi abordada por uma atendente:

— Dona Gabriela, há um médico que deseja vê-la.

— Acabei de falar com o médico que operou meu marido.

— Ele não é do hospital. Pediu para entregar-lhe este cartão.

Gabriela leu: doutor Aurélio Dutra, médico psiquiatra.

Surpreendida, perguntou:

— Onde está ele?

— No hall da esquerda.

Gabriela foi até lá com o cartão nas mãos. Aurélio esperava-a e levantou-se do banco, aproximando-se:

— Eu sou Aurélio, amigo de Roberto. Podemos conversar?

— Claro — concordou ela, admirada.

No corredor próximo ao quarto de Gabriela havia um pequeno hall com algumas poltronas. Foram até lá e sentaram-se.

— O senhor é amigo de Roberto?

— Ele nunca lhe falou a meu respeito?

— Não.

Aurélio sorriu levemente e considerou:

— Foi o que pensei. Ontem mesmo fiquei sabendo o que lhe aconteceu e vim informar-me sobre seu estado. Já conversei com o médico dele.

Gabriela lembrou-se da matéria do jornal e remexeu-se na poltrona um pouco constrangida. Ele continuou calmo:

— Seu marido foi meu cliente e ficamos amigos.

— Não sabia que ele havia procurado um...

— Médico da alma — completou Aurélio.

Gabriela suspirou e respondeu:

— Há momentos na vida em que todos precisamos de um.

— Por esse motivo vim procurá-la. Desejo oferecer-lhe meu apoio neste momento difícil pelo qual estão passando.

— Obrigada, doutor. Para dizer a verdade, eu me sinto perdida. Não sei o que será da minha vida e dos meus filhos daqui para a frente. Se ele morrer, será uma grande perda; se ele viver, nosso relacionamento não será fácil.

Aurélio olhou sério para ela e considerou:

— O ciúme é mau conselheiro e arruína qualquer relação.

— O senhor sabe?

— Sim. Certa tarde eu me dirigia ao estacionamento para pegar meu carro quando vi uma aglomeração e um homem caído. Imediatamente fui prestar socorro. Era Roberto. Passara o dia todo procurando emprego, não havia comido nada e desmaiara. Prestei os primeiros socorros e ele voltou a si. Ainda tonto, disse que precisava buscar os filhos na escola. Era distante dali e levei-o até lá. Fomos conversando pelo caminho. Ele estava atravessando uma situação difícil. Convidei-o para me procurar no consultório.

— Ele nunca me falou nada...

— Seu marido é muito orgulhoso. Sentiu vergonha.

— Não deve ter sido fácil para ele ter se submetido a um tratamento psiquiátrico. Refiro-me à maneira como foi educado.

— A princípio estava constrangido, mas depois nos tornamos amigos. Seu marido é um homem bom. O problema de educação é sério. Pensando em proteger os filhos, muitas mães transferem para eles os próprios preconceitos.

— Já que é amigo de Roberto, gostaria que soubesse a verdade. Nunca traí meu marido.

— Vim aqui para oferecer meu apoio à senhora e a ele. Não precisa me dizer nada.

— Obrigada. Mas preciso falar. O que aconteceu foi um lamentável engano. Uma injustiça não só para comigo, mas para com o doutor Renato, meu patrão, que sempre me respeitou, que nunca atravessou os limites de uma relação de trabalho. Quando ele soube que Roberto perdera tudo e não arranjava emprego, ofereceu-me novas oportunidades de trabalho. Progredi na empresa à custa do meu esforço e consegui ganhar mais. Em vez de agradecer, Roberto ficou irritado com meu sucesso. Tanto que eu nem podia comentar com ele detalhes do que estava fazendo.

— Ele se sentia incapaz, primeiro por ter menos instrução que a senhora, depois por haver sido enganado pelo sócio e não ter formação profissional para arranjar emprego. Seu sucesso no trabalho fazia-o acreditar mais ainda na própria incapacidade.

— Isso eu posso entender. O que me deprime e revolta é o fato de Roberto pensar que eu estivesse me vendendo por dinheiro, perdendo a dignidade, enlameando minha família para subir na vida. Isso não posso tolerar.

— Sua indignação é justa. Mas tenho certeza de que, quando ele se restabelecer, tudo será esclarecido.

— Meu retrato nos jornais, o escândalo. O adultério é mais condenado na mulher. Depois do que houve, quem acreditará em minha inocência? Meus filhos terão que enfrentar a maledicência.

— Que idade têm?

— Guilherme oito, Maria do Carmo seis.

— Precisa conversar com eles, contar a verdade. Prepará-los para enfrentar o que poderá acontecer.

— Quando vi o jornal, não os deixei ir à escola. Mas logo terão que voltar.

Gabriela suspirou fundo e passou a mão pela testa, como querendo evitar os pensamentos dolorosos. Aurélio interveio:

— As crianças percebem muito mais do que os adultos admitem. Seus filhos já devem ter notado o ciúme do pai e por certo vão compreender e ajudá-la a superar este momento. Depois, o tempo passa, as pessoas esquecem com facilidade. Dentro de algum tempo, ninguém mais vai se lembrar de nada.

— O pior é que não sabemos o que ainda falta acontecer. E se Roberto morrer? Ficarei sozinha com as crianças. Dona Gioconda ficará presa. Tenho certeza de que o doutor Renato não vai me demitir. Mas terei condições de continuar no emprego depois de tudo? A maldade dos outros vai continuar me caluniando, dizendo que estou me aproveitando da ausência dela. Como sustentarei minha família se perder meu emprego?

Gabriela sentiu que as lágrimas desciam pelo seu rosto e deixou-as correr livremente. Aurélio ofereceu-lhe um lenço, dizendo com voz calma:

— Chore, Gabriela. Está doendo e você precisa jogar fora essa dor.

Ela continuou soluçando por alguns minutos, depois parou, enxugou os olhos e tornou:

— Desculpe, doutor. Sou forte. Não choro por qualquer coisa. Mas desta vez não consegui me controlar.

— Eu sei. Mas Roberto está vivo. Vamos esperar pelo melhor. Ele vai se curar.

— Estou rezando para isso. Desejo que fique bom logo. Entretanto, não vou mais suportar sua desconfiança. Pretendo separar-me dele.

— Posso fazer-lhe uma pergunta?

— Fale.

— A senhora deixou de amar seu marido?

Gabriela ficou pensativa por alguns instantes, depois respondeu:

— Não sei. Casamos por amor. Sempre o amei muito. Mas ultimamente ele tem se mostrado diferente, desconfiado, deixou de ser aquele moço alegre, confiante, bom, pelo qual me apaixonei. Agora, depois de tudo que ele fez, sinto tanta indignação, tanta raiva. Chego a pensar que meu amor acabou.

— Pelo que me contaram, ele se colocou na sua frente quando ela atirou, salvou sua vida.

— Reconheço isso. Mas ele ajudou a provocar o que aconteceu.

Gabriela contou ao médico sobre o desfalque e finalizou:

— Eles arranjaram um falsificador profissional. Só não fui presa porque o doutor Renato me conhecia bem, sabia que eu seria incapaz de uma coisa dessas e mandou investigar. Muitas coisas ainda precisam ser esclarecidas. Não sabemos como meu marido e dona Gioconda se conheceram e tramaram tudo. O fato é que ele sabia que ela pretendia me matar, por essa razão foi me esperar na saída do trabalho. Ele não costumava fazer isso. Por que foi exatamente naquela tarde?

Aurélio fitou-a sério. Roberto havia ido longe demais. Na ânsia de conservar o amor da mulher, talvez a houvesse perdido para sempre.

— Seja como for, Gabriela, de nada adianta ficar se atormentando imaginando o futuro. O melhor será cuidar da sua saúde, conservar o equilíbrio emocional. Preparar-se para enfrentar seja o que for e ir em frente. Seus filhos precisam da sua força. E Roberto ainda mais. Tenho certeza de que não se negará a ajudá-lo a superar essa fase. Quando ele tomar consciência do mal que provocou, ficará em crise. Vai precisar de apoio. O arrependimento dói e o remorso destrói a vontade de viver.

— Tem razão, doutor. Vou reagir. Não tomarei nenhuma decisão antes de Roberto recuperar a saúde.

— Vejo que entendeu. Recebeu meu cartão. Se precisar desabafar, conversar, procure-me. Tem em mim um amigo.

— Obrigada, doutor. Fico-lhe muito grata pelo seu interesse. Suas palavras deram-me grande conforto.

Aurélio saiu e Gabriela foi mais uma vez tentar informar-se sobre o estado de Roberto. Ele continuava na mesma.

Capítulo 16

Gabriela acordou assustada e olhou para o relógio. Eram seis horas e o dia já havia amanhecido. Levantou-se rapidamente. Dormira mais de oito horas. Vencida pelo cansaço, deitara vestida pretendendo descansar um pouco.

Lavou-se depressa, arrumou-se e quando se preparava para sair em busca de notícias, uma enfermeira bateu levemente e entrou.

— Aconteceu alguma coisa? — indagou preocupada.

— O médico deseja vê-la na sala de consultas. Sabe onde é?

— Sim.

Com o coração descompassado, Gabriela entrou na sala do médico.

— Como está meu marido, doutor? Já acordou?

— Infelizmente, dona Gabriela, o estado de seu marido agravou-se esta madrugada. Está em coma.

— Por que não me avisaram? Eu estava cansada, peguei no sono. Meu Deus! Eu não podia ter dormido.

— A senhora estava exausta e foi melhor ter descansado. Vou permitir que visite seu marido.

— Ele vai morrer, doutor?

— Seu estado é grave, além disso há uma infecção generalizada que não conseguimos debelar. A senhora precisa ser forte.

Gabriela sentiu as pernas bambearem e o médico amparou-a, obrigando-a sentar-se.

— Se continuar assim, não permitirei que vá vê-lo.

— Por favor, doutor. Foi o choque, mas prometo me controlar. Dese-jo vê-lo.

— Está bem. Se desmaiar lá dentro, pode atrapalhar o atendimento ao seu marido.

— Eu quero vê-lo.

O médico conversou com ela mais alguns minutos, deu-lhe um calmante e quando a viu mais controlada levantou-se dizendo:

— Venha comigo.

Com o coração aos saltos, Gabriela entrou na UTI esforçando-se para controlar a emoção. Vendo o marido inconsciente, ligado aos aparelhos de controle, respirando de maneira irregular, Gabriela sentiu que as lágrimas desciam pelas suas faces.

Aproximou-se do leito, segurou a mão do marido e inclinou-se, dizendo ao seu ouvido:

— Roberto, neste momento difícil de nossas vidas, eu juro por Deus que sempre lhe fui fiel. Nunca o traí. Não nos deixe agora. Reaja.

Ele apertou a mão dela com força e Gabriela olhou para o médico dizendo admirada:

— Ele ouviu minhas palavras, apertou minha mão.

O médico aproximou-se de Roberto, abriu-lhe as pálpebras, os lábios, auscultou-lhe o coração, depois disse sério:

— É impossível, senhora. Ele está inconsciente.

— Mas ele apertou minha mão.

— Deve ter sido algum espasmo. Ele não tem condições físicas de responder a nada.

— Posso ficar aqui com ele?

— Melhor não. A enfermeira ficará o tempo todo e nos avisará no caso de alguma mudança.

— Mas eu gostaria de ficar...

— Não é bom para ele. Precisa de sossego. Depois, no caso de precisar de um atendimento urgente, sua presença poderá prejudicar. O paciente está em primeiro lugar. Ele precisa de toda a atenção.

Gabriela deixou a UTI abatida. Uma atendente aproximou-se:

— Deixei a bandeja do café em seu quarto. A senhora precisa se alimentar.

Gabriela foi para o quarto. Sentia um vazio no estômago e muita inquietação. O que seria de sua vida se Roberto morresse? A esse pensamento sentiu tontura e resolveu reagir. Tinha de ser forte. Seus filhos precisavam dela.

Serviu-se de café com leite, comeu um pãozinho. O que fazer enquanto esperava?

Telefonou para casa e conversou com Nicete sobre as crianças, informando-a sobre o estado de Roberto.

— Vou levar os dois para a casa da Alcina e logo estarei aí.

— É melhor ficar com eles em casa.

— A senhora não pode ficar sozinha agora. Fique tranquila, estarão bem lá. Não vou aguentar ficar aqui quando a senhora está passando por tudo isso.

— Faça como quiser — concordou por fim. A presença de Nicete lhe daria conforto.

Eram oito horas quando Renato bateu na porta do quarto. Estava pálido e assustado.

— Roberto está em coma! — foi dizendo Gabriela assim que o viu.

— Fui informado assim que cheguei. E você, como está?

Ela deu de ombros, respondendo:

— O que posso dizer? Arrasada. Isso parece um pesadelo, uma mentira. Como estão as coisas em sua casa?

— As crianças, bem. Conversei com elas e expliquei tudo. Ricardinho compreendeu. Célia está inconformada. O advogado acompanhou o depoimento de Gioconda. Ela não falava coisa com coisa, por esse motivo o delegado resolveu interrogá-la novamente hoje.

— Meu Deus! Até onde nos levará essa loucura?

— O doutor Altino me preveniu de que nós dois precisaremos depor no inquérito.

— Ainda isso?

— Infelizmente não podemos evitar.

— Não vou sair daqui enquanto ele não melhorar.

— O delegado ainda não marcou nada. O doutor Altino vai nos dar orientações.

— Pretendo falar a verdade. Não temos nada a esconder.

— Isso mesmo. Ele vai nos orientar quanto às providências legais e ao inquérito.

Gabriela suspirou inquieta.

Depois de bater ligeiramente, Nicete entrou no quarto. Após os cumprimentos, indagou:

— Alguma novidade?

— Não — respondeu Gabriela. — Ele continua na mesma.

— Deus vai nos ajudar e ele vai ficar bom.

— Estamos rezando por isso — tornou Renato.

Roberto continuava em coma na UTI. Enquanto seu corpo lutava para manter-se vivo, seu espírito, agitado, lutava para entender o que estava acontecendo.

Quando foi atingido pelos tiros, conservou a consciência, sentiu que havia sido ferido e, apavorado, vendo-se estirado na calçada ao lado de Gabriela, que desmaiara, imaginou que ela também havia sido atingida.

Apesar do seu esforço para manter-se consciente, perdeu os sentidos. Então começou para ele um período de inquietação, no qual se mantinha entre a semiconsciência e a lucidez. Queria ficar lúcido, acordar, saber o que estava acontecendo, porém não conseguia.

Momentos havia em que perdia completamente a consciência, outros em que via seu corpo deitado na cama do hospital e ficava desesperado. Teria morrido?

Quando frequentou o centro espírita, disseram-lhe que a vida continuava depois da morte do corpo e que a pessoa se sentia viva, como se ainda estivesse na carne.

Roberto não queria morrer. Apesar dos problemas que enfrentava, nunca lhe passara pela cabeça deixar o mundo. Pensava nos filhos, e as lágrimas desciam pelas suas faces sem que pudesse evitá-las.

Angustiado, atirava-se sobre o corpo, querendo dar-lhe vida, mas ao fazer isso sentia dores e acabava perdendo a consciência. Acordava novamente, como se estivesse vivendo um pesadelo. Queria saber a verdade, ver Gabriela, os filhos, dizer que estava vivo e que não desejava deixá-los.

Por que havia acontecido isso com eles, por quê? Com medo de perder a consciência, Roberto não se atirou mais sobre o corpo. Assim, acabou percebendo que estava no hospital. Via as enfermeiras fazendo o atendimento, e, quando o médico chegava, ficava do lado, ouvindo o que ele dizia.

Assim descobriu que seu estado se agravava a cada hora e, apavorado, não sabia o que fazer. Entrar no corpo novamente era inútil, apenas conseguia perder a consciência e sentir-se mal. O que fazer, então?

Arrependia-se de haver se envolvido com Gioconda. Não pensara que fazendo isso colocaria em risco a vida de Gabriela.

Naquela tarde ele se sentiu mais forte. Pensou que estivesse melhor, mas assustado viu que a enfermeira chamou o médico e que este constatou o coma.

Quando Gabriela entrou na UTI, o espírito de Roberto estava lá. Vendo-a abatida, porém ilesa, sentiu-se aliviado. Aproximou-se dela comovido e ouviu quando ela disse emocionada:

— Roberto, neste momento difícil de nossas vidas, eu juro por Deus que sempre lhe fui fiel. Nunca o traí. Não nos deixe agora. Reaja.

Foi acometido de incontrolável emoção. Sem pensar em mais nada, atirou-se sobre o corpo no desejo de voltar à vida. Sentiu-se mal, tonto, com dores pelo corpo, mas por alguns segundos teve a mão de Gabriela entre as suas e apertou-a com força. Depois, perdeu a consciência.

Acordou algum tempo depois olhando ansioso em volta, à procura de Gabriela. Mas ela não estava no quarto. Recordou-se das palavras dela, e todo o seu ciúme, sua dúvida, desapareceram como por encanto.

Em seu lugar apareceram o remorso, a certeza de que em sua loucura provocara a tragédia que estavam vivendo. Por que se deixara envolver pelo ciúme daquela forma? Por que esquecera toda a dedicação, o amor, o carinho que Gabriela manifestara todos os anos em que viveram juntos?

O remorso dói, e Roberto viveu horas de angústia e arrependimento. O que fazer agora para remediar o mal que fizera? Por mais que pensasse, não conseguia encontrar saída. Estava preso àquele quarto, tendo à sua frente seu corpo semidestruído lutando para manter-se vivo. E se ele não conseguisse? E se por fim ele morresse, cortando definitivamente o vínculo que tinha com o mundo? O que seria dele dali para a frente? Se ao menos a morte fosse o fim de tudo, o esquecimento, o descanso eterno, talvez fosse bom.

Mas, pelo que estava percebendo, o espírito tem vida própria e pode continuar vivendo sem estar na carne. Teria de sofrer aquele pesadelo para sempre?

No auge do desespero, sentindo que precisava encontrar uma saída, lembrou-se de Deus. Ajoelhou-se, dizendo entre lágrimas:

— Meu Deus! Grande foi meu erro, minha cegueira, minha loucura. Menti, envolvi Gabriela em uma tragédia, acabei com minha vida. Sei que não mereço sua misericórdia, mas estou arrependido. Peço uma nova oportunidade. Ajude-me! Permita que eu volte à vida e possa reparar esse erro. Enlameei o nome da mãe de meus filhos, da mulher que jurei amar e defender a vida inteira! Preciso voltar, pedir que me perdoe, reparar todo o mal que lhe causei! Sei que vai me ajudar. Só o Senhor pode me tirar deste pesadelo terrível. Não me abandone!

Naquele momento Roberto sentiu ter sido arremessado para outro lugar. Viu-se em uma sala em penumbra, onde algumas pessoas oravam em silêncio. Ele conhecia aquelas pessoas. Cilene estava entre elas.

Emocionado, aproximou-se dela, dizendo:

— Cilene, sou eu, Roberto. Você me atendeu e me ajudou muitas vezes. Vim pedir auxílio. Estou desesperado.

Repetiu a frase algumas vezes e ouviu quando ela disse em voz alta:

— Está aqui um espírito que precisa de ajuda. Vamos orar.

Então Roberto sentiu uma espécie de tontura e viu que estava ao lado de uma senhora que não conhecia. Disse aflito:

— Por favor, tenho que falar com alguém, me atendam. Eu frequento aqui. Vocês já me ajudaram muito.

Admirado, percebeu que a senhora repetia suas palavras em voz alta e todos estavam ouvindo. Continuou:

— Meu corpo está em coma no hospital. Preciso que me ajudem. Não quero morrer. Errei, mas estou arrependido. Por favor, vocês falam com os espíritos de luz, ajudem-me.

Eu preciso viver, tenho dois filhos para criar. Tudo aconteceu por minha culpa.

Cilene respondeu com voz calma:

— Estávamos orando por você. Temos acompanhado seu caso pelos jornais.

— Não sei o que disseram, mas Gabriela é inocente. Sempre me foi fiel. Oh, o ciúme! Se eu pudesse voltar atrás... Foi por causa dele que armei a cilada que nos precipitou nesta tragédia. Eu desejo viver, defender Gabriela e criar meus filhos! Preciso dessa oportunidade para desfazer todo o mal.

— Acalme-se, Roberto. Acima de nossa vontade está a de Deus. Só Ele poderá fazer o que pede. Todavia, estamos intercedendo por você. Procure não agravar sua situação mergulhando no desespero ou na revolta. Sempre que tomamos alguma atitude, não sabemos bem até onde ela nos levará. Mas a vida é mestra e deseja nossa felicidade. Vamos confiar no futuro, pedir a Deus que nos abençoe e que permita sua recuperação.

— Diga que vou ser atendido.

— Vamos pedir. O resultado pertence a Deus. Mas saiba que, aconteça o que acontecer, tudo será para o melhor. Confie, ore e espere. Procure cultivar a confiança. Vai acontecer o melhor.

Naquele momento Roberto viu o espírito de uma mulher de meia-idade, cujos cabelos grisalhos estavam rodeados por uma auréola de luz prateada. Ela se aproximou dele, dizendo com doçura:

— Vamos ajudá-lo agora, acalmar seu coração. Só a harmonia pode nos ajudar nos momentos difíceis. Por essa razão, você vai pensar no bem e manter a confiança.

Ele quis falar, mas não conseguiu. Ela estendeu as mãos sobre a cabeça dele e delas saíam energias coloridas que entravam pelo seu coronário. Ele sentiu grande bem-estar. Naquele momento, toda a sua angústia desapareceu. Em sua mente ele viu como em um filme todos os momentos importantes de sua vida.

Ela se aproximou de uma senhora presente, dizendo:

— Vamos ajudar. Procurem Gabriela no hospital e tragam-na aqui.

— Não a conheço — tornou Cilene —, não sei se virá.

— Vá até lá e nós a ajudaremos a trazê-la.

Cilene prometeu ir falar com ela. Roberto, aflito, olhou para o espírito da mulher que o socorrera, ansioso para perguntar, mas com medo de saber se iria morrer ou viver. Ela olhou em seus olhos e disse:

— O momento é de oração e fé. Faça sua parte, mentalize luz e evite dramatizar. Entregue o resultado nas mãos de Deus na certeza de que, embora nem sempre as coisas sejam como desejamos, sempre acontece o melhor. Devo dizer que precisamos muito da sua força e da sua fé. É importante que nos ajude.

— Está bem — respondeu ele em pensamento, dominado pela energia agradável que vinha dela. — Só não quero perder a consciência outra vez.

— Acalme-se. Você agora vai dormir um pouco. Quando acordar, vai se sentir melhor. Ficaremos do seu lado, aconteça o que acontecer.

Cilene saiu da reunião pensando em como saber em qual hospital Roberto estava. Procurou a ficha de atendimento de Roberto e encontrou o número do telefone de sua casa. Olhou o relógio: passava das nove da noite.

Ligou e Nicete atendeu. Cilene perguntou por Gabriela.

— Meu nome é Nicete, trabalho aqui. Dona Gabriela está no hospital com o marido. Quem está falando?

— Cilene, uma amiga do senhor Roberto. Poderia me dizer em que hospital eles estão? Pretendo visitá-los.

— O seu Roberto não pode receber visitas. Pode deixar o telefone que eu falo com a dona Gabriela.

— Preciso ir até lá com urgência. Minha visita não é apenas de cortesia. Trabalho no centro espírita que o senhor Roberto frequentava. Oramos por ele e recebemos a incumbência de ajudar espiritualmente no seu tratamento.

Apesar de estranhar que Roberto houvesse frequentado um centro espírita, Nicete informou o endereço do hospital imediatamente. Ela também estava rezando, pedindo ajuda aos espíritos.

— Eles estão precisando muito. Deus abençoe vocês por essa ajuda.

Cilene convidou um companheiro do centro a acompanhá-la até o hospital. Meia hora depois, ela e Hamílton, seu companheiro de trabalho espiritual, batiam na porta do quarto de Gabriela.

Uma atendente que passava informou que ela estava na lanchonete. Eles foram até lá e um funcionário indicou a mesa onde Gabriela e Renato conversavam. Ele havia insistido para que ela se alimentasse, tomasse pelo menos um café com leite.

Sabendo que precisava conservar suas forças, Gabriela concordara. Havia terminado e se preparavam para voltar ao quarto quando os dois se aproximaram.

— Dona Gabriela?

Admirada, ela assentiu com a cabeça. Cilene continuou:

— Meu nome é Cilene, e este é Hamílton. Somos amigos do senhor Roberto, seu marido. Precisamos conversar com a senhora em particular. Pode nos dar alguns momentos de atenção?

— Claro. Mas... poderia me esclarecer melhor? Não me lembro de vocês.

— A senhora não nos conhece. Somos do centro espírita onde seu marido fazia tratamento.

Gabriela olhou admirada para Renato. Roberto nunca lhe falara nada sobre o assunto. Renato interveio:

— Meu nome é Renato, sou amigo da família. O que desejam?

— Gostaríamos de conversar a sós com ela. O assunto é delicado.

— O doutor Renato está nos ajudando. Pode falar.

— É melhor irmos até o quarto — sugeriu Renato. — Aqui há muito barulho.

Uma vez no quarto, Cilene começou:

— Há mais ou menos um ano, atendi seu marido no centro espírita onde somos voluntários. Ele estava desesperado por haver sido roubado pelo sócio. Conversamos e pedi a ele que frequentasse nossas reuniões de energização e ajuda. Não sei se os senhores sabem como funciona.

— Já ouvi falar — respondeu Gabriela. — Nicete, minha empregada, costuma ir a um centro de vez em quando.

— Pois bem. Soubemos o que aconteceu pelos jornais e ontem, em nossa reunião espiritual, colocamos o nome dele em nossas orações. Então, eu vi o espírito de Roberto ao meu lado.

Gabriela levantou-se da cadeira, assustada:

— Como assim? Ele ainda não morreu. Sempre ouvi dizer que eles se comunicam depois da morte.

Hamílton interveio:

— Em certas circunstâncias, fazem isso sem terem morrido.

— É difícil acreditar — disse Renato, que nunca se interessara por esse tipo de fenômeno.

— Mas ele ficou do meu lado implorando ajuda. Disse que seu corpo estava em coma no hospital e que ele não queria morrer. Disse também que tudo aconteceu por culpa dele, que foi ele quem armou toda a cilada que resultou nesta tragédia. Que está arrependido. Que agora sabe que você é inocente e que sempre lhe foi fiel. Que seu ciúme foi a causa de tudo. Implorou nossa ajuda.

Gabriela deixou-se cair na cadeira, emocionada:

— Então ele ouviu o que eu lhe disse na UTI. Eu sei que ouviu. Ele apertou minha mão. Meu Deus! Ele está consciente!

— Os médicos garantem que uma pessoa em coma não ouve nada. Isso não pode ser! — disse Renato.

— Então os médicos estão enganados, e ele não está em coma — tornou Gabriela. — O que sei é que ele apertou minha mão e eu senti que ele entendeu o que eu disse e acreditou em mim. Eu jurei que nunca o havia traído. O que mais ele lhe disse?

— Que deseja viver para reparar seu erro, para defender você e criar seus filhos.

— É verdade! Eu acredito. Diga-me: o que podemos fazer para ajudá-lo?

— Nossos guias pediram que você vá orar conosco em nossa reunião.

— Quando? Não quero sair daqui enquanto ele não melhorar.

— O quanto antes, melhor. Vai demorar pouco mais do que uma hora entre ir e voltar.

— Posso levá-la — ofereceu Renato.

Hamílton olhou sério para ele e respondeu:

— É bom mesmo. O senhor também precisa muito da ajuda espiritual. Seus filhos estão muito atingidos emocionalmente. Eles fazem o possível para não o preocupar, porém estão sofrendo. Vejo uma menina chorosa, mas o menino fecha-se no quarto e chora agoniado. Quer parecer forte, mas está cheio de medo e de dúvidas.

Renato ia dizer algo, mas desistiu. Como aquele homem podia saber detalhes do comportamento de seus filhos se ele não tinha dito nada? Bem que desconfiava das atitudes de Ricardinho, mostrando-se cordato, alegre, disposto. Suas olheiras indicavam que ele não estava tão bem quanto queria parecer.

— Eles também precisariam ir até lá?

— No momento, não. O desequilíbrio emocional deles vem de muito tempo. As crianças são sensíveis às energias dos pais. Saiba que um relacionamento perturbado no lar acaba sempre os atingindo. A insegurança de sua esposa afetou-os bastante.

— De fato. Minha mulher sempre foi insegura... Não sei o que dizer.

— Vá com dona Gabriela e vamos orar juntos pelo bem-estar das duas famílias.

— Obrigado — disse Renato, comovido. — Amanhã estaremos lá.

Depois que eles se foram, Gabriela olhou para Renato sem saber o que dizer.

— Estou tão admirado quanto você — tornou ele. — O que eles nos disseram me impressionou muito. Em poucas palavras o rapaz descreveu todos os meus problemas com Gioconda. É difícil acreditar no que disseram, mas eles não nos conhecem, como podem saber tanto sobre nossa vida?

— Faz tempo que Nicete me pede para ir a um centro espírita. Apesar de respeitar as crenças dela, nunca levei a sério. Roberto, no entanto, estava indo lá e nunca me disse.

— Roberto é reservado. Não lhe falou do centro nem do psiquiatra.

— É mesmo. Houve um tempo em que ele andou muito deprimido, mas depois foi melhorando. Ultimamente começou a ganhar dinheiro novamente e eu pensei que a crise houvesse passado. Mas o ciúme derrubou-o novamente, e desta vez foi pior.

— Sempre aguentei os desentendimentos com Gioconda porque acreditava que uma separação iria desestruturar nossa família, que as crianças seriam muito prejudicadas. Agora, vendo os resultados, notando o sofrimento dos meus filhos, tenho minhas dúvidas. Arrastar um casamento errado e destrutivo como o meu talvez tenha sido a pior coisa que fiz.

Gabriela ficou pensativa por alguns instantes, depois, olhos perdidos em um ponto distante, considerou:

— Uma separação sempre traz sofrimento para a família. O que resta saber é o que machuca mais. Tenho pensado muito nisso. Pretendo ficar ao lado dele até que recupere a saúde, depois vou me separar. Quando a confiança acaba, não resta mais nada.

Renato fitou-a triste e não respondeu. A tragédia tomara conta das duas famílias e ele estava tão deprimido quanto ela. Não se sentia em condições de dar opinião. Pretendia defender Gioconda na justiça, apoiá-la dando-lhe bons advogados, mas já se considerava separado. Assim que o caso dela fosse julgado, ele partiria para uma separação judicial.

Iria brigar pela posse dos filhos. Depois do que ela fizera, talvez isso não fosse difícil de conseguir. Gioconda não tinha condições para educar os filhos.

Gabriela continuou:

— O ideal teria sido escolher melhor a pessoa com a qual queríamos nos casar. Muitos casamentos estão errados desde o começo.

— Tem razão. O difícil é ter discernimento na hora de escolher. Deixamo-nos levar pela atração física, pelos interesses pessoais, pelos nossos sonhos de ter uma família ideal. Projetamos nossos desejos em alguém que "parece" ser tudo que desejamos. Assumimos papéis sociais pretendendo impressionar o parceiro e não temos como avaliar o que cada um é de verdade. Com o tempo e a convivência, percebemos o quanto a pessoa é diferente do que havíamos imaginado. Então vem a rotina, a insatisfação.

— E a desilusão. Mas é tarde. O mal já está feito. E os filhos é que sofrem pela nossa inexperiência.

— Gioconda disse que deseja falar comigo. Eu não vou. Prefiro que o advogado trate de tudo.

Gabriela suspirou angustiada. Reconhecia que Renato estava em uma situação delicada.

— Nossos visitantes estão certos. Só Deus pode nos socorrer, aliviar nossa dor. Já pensou se Roberto morrer?

— Isso não pode acontecer. Você tem razão. Está na hora de rezar. Pela primeira vez em minha vida me sinto impotente diante dos fatos. Não podemos nos entregar ao desânimo, pensando no pior. Essa tempestade vai passar e a calma voltará em nossa vida.

— Vamos perguntar sobre Roberto — lembrou Gabriela.

— Sim. Vamos, e depois vou embora. As crianças podem precisar de mim.

Roberto continuava na mesma. Depois que Renato se foi, Gabriela foi para o quarto. A visita de Cilene e Hamílton a confortara. Saber que havia pessoas que compartilhavam sua dor e desejavam ajudá-la fazia-a sentir-se apoiada. Era uma esperança à qual ela queria apegar-se.

Deitou-se e pensou em Deus. Nunca fora muito inclinada à religião. Sua mãe era católica praticante, mas Gabriela, apesar de respeitar sua crença, não se detinha pensando nisso.

Seu temperamento prático e objetivo rejeitava as regras, os rituais e os mistérios com os quais seus adeptos tentavam explicar o inexplicável. Não era uma pessoa mística.

Por tudo isso nunca fora a um centro espírita, como aconselhava Nicete, nem a uma igreja católica, como sua mãe gostaria. Tinha sua própria maneira de olhar a vida. Não era descrente. Acreditava que o Universo era sempre perfeito, mantendo o equilíbrio dos astros e de tudo; a natureza, com sua versatilidade, suas leis inexoráveis; tudo isso era comandado por uma força maior.

Mas não se detinha pensando nisso, porque acreditava não ter discernimento para entender. Pensava que, se isso fosse preciso, a vida lhe daria esse conhecimento.

Agora, depois do que soubera de Roberto, mil perguntas iam-lhe à mente. Pela primeira vez detinha-se nos mistérios da vida e da morte, querendo saber como era aquilo.

Se Roberto pôde deixar o corpo em coma no hospital e fora em busca da ajuda dos amigos, era porque ele não dependia do corpo físico para estar consciente. O que o impedia de voltar àquele corpo e tornar à vida? Por que, apesar de estar consciente do próprio estado, não conseguia acordar?

Quanto mais pensava, mais desejava que o tempo passasse depressa. Talvez na noite seguinte, quando fosse ao encontro de Cilene e Hamílton, as respostas começassem a aparecer.

Estendeu-se na cama ainda vestida, porque pretendia saber de Roberto de madrugada. Decidiu rezar. Fechou os olhos e pensou na força que move o Universo. Essa era sua concepção de Deus. Evocou essa força e abriu seu coração pedindo ajuda e esclarecimento.

Sequer percebeu que adormeceu e, pela primeira vez depois de muito tempo, mergulhou em um sono reparador.

Capítulo 17

Gabriela acordou assustada e olhou em volta. A atendente havia entrado no quarto levando o café. O dia estava claro e ela olhou o relógio admirada. Eram seis e meia.

Levantou-se rapidamente. Como pudera dormir tanto? Lavou-se, tomou um gole de café preto e saiu em busca de notícias de Roberto. Por que não havia acordado antes? Certamente o cansaço a fizera dormir demais.

No corredor da UTI, procurou por uma enfermeira, que, vendo-a, disse:

— Seu marido ainda não acordou.

— Continua em coma?

— Sim.

Demonstrando desânimo, Gabriela passou a mão pela testa. A enfermeira continuou:

— Não fique triste. Pelo menos o estado dele não se agravou. Está resistindo. Nesses casos, já é um bem.

— Obrigada.

Gabriela voltou ao quarto e procurou se alimentar. Cilene tinha razão: quando Roberto melhorasse, iria precisar muito dela. Depois, havia as crianças. Precisava estar forte.

Renato ligou na hora do almoço para saber notícias e combinou que iria ao hospital buscá-la para irem ao centro espírita.

Nicete deixou as crianças na escola e foi ao hospital. A pedido de Gabriela, ela conversou com a diretora do colégio, contando-lhe o que acontecera, pedindo-lhe para dar especial atenção às crianças e as deixou assistir às aulas diante da promessa de que não só cuidariam delas como a diretora falaria com as professoras para que não permitissem nenhum comentário sobre o que acontecera com seus pais.

— Não gostaria que perdessem o ano — comentou Gabriela.

— A diretora ficou muito sensibilizada. Garantiu que durante o recreio cuidará deles pessoalmente.

— Nesse caso, fico mais tranquila.

Gabriela contou a visita dos médiuns e o que havia acontecido.

— Graças a Deus! Então era lá que o seu Roberto ia. Eu reparei que ele tinha dia certo para chegar mais tarde. Que bom.

— É difícil acreditar numa história dessas. Mas como é que eles podiam saber o que eu tinha dito a ele na UTI? Depois, tenho certeza de que Roberto ouviu, porque apertou minha mão.

— Os médicos não acreditam.

— Disseram que era impossível. Quem está em coma não ouve nada.

— Mas o espírito dele ouviu. Nesse caso, ele estava fora do corpo e consciente.

— Como pode ser isso?

— Nós somos espíritos, dona Gabriela. Além do corpo de carne, temos o corpo astral.

— Será?

— Claro. É com ele que saímos todas as noites quando nosso corpo de carne adormece. Muitas vezes visitamos outros mundos durante o sono. A senhora nunca sonhou que estava voando?

— Já, mas daí a acreditar...

— Nunca se perguntou com que olhos a senhora enxerga quando sonha? Seu corpo de carne está dormindo e tem os olhos fechados...

— Nunca pensei nisso.

— É hora de pensar. Cada pessoa tem sua hora de ser chamada para entender da vida espiritual. Faz tempo que eu percebi que vocês estavam sendo chamados. Por esse motivo pedia para a senhora ir ao Centro.

— Você está exagerando. Tudo aconteceu por causa do ciúme.

— É verdade. Mas faz tempo que as coisas não estavam bem entre vocês. Quando isso acontece, está na hora de parar e pensar. Vocês viveram bem durante anos, mas, desde que o seu Roberto foi roubado pelo sócio, tudo começou a mudar.

— Isso é verdade. Mas essas coisas acontecem a qualquer um. Não vamos torcer os fatos. Neumes era desonesto, e um dia isso teria que acontecer. Roberto foi ingênuo deixando tudo nas mãos dele.

— A senhora está vendo as coisas como elas parecem ser. Tenho aprendido que, quando a vida coloca desafios em nosso caminho, é hora de mudar. A vida é sábia. Se vocês não tivessem que passar por essa situação, ele teria descoberto a tempo e desfeito a sociedade.

Gabriela sacudiu a cabeça:

— Você está sendo fatalista. Roberto errou e por essa razão estamos passando por tantos problemas.

— Concordo com a senhora. Mas o erro é a forma de a vida nos ensinar. Por esse motivo, quando algo nos acontece de mau, o jeito é tentar descobrir o que a vida pretende nos ensinar com isso. Nada nos acontece por acaso. Tudo é resultado das nossas atitudes. Mas, quando descobrimos quais atitudes não são boas e nos esforçamos para mudá-las, evitamos que o erro se repita. Aprendemos a lição e pronto. Tudo volta ao normal de forma melhor.

Gabriela ficou pensativa alguns instantes. Depois disse:

— O que você diz tem lógica. Mas o que a vida queria nos ensinar com aquele sócio ladrão?

— Isso eu não sei. Só a senhora e o seu Roberto é que poderão dizer. O que sei é que para cada um o mesmo acontecimento funciona de maneira diferente. Para mim foi como um alerta. Desde o começo eu sentia que o seu Neumes não era gente boa. Dizer isso agora parece bobagem. Ele sempre foi educado, tratou-me bem. Mas eu sentia que alguma coisa dentro de mim rejeitava aquele homem.

— É curioso, mas isso eu também sentia. Várias vezes tentei alertar Roberto, que confiava demais nele.

— Nós temos intuição. No centro eles me ensinaram que nosso espírito sente se as energias das pessoas são boas ou ruins. E tenta nos prevenir pela intuição. Com o caso do seu Neumes, eu aprendi que, quando sinto essa rejeição, não devo confiar na pessoa. Por tudo isso, agora, dou atenção ao que estou sentindo e tomo meus cuidados.

— Nós sentimos, mas Roberto não. Se isso fosse verdade, ele também teria sentido e reagido a tempo.

— Não pode generalizar. Cada um tem um grau de sensibilidade desenvolvida. Nós temos mais do que ele. As pessoas não são iguais.

— É. Pode ser. Bom, agora vamos ver o que vai acontecer.

— Se eu pudesse, iria com vocês a esse Centro. Deve ser muito bom, para fazer um trabalho desses. Mas tenho que ficar com as crianças.

— Depois eu lhe conto tudo.

— Os meninos querem vir aqui. Estão sentindo muito a sua falta.

— Diga-lhes para terem paciência. Quando Roberto melhorar, irei vê-los.

— É isso que tenho prometido a eles.

Nicete foi embora e Gabriela estendeu-se na cama. Renato havia-lhe trazido algumas revistas, mas ela não sentia vontade de ler. O momento que estava vivendo era difícil, e não conseguia pensar em outra coisa.

Estava apreensiva quanto ao futuro. Se Roberto sobrevivesse, o que faria? Depois do que ele fizera, não poderia continuar vivendo a seu lado. Como confiar em um homem que prometera protegê-la e não titubeara em falsificar sua assinatura para que ela fosse tida como ladra?

Ao pensar nisso, estremecia e sentia que seu amor por ele havia terminado. Apesar disso, não queria que ele morresse. Como continuar trabalhando com Renato se isso acontecesse? Seria muito pior. Gioconda seria condenada, passaria anos na prisão, e ela ficaria constrangida em continuar na empresa. De todas as maneiras, sua vida nunca mais seria a mesma.

Começou a pensar que, acontecesse o que acontecesse, o melhor seria ela ir para outra cidade com os filhos e recomeçar a vida. Desejava esquecer. Isso não aconteceria se continuasse a trabalhar com Renato, estando sempre diante do olhar acusador das pessoas e principalmente do ódio de Gioconda e de Georgina.

Esquecer seria uma bênção. Quando tudo passasse, era isso que ela iria fazer.

Renato chegou para buscá-la meia hora antes do combinado. Ele também estava ansioso para ir ao Centro. Acreditava em Deus, mas não nos homens. Para ele, religião era coisa dos homens.

Deus mandava os profetas, os iniciados, os sábios, e por meio deles fazia revelações sobre a espiritualidade, porém os homens interpretavam essas revelações conforme os próprios interesses e criavam as religiões. Preconceituosas, inimigas entre si, brigavam competindo sobre quem estava com a verdade, chegando às guerras e à violência.

Temia o fanatismo. Por tudo isso tinha sua própria maneira de demonstrar fé. Acreditava que, sendo honesto, justo, tolerante, teria a proteção de Deus.

Entretanto, o que Hamílton lhe dissera revelara um lado que ele desconhecia. No momento em que se encontrava em uma encruzilhada, tendo de tomar decisões difíceis que influenciariam o futuro de seus filhos, sentia que precisava de algo mais.

Naquela manhã havia ido à delegacia a pedido do advogado de Gioconda. Ela estava desesperada. Não se alimentava e pedia incessantemente a presença do marido.

O delegado pedira a Altino que o fosse buscar para conversar com ela. Apesar de não desejar vê-la, Renato resolveu ir. Ele e o advogado foram conduzidos a uma sala, e logo depois Gioconda, amparada por um policial, entrou.

Estava pálida, com profundas olheiras, havia emagrecido. Vendo-o, correu para ele gritando nervosa:

— Renato, quero ir embora! Leve-me para casa. Não quero mais ficar aqui.

— Não posso. Você vai ter que ficar.

— Não. Por favor! Quero ver as crianças... Não aguento mais. Por que você fez isso comigo? Por quê?

Renato, que a princípio ficara penalizado, afastou-se, dizendo:

— Eu não fiz nada. Você e Roberto tramaram tudo. Agora ele está entre a vida e a morte, e você presa. Não posso fazer nada.

— Eu não queria atirar nele. Por que ele se colocou entre mim e ela?

— Porque ele sabia que ela é inocente e arrependeu-se do que fez.

Gioconda trincou os dentes com raiva:

— Inocente? Pensa que eu acredito? Eu só estou arrependida de haver atirado nele, mas, se tivesse sido nela, eu estaria feliz. Ela me roubou tudo que eu tinha e me reduziu ao que sou agora.

A voz de Renato estava fria quando respondeu:

— Você está louca. Se continuar agindo dessa forma, não haverá advogado que consiga tirá-la da cadeia. Gabriela é inocente, e você uma irresponsável. Fez tudo sem ter a mínima prova. Destruiu não só sua vida, mas também a de todos nós. Duas famílias, quatro crianças marcadas pela sua leviandade.

— Você quer me deixar aqui para ficar livre. Agora o caminho está aberto para vocês dois. É isso que não posso suportar!

— Vim vê-la para tentar ajudá-la. Mas estou constatando que é impossível. Você não está em seu juízo perfeito. Depois do que fez, trate de se acalmar e enfrentar as consequências. O doutor Altino vai fazer sua defesa. É só o que posso fazer por você. Enquanto continuar agindo dessa forma, não voltarei mais aqui. Não adianta mandar me chamar. O tempo da chantagem acabou.Aqui, ninguém mais vai lhe dar ouvidos. Pode se fazer de doente o quanto quiser.

— Não me deixe aqui, por favor. Eu faço o que você quiser. Estou disposta a perdoar tudo.

— Não preciso do seu perdão. Sou inocente. Agora preciso ir. O melhor que tem a fazer é aguentar firme e não agravar sua situação com a justiça.

— Não me abandone, Renato. Sou sua mulher, a mãe de seus filhos.

— Não a estou abandonando. Terá tudo que precisa para se defender. Mas quem decide agora não sou eu, é a justiça. Nada posso fazer. Pense nisso e trate de assumir a responsabilidade pelos seus atos. Você não é mais uma criança. Apesar de tudo, não vou abandoná-la. Mas não espere apoio pelo que fez. Isso é impossível.

Ela fez menção de agarrá-lo, mas o advogado interveio conciliador:

— Acalme-se, dona Gioconda. Desse jeito iremos embora e não vamos poder conversar.

Ela se voltou para ele, aflita:

— Ele quer me deixar aqui! Não tem pena do meu sofrimento!

— Não seja injusta. A senhora está presa e só a justiça poderá dar-lhe liberdade. Seu marido está se esforçando para ajudá-la, apesar do seu gesto. Eu vim a pedido dele para trabalhar para libertá-la, e no momento isso é impossível. A senhora foi presa em flagrante, está descontrolada. Apesar de ser primária, o juiz determinou que aguarde o julgamento na prisão porque entende que a senhora poderá atingir outras pessoas. Seu rancor, sua atitude, tornou mais complicada a situação que já era difícil. Como seu advogado, aconselho-a a moderar sua linguagem, a tentar manter-se calma. O delegado sugeriu o tratamento psiquiátrico. Se aceitasse e colaborasse com um tratamento nesse sentido, talvez pudéssemos atenuar sua pena.

— Eu não sou louca. Fiz isso porque estava ferida pela traição.

— Pode alegar ciúme para justificar-se, contudo, seu rancor, má vontade, descontrole emocional, não a estão ajudando em nada. Se concordar com a visita do psiquiatra e submeter-se a um tratamento, poderemos alegar que agiu sob forte emoção e não tinha condições de controlar-se.

— Quer que eu diga que sou desequilibrada? Nesse caso, quem vai acreditar em mim? Eles se dizem inocentes. Agindo assim, ficarei desacreditada. Depois, eu não sou uma louca que fantasiou as coisas. Sou uma mulher que foi vítima de adultério e perdeu o controle.

— Pense bem, dona Gioconda. Roberto está em coma no hospital. Se ele morrer, sua situação ficará muito pior. Poderá pegar uma pena de muitos anos.

Gioconda olhou para o marido, gritando nervosamente:

— Você vai permitir isso? Vai deixar que eu seja condenada e passe anos na prisão?

— Não tente jogar a culpa sobre mim, como sempre faz. Nada tenho a ver com o que aconteceu. Nunca tive nada com Gabriela, que é uma mulher honesta e preocupada com a própria família. Você criou tudo, fez tudo e agora vai responder pelo que fez. Ninguém poderá ajudá-la se não cooperar. Agora preciso ir. Se concordar com a ajuda psiquiátrica, pagarei as despesas.

Gioconda começou a chorar em desespero, e Renato saiu da sala dizendo ao advogado:

— Estou à disposição para o que precisar. Até logo.

Saiu sentindo a cabeça pesada, o peito oprimido. Quando se viu na rua, respirou fundo na tentativa de refazer um pouco as forças. Sentia-se deprimido, irritado.

Gabriela, vendo-o, notou logo que não estava bem.

— Aconteceu alguma coisa? Você está abatido.

— Estou deprimido. Fui com o doutor Altino à delegacia falar com Gioconda. Ela estava desesperada e o delegado me pediu que fosse conversar com ela.

Como Gabriela não respondeu, ele prosseguiu:

— Gioconda está descontrolada. Pensei que estivesse arrependida, mas não. Continua rancorosa, acreditando que foi traída.

— Ela está tentando justificar o que fez. Quer colocar a culpa sobre nós.

— Isso mesmo. Quer que eu a leve para casa, como se não houvesse feito nada. O delegado sugeriu a ajuda de um psiquiatra. Ela não quer.

— Sua mulher sempre teve um comportamento neurótico. Um tratamento adequado talvez tivesse evitado essa tragédia.

— As coisas foram acontecendo aos poucos. Apesar do descontrole dela, nunca imaginei que chegasse a este ponto. Mas e Roberto, melhorou?

— Continua na mesma. Estou com muito medo. Não quero que morra.

— Eu também não. Estou ansioso para ir a esse Centro. Vamos, está na hora.

No Centro, foram recebidos por Hamílton, que os encaminhou para uma sala iluminada por uma fraca luz azul. No meio, um círculo de pessoas sentadas tendo ao centro um banquinho vazio.

No canto, algumas cadeiras vazias, e Hamílton pediu que se sentassem. Ouvia-se uma música suave, e Gabriela, assim que se sentou, sentiu que estava exausta. Sua resistência chegara ao limite e ela deixou correr livremente as lágrimas que, em profusão, lavavam seu rosto.

Renato sentiu que uma brisa leve o tocava, comovendo-o, fazendo-o lembrar-se de Deus. Pensou nos filhos, e pela primeira vez em sua vida pediu a Deus que o inspirasse a encontrar o jeito melhor para resolver os problemas que o afligiam.

Nunca havia sentido, como naquele momento, o quanto era frágil e limitado, o quanto se via impotente para decidir o rumo que daria à sua vida e à de seus filhos, dali para a frente. Mas, ao mesmo tempo, era confortador saber que em algum lugar do Universo havia seres bondosos e sábios, capazes de ajudá-lo, e que ele poderia esperar por dias melhores.

Hamílton tocou o braço de Gabriela e ela se levantou. Ele a conduziu para o meio do grupo, fê-la sentar-se no banquinho e ficou do lado de fora.

No mesmo instante, algumas pessoas remexeram-se na cadeira, inquietas. Gabriela sentiu que seu desespero aumentava, teve vontade de levantar-se e sair correndo. Olhou para Hamílton e fez menção de levantar-se, mas ele lhe fez um sinal para que continuasse sentada.

Gabriela fechou os olhos, tentando controlar-se. Estava apavorada. Parecia-lhe que algo terrível estava para acontecer.

Uma mulher começou a rir e Gabriela abriu os olhos assustada. Ela começou a falar:

— Vejam só como ela está agora! É assim que eu quero. Seu lugar é no chão. Não adianta vocês tentarem impedir. Tudo está consumado! Isso não vai adiantar, vocês não podem fazer nada.

Hamílton interveio:

— Não seja tão rancorosa. Por essa razão é que você está sofrendo.

— Engana-se. Estou muito bem. Tudo está saindo como eu quero. Dentro em pouco ele voltará para mim. Então, ficaremos juntos para sempre.

— Cuidado. Interferir na vida alheia tem seu preço.

— Estou disposta a pagar. Ele está cego, não se recorda de mim, todos os seus pensamentos são para ela. Não posso suportar isso depois de tudo que ela fez. Será que ele não vê que é uma traidora?

— Não estamos aqui para julgar você nem ninguém. O passado está morto. Tudo mudou. Por mais que queira, nunca poderá fazê-lo voltar.

— Ele é meu! Não vou me conformar nunca em ceder o lugar a ela, essa malvada que o tomou de mim! Levei anos tentando fazer com que ele enxergasse a verdade.

— É você quem precisa ver a verdade. Ninguém é de ninguém. As pessoas são livres para escolherem o próprio caminho. O amor é espontâneo. Não se pode forçar os sentimentos.

— Ele me amava! Se não fosse por ela, ainda estaria pensando em mim!

— Por que insiste em forçar uma situação? Isso só vai lhe trazer sofrimento. Você diz que está bem, mas sua aparência indica o contrário. Está abatida, envelhecida, acabada, inquieta, cansada. Nós queremos tratar de você. Chega de se machucar. Está precisando de conforto, de amizade. Essa enfermeira pede que a acompanhe para um tratamento.

— Não quero sair do lado dele. Quando deixar o corpo, estarei esperando. Trabalhei muito para isso, não irei embora de forma alguma.

— Como tem tanta certeza de que ele vai deixar o corpo? Só Deus tem o poder sobre a vida e a morte.

— Estou do lado dele para que queira vir comigo. Vocês não sabem de nada. Ele vai me acompanhar. Seremos felizes para sempre.

— Você não vai mais voltar para o lado dele.

— Eu quero ir embora! — gritou ela com raiva. — Por que me aprisionam neste corpo?

— Por que agora você não voltará mais ao hospital. Essa enfermeira vai levá-la para um lugar de tratamento.

— Não quero! Vocês estão se intrometendo em minha vida.

— Aceite a ajuda que estão lhe oferecendo. Não jogue fora esta oportunidade. Não está cansada de sofrer? Aceite a mão que ela lhe está estendendo. Estamos pensando no seu bem.

— Estão pensando no bem dela.

— Também. A vida trabalha no bem de todos. Ninguém pode ser feliz escolhendo a infelicidade. Comece agora a pensar em você. Cuide da sua vida, que tem estado abandonada há tantos anos. Chegou a hora de pensar nas escolhas que tem feito ao longo do tempo e em como se envolveu nos problemas que a atormentam.

— Ela foi culpada por tudo o que nos aconteceu.

— Pare de culpar os outros pelos erros que cometeu. Olhe para trás não para julgar os outros, mas para notar como você atraiu o sofrimento que a atormenta. A causa da sua dor está dentro de você, não fora. Busque a verdade. Pense, analise, sinta. Peça a Deus que a inspire. Faça alguma coisa por você, pela sua felicidade.

— Nunca mais serei feliz!

— Enquanto continuar pensando assim, não será mesmo. Precisa entender que há que plantar para colher. Confiar na vida, buscar o otimismo, esquecer o passado, já que não dá para mudá-lo, buscar motivação para recomeçar. Você pode.

Por alguns instantes ela ficou em silêncio. Depois disse baixinho:

— Não aguento mais. Estou ficando tonta, fraca, preciso descansar.

— Vá com a enfermeira e pense no que eu lhe disse.

A mulher calou-se. Hamílton entrou no meio da roda e estendeu as mãos sobre Gabriela, que emocionada chorava baixinho. Enquanto ele orava em silêncio, ela foi se acalmando e, por fim, respirou fundo e sentiu que se libertava de um grande peso.

Hamílton tocou levemente em seu braço. Ela se levantou e ele a conduziu de volta a seu lugar. Chamou Renato para que se sentasse no meio da roda.

Ele obedeceu. O que significava tudo aquilo? Por que aquela mulher acusara Gabriela daquela forma? Eles não haviam feito nada. Eram inocentes.

Um rapaz começou a bocejar e remexer-se na cadeira. Depois disse:

— O que é isso? De benfeitor a cúmplice! Quem diria? Estou surpreso! Nem eu imaginei tanto cinismo. Ainda bem que estou atento. Desta vez ele não vai destruir a vida de minha filha. Estou pronto a defendê-la. Ela é tão frágil! Precisa de mim! Só eu a compreendo. Ela é minha menina. Ninguém vai lhe fazer mal. Não permitirei.

— O que você quer com ele?

— O que é de direito. Ele tem de tirá-la daquela prisão. Não posso permitir que ela continue lá, abandonada, sofrida, sozinha. À noite ela chora e eu fico desesperado. Ele quer dormir, não vai conseguir. Como pode ter paz enquanto ela está lá, sofrendo? Vim só para dar um aviso. Ele que trate de tirá-la de lá se não quiser que aconteça algo pior.

— Por que em vez de ameaçar você não trata de ajudar?

— Porque eu o odeio. É por sua culpa que ela está lá.

— Isso não é verdade. Ele tem feito tudo para ajudá-la. Mas, se gosta mesmo dela e quer ajudá-la, precisa mudar de atitude, reconhecer que ela está lá porque se deixou levar pela revolta e pelo ciúme. Você não poderá tirá-la agora. Ele também não. A vida quer que ela perceba que a violência só agrava os problemas. Ela terá que ficar lá até entender isso.

— Eu não quero. Ela está sofrendo.

— Está aprendendo. Você precisa entender que sua filha deve crescer, amadurecer. Não é fraca, apenas não sabe usar a própria força. Você faria melhor se, em vez de culpar os outros, analisasse sua forma de amar. Superprotegendo sua filha, impede-a de desenvolver a própria força interior.

Torna-a fraca, incapaz de enfrentar os desafios que a vida traz. Nós desejamos ajudá-la, mas de maneira adequada. Pense nisso. Agora vá com esse amigo que está ao seu lado.

O rapaz fez silêncio, e Hamílton, depois de impor as mãos sobre Renato, conduziu-o novamente ao lado de Gabriela. Ele estava intrigado com o que ouvira. Estava claro que eles falavam de Gioconda. Como podiam saber tanto a respeito dela? Ali, ele não conhecia ninguém.

Eles foram convidados a deixar a sala. Cilene esperava-os do lado de fora.

— Sente-se melhor? — indagou, dirigindo-se a Gabriela.

— Sim. Estou aliviada. Mas intrigada. Nunca fiz mal a ninguém, porém a moça falava com raiva, culpando-me. Não entendi.

— O importante é que se sinta melhor. Nesses tratamentos os médiuns sofrem a influência dos espíritos que estão ligados a vocês de outras vidas. Eu não estava na sala e não sei o que ocorreu. Depois, pedirei a Hamílton que lhe explique melhor. No momento é bom não dar importância ao que ouviu ali para não os atrair de volta. Seja o que for que disseram, perdoe, reze, esqueça.

— Está bem.

— Gostaria de falar com Hamílton — disse Renato. — Também fiquei intrigado.

— Ele não pode atender agora e vai demorar. Há outros casos em atendimento. Tenho certeza de que ele falará com vocês assim que for oportuno. Sente-se mais tranquilo?

— Sim. Fiquei aliviado.

— Vamos confiar e esperar o melhor. Vão com Deus.

Eles saíram em silêncio. Apesar de Cilene haver pedido para não falarem no assunto, Renato considerou:

— Eles descreveram Gioconda perfeitamente. Como sabiam que não tenho conseguido dormir?

— Estou pensando em Roberto. Pelo que entendi, quem falou por aquela mulher é um espírito. Disse que o está esperando. Será que Roberto vai morrer?

— Hamílton respondeu que só Deus tem o poder de dar ou tirar a vida. Concordo com ele.

— Mas eu não fiz nada. Por que aquela mulher me acusa?

— Melhor não falarmos nisso. Cilene pediu.

— Tem razão. Vamos esperar pelas explicações de Hamílton.

Uma vez no hospital, depois se informar do estado de Roberto, que continuava na mesma, Renato despediu-se. Com a ausência de Gioconda, ele ficava em casa com as crianças todo o tempo disponível.

Passava das onze, e seus filhos estavam dormindo. Foi até o quarto de Célia. Maria, que dormia na cama ao lado, vendo-o, levantou-se.

— Então, Célia deu muito trabalho?

— Passou o dia agitada. Não quis comer. Eu e Ricardinho tentamos distraí-la o tempo todo. Agora à noite consegui que comesse um pouco e viemos para cá. Contei uma história, e ela dormiu logo. Ricardinho também foi se deitar. Disse que estava com muito sono.

— Obrigado, Maria. Vou ao quarto dele. Se ela acordar durante a noite, pode me chamar.

— Sim, senhor.

Ricardinho também estava dormindo, e Renato foi para o quarto. Sentia-se cansado. Preparou-se para dormir, apanhou um livro, deixou o abajur aceso e deitou-se. Nos últimos dias estava difícil pegar no sono e ele recorria à leitura para esquecer um pouco os problemas que o preocupavam.

Abriu o livro e começou a ler. Mas aos poucos, sem que fizesse qualquer esforço, seus olhos se fecharam, o livro escorregou de suas mãos e ele adormeceu.

Capítulo 18

Depois que Renato se foi, Gabriela tirou os sapatos, afrouxou a roupa e deitou-se vestida, como fazia todas as noites no hospital, pronta para qualquer emergência.

Sentia-se mais calma. Reconhecia que, de alguma forma, recebera ajuda. Mas ao mesmo tempo questionava-se sobre o futuro. O que lhe estaria reservado? E se aquela mulher conseguisse mesmo levá-lo e ele morresse?

Tentou reagir. Cilene aconselhara-a a cultivar pensamentos otimistas, precisava controlar-se. Fosse o que fosse que lhes acontecesse, teria de enfrentar. Seus filhos precisavam de apoio, ela estava disposta a ampará-los com amor e disposição. Depois de haver decidido isso, fechou os olhos e adormeceu.

Acordou com o ruído da atendente trazendo a bandeja do café. O dia havia amanhecido e ela se levantou rapidamente. Lavou-se e mesmo antes do café foi informar-se sobre o estado do marido.

Ao chegar ao corredor da UTI, viu que a enfermeira estava na porta do quarto de Roberto dizendo a dois médicos que se aproximavam:

— Depressa, doutor!

Gabriela correu assustada, mas a porta fechou-se antes que ela chegasse. Roberto teria piorado?

Não podia esperar. Bateu nervosa. A enfermeira entreabriu a porta e Gabriela disse logo:

— O que está acontecendo? Vi quando chamou os médicos. Quero entrar para ver meu marido.

A enfermeira saiu, encostou a porta e respondeu:

— Calma. Ele está bem.

— Não queira me enganar. Vi quando pediu para irem depressa.

— Sim. É que me pareceu que ele estava acordando.

— Quer dizer que...

— Não posso afirmar nada. Os médicos o estão examinando.

— Deixe-me entrar. Quero saber o que está havendo.

— Acalme-se. Não comente com os médicos, por favor, mas acho que ele está melhor.

— Tem certeza?

— Isso só eles poderão dizer. Tenha um pouco de paciência.

A porta abriu-se e um dos médicos chamou a enfermeira. Ela entrou, fechou a porta e Gabriela ficou esperando do lado de fora.

Pouco depois a enfermeira reapareceu e, vendo Gabriela, disse:

— Preciso ir buscar um medicamento. Eles estão esperando. Acho que seu marido está saindo do coma.

Gabriela sentiu as pernas bambearem. Procurou o banco mais próximo e sentou-se. A enfermeira voltou logo e entrou na UTI. Gabriela continuou esperando. Depois de alguns minutos, a porta abriu-se e um dos médicos fez sinal para Gabriela se aproximar.

— Seu marido saiu do coma. Perguntou pela senhora.

— Posso vê-lo?

— A senhora está muito nervosa. O estado dele ainda é delicado. Está muito fraco.

— Por favor. Desejo falar com ele. Estou emocionada, mas sei me controlar.

— Ele precisa de repouso absoluto. Se puder acalmá-lo, vou permitir que entre. Sei de tudo que aconteceu. Se for para falar do que houve, melhor não ir.

— Não, doutor. Apesar do que ele fez, salvou minha vida. Depois, desejo que se recupere. Ele precisa saber que estou bem.

— Nesse caso, pode entrar.

Gabriela entrou no quarto e aproximou-se do leito.

— Roberto!

Ele abriu os olhos e, vendo-a, disse baixinho:

— Perdão, Gabriela. Estou arrependido.

Ela segurou a mão dele e respondeu:

— Eu sei. Não se preocupe com isso agora. Está tudo bem.

— Você está bem? Não ficou ferida?

— Não. Agora que você melhorou, tudo está bem. Vamos esquecer o que passou.

— Não posso. Está doendo ainda dentro de mim. Quando vi Gioconda com a arma apontada contra você, quase enlouqueci.

— Acalme-se. Tudo já passou. Não falemos disso agora. Se continuar, os médicos não vão me deixar ficar aqui. Você precisa se recuperar em paz.

— E as crianças?

— Estão bem. Rezando por você, pela sua recuperação.

— Não quero morrer agora. Não me deixe, Gabriela. Sei que fiz tudo errado, mas, por favor, não me abandone.

Lágrimas corriam pelo rosto dele, e o médico interveio:

— Se continuar assim, não vou permitir que ela fique.

— Não, doutor, por favor. Não quero que ela saia mais daqui.

— Não seja egoísta. Sua esposa tem sido de uma dedicação a toda prova. Desde que está aqui, ela não saiu do hospital, não tem dormido direito, fica pelos corredores informando-se sobre sua saúde, querendo vê-lo. Está esgotada e por tudo isso não vou permitir que fique aqui todo o tempo. Poderá visitá-lo, mas ambos precisam refazer-se.

— Estou bem, posso ficar.

— Não será bom para ele. Enquanto estiver na terapia intensiva, estará sob cuidados permanentes da encarregada. Uma pessoa a mais poderá prejudicar a recuperação. Prometo que, quando sair da UTI, vai para o quarto dela e ficarão juntos. Agora, ela precisa ir, e você descansar.

— Está bem — concordou ele. — Mas quando ela vai voltar?

— Depois do almoço. Pode esperar.

— Estou feliz que esteja melhor. Vamos obedecer ao médico. Ele tem razão. Voltarei depois do almoço. Fique com Deus.

— Estarei esperando. Se falar com as crianças, diga que mandei um beijo.

Ela concordou e sorriu. Saiu, e o médico acompanhou-a.

— Ele está fora de perigo? — indagou ela.

— Ainda não. Não conseguimos eliminar a infecção, mas agora acredito que poderá se curar. Não podemos nos descuidar. Ele está muito frágil, e uma complicação agora seria perigosa.

— Entendo. Pode contar comigo, doutor. Farei tudo como o senhor determinar.

— Assim é melhor. Agora trate de descansar. Vou lhe trazer umas vitaminas. Precisa recuperar forças.

— Obrigada.

Ela foi para o quarto. O café estava frio, mas ela tomou assim mesmo. Comeu pão com manteiga. Sentiu-se melhor. Roberto mostrara-se arrependido e certo de que ela o perdoaria. Naquele momento, Gabriela sabia que não podia tomar nenhuma atitude com relação ao que ele fizera.

Não desejava mais continuar vivendo com ele. Estava cansada de seu ciúme. Sentia-se sufocada. Precisava respirar, sentir-se livre daquele peso. Mas no momento não podia falar sobre isso.

Queria que ele se recuperasse. Quando estivesse bem, poderiam voltar ao assunto e decidir.

Ligou para Renato, contou que Roberto havia melhorado.

— Finalmente — respondeu ele. — Não sabe o peso que tira de mim.

— Também me sinto aliviada. Ele acordou, mas os médicos disseram que ainda corre perigo. A infecção não está cedendo. Mas sair do coma já foi um grande passo.

— É verdade. Finalmente uma boa notícia.

Gabriela ficou silenciosa durante alguns segundos, depois considerou:

— Você acha que nossa ida ao centro teve alguma coisa a ver?

— Não sei. Pode ser coincidência. Em todo o caso, amanhã voltaremos lá. Vamos ver o que acontece. Seja como for, esta noite dormi melhor. As crianças também estavam mais calmas. Começo a pensar que, de fato, eles nos ajudaram de alguma forma.

— Tem razão. Ontem, depois que você foi embora, deitei vestida porque pretendia ir à UTI de madrugada, como tenho feito desde que estamos aqui. Mas só acordei de manhã, quando a atendente trouxe o café. Preocupada, fui correndo saber notícias e já encontrei a enfermeira chamando os médicos. Ele havia saído do coma.

— Ele vai se recuperar, você vai ver. Este pesadelo vai passar.

— Assim espero.

— Passarei no hospital no fim da tarde. Se houver alguma novidade, ou se precisar de alguma coisa, ligue para o escritório.

Depois que desligou, Gabriela tomou um banho e foi dar uma volta pelo jardim do hospital. O dia estava bonito e ela respirou com prazer a brisa leve que a envolveu.

Apesar de o hospital estar lotado e o movimento de carros ser grande, o jardim estava florido e calmo. Gabriela recostou-se na mureta que guarnecia a pequena escada de acesso ao prédio, observando algumas borboletas que volteavam uma roseira, pousando aqui e ali, nas rosas entreabertas.

Sentia-se muito melhor. De vez em quando algumas perguntas sobre o que fazer no futuro incomodavam-na, mas ela reagia, tentando não pensar no assunto. Lembrava-se dos filhos, sua maneira de ser, seus rostinhos ingênuos, descobrindo a vida, e renovava seu desejo de cuidar deles com dedicação e carinho. Tudo poderia mudar, menos esse propósito. Acontecesse o que acontecesse, ela faria tudo por eles.

— O que está fazendo aí fora? Aconteceu alguma coisa com meu filho?

Arrancada de seu mundo interior pela voz irritante e desagradável de Georgina, Gabriela não entendeu a pergunta.

— O que disse?

— Não adianta falar com você. Por que não vai embora? Depois do que fez, deveria estar na cadeia, como aquela louca que atirou nele. Um dia você vai pagar por tudo.

Georgina subiu as escadas pisando firme e entrou no prédio. Gabriela entrou também e foi procurar um dos médicos que estavam tratando Roberto.

— Doutor, não deixe a mãe de Roberto entrar na UTI. Ela está descontrolada e pode perturbá-lo.

— Vou conversar com ela.

— Por favor. Ela me odeia, nunca me suportou e me culpa pelo que aconteceu. Não consegue se controlar.

— Sei de tudo. O doutor Renato contou-me como aconteceu. Fique tranquila. Tenho observado sua dedicação a seu marido. Por outro lado, dona Georgina tem nos dado trabalho. Tem sido difícil fazer com que ela aceite nossa opinião. Farei o possível para evitar qualquer problema. Vou permitir que veja o filho, mas estarei junto e a farei prometer que não falará nada sobre o que aconteceu.

Gabriela agradeceu e foi para o quarto. Não desejava encontrar-se novamente com a sogra.

Bateram na porta e ela atendeu:

— Meu nome é Arcelino Borges. Sou o delegado que está cuidando do inquérito sobre o atentado que sofreram. Soube que seu marido saiu do coma e vim vê-lo. Antes, porém, desejo conversar com a senhora. Este é o meu escrivão.

— Entrem, por favor.

— Eu pretendia intimá-la para prestar declarações na delegacia. Mas, como vim ver seu marido, tomaremos suas declarações aqui mesmo.

— Sentem-se. Estou à disposição.

— Gostaria que fizesse uma narrativa dos fatos.

Gabriela contou tudo, desde que Roberto fora roubado pelo sócio. O escrevente anotava. Quando ela terminou, o delegado perguntou:

— Há mais alguma coisa que gostaria de acrescentar?

— Sim. Estou magoada com o noticiário dos jornais. Eles não são verdadeiros. Gostaria que publicassem a verdade. Não quero que meus filhos se sintam constrangidos no colégio por uma mentira.

— Infelizmente, senhora, nada poderemos fazer. Quando terminar o inquérito, a justiça tomará conta do caso.

Dona Gioconda será julgada. Nessa ocasião a verdade vai aparecer e tudo ficará esclarecido.

— As pessoas se apressam a julgar sem se preocuparem com a verdade. Imaginam, tomam posições e julgam-se com o direito de expressar suas opiniões sem pensarem que podem estar prejudicando gente inocente.

— Reconheço que isso acontece. Mas nós temos que ouvir todas as pessoas, e cada uma dá sua versão. Nossa função é fazer o inquérito e encaminhar à justiça. Agora vamos tomar as declarações de seu marido. Ele é peça importante deste processo.

— Ele saiu do coma hoje cedo, mas ainda não está fora de perigo. Os médicos recomendaram muito cuidado. Ele não pode se emocionar.

— Fique tranquila. Vou conversar com o médico e ver como poderemos fazer isso sem prejuízo para o estado dele.

— Obrigada.

Depois que eles se foram, Gabriela sentiu-se inquieta. Teria de suportar os interrogatórios na justiça. Georgina e Gioconda iriam contar de seu jeito, e ela teria de suportar as acusações que fariam.

Por mais que afirmasse a verdade, as pessoas iriam duvidar. Percebia isso nos últimos dias até nas enfermeiras, que, quando a viam ao lado de Renato, olhavam com malícia.

Quando aquilo iria acabar? Quando teria de volta sua tranquilidade e a de seus filhos? Quanto mais pensava, mais sentia que não poderia continuar trabalhando na empresa de Renato. Mas ao mesmo tempo perguntava-se: seria justo prejudicar-se por causa da maldade alheia?

Tinha a consciência tranquila. Por que deveria perder um emprego, em que estava progredindo, por causa dos outros?

Esses pensamentos lhe tiravam a calma e ela se esforçava para não entrar na revolta ou na depressão. Felizmente Roberto estava melhorando. Isso poderia simplificar tudo.

Como seria seu depoimento? E se ele quisesse justificar sua conduta insinuando que ela o traíra?

Teve vontade de apanhar os filhos e ir para bem longe, morar em outra cidade, onde ninguém os conhecesse e onde pudesse refazer sua vida em paz. Mas não podia fazer isso, pelo menos enquanto a situação não se resolvesse.

Nicete veio logo após o almoço, trazendo roupas limpas. Gabriela informou-a da melhora de Roberto.

— Com a ajuda espiritual, tudo vai melhorar.

— De fato. Senti-me bem e Roberto melhorou. Mas pode ter sido uma coincidência.

— Não seja resistente. Agradeça. Como foi ontem no Centro?

Gabriela contou o que acontecera e finalizou:

— Não entendi por que aquela mulher me acusava. Nunca fiz mal a ninguém. Nem sequer a conheço.

— Isso pode ter acontecido em outra encarnação.

— Como posso ser responsabilizada por uma coisa da qual não lembro? Nem tenho certeza de que a reencarnação existe.

— Para entender esses assuntos é preciso estudar. Há pessoas que pesquisaram e escreveram livros comprovando que a reencarnação é um fato. Ao nascer de novo, a vida não nos deixa lembrar o passado. Nossa passagem por aqui fica mais fácil sem o peso das recordações tristes, sem as mágoas.

— Você acredita que nascemos de novo?

— Acredito. Sem isso não haveria como explicar as diferenças entre a vida das pessoas. Não acha?

— É. Então você acredita que eu possa mesmo ter feito mal a essa mulher em outra vida?

— Não sei. Às vezes esses espíritos perturbados se aproveitam da nossa falta de memória do passado, falam mentiras para nos deixar deprimidos e poder nos dominar. Uma vez fui a um centro e um espírito se comunicou dizendo que eu o havia assassinado em outra vida. Eu nem me abalei. Respondi que, se eu fiz isso, não me lembrava e por essa razão não me sentia culpada. Se fosse verdade mesmo, o dia em que eu lembrasse pediria perdão. Porque hoje eu tenho certeza de que seria incapaz de matar ou ferir alguém.

— Você não teve medo?

— Não. Os espíritos desencarnados são pessoas que viveram neste mundo. A morte não os faz mudar. Não tenho medo deles. Respeito, mas não os temo. Depois disso, ele foi embora e nunca mais me perturbou. Se fosse verdade o que ele disse, teria ficado me amolando. Como não caí na armadilha dele, desistiu e se foi.

— Você acha que essa mulher mentiu?

— Não sei. Mas, mesmo que fosse verdade, se a senhora não lhe der crédito, ela não terá forças para prejudicá-la.

— Você acha que ela teve culpa no que nos aconteceu?

— Isso eu não saberia dizer. Mas ela pode ter alimentado os pensamentos de ciúme do seu Roberto ou da dona Gioconda, pode ter sugerido coisas.

— Nesse caso, ela influenciou mesmo. Isso não é justo. Nós não os podemos ver. Como nos defender?

— Eles são espíritos desequilibrados que exploram as fraquezas das pessoas. É o único poder que têm. Quando ficamos firmes no bem, usamos nosso bom senso, buscamos a verdade, eles não têm como nos atingir. Dando força aos nossos pontos fracos, podemos estar dando força a eles.

— De fato, se Roberto não fosse tão inseguro, ciumento, nada disso teria acontecido.

— É o que eu digo. Nenhum espírito teria tido forças para envolvê-los. Claro, a presença deles torna maior o problema. O ciúme dele, somado às energias maldosas de alguém, ficou insuportável.

— Isso posso entender. Mas e eu? Sempre procurei fazer o bem. Tenho sido esposa sincera, dedicada, honesta. Por que aconteceu isso comigo?

— Isso eu não sei. Mas minha mãe costuma dizer que quando a gente atrai uma pessoa ciumenta em nossa vida é porque merecemos.

— Mas eu não mereço. Sempre fui honesta, nunca traí Roberto, nem em pensamento.

— Merecer não quer dizer que a senhora o tenha traído. Mas pode ter merecido por outros motivos. Senão, Deus, que é justo, não lhe teria dado um marido ciumento.

— Assim fica difícil entender essa justiça. Por que eu teria merecido isso se minha consciência não me acusa de nada? Você tem sido testemunha do meu esforço para ajudar minha família.

— Às vezes não entendemos o porquê das coisas. Mas eu tenho fé e sei que Deus é perfeito e nunca permitiria uma injustiça. É por essa razão que eu lhe digo que, se a senhora casou com um homem ciumento, precisava passar por esse desafio. Essas coisas acontecem para nos ensinar algo.

Gabriela ficou pensativa por alguns instantes, depois disse:

— Olhando por esse lado, dá para entender a perfeição de Deus e as injustiças que acontecem no mundo.

— Eu penso que tudo é justo, nós é que enxergamos como injustiça porque não compreendemos os motivos. Eu, quando alguma coisa ruim me acontece, procuro perceber o que aprendi com ela. Assim, posso entender um pouco por que a vida me deixou passar por aquilo.

— Vou pensar no que você disse. Gostaria de compreender para resolver o que fazer daqui para a frente.

Depois que Nicete se foi, Gabriela foi saber do estado de Roberto. O médico permitiu que ela entrasse na UTI.

— Poderá ficar uma hora, mas já sabe as condições. Nada de emoções fortes.

Encontrou Roberto inquieto e com febre. A infecção persistia. Vendo-a, ele respirou fundo, dizendo baixinho:

— Ainda bem que você veio. Isto aqui é um inferno. Não via a hora que você chegasse.

Gabriela sentou-se ao lado da cama, dizendo:

— O médico não quer que eu fique muito tempo para não cansá-lo. Tenho estado aqui no hospital.

— Ele não sabe de nada. Sua presença me faz bem, apesar de me lembrar da loucura que eu fiz.

— Não vamos falar nisso agora, senão o médico me levará embora. Você precisa se recuperar. Para isso precisa de calma e paciência.

— Preciso saber como as coisas estão. E Gioconda, onde está? Ela está louca, pode voltar a qualquer momento. Eu falei ao delegado, ele garantiu que ela está presa, mas não sei se é verdade. Pode ter dito isso só para me acalmar.

— Ela está presa, sim. Desde o dia seguinte ao atentado. Agora se acalme. Não estou correndo nenhum perigo.

Aliás, ela está arrependida do que fez. Pelo que sei, não sairá da prisão tão cedo.

— Ainda bem. É melhor que fique lá. Minha mãe veio me ver. Ela tem perturbado você?

— Não. Ela está muito nervosa por sua causa.

— Sei como ela é. Deve estar culpando você, como sempre fez. Eu disse a ela que a culpa foi toda minha. Espero que tenha acreditado.

— Não se preocupe com isso. Não temos nos encontrado. Aluguei um quarto e, quando não venho aqui, fico nele. Ela não vai lá.

— Não queria que nada disso tivesse acontecido. Só desejava que deixasse o emprego. Afinal, sou seu marido. Seria pedir muito isso?

— Se continuar falando nisso terei que sair. O médico não quer que falemos nesses assuntos. Quando você ficar bom, conversaremos e tudo será esclarecido.

— Gioconda está presa. E ele?

— O doutor Renato? Está sofrendo. As crianças estão dando trabalho por causa da mãe. Principalmente a menina. Depois, Gioconda está desequilibrada. Ele quer que o médico a trate, mas ela se recusa.

— Ele tem vindo aqui?

— Tem. Disse que vai pagar todas as despesas, uma vez que foi sua mulher quem o feriu.

Roberto apertou os lábios contrariado.

— Preferia que ele não fizesse isso. Afinal, também fui culpado.

— Não temos recursos para pagar este hospital. Seu tratamento tem sido o melhor possível, por ordem dele. Graças a isso você está melhorando.

— Não queria dever minha vida à generosidade dele.

— Não seja criança. Ele ficou muito abalado com o fato de sua esposa haver feito isso. Se você tivesse morrido, a situação dela seria pior. Ele está fazendo isso não só por achar que é justo, mas também para ajudá-la. Disse que seria horrível seus filhos terem uma mãe assassina.

Um brilho de emoção passou pelos olhos de Roberto.

— Posso entender. Mas eu me sentiria melhor se pudesse pagar minha despesa aqui.

— Faça como quiser. Quando voltar ao trabalho, tiver dinheiro, poderá fazer isso.

— Você ainda está com muita raiva de mim?

— Não vamos falar nisso agora. Apesar do que fez, salvou minha vida.

Ele segurou a mão dela, apertando-a com força:

— Se você tivesse ficado ferida ou morrido, eu teria enlouquecido. Minha vida sem você seria impossível.

— Vamos mudar de assunto. Nada aconteceu, você está melhorando. É nisso que precisa pensar. Guilherme e Maria do Carmo estão loucos para vê-lo. Mas o médico só vai permitir quando sair da UTI.

— Também estou com saudade. O que disse a eles?

— A verdade. Os jornais publicaram mentiras e fui forçada a conversar com eles, explicar o que havia acontecido.

— Disse que eu ajudei Gioconda a fazer o desfalque para culpá-la?

— Não. Disse apenas que Gioconda é desequilibrada e ciumenta, que vive imaginando coisas do marido. Como eu trabalho próxima ao doutor Renato, imaginou que ele estava me namorando, então tentou me matar, você apareceu e me salvou.

Os olhos de Roberto brilharam emocionados.

— Foi muito nobre de sua parte.

— Você não merecia. Fiz isso por eles. Não quero que percam o respeito que têm por você.

— Você é muito melhor do que eu. Não sei como fui capaz de julgá-la mentirosa. Prometo que nunca mais farei isso.

— Agora trate de descansar. Precisa obedecer aos médicos para se recuperar logo.

— Quero ir para casa o quanto antes.

— Então trate de cooperar. Vamos esquecer esses assuntos tristes e pensar que logo estará melhor.

A enfermeira entrou, olhou os controles, tomou a temperatura, fez anotações no prontuário. Depois que ela saiu, Roberto pediu:

— Se eu ficar quieto, você fica mais um pouco?

— Sim. Para que os médicos me deixem ficar mais aqui, você precisa ficar mais calmo quando estou neste quarto. Assim, ele concordará que eu fique.

Segurando a mão dela, ele fechou os olhos e adormeceu. Gabriela deixou-se ficar ali, desejando que ele ficasse bom logo para que pudesse retomar sua vida e decidir o que fazer.

Só foi para o quarto no fim da tarde. Logo depois Renato chegou. Estava nervoso, preocupado. Gioconda estava dando trabalho na delegacia, e o delegado tinha-lhe dito que havia pedido a visita de um psiquiatra do manicômio judiciário. Renato pediu que ele suspendesse o pedido e comprometeu-se a arranjar um que se encarregasse de tratá-la.

— Não sei a quem procurar.

— E aquele médico que veio aqui? Disse que Roberto fazia terapia com ele. Pareceu-me bom. Deixou um cartão.

Ela apanhou o cartão e deu-o a Renato, que exclamou:

— Doutor Aurélio Dutra! Eu o conheço. Estive certa vez em seu consultório para falar sobre Gioconda.

— Que coincidência!

— Naquela época ele disse que a terapia só daria resultado se Gioconda também se submetesse ao tratamento. Ela não quis. Irritou-se quando sugeri que fosse ao consultório dele. Eu devia ter insistido. Se ela tivesse ido, é bem provável que nada disto tivesse acontecido.

— Teria sido melhor mesmo. Mas agora, diante das circunstâncias, ela terá que aceitar.

— Amanhã mesmo falarei com ele. Trata-se de um homem culto, e além disso me parece que entende desses fenômenos espirituais.

— Veio espontaneamente, tentou me ajudar, disse palavras confortadoras, é um homem humanitário.

— Além disso conhece o histórico de Gioconda. Conversamos bastante sobre as atitudes dela. Gostaria muito que ela refletisse no que fez, percebesse seus pontos fracos, desenvolvesse bom senso.

— Não será fácil. Mas, diante do que está passando e terá ainda que suportar, vai precisar de muita coragem, paciência, humildade.

— Essas são qualidades que Gioconda não tem. Contudo, espero que com um tratamento ela possa pelo menos suportar as consequências de suas atitudes sem revolta.

— Quanto tempo você acha que ela poderá ficar presa?

— Não sei. O advogado acha que, se ficar provado o desequilíbrio mental, poderá alegar crise emocional e conseguir uma pena mínima, condicionada ao tratamento psiquiátrico.

— Roberto vai se recuperar, e isso poderá ajudar.

— Segundo o doutor Altino, o que vai pesar é a intenção de matar. O fato de Roberto não ter morrido poderá ser atribuído à falta de experiência dela com uma arma, ou mesmo à alteração emocional, mas o crime está consumado na forma como foi planejado e executado. Ela será julgada por essa óptica.

— Eu gostaria que tudo isso já tivesse acabado. O delegado tomou meu depoimento e o de Roberto, mas disse que vai nos chamar de novo. É desgastante reviver essa história. Dona Georgina me odeia e vai apoiar a versão de Gioconda. As duas vão dizer que tivemos um caso. Será nossa palavra contra a delas. A imprensa e as pessoas estão sempre prontas a criticar, sem se interessar pela verdade. Penso em meus filhos. Eles terão que suportar isso de novo.

Renato suspirou fundo. Ele também se preocupava com seus filhos.

— Vamos precisar de coragem. Nós dois sabemos que somos inocentes. Temos a força da sinceridade. Já que falamos nisso, confesso que muitas vezes me senti atraído por você. Pela sua beleza, inteligência, coragem, honestidade. Precisei me esforçar para não me apaixonar. Você é a mulher que sonhei ter por esposa. Cada dia que chegava em casa, era inevitável a comparação entre você e Gioconda. Mas eu resisti. Consegui superar esse sentimento porque não gostaria de desviá-la do seu caminho, interferindo em sua vida. Conformei-me em aceitar a minha realidade, reconhecendo que tudo poderia ter sido diferente se eu a houvesse conhecido antes de estarmos casados.

Gabriela ouvia em silêncio, cabeça baixa, na tentativa de esconder seu rosto ruborizado e algumas lágrimas que começavam a cair. Renato levantou-se e finalizou:

— Desculpe. Estou sendo inconveniente. Espero que compreenda o que estou tentando dizer. Eu a respeito e admiro. Nunca me passou pela cabeça a ideia de assediá-la. Sabia que você nunca aceitaria e que iria embora. Optei pelo prazer de usufruir da sua amizade e companhia, ainda que fosse somente no campo profissional.

Gabriela não respondeu. As palavras morriam em sua garganta e ela não sabia o que dizer.

Renato aproximou-se e levantou o rosto dela com delicadeza.

— Sem querer, fiz você chorar. Esqueça tudo que eu disse. Estes dias têm sido muito difíceis para mim. Tenho questionado muito minha vida, meu casamento. Não tenho o direito de perturbar você com meus problemas. Chega os que a estão atormentando. Desculpe. Fique tranquila. Não voltarei mais a este assunto. Não devemos temer a maldade alheia. Basta-nos saber que fomos vítimas do desequilíbrio de Roberto e Gioconda. Eles é que precisam responder à própria consciência pelo que fizeram. Nós estamos limpos e nossa dignidade nos basta. Não se atormente mais. Iremos até o fim dizendo a verdade.

— Tem sido difícil para nós dois — disse ela, fitando-o séria. — Sinto-me confortada pela sua sinceridade. Nunca esquecerei suas palavras. Todo o tempo tenho evitado compará-lo a Roberto. Tenho certeza de que ele perderia de longe, o que tornaria mais difícil minha vida ao lado dele. Não farei isso agora. Cada um é um, e a comparação sempre será injusta. Seja o que for que estiver para acontecer ainda, estou decidida a enfrentar de cabeça erguida. Você me deu a coragem de que eu precisava. Obrigada.

Os olhos de Renato brilharam comovidos, mas ele se controlou, dizendo:

— Acho que está na hora de jantar. Aceitaria comer alguma coisa? Estou com muita fome.

Ela sorriu e concordou. Lavou o rosto, retocou a maquiagem e acompanhou-o à lanchonete. Sentia-se calma e mais otimista. Dentro de seu coração começava a brotar a certeza de que tudo iria passar e dias melhores viriam.

Capítulo 19

Nos dias que se seguiram, Roberto foi melhorando. Saiu da UTI e foi para o quarto comum. A princípio crivava Gabriela de perguntas sobre o que havia acontecido durante os dias em que ficara inconsciente, porém ela, depois de resumir os fatos com simplicidade, disse-lhe que não queria mais falar no assunto e recusava-se a responder novas indagações.

— Estou fazendo o que posso para esquecer tudo. Não quero falar mais sobre isso. Vamos mudar de assunto.

— Estou preocupado com as despesas. Estava começando a trabalhar e não tenho reservas.

— O doutor Renato está pagando tudo.

— Não gosto que faça isso.

— Não temos opção. Depois, ele considera justo, uma vez que foi Gioconda que o feriu.

— Eu também sou responsável pelo que aconteceu. Não é justo que só ele pague.

— Vamos deixar as coisas assim e não arranjar mais problemas do que os que já temos. Ele responsabiliza a esposa e quer pagar.

— Eu contribuí para que ela se descontrolasse. O ciúme é um fogo destruidor. Sei como pode nos enlouquecer. Apesar de eu nunca ter imaginado que ela pudesse chegar a esse ponto.

— Chega de falar nisso.

— A cada dia que passa, vendo sua dedicação, sinto-me mais culpado. Diga que me perdoa e que tudo voltará a ser como antes.

— Já disse que quero esquecer, deixar a poeira assentar, colocar a cabeça no lugar.

— Diga que me ama e que me perdoa!

— Não me pressione. Tenho estado com os nervos à flor da pele. Preciso de um tempo para pensar.

— Para quê? Você sabe que não poderei viver sem você. Diga que nunca vai me deixar.

— Não quero falar nisso agora. Se continuar assim, irei para casa agora.

— Desde que vim para o quarto você não tem dormido mais no hospital. Antes ficava aqui a noite toda.

— Agora que está fora de perigo, preciso cuidar das crianças.

— Nicete fará isso muito bem. Eu preciso de você.

— Tenho vindo todos os dias. Preciso cuidar um pouco de mim. Aproveitei para tirar férias, mas dentro de uma semana terei que voltar ao trabalho.

— Pretende voltar àquele escritório?

— Claro. Você ainda não pode trabalhar. Não posso perder o emprego.

Ele olhou para ela com tristeza.

— Pensei que depois do que houve não voltasse mais lá.

— Preciso trabalhar.

— Poderia encontrar outro lugar.

— Pensei ter entendido que você está arrependido e acredita que somos inocentes.

— E estou. Tenho certeza de que você sempre me foi fiel. Mas é que depois do que houve, as pessoas vão falar. A maldade alheia é terrível. Não quero que ninguém faça comentários maliciosos a seu respeito.

Gabriela apertou os lábios tentando segurar a onda de revolta que a envolveu. Tentou se acalmar. Depois disse:

— Se isso fosse verdade, você não teria me feito passar por ladra.

— Eu estava louco! Por favor, esqueça isso...

— Deixe-me em paz. Depois do que fez, não tem condições de exigir nada de mim nem de me dar conselhos sobre como proceder. Não vou deixar meu emprego, esconder-me, como se fosse culpada. Sou inocente, sou uma mulher honesta que vive do trabalho. Não admito que ninguém julgue meus atos, muito menos você.

Ela estava trêmula e seu rosto indignado, coberto de rubor.

— Está bem. Não precisa se irritar. Você fará como quiser. Não direi mais nada sobre o assunto.

— É melhor assim. Agora vou para casa. As crianças não estão indo bem na escola. Preciso ajudá-las.

Depois que ela se foi, Roberto ficou pensativo. Nos dias em que ficara inconsciente, lembrava-se de ter sonhado que vagava por diversos lugares. Lembrou-se do medo que sentira julgando que houvesse morrido. Recordou-se das palavras de Gabriela afirmando que sempre lhe fora fiel e de como ele se emocionara sentindo que ela dizia a verdade.

Em meio à sua angústia, pensara em Cilene, pedindo que o ajudasse. Depois, vira-se naquela conhecida sala do centro espírita e pedira ajuda. Uma senhora bonita falara com ele, aconselhara-o, acalmara-o, dizendo que Gabriela era inocente. Então, ele se sentira melhor.

Apesar disso, de vez em quando a dúvida começava a aparecer e ele voltava a sentir-se angustiado. Gostaria de ver aquela mulher de novo, descobrir que não fora um simples sonho. Ele desejava tanto que Gabriela o amasse e lhe fosse fiel, que talvez houvesse forjado aquele sonho. Tudo poderia ter sido uma alucinação.

Quando esse pensamento o assaltava, sentia-se inseguro, nervoso, deprimido.

Apesar de Gabriela ter cuidado dele com dedicação, havia nela algo diferente que o fazia sentir-se inquieto. Sentia que ela não o havia perdoado. Talvez tivesse deixado de amá-lo. E se ela resolvesse deixá-lo?

Remexia-se no leito, inquieto. Alguém bateu levemente na porta e Roberto mandou entrar.

A porta abriu-se e Cilene entrou com Hamílton. Ele sabia que Gabriela e Renato estavam frequentando o tratamento espiritual duas vezes por semana.

— Como vai, Roberto? — disse ela, aproximando-se. — Lembra-se de Hamílton?

— Estou melhor. Como vai, Hamílton?

— Bem. E você, mais calmo?

— Nem tanto. Há momentos em que me sinto inseguro, nervoso. Mas sentem-se, por favor.

Eles se sentaram nas cadeiras ao lado da cama e Roberto continuou:

— Hoje, por exemplo, estou angustiado. Não sei o que é.

— Não deve dar ouvidos aos maus pensamentos — disse Hamílton. — É preciso afastar as más influências.

— Minha vida está muito ruim. Depois do que fiz, nem deveria me queixar.

— Não mesmo — respondeu Cilene. — Você só tem a agradecer a Deus pela ajuda que recebeu. Sabe que sua vida esteve por um fio.

— Talvez fosse melhor ter morrido...

Hamílton olhou para ele com seriedade.

— Não seja ingrato nem se faça de vítima. Você colheu o que plantou, e olhe que não foi por falta de aviso.

— É que Gabriela está mudada. Não gosta mais de mim.

— O que esperava? Ela não confia em você. Se deseja reconquistar a confiança dela, terá que ser paciente. Você tem uma mulher sincera e dedicada. Se continuar não a valorizando, poderá perdê-la.

— Não diga isso nem brincando. Não saberia viver sem ela.

— Então trate de controlar seu ciúme e agradecer a Deus pela mulher que tem.

— Vocês estão contra mim.

— De forma alguma — respondeu Hamílton. — Estamos do lado de ambos. Torcemos pela felicidade de vocês e de seus filhos.

— Ela e Renato têm ido ao tratamento.

— Sim. E você também deverá ir, quando se levantar — tornou Cilene.

— Irei. Preciso reencontrar a paz.

— Para isso há que ser mais otimista. Viver no bem, não dar força aos pensamentos negativos. Se não se esforçar para conseguir isso, nem o tratamento espiritual dará resultado, porque os espíritos de luz não conseguirão ajudar. Tenha em mente que precisa fazer sua parte. E, agora, é reconhecer que o ciúme é a causa de seus problemas. Se deseja viver com sua esposa, ter felicidade, paz, vai ter que confiar nela e não aceitar qualquer pensamento contrário.

— Gostaria de ter essa confiança. Por que será que não consigo?

— Talvez precise de uma terapia, descobrir por que se desvaloriza, julgando que não merece o amor dela. Por que o brilho natural que ela possui o incomoda tanto a ponto de desejar que ele se apague?

— Não desejo isso.

— Deseja, sim. Não quer que se arrume, que trabalhe fora, que as outras pessoas a achem bonita, inteligente, atraente.

— Não gosto que ela chame a atenção.

— Precisa reconhecer que esse carisma é natural nela. Conheceu-a assim e apaixonou-se exatamente por causa disso. Por que deseja mudá-la? Não vai conseguir. Vai oprimi-la, pressioná-la, deixá-la infeliz, e acabará por separá-los definitivamente.

— Morrerei se isso acontecer.

Hamílton sorriu:

— Você é muito dramático. Assim fica difícil enxergar as coisas como são. Mas sua esposa é uma mulher digna, muito consciente do próprio valor. Se tentar enganá-la, acabará por perdê-la. Agora vamos orar juntos, pedindo a Deus que o ajude a compreender.

Roberto fechou os olhos enquanto os dois em pé, um de cada lado da cama, estendiam as mãos sobre ele. Hamílton colocou a mão direita sobre a cabeça dele, orando em silêncio.

Roberto sentiu aumentar a opressão. Remexeu-se inquieto e de repente não conseguiu conter as lágrimas que brotavam em profusão, descendo-lhe pelas faces.

Os dois continuavam orando em silêncio. Aos poucos Roberto foi serenando e por fim suspirou aliviado. A opressão havia passado. Cilene entregou-lhe o copo com água que deixara na mesa de cabeceira.

— Beba — disse. — Vai sentir-se melhor.

Ele obedeceu, depois disse:

— Obrigado. Sinto-me aliviado.

Os dois sentaram-se novamente e Hamílton considerou:

— Você precisa aprender a conservar o equilíbrio interior.

— É difícil. Os pensamentos aparecem e eu fico nervoso. Acho que algum espírito fica me perturbando.

Hamílton sorriu quando respondeu:

— Ao contrário. Na maioria das vezes as pessoas é que perturbam os espíritos. Dão força aos pensamentos ruins, alimentam tragédias, ficam deprimidas, então acabam atraindo espíritos sofredores, através da sintonia. Depois se justificam culpando os espíritos pelos seus problemas. Não deixa de ser uma boa desculpa.

— Não estou fazendo isso. Esses pensamentos aparecem de repente, do nada, então me perturbo. São eles que se aproximam e me envolvem.

— Muita gente pensa como você, mas não é verdade. Esses pensamentos não aparecem do nada. Vêm do seu subconsciente, onde suas crenças já se automatizaram. Você os programou, acreditando neles. Por tudo isso, os espíritos superiores têm nos alertado que para conseguir a paz e conservá-la é preciso desprogramar velhas crenças erradas e substituí-las por outras mais verdadeiras. É um trabalho que leva tempo e que só você pode fazer.

— Nesse caso, não precisaríamos da ajuda dos espíritos.

Hamílton sorriu e respondeu:

— Quando conseguirmos a serenidade, viveremos trocando energias com outros seres, sem dependência ou submissão, com naturalidade e alegria. Mas isso está ainda muito distante de todos nós. Por enquanto, precisamos da ajuda uns dos outros.

Cilene interveio:

— O processo é simples. Os pontos fracos que alimentamos, nossa falta de fé na vida, nossa insegurança, a ideia de que somos falíveis e fracos, criam energias negativas que atraem espíritos que pensam da mesma forma. Mas a presença deles ao nosso lado aumenta o volume dessas energias e nos faz sentir muito pior. Dores, arrepios, enjoo, falta de ar, corpo pesado, sonolência, inquietação, tristeza, depressão. Então vamos ao centro e lá esses espíritos são ajudados, afastados. Nossa aura é limpa e revitalizada.

Sentimo-nos muito bem. Durante alguns dias ficamos ótimos. Mas, depois, tudo recomeça. Parece não ter fim.

— Isso vai acontecer enquanto você não melhorar o padrão de seus pensamentos — completou Hamílton. — Antigamente eu questionava por que a vida permite que pessoas que fazem o bem passem por essas perturbações. Depois comecei a notar que cada pessoa atraía a companhia de espíritos de acordo com suas fraquezas. O que gosta de beber, um alcoólatra; o de jogar, um viciado compulsivo; o guloso, um comilão.

— Eu, espíritos ciumentos — completou Roberto. — Mas isso não ajuda. Só agrava o problema.

— Ao contrário. É o mesmo princípio da vacina, que imuniza pelo próprio veneno. É o espelho que a vida faz, exagerando para que você perceba seu ponto fraco e procure vencê-lo.

Roberto ficou calado por alguns instantes, depois disse:

— Quer dizer que o que aconteceu comigo foi isso?

— Sim. O exagero de Gioconda quase provocou uma tragédia. Foi um alerta para que você perceba o mal que está fazendo a si mesmo.

— Apesar do que estão me dizendo, quando sinto ciúme não consigo me controlar. Imagino até cenas da traição.

— É por tudo isso que você precisa ir ao centro receber auxílio energético. Mas, como dissemos, essa ajuda é temporária, apenas para dar-lhe oportunidade de perceber a verdadeira causa.

— Não sei por que sinto isso. Gabriela é atraente, mas reconheço que nunca me deu motivo para tanto...

Ele parou pensativo, lembrando-se que a vira dentro do carro com um homem.

— O que foi? — indagou Hamílton.

— É que certa vez eu estava dentro de um ônibus quando a vi passar dentro de um carro de luxo, com um homem.

— Tem certeza de que era ela? — disse Cilene.

— Foi rápido, o vestido era diferente, mas era ela.

— Conversou com ela sobre isso? — indagou Hamílton.

— Não tive coragem. Depois, Gabriela nunca iria confessar.

— Foi só essa vez? — perguntou Cilene.

— Não. Eu a vi de novo no carro do patrão, mas não consegui ver com quem estava. Apenas o motorista.

— Também não disse nada a ela — notou Cilene.

— Não. Para quê? Ela iria mentir. Foi depois disso que meu ciúme ficou insuportável.

— Você imaginou coisas, julgou sem tentar saber a verdade. A mulher que viu com um homem não era sua esposa. Se fosse, você teria reconhecido o vestido. Depois a viu no carro do patrão, sozinha com o motorista. Ela deveria estar fazendo algum serviço para a empresa.

— Você acha isso?

— Claro. Tenho certeza de que sua esposa nunca teve nada com o doutor Renato. O relacionamento deles é bom, mas apenas profissional. O ciúme é mau conselheiro, faz ver coisas que não existem — tornou Hamílton, sério.

— Como pode ter tanta certeza? Até alguns dias atrás eu também pensava isso, mas, não sei, de ontem para cá tenho me sentido inquieto, angustiado, e o ciúme voltou a me incomodar.

— Sua esposa é digna e de confiança. Se não reagir mandando embora esses pensamentos, seu relacionamento com ela estará em perigo. Até agora Gabriela tem suportado suas desconfianças tentando fazê-lo entender que ama a família e não tem outros interesses. Mas nota-se que está no limite de sua resistência. Ela pode desejar a separação.

— Nem fale uma coisa dessas. Ela não disse que me perdoou, mas, vendo sua dedicação, a maneira como tem me tratado, creio que conseguiu superar. Logo voltaremos para casa e nossa vida será como antes. Só não queria que ela voltasse a trabalhar naquela empresa. Ela não aceita ficar em casa. Se quer trabalhar eu até concordo, mas não lá. Se ela continuar, já pensou os comentários?

Hamílton olhou nos olhos de Roberto e disse sério:

— Se continuar pensando assim, não haverá reconciliação.

Roberto sobressaltou-se:

— Os espíritos estão dizendo isso? Ela não vai me perdoar?

— Eu estou dizendo isso. Sou seu amigo, e tenho experiência de lidar com pessoas. Você está machucando sua mulher, ferindo seus sentimentos. Ela não fez nada errado. Ao contrário, tem sido boa esposa e trabalhado para manter a família. Como acha que ela se sente com sua ingratidão? Pense nisso, Roberto. Acorde antes que seja tarde demais.

Roberto ficou calado por alguns instantes. Depois disse:

— Vou tentar. Mas preciso de ajuda. É difícil para mim.

— Nem tanto — garantiu Cilene. — É só mandar embora qualquer pensamento de ciúme. Nessa hora deve repetir: "Isso não é verdade. Gabriela é honesta e merecedora de respeito. Não acredito nisso".

— Faça isso e nós vamos ajudar com nossas preces.

Depois que eles se foram, Roberto continuou pensando. Por que ele sentia tanto ciúme? Gabriela tinha classe, palavra fácil e inteligência, enquanto ele não havia estudado, sentia-se desajeitado e sem graça nos lugares mais finos onde ela ficava muito à vontade. Tinha inveja dela. Reconhecia isso.

Teria sido melhor que ela houvesse resistido ao seu assédio e não tivessem se casado. Ele nunca iria sentir-se igual a ela. A figura de sua mãe apareceu em sua mente. Ela o amava a seu modo, mas era uma mulher ignorante, sempre falando mal dos outros, implicando com Gabriela.

Sentiu raiva da mãe. Se fosse instruída, ela o teria educado melhor. Ele e a mãe, por mais bem-vestidos que estivessem, sempre pareciam desajeitados, enquanto com Gabriela, um vestido simples a deixava elegante. Ela nunca era acanhada. Estava sempre bem, fosse em uma casa de luxo ou em uma humilde. Como ela conseguia isso?

Naquele momento ele reconheceu que ao lado dela sempre se sentia menos. Não que ela o tratasse mal. Ao contrário, era sempre atenciosa, educada, dava-lhe consideração. Mas isso o deixava com mais raiva, acentuando a superioridade dela.

Pela primeira vez Roberto notou o quanto a diferença de instrução o tornava inseguro. Quando a conheceu, ficou fascinado. Apaixonou-se à primeira vista. Quando ela correspondeu ao seu amor, sua mãe não aprovou o casamento e disse:

— Ela não serve para você. É moça fina, estudada, cheia de mimos e delicadezas. Você é pobre, deixou a escola para trabalhar. Não vai dar certo.

— Eu gosto dela, mãe. Estou apaixonado. Ela aceitou meu pedido. Vamos nos casar.

Georgina sacudiu a cabeça negativamente:

— Não faça isso. Você vai sofrer. Deixe essa moça de lado. Você precisa de uma mulher do nosso meio, feita para o lar, disposta a criar os filhos como eu criei vocês.

Mas ele não a ouviu. Por que se deixou levar pela paixão? Sua mãe estava certa. Desde os tempos de namoro sentia esse ciúme terrível. Naquele tempo conseguiu ocultar. Pensou que depois do casamento, sabendo que estavam unidos para sempre, esse sentimento acabaria.

Mas não acabou. Mesmo nos momentos de relacionamento íntimo, sabendo que ela correspondia ao seu amor, ele se sentia angustiado, imaginando que outro homem poderia desejá-la. Era um tormento.

Sentindo as lágrimas descerem pelas faces, Roberto percebeu que, apesar do amor que os unia, nunca havia sido feliz. A desconfiança, o medo, a insegurança sempre estiveram presentes, não permitindo que vivesse em paz.

Por que ele sentia isso? Por quê? Deus salvou-lhe a vida, mas sua alma continuava doente. O que fazer para acabar com aquele suplício?

Nada o satisfazia. Quando estava com ela, temia que ela o deixasse; quando longe, suspirava pela sua presença.

Lembrou-se do doutor Aurélio. Ele tentou ajudá-lo. Quando saísse do hospital, iria procurá-lo. Gabriela contou-lhe que o médico o fora visitar, interessado em sua saúde. Era uma pessoa boa que desinteressadamente o ajudou.

Lembrou-se de que, apesar de ser sincero com o médico, nunca abrira completamente o coração, falando tudo que lhe ia na alma. Agora se sentia sem coragem para continuar vivendo como antes. Precisava dos conselhos de como se libertar da prisão na qual havia entrado.

Certa vez Cilene lhe tinha dito que Deus é o médico das almas. Nunca foi um homem de fé, mas agora, cansado de tanto sofrimento, estava disposto a procurar a ajuda espiritual no centro espírita.

Lá encontrou amigos sinceros, interessados em ajudá-lo, sentiu-se aliviado, confortado. Talvez esse fosse o caminho da cura. Roberto estava decidido a tentar.

Dez dias depois, o médico deu a boa nova: Roberto receberia alta no dia seguinte. As crianças receberam a notícia com alegria. Finalmente o pai voltaria para casa recuperado. Elas o haviam visitado nos últimos dias. Gabriela levava-os e aproveitava para ficar menos tempo no hospital, já que tinha de levá-los de volta.

Roberto notava que ela evitava ficar sozinha com ele, e, quando não conseguia evitar, não permitia que ele falasse nos problemas.

Essa atitude dela o deixava mais inseguro. Mas, notando que ela ficava nervosa quando tentava conversar, decidiu que só o faria quando voltassem para casa.

Quando Gabriela deu a notícia em casa, todos vibraram de alegria. Nicete prometeu fazer comida especial e colocar flores nos vasos.

Vendo o entusiasmo deles, Gabriela ocultou sua preocupação. Sabia que estava chegando o momento em que teria de decidir o futuro. Se por um lado estava aliviada por Roberto haver se recuperado, por outro temia que ele procurasse sua intimidade.

Cada vez que ele a olhava com amor e desejava acariciá-la, Gabriela recordava-se do que passou por causa do desfalque e sentia vontade de brigar.

O que Roberto sentia por ela não era amor. Era paixão, possessão, necessidade de domínio, usando meios escusos para conseguir o que queria, sem nenhum respeito pelos seus sentimentos, pela sua dignidade. Ele a usara para conseguir seus fins.

Em atenção ao que o médico lhe dissera, tentou contemporizar. Mas agora ele estava voltando para casa, retomariam a vida normal, porém Gabriela sentia que nada seria mais como antes.

Roberto teve alta ao meio-dia, e Gabriela arrumou tudo para deixarem o hospital. Nicete e as crianças esperavam-nos em casa, com um almoço festivo.

Roberto havia se levantado um pouco nos últimos dois dias, mas ainda se sentia fraco. Apoiado no braço de Gabriela, deixou o hospital depois de despedir-se das enfermeiras.

Enquanto caminhavam pelo corredor, ele disse comovido:

— Muitas vezes duvidei que esse dia chegasse. Estou muito feliz por voltar para casa. Logo tudo será como antes.

Gabriela não respondeu. Caminharam até o táxi que os esperava. Roberto sentia-se alegre. Rever a casa, os filhos, suas coisas, deixou-o de bom humor. Assim que estivesse mais fortalecido, recomeçaria a trabalhar.

O almoço decorreu alegre e depois Gabriela preparou o quarto para que ele descansasse. As crianças saíram e Roberto não se conteve:

— Gabriela, deite-se comigo um pouco. Tenho sentido saudade. Fique comigo.

— Não posso. Tenho muito que fazer. Amanhã deverei voltar ao trabalho. Preciso preparar minhas roupas, colocar tudo em dia.

Ele franziu o cenho.

— Por que está me evitando? Pensei que tudo estivesse esquecido.

— Eu gostaria, mas não consigo.

— Temos que conversar, esclarecer nossa situação. Sempre que toco no assunto, você recusa.

Gabriela fitou-o seriamente e decidiu:

— Se insiste, vou ser bem sincera, aliás como sempre fui. Cada vez que se aproxima querendo me acariciar, fico nervosa e me recordo daquele desfalque. Evitei falar no assunto para poupar sua saúde. Por mais que você jure que me ama, não acredito. Não é essa forma de amar que eu aceito. Por tudo isso, já mudei minhas coisas para o quarto de Maria do Carmo e pretendo dormir lá.

Roberto segurou a mão dela nervoso.

— Não faça isso comigo. Não me abandone. Estou arrependido. Nunca mais farei nada que a desgoste.

— Não posso. Respeito meus sentimentos.

— Você está sendo egoísta. Não está respeitando os meus sentimentos. Eu errei, mas paguei pelo meu erro. Quase perdi a vida.

— Sempre respeitei você. Não sou egoísta por cuidar de mim. Entenda que não estou fazendo isso para puni-lo. Estou sendo sincera. Não posso mentir. Eu confiava cegamente em você. Quando descobri que não era confiável, perdi o referencial. Faltou chão sob os meus pés.

Ele pensou em Renato e a desconfiança reapareceu. Ela estaria apaixonada por ele? Por que aquele homem se mostrou tão solícito, tendo pagado tudo, dado conforto a ela, férias remuneradas e tanta atenção?

Mas ele não disse nada. Naquele momento, não podia mencionar isso. Baixou os olhos mostrando-se triste e disse com humildade:

— Sei que não mereço você, mas reflita, nós temos uma família, filhos que precisam de nós. Depois, eu já disse: estou arrependido. Nunca mais terei ciúme, eu prometo. Estou sendo sincero, pelo muito que a amo, mereço outra oportunidade.

— Vou pensar. Mas não me pressione. Depois do que passamos, preciso de paz.

Ela saiu do quarto e ele se deitou. Apesar de Gabriela estar arisca, enquanto ela estivesse morando com ele na mesma casa, não havia motivo para se preocupar. Com o tempo, ela acabaria esquecendo, aceitando seus carinhos e tudo ficaria bem. Cheio de esperança, Roberto fechou os olhos e logo adormeceu.

Capítulo 20

Na manhã seguinte, Gabriela levantou-se cedo e, depois de organizar o trabalho da casa com Nicete, foi para o escritório.

Quando chegou, havia flores em sua mesa e também um cartão de Marisa dando-lhe as boas-vindas em nome dos colegas. Ela abraçou a amiga, agradecida.

Renato ainda não havia chegado, e ela aproveitou o tempo para arrumar suas coisas, retomando os assuntos em andamento.

Passava das dez quando ele chegou. Gabriela notou que ele emagrecera e havia tristeza em seus olhos.

Ele parou na sala dela, dando-lhe as boas-vindas. E finalizou:

— Tenho alguns contratos para você redigir. Vou preparar os dados e depois a chamarei.

Uma hora depois, ele a chamou e entregou-lhe alguns papéis, explicando alguns pontos que tinham prioridade. Por fim perguntou:

— Como vão as coisas em casa?

— Roberto está bem.

— Bom. Não se esqueça de que amanhã é dia de tratamento no Centro. Você vai?

— Sim. Está me fazendo bem. Tenho me sentido menos ansiosa, mais calma e com mais coragem.

— Reconheço que tem me ajudado. As coisas não estão nada fáceis em casa. Ricardinho é mais amadurecido, controla-se e procura me ajudar. Mas Célia tem andado chorosa, triste e sem vontade de estudar.

— Ela era mais apegada à mãe?

— Era mais passiva. Aceitava as ordens de Gioconda sem questionar, o que não acontecia com Ricardinho.

— Deve estar se sentindo insegura.

— Eu conversei com o doutor Aurélio, que me indicou uma terapeuta para ajudá-la. Amanhã será a primeira sessão. Ontem o advogado informou-me que o delegado encerrou o inquérito e indiciou Gioconda. Ela vai ser mandada para o presídio. Ele não conseguiu que ela esperasse o julgamento em liberdade. Apesar de ser primária, continua descontrolada e rancorosa. O doutor Aurélio solicitou que ela fosse transferida para um sanatório judiciário e está aguardando as determinações do juiz.

— Ela não está arrependida?

— Só lamenta haver atingido Roberto em seu lugar. É somente isso que ela fala.

Gabriela ficou pensativa alguns instantes, depois disse:

— Roberto continua me pedindo para deixar o emprego. Eu recusei. Preciso trabalhar, gosto daqui. Depois, não fizemos nada de mau. Mas agora, depois do que me disse, reconheço que talvez seja melhor eu ir embora. Assim, ela ficará mais calma.

— Não é justo. Você é uma ótima funcionária. Gioconda é neurótica e você não pode se prejudicar, entrar no jogo dela.

— É que estou me sentindo constrangida. Ela cismou comigo e não terá paz enquanto eu estiver aqui. É melhor eu começar a procurar outro emprego. Se me ajudar, ficará mais fácil.

Renato levantou-se nervoso.

— Não faça isso. Por que a maldade tem que triunfar? Somos pessoas honestas, não temos do que nos envergonhar. Gioconda não está em seu juízo normal.

— É capaz que ela não fique presa muito tempo. Roberto contou-me que se recusou a formalizar uma queixa contra ela. Disse a verdade ao delegado. Ela estava fora de si. Se eu for embora, ela vai ficar calma, e quando sair vocês poderão viver em paz.

— Não, Gabriela. Minha decisão está tomada. Assim que ela melhorar, pretendo formalizar a separação. Nossa vida em comum tornou-se impossível. Não tenho condições de continuar vivendo ao lado dela.

— E as crianças?

— Gostaria que ficassem comigo. Mas acatarei o que o juiz decidir. Se ele determinar que fiquem com ela, estarei vigilante para que não os influencie a seu modo. Ricardinho não me preocupa, é maduro, sabe proteger-se muito bem. Mas, como eu já disse, Célia é passiva, insegura, influenciável. A presença da mãe tem-lhe sido nociva, infelizmente.

Gabriela suspirou e não respondeu logo. Hesitou um pouco e depois disse:

— Entendo como se sente. Eu também não consigo esquecer o que houve. Cada vez que Roberto se aproxima, recordo-me do desfalque e desejo que se afaste. Sua presença me faz mal.

— Não é fácil mesmo. Mas vocês se amam, e com o tempo tudo ainda pode se acomodar. Quando existe amor, fica mais fácil. Quanto a mim, o amor já acabou faz tempo. Havia respeito, amizade, mas agora isso também não existe mais. Por tudo isso, entre nós a separação é inevitável.

Gabriela olhou preocupada para ele. Ela também sentia que seu amor por Roberto morrera havia muito tempo. Mas não teve coragem de falar. O que ele estava sentindo com relação à esposa era o mesmo que ela sentia com relação ao marido.

As atitudes de Roberto revelaram lados ignorados de sua personalidade incompatíveis com seu temperamento. Era franca, gostava de sinceridade. Para relacionar-se intimamente com alguém, ela precisava confiar. Por mais que Roberto lhe jurasse nunca mais mentir, ela não conseguia acreditar.

— Lamento — respondeu ela. — É triste quando uma família se separa.

— Foi esse pensamento que me fez aguentar o casamento até agora. Mas cheguei a um ponto em que não consigo suportar a proximidade dela, suas crises, sua depressão, seu ciúme. Desejo viver em paz. Ela não vai se conformar com meu afastamento. Por esse motivo pretendo me separar legalmente. Assim, com o tempo, ela terá que aceitar o irremediável.

Gabriela deixou a sala de Renato pensando no futuro. Chegaria o momento em que ela seria forçada a tomar uma atitude. Também ela desejava paz e percebia que ao lado de Roberto isso seria impossível.

Ele não suportaria viver na mesma casa com ela sem se relacionar intimamente. Gabriela notava que ele pensava nisso desde que voltara para casa. Mas ela sentia o oposto. Repugnava-lhe qualquer contato íntimo com ele.

O que aconteceria quando ele notasse sua rejeição? Ela não fazia aquilo de propósito para puni-lo. A aversão brotava de dentro do seu ser. Parecia-lhe que aquele Roberto que havia amado não existia mais. Em seu lugar estava um desconhecido, capaz de qualquer coisa, em quem ela não podia confiar.

Tentou esquecer o assunto e mergulhou no trabalho. O dia passou na rotina, mas, quando ela saiu no fim da tarde, resolveu passar no centro espírita. Foi procurar Cilene para conversar. Discreta, sempre procurou resolver seus problemas sozinha, mas agora sentia a cabeça atordoada, confusa.

Cilene revelara-se pessoa equilibrada e bondosa. Além disso, recebia ajuda espiritual. Ela precisava de uma orientação.

Cilene ainda não havia chegado, mas Gabriela foi informada de que logo ela estaria lá. Resolveu esperar. Assim que chegou, Cilene abraçou-a com carinho.

— Hoje não é dia do meu tratamento, mas eu vim para conversar com você.

Cilene levou-a a uma pequena sala e sentou-se a seu lado, dizendo:

— Fale, o que está acontecendo?

Gabriela não conseguiu conter o pranto. As lágrimas desciam pelo seu rosto. Cilene segurou sua mão com carinho e esperou que ela se acalmasse.

Quando ela conseguiu parar de chorar, abriu seu coração. Contou-lhe o que sentia e finalizou:

— É doloroso querer a separação por causa das crianças. Pensei que com o tempo essa impressão desagradável passasse. Mas não passou. Sinto que não vou tolerar a intimidade dele. É um sentimento que brota dentro de mim todas as vezes que ele se aproxima tentando me acariciar.

— Ele errou, mas salvou-lhe a vida. É ciumento, mas possui outras qualidades. É dedicado à família, ama-a muito. Deseja seu perdão. Não gostaria de dar-lhe outra oportunidade?

— Pensei nisso, porém noto que ele ainda sente muito ciúme. Tenta controlar-se, mas continua querendo que eu abandone o emprego. Não quero fazer isso. Tenho direito de trabalhar, gosto de ter meu próprio dinheiro. Depois, nunca lhe dei motivo para desconfiança.

— Ainda sente amor por ele?

— Estou confusa. Só sei que não desejo sua intimidade.

— Não tome nenhuma decisão enquanto estiver confusa. Confie em Deus e ore pedindo para mostrar-lhe a verdade. Precisa reavaliar seus sentimentos, trabalhar intimamente seus medos, saber o que vai em seu coração. Só depois disso conseguirá decidir o que é melhor para você agora.

— Tenho medo de que ele deseje forçar a situação.

— Se ele fizer isso, seja sincera. Abra seu coração como fez comigo. Peça a ele que tenha paciência. Diga-lhe que não deseja tomar decisões apressadas para arrepender-se em seguida. Você quer fazer o melhor para todos.

— Espero que ele entenda isso.

— Vai entender. Ele sente o peso de sua culpa. Sabe que precisa ser paciente se quiser reconquistar sua confiança. Lembre-se de que não precisa tomar nenhuma decisão agora. Deixe nas mãos de Deus. Tenho certeza de que, quando for o momento certo, tudo ficará claro. Venha, vamos à sala de passes.

Gabriela saiu do centro aliviada. Entrou em casa e Nicete foi a seu encontro, dizendo:

— Ainda bem que chegou. O seu Roberto está nervoso com sua demora. Queria que eu ligasse para o escritório. Custei a acalmá-lo.

Gabriela esforçou-se para controlar a contrariedade. Foi para o quarto apanhar roupas para tomar um banho.

— Ainda bem que chegou — disse ele. — Você demorou e fiquei preocupado.

— Não devia.

— Você não avisou que ia demorar. Tantas coisas ruins acontecem de repente nesta cidade...

— Não aconteceu nada. Vou tomar um banho e ver o jantar.

Roberto queria saber onde ela havia ido, mas não teve coragem de perguntar. Gabriela notou, mas ficou calada. Sabia que se contasse ele iria duvidar, e não estava disposta a suportar mais desconfiança.

Ele esperou que ela voltasse, tentando fingir que estava alegre e despreocupado. Precisava ser paciente. Gabriela ainda estava muito revoltada. Se notasse que ele continuava sentido ciúme, não o perdoaria.

Foi para a sala e brincou com os filhos, procurando ser amável. Gabriela desceu e foi ver o jantar. Roberto foi à cozinha e, aproximando-se dela, disse:

— É bom estar em casa, ter você circulando por aqui, cuidando de nossa família com carinho. É tudo que eu mais quero na vida.

Tentou abraçá-la, mas ela fingiu que não viu e esquivou-se, movimentando-se com naturalidade. Os braços dele penderam ao longo do corpo e ele comentou:

— O que eu mais quero é que você me perdoe e que tudo volte a ser como antes.

— Eu preciso de tempo — respondeu ela. — Por favor, respeite meus sentimentos.

— É que eu a amo. Quando me aproximo de você, desejo tomá-la nos braços, beijá-la.

— Por favor, Roberto. Não se aproxime, estou ocupada. As panelas estão quentes e não posso me distrair.

— Você está me evitando. Mas não faz mal. Vou esperar. Não precisa ficar nervosa. Não vou fazer nada que a desagrade.

Ela colocou toda a atenção nas panelas e disse com naturalidade:

— Pode ir sentar-se à mesa, já vamos nos servir. Veja se as crianças lavaram as mãos.

Ele obedeceu. Aquele comportamento dela era temporário. Com o tempo Gabriela haveria de esquecer. Então tudo seria como antes.

Mas ela não esqueceu. Os dias foram passando e Gabriela continuava arisca. Roberto melhorou e começou a visitar alguns clientes para retomar suas atividades.

Gabriela dedicou-se ao trabalho tanto na empresa quanto em casa, na tentativa de esquecer seu problema pessoal.

Na empresa, Renato procurava dispensar a Gabriela um tratamento respeitoso e formal, exclusivamente profissional. Ela manifestara desejo de deixar a empresa e ele não desejava isso. Não era justo que, depois de tudo que haviam enfrentado, ainda fossem punidos por algo que não cometeram.

Encontravam-se algumas vezes no centro espírita onde iam para tratamento espiritual, trocavam cumprimentos e só. Não ficavam juntos nem conversavam a respeito.

Gabriela sentia-se bem com essa atitude dele. Para ela, respeito era fundamental.

De vez em quando pedia notícias de Gioconda, que continuava internada na clínica psiquiátrica. Aurélio, a pedido de Renato, cuidava do tratamento dela.

A cada dia Gioconda mostrava-se mais deprimida. O fato de estar afastada da família, respondendo a processo na justiça, a atitude do marido, que não a apoiava reconhecendo que ela fizera tudo por amor, deixava-a angustiada e triste. Ele não a amava. Certamente ainda estava apaixonado por Gabriela. Por que não a despedira? Por que insistia em tê-la na empresa?

Aurélio ouvia suas queixas e tentava mostrar-lhe que estava enganada, mas ela não acreditava. Ele argumentava:

— Se ele tivesse um caso com ela, poderia vê-la à vontade fora da empresa. Não precisaria mantê-la empregada, tendo que dissimular diante dos outros funcionários. Depois do escândalo, se eles se amassem teriam aproveitado para irem viver juntos. Mas eles não queriam nada disso. Ela estava enganada. Eles nunca haviam tido um caso.

Quanto mais Aurélio falava, mais Gioconda se irritava. Ele conversara com Renato a respeito:

— Ela está obcecada pelo ciúme. Não ouve nada. Fica difícil tentar qualquer terapia. Ela está imersa no círculo vicioso das próprias ilusões, alimentando as imagens que criou em sua mente, e não deseja sair. É melhor dar um tempo para ver se ela reage.

— Por favor, continue, doutor. Pelo menos enquanto o juiz não marca a primeira audiência. Tenho medo de que ela seja mandada para o presídio. Lá tudo será mais difícil.

— O pior é que ela fala para quem quiser ouvir que odeia Gabriela e quando sair vai se vingar dela.

— Pelo amor de Deus! Ela continua dizendo isso?

— Continua. Eu e o doutor Altino já lhe pedimos que nunca mais repita isso, mas parece que ela quer se destruir. Aí que ela fala mais.

— Gioconda sempre foi masoquista. Gosta de colocar-se na posição de vítima, acredita com isso despertar a simpatia dos outros.

— Ao contrário. Ela está se prejudicando. Quer ver as crianças.

— Tenho evitado. Na última vez que eles a visitaram, tentou colocá-los contra mim dando sua versão dos fatos. Meus filhos ficaram muito perturbados. Ricardinho menos, mas Célia ficou abatida, sem apetite, perdeu o sono. Ela é sensível. Está muito abalada. Eu lhes disse que Gioconda está doente, tendo alucinações, e, por esse motivo, deve ficar no hospital.

— Fez bem.

— Não falta quem faça alusões maldosas no colégio. Tenho pensado até em deixá-los estudar em casa enquanto esta situação continuar.

— Você deve conversar muito com eles, dar-lhes seu apoio. Eles estão inseguros. A figura da mãe é importante na infância.

— Às vezes fico perdido. Não sei o que dizer.

— Sempre a verdade. Eles precisam saber que podem confiar em você. Não queira mascarar os fatos, tentando suavizar as coisas. As crianças têm sensibilidade aguçada e vão perceber que estão sendo enganadas. O melhor é ser sincero, falar do que vai em seu coração. Isso fará com que fiquem mais unidos e fortes para superar qualquer crise.

— Tem razão. Sempre os ensinei que não devem mentir, que podem confiar em mim. Agora tenho que fazer exatamente o que lhes ensinei.

Apesar do esforço que fazia, Renato sentia-se triste, preocupado com o futuro. Gabriela notava, mas sabia que não poderia fazer nada.

Nos últimos tempos ela pensava seriamente em abandonar tudo, separar-se do marido, arranjar emprego em outra cidade. Precisava esquecer, tocar a vida para a frente. Criar os filhos com tranquilidade, longe da maledicência dos outros.

Mas o advogado aconselhara-a a esperar o julgamento de Gioconda. Assim teria tempo para refletir e resolver o que fazer. Ela havia concordado, mas à medida que o tempo passava ela percebia que teria de tomar uma decisão.

Roberto estava cada dia mais insistente, queria retomar o relacionamento íntimo. Ela, porém, sentia que a proximidade do marido a incomodava.

Certa noite, depois que as crianças foram dormir, ele a procurou. Estava decidido a resolver o problema. À tarde havia passado na casa da mãe e ela fora impiedosa.

— Não sei como você tolera viver ao lado de uma mulher que o despreza. Depois do que fez, ela deveria beijar o chão onde você pisa. Mas não. Você arriscou a vida para salvá-la, quase morreu, mas ela não reconhece nada. Faz-se de vítima. Outro, em vez de pedir perdão, a teria castigado.

— Gabriela não fez nada. Foi tudo intriga de mulher ciumenta.

— Onde há fumaça há fogo. Como ela iria cismar se não houvesse visto nada? Você que é cego, ela o manipula como quer.

— Chega de falar nisso. Mudemos de assunto.

— Não posso aceitar ver você se rastejando por uma mulher que não vale nada. Todo mundo comenta que você está acobertando a traição dela porque o patrão é rico.

Roberto sentiu o rosto vermelho de indignação:

— Quem está dizendo uma coisa dessas?

— Alguns conhecidos meus. Só eu sei o que tenho ouvido de comentários. Por que não se separa dela? É o que deveria fazer.

— Você não sabe o que está dizendo. Eu amo Gabriela. Sem ela não posso viver. Depois, há os filhos.

— É melhor ficarem com você. Eles podem sofrer a influência da mãe. Se quiser, eu posso tomar conta deles.

— Ainda vou provar para você que está errada. Gabriela é sincera e nunca me traiu. É melhor não ficar espalhando essas coisas por aí.

— Eu?! Não gosto de falar da vida alheia, muito menos da família. Roupa suja se lava em casa.

— É, mas fica repetindo esses boatos. Fique sabendo que Gabriela é inocente. Um dia todos vão se arrepender de haver levantado essa calúnia. Vou embora, estou cansado dessa conversa.

Ele saiu de lá irritado, pensando que ela poderia ter razão. Se Gabriela fosse inocente mesmo, por que se recusava a ter relações com ele? Certamente estava apaixonada por outro.

A figura de Renato aparecia em sua mente, bem-posto, rico, educado, culto. Era natural que ela se apaixonasse. Tinha um marido pobre, sem instrução, de aparência rude.

Nervoso, passou a mão pelos cabelos e pensou: "Se eu tivesse morrido, teria sido melhor. Tudo estaria resolvido. Não vou suportar o desprezo dela. Se Gabriela for viver ao lado de outro, eu os matarei".

Chegou em casa mais cedo e esperou ansioso que a esposa voltasse. Não estava disposto a esperar. Queria resolver tudo naquela noite.

Depois que as crianças caíram no sono, Roberto foi ao quarto de Maria do Carmo, onde Gabriela dormia, e chamou-a, dizendo:

— Venha, precisamos conversar.

Ela sentiu um aperto no peito e tentou evitar:

— Estou cansada, com sono. Falaremos amanhã.

— Não. Tem que ser hoje. Não vou esperar mais. Venha.

Ele estava pálido e ela decidiu atender. Acompanhou-o até o quarto do casal.

— Aconteceu alguma coisa? Você está pálido.

— Estou cansado de esperar que você decida nossa vida. Eu amo você. Sempre amei. Por causa desse amor, quase enlouqueci, fiz coisas que não devia, errei, mas paguei pelo meu erro. Quase morri. Quero recomeçar nossa vida juntos. Somos uma família. Não podemos continuar separados dentro da mesma casa. Estou enlouquecendo com seu desprezo. Não é justo o que está fazendo comigo. Não sei mais o que fazer para que me perdoe. Não acha que sofri o bastante?

— Todos sofremos. Mas não posso ir contra meus sentimentos. O que você fez provocando aquele desfalque calou fundo em meu coração. Sou sua esposa, sempre o amei e procurei fazer o melhor para nossa família, confiava em você e nunca o julguei capaz de me colocar naquela armadilha. Quando penso nisso, sinto que seu amor é uma farsa. Um sentimento de posse, de vaidade, competição, em que você pretende provar a seu modo que é melhor do que eu. E, para isso, não titubeou em me colocar lá embaixo, como se eu fosse uma ladra.

— Isso não é verdade! Eu a amo!

— Não. Você quer me dominar para se sentir forte. Isso não é amor.

— É você quem não me ama mais e está inventando histórias. Por esse motivo me repele, não aceita meu arrependimento.

Gabriela ficou pensativa por alguns instantes, depois respondeu:

— Talvez tenha razão. Eu não o amo mais. Talvez nunca o tenha amado verdadeiramente. Eu amava o homem que eu pensei que você fosse, mas esse não existia. Eu estava enganada.

— Se me amasse de verdade, teria compreendido, perdoado. O verdadeiro amor é compreensivo, bom.

— O verdadeiro amor deseja a felicidade do ser amado, nunca sua destruição para satisfazer uma vaidade.

Roberto tentou abraçá-la dizendo:

— Não faça isso comigo, Gabriela. Dê-me uma chance de provar o quanto a amo. Sinto vontade de beijá-la, acariciá-la, como antigamente.

Ela se deixou abraçar e ele procurou seus lábios, beijando-a com ardor. Ele a acariciou procurando despertar-lhe o interesse, porém Gabriela não correspondeu. Permaneceu quieta, fria, deixando que ele extravasasse sua emoção.

Roberto não conseguiu controlar a raiva. Sacudiu-a com força, dizendo nervoso:

— Sei por que me recusa. Você prefere seu amante. É por causa dele que me rejeita. Diga a verdade.

Ela não respondeu. As lágrimas desciam pelas suas faces e naquele momento ela chorou sua desilusão, a falência do seu casamento e de seus sonhos de juventude. Teve certeza de que dali para a frente eles nunca poderiam ser felizes juntos. Disse apenas:

— Você continua o mesmo. Seu arrependimento é falso como seu amor. Deixe-me em paz.

Havia alguma coisa no tom de voz dela que o deixou em pânico. Percebeu que a havia perdido e tentou voltar atrás.

— Perdão, Gabriela. Nem sei o que digo. Você me deixa louco. Não vê que estou desesperado?

— Estou cansada. Mas sinto que não temos mais nada em comum. Desejo me separar.

— Não faça isso comigo. Não suportarei viver sem você!

— Terá que se acostumar. Com o tempo perceberá que foi melhor assim.

— E as crianças, o que dirá a elas?

— A verdade.

— Essa sua atitude me deixa mais inseguro e enciumado. Levanta suspeitas.

— Isso é problema seu. Minha consciência está em paz. Nunca tive um amante, nem penso em ter.

— Quer separar-se para ficar sozinha? Quer que eu acredite nisso?

— Você é livre para acreditar no que quiser. Sou dona de minha vida e tenho o direito de escolher como viver.

Vendo que ela se retirava, ele cerrou os punhos e disse colérico:

— Saiba que, se eu a vir ao lado de outro, acabo com os dois.

Ela saiu sem responder. A atitude dele provava que nunca mudaria. Ela não queria continuar vivendo daquela maneira. Seus filhos precisavam de paz e ela desejava que tivessem boa educação. Viver em um lar perturbado por brigas e desconfianças constantes iria prejudicá-los. Além disso, ela queria ser feliz, poder voltar para casa sem se sentir vigiada, julgada, enganada.

Foi para o quarto, mas não conseguiu dormir. Precisava decidir o que fazer de imediato. Mil ideias tumultuavam sua cabeça sem que ela encontrasse solução. Só tinha certeza de uma coisa: seu relacionamento com o marido havia terminado e não haveria volta.

Roberto, depois que Gabriela deixou o quarto, ficou arrasado. Por que ele se precipitara? Por que não havia esperado que o tempo passasse até que ela esquecesse tudo?

A culpa fora de sua mãe, sempre interessada em destruir Gabriela. Por que lhe dera ouvidos? Estava cansado de saber que ela era encrenqueira. Várias vezes tentara prejudicar Gabriela.

E agora, o que fazer? Ela teria coragem de separar-se dele? Claro, dinheiro não lhe faltaria. Ganhava bem, e, depois, talvez até seu chefe a protegesse e lhe custeasse as despesas.

A esse pensamento estremeceu de raiva. Isso não podia ficar assim. Não podia permitir que destruíssem sua família. Precisava fazer alguma coisa. Mas o quê?

Pensou em matar o rival, mas logo reconheceu que isso de nada adiantaria. Não queria acabar seus dias na cadeia. Precisava encontrar algo que os afastasse, sem que soubessem de sua interferência.

Deitou-se, mas não conseguiu dormir. Inúmeros planos passavam em sua mente e ele não conseguia encontrar o que procurava.

Sua cabeça estava confusa, seu peito ansioso e angustiado, seu corpo dolorido e inquieto. Ele não percebeu que dois vultos escuros o enlaçavam satisfeitos, trocando olhares maliciosos.

— Vamos fazê-lo dormir — disse um.

— Isso mesmo. Esta noite ele vai conosco. Quando acordar, terá todas as ideias de que precisa.

Rindo, eles colocaram a mão em sua testa e Roberto sentiu que seus olhos se fechavam. Ainda tentou resistir, mas não conseguiu. Em poucos instantes seu corpo adormeceu e seu espírito saiu sem perceber o que estava acontecendo.

Viu-se em um lugar escuro e úmido em frente a uma porta semiaberta. Entrou e dentro da sala sua mãe conversava com um homem alto, moreno. Vendo-o, Georgina tomou-o pela mão e levou-o até o homem.

— Meu filho, este é meu amigo João, que vai ajudá-lo a resolver todos os seus problemas. Eu pedi e ele vai atender.

João olhou nos olhos de Roberto e perguntou:

— Você está disposto a tirar aquele homem do seu caminho?

Roberto pensou em Renato e respondeu:

— Estou. Diga o que devo fazer.

— Sua mãe pediu e vou ajudar, mas você tem de prometer que fará tudo que eu disser.

— Farei. Você garante que Gabriela não vai saber que fui eu?

— Garanto. E faço mais. Ela vai voltar a ficar apaixonada por você. Não é isso que quer?

— É o que mais quero. Se fizer isso, serei seu escravo, farei o que quiser.

Georgina interveio:

— Eu pedi para ajudar meu filho, mas não para que ele voltasse com a mulher. Não quero isso.

— Você fará o que eu quiser — respondeu João, olhando sério para ela. — Eu sei o que é melhor para nós. E é bom tratar de aceitar sua nora. Ela vai ficar obediente e você não terá motivos para odiá-la.

— Ela já me arrasou em outra vida. Quero tirá-la do nosso caminho.

João riu e respondeu:

— Sei o que estou fazendo. Você terá de obedecer. Vai querer me enfrentar?

Georgina estremeceu.

— Não, de jeito nenhum. É que eu...

— Então não discuta. Tem de obedecer. — E voltando-se para Roberto perguntou: — E você, quer que eu o ajude a recuperar o amor de sua mulher e a livrar-se do seu rival?

— É o que eu mais quero.

— Eu posso conseguir isso, mas teremos que fazer um pacto. Você trabalhará para mim quando eu precisar. É justo, não acha?

— Pode contar comigo.

Roberto acordou sentindo uma estranha sensação de queda. Abriu os olhos e pensou: "Que sonho estranho!".

Lembrou-se de que no centro lhe haviam falado dos espíritos que fazem pacto com os homens. Teria sido isso? Eles diziam que era perigoso. Mas e se fosse verdade mesmo? E se ele houvesse se encontrado com um espírito poderoso que o ajudasse a reconquistar Gabriela? Ainda bem que ele dissera que sim. Era o que ele mais desejava.

Fosse o que fosse, sentia-se mais fortalecido, mais confiante. Com tal ajuda, tudo iria dar certo.

Capítulo 21

O despertador tocou e Gabriela acordou, mas não sentiu vontade de se levantar. Apesar de ter dormido a noite toda, ainda sentia sono. Seus olhos se fechavam e ela precisou fazer muito esforço para levantar. Sentia-se cansada e seu corpo doía.

Não sabia o que estava acontecendo. Fazia uma semana que havia tomado a decisão de separar-se de Roberto, porém não tomara nenhuma iniciativa. Sempre que pensava nisso, era tomada por um desânimo irresistível e acabava deixando para depois.

Durante o dia no trabalho, sentia-se atordoada, a cabeça pesada, confusa, precisava ler várias vezes os contratos para entender o que estava escrito. Não se sentia nada bem.

Renato percebeu e perguntou:

— O que você tem, está doente?

— Não. Estou cansada. Deve ser consequência de tudo que passamos. Agora é que está se refletindo.

— Você está abatida. É melhor procurar um médico.

— Não é preciso. Logo vai passar.

— Estive no centro ontem, e Hamílton perguntou por você. Disse que não tem ido ao tratamento.

— Não sei se isso adianta. Tenho ido e não melhorei. Decidi parar por algum tempo. À noite, quando chego em casa, ainda tenho que cuidar da família. É muito trabalho e não tenho vontade de sair.

Renato não respondeu. Ele se sentia muito bem fazendo aquele tratamento. Comprara alguns livros e estava estudando os fenômenos espirituais com interesse. Já que ficava em casa cuidando dos filhos, aproveitava para ler, e a cada dia se sentia mais motivado.

Até as crianças haviam melhorado, estavam mais calmas. Ele tinha conversado com os filhos sem omitir nada do que acontecera e pedira que orassem pela mãe, para que ela entendesse a verdade. Célia, que era mais agarrada a Gioconda, agora o procurava constantemente, mostrando-se carinhosa e atenciosa, ouvindo com interesse o que ele dizia.

Apenas Gioconda continuava irredutível, ora com raiva e revolta, ora com depressão e tristeza. Mas em nenhum momento arrependida do que fizera. Aurélio continuava atendendo seu caso, porém com pouco resultado prático.

Renato conversava muito com Hamílton, que o aconselhara a ter paciência e a continuar orando em favor dela. Ele fazia isso de coração. Entendera que Gioconda estava atravessando um processo difícil, do qual só sairia quando conseguisse compreender a verdade.

Gabriela esforçava-se para fazer seu trabalho. As horas demoravam a passar e ela olhava constantemente para o relógio, ansiosa por ir para casa. Uma vez lá, deitava-se no sofá sem coragem para fazer nada.

Roberto preocupava-se com o estado dela, aconselhando-a a pedir uma licença e descansar.

Naquela tarde, ao chegar em casa vendo-a estendida no sofá, aproximou-se dizendo preocupado:

— Você não está bem. Acho que deve procurar um médico.

— Não é nada, só cansaço.

Ele alisou o rosto dela com carinho, dizendo triste:

— Não gosto de vê-la assim. Você sempre foi disposta, ativa... Alguma coisa está errada.

— Não há nada.

Ele insistiu e no dia seguinte não a deixou ir trabalhar, para levá-la ao médico. Depois do exame, o médico concluiu que ela estava estressada e anêmica, aconselhando-a a tirar férias.

— Não posso. Já perdi muitos dias este ano — disse ela.

Mas a cada dia Gabriela sentia-se mais fraca e indisposta. Certa noite Roberto não a deixou ir dormir no quarto de Maria do Carmo.

— Você vai dormir em nossa cama. Lá terá maior conforto e eu estarei a seu lado todo o tempo.

Ela estava cansada demais para discutir. Deitou-se na cama do casal. Quando Roberto se deitou ao lado dela e a abraçou, ela não o repeliu. Sentia-se tão fraca e sozinha que achou confortante sua proteção.

Roberto, sentindo-a deitada ao seu lado, sentiu o ardor da paixão queimando seu corpo, porém controlou-se. Agora que as coisas estavam melhorando, precisava ir devagar para não estragar tudo.

Mas acordou no meio da noite, ardendo de desejo, e abraçou-a com paixão. Gabriela acordou sentindo os beijos do marido em seus lábios e o abraço ávido de seu corpo. Uma onda irresistível de paixão acometeu-a.

Abraçou-o com força e correspondeu aos seus carinhos como nunca fizera, revelando um ardor com o qual ele nunca havia sonhado. Entregaram-se às emoções sem pensar em mais nada que não fosse aquele fogo ardente que lhes queimava o corpo, e procuraram satisfazer a ânsia de prazer que os motivava.

Ela parecia insaciável. Quando finalmente conseguiram se acalmar, Roberto, inebriado de felicidade, disse comovido:

— Gabriela, você ainda me ama. Não importa o que diga, você me quer. Nunca me amou como nesta noite. Estou extasiado. Não existe mulher como você!

Gabriela, cabeça confusa, disse apenas:

— Não sei o que aconteceu. Tudo está diferente. Nunca senti nada assim antes. Sinto-me outra pessoa.

— Agora que você descobriu que me ama, nunca mais nos separaremos. Você é minha e será sempre minha. Vou fazer você muito feliz.

Ouvindo-o, Gabriela sentiu o peito oprimido, uma vontade enorme de fugir, sair correndo para bem longe, e começou a chorar.

— Você está emocionada — disse ele, acariciando-lhe o rosto. — Eu também estou. Hoje começa para nós uma vida nova. Seremos felizes para sempre.

No dia seguinte, Gabriela telefonou para o escritório dizendo que não estava passando bem e iria ficar em casa. Nicete olhava-a preocupada. Não estava gostando do que via. Gabriela pálida, sem forças, parecia um robô deixando-se conduzir sem nenhuma reação. Nunca a vira assim.

No fim da tarde, Roberto chegou eufórico. Um cliente que estava com um projeto de construir um grande edifício no Rio de Janeiro convidara-o para mestre de obras. Ofereceu-lhe moradia e carro, bom salário e, além disso, pagaria excelente comissão sobre o material utilizado.

Deixar São Paulo com a família era o que ele mais desejava. Longe de Renato e até de sua mãe, a sós com Gabriela, tudo estaria definitivamente resolvido. Aceitou logo e preparou tudo para a mudança.

Gabriela não reagiu. Aceitou tudo com indiferença. Roberto foi à empresa e pediu que ela fosse dispensada.

Inconformado, Renato tentou falar com Gabriela. Conversou pelo telefone e ela lhe disse que não se sentia bem para trabalhar e que iria ficar algum tempo em casa.

Ele não achou natural. Na audiência de julgamento de Gioconda, Roberto compareceu e apresentou um atestado médico dizendo que Gabriela estava doente, pedindo que a poupassem. Foi atendido. Ele se apresentou, deu sua versão dos fatos, procurando defender Gioconda e, por fim, ela foi julgada portadora de doença mental, devendo continuar internada no manicômio judiciário até que uma junta médica a examinasse e a declarasse em condições de viver em sociedade.

Renato procurou Hamilton e contou o que se passava.

— Infelizmente — esclareceu ele — ela se deixou envolver. Trata-se de obsessão.

— Estou preocupado. Gostaria de fazer alguma coisa para ajudá-la. É uma mulher extraordinária.

— Você a admira.

— Muito. Meu maior desejo é que ela seja feliz.

— Você a ama. Um amor incondicional.

— Por favor, não diga isso. Gabriela não pode saber. Não quero atrapalhar sua vida.

— Fique tranquilo. Não se constranja. O que você sente é amor verdadeiro. É luz na alma.

Renato abraçou-o comovido.

— Você é meu amigo. Lê meu coração como um livro aberto. Obrigado por compreender.

— Não fique triste. Vamos continuar trabalhando em favor deles. Aconteça o que acontecer, não podemos perder a fé. Deus está no comando de tudo e vai nos ajudar.

Renato saiu de lá confortado. Há muito havia percebido que amava Gabriela, porém não queria pensar nisso. As coisas estavam muito complicadas, havia as crianças e ele não queria piorar tudo ainda mais. Depois, Gabriela nunca demonstrara o mínimo interesse por ele e não havia por que pensar que um dia pudesse ser correspondido.

Decidiu ocultar seus sentimentos e procurar esquecer. Talvez a desilusão com Gioconda, a solidão, o desconforto de um relacionamento desagradável estivessem estimulando-o. Gabriela era o tipo de mulher que sempre admirara. Inteligente, bonita, digna. Sua presença o encantava, seu sorriso o deixava de bem com a vida.

A separação deixava-o triste. Conformara-se em guardar o que sentia, mas a presença dela a seu lado no trabalho, sua dedicação e postura com a família estimulavam-no a dar o melhor de si na orientação dos próprios filhos. Queria que ela o admirasse.

Agora, ela partiria e ele talvez nunca mais a visse. Sua vida se tornaria vazia e triste. Sequer poderia visitá-la. Roberto não aceitaria, e ele não desejava criar problemas entre os dois. Queria que ela fosse feliz, mas ao mesmo tempo sentia que com Roberto seria difícil.

Era uma situação delicada e ele reconhecia que Hamílton estava certo. Só lhe restava rezar, pedir a Deus que o ajudasse a esquecer e que ela fosse feliz.

Uma semana depois, Roberto mudou-se para o Rio de Janeiro com a família. A casa era confortável, e ele se esforçou para torná-la mais bonita. As crianças estavam felizes, Nicete desdobrava-se para agradar Gabriela, que não reclamava de nada, mas também não se alegrava.

Durante o dia continuava apática, sem vontade de fazer nada, mas à noite, quando Roberto se deitava a seu lado, ela se transformava. Abraçava-o com ardor, e a paixão os dominava. Era uma sede que nunca acabava.

A princípio ele se inebriara com a atitude dela, mas com o tempo percebeu o quanto ela havia mudado. Às vezes parecia outra pessoa. Perdera a espontaneidade, falava pouco. Estava pálida, apagada, sem vida. Começou a preocupar-se. Não queria que ela adoecesse.

Roberto agora não tinha dúvida. Tivera mesmo aquele encontro com aquele espírito que prometeu ajudá-lo. Ele havia modificado tudo. Era-lhe grato. Desejava procurá-lo para conversar. Mas como fazer isso?

Pensou, pensou e decidiu procurar um terreiro. Um pedreiro que trabalhava com ele na construção do prédio havia lhe contado que frequentava um lugar onde um médium de grande poder atendia a todos, realizando os desejos.

Uma noite foi até lá. O movimento era grande e ele pediu uma consulta. Deram-lhe um cartão com um número, e ele esperou. Meia hora depois, um rapaz chamou-o, dizendo:

— É sua vez. Pode entrar.

Ele entrou em uma pequena sala cheirando a ervas. Em pé, a um canto, o pai de santo, olhos fechados, charuto entre os dedos, esperava.

— Entre, meu filho.

Roberto aproximou-se e ele continuou:

— Veio fazer um pedido. O que é?

Roberto contou o que lhe acontecera e finalizou:

— Quero um novo encontro com aquele espírito.

— Para quê? As coisas não estão como você queria?

— Estão, mas Gabriela não está bem. Anda abatida, mudou muito, não quero que fique doente.

— Seu protetor está aqui e vai conversar com você.

Ele pigarreou, tossiu, depois disse com voz um pouco diferente:

— Pensei que você tivesse vindo me agradecer.

— Eu agradeço muito. Mas estou preocupado com Gabriela.

— Não a tem todas as noites apaixonada na cama?

— Sim, mas não parece natural. Ela está aérea. Não se importa com nada. Anda estranha.

O outro deu uma gargalhada, depois disse:

— O que você esperava? Se ela ficasse como estava, não ia querer mais ficar ao seu lado. Foi preciso muito trabalho para dominá-la. E você, em vez de ser grato, está reclamando. Não gosto nada disso. Nós fizemos um pacto. Eu cumpri a minha parte, agora está na hora de você cumprir a sua.

— Estou pronto a fazer o que quiser, mas quero que ela volte a ser alegre e saudável como antes.

— E que lhe seja fiel, que o ame e só veja você neste mundo. Se ela voltar a ser como era, vai embora no dia seguinte. É isso que quer?

— Não, senhor.

— Você está me saindo muito exigente. Na hora de pedir fica humilde; depois que tem, começa a ficar cheio de coisa. Eu sou muito poderoso. Sabia que queria falar comigo e trouxe-o aqui porque é a casa onde eu trabalho. Eu sou o chefe aqui e todos precisam obedecer. De hoje em diante você vai começar a prestar serviço aqui. Pai José vai lhe dizer o que precisa fazer.

— Não sei o que eu poderia fazer aqui para ajudar. Estou disposto a pagar minha dívida com você. Mas eu gostaria de pedir sua ajuda para que Gabriela pelo menos conversasse comigo como antes. É possível?

— Você não está sendo um filho obediente. Não costumo mimar ninguém. Vai ter que trabalhar duro. É só o que posso dizer. Depois vamos ver. Eu sei o que é melhor para você. Se me obedecer, tudo correrá bem. Mas cuidado: se romper o pacto, vai se arrepender.

— Não pretendo fazer isso. Sou grato mesmo. Gabriela está comigo e não trabalha fora. É tudo que eu queria.

— Sem falar que à noite ela é toda sua... — disse ele malicioso.

— É. De fato. Ela nunca foi tão amorosa.

— Sei o que estou dizendo. Se me obedecer, tudo correrá bem. Não se esqueça de que eu sei de tudo que se passa com você. Conheço até seus pensamentos. Por esse motivo, cuidado. Nem pense em me deixar. Agora vou embora.

O pai de santo estremeceu, mudou a postura, depois disse:

— Você queria, ele veio. Sabe que isso é difícil? Esse exu não se comunica com facilidade. Nós trabalhamos para ele. E você agora vai trabalhar para nós.

— Não sei o que fazer. Nunca trabalhei com essas coisas.

— Mas na hora do aperto soube nos procurar. Não venha agora com essa. Você já sabe muita coisa de outras vidas. Hoje fica até o fim dos trabalhos e volta depois de amanhã para começar. Eu lhe direi o que fazer.

Ele passou a mão pela testa de Roberto, que ficou tonto e quase caiu. O pai de santo riu e chamou seu ajudante, que estava parado na porta, dizendo:

— Este está pronto. Leve-o para o meio da roda e prepare-o. Vai cair logo.

Roberto foi levado para o salão onde o batuque ia forte e vários médiuns incorporados trabalhavam atendendo às pessoas. Colocaram-no no meio de uma roda de médiuns e ele sentiu a cabeça rodar, caiu e perdeu os sentidos.

Quando acordou, as pessoas estavam saindo e ele se levantou assustado. Aproximou-se de um senhor e perguntou:

— O que aconteceu comigo? Eu desmaiei.

— Não é nada disso. Você ficou incorporado pelo seu guia.

— Não é possível. Isso nunca me aconteceu.

O outro riu e respondeu:

— Sempre há uma primeira vez.

Roberto procurou a pessoa que o tinha atendido e perguntou:

— O que aconteceu comigo? Por que perdi os sentidos?

— O seu guia tomou posse do seu corpo. Você precisa trabalhar com ele.

— Mas eu não sei. Nunca fiz nada disso.

— O guia disse que você vai trabalhar aqui. Ele o avisou.

— É, ele disse. Mas não pensei que fosse assim.

— Mas é. De agora em diante você está comprometido com ele. Se quer que sua vida vá para a frente, tem de fazer tudo como ele quer. Senão...

— Senão o quê?

— Ele dá castigo. Eu o aconselho a não desobedecê-lo.

Roberto saiu de lá pensando em tudo. Não gostava daquele ambiente cheirando a ervas, cheio de fumaça, nem dos tambores batendo.

Não podia negar que fora atendido em seus pedidos, mas, apesar disso, as coisas não estavam correndo como gostaria. Não se sentia feliz vendo Gabriela indiferente a tudo, sem cuidar da própria aparência, das crianças, da casa, como antes. Ela sempre tivera bom gosto, capricho. Agora, era Nicete quem procurava cuidar de tudo. A casa andava triste, nada era como antes.

E se ele não obedecesse ao espírito, o que poderia acontecer? Gabriela iria embora? Ameaçá-lo não seria uma forma de dominá-lo? Sua esposa o amava. Tinha certeza. Se ela não o amasse, não seria tão ardente, mesmo que estivesse sob a influência daquele espírito.

Não seria melhor abandonar tudo aquilo? Ele não queria ir trabalhar naquele terreiro. Não gostava. Depois, sentira-se mal, tonto, parecia que não pisava no chão, o estômago enjoado, o corpo pesado.

Não, ele não queria fazer aquilo. Mas e se fosse verdade o que o espírito lhe dissera? E se fosse castigado?

Um arrepio de medo percorreu-lhe o corpo. Pareceu-lhe ouvir a voz dele dizendo:

— Cuidado. Sei tudo que se passa com você, até seus pensamentos. Não tente me desobedecer.

Roberto sentiu a cabeça doendo, e os calafrios incomodavam-no. Passou a mão pela testa. Estaria com febre?

Não. Sua testa estava fresca. Eram mais de onze da noite. O que diria a Gabriela ao chegar tão tarde? Entrou em casa imaginando uma desculpa, mas não foi preciso. Gabriela já havia se deitado e estava dormindo.

Apenas Nicete estava acordada e perguntou-lhe se precisava de alguma coisa. Ele disse que não, e ela foi dormir.

Roberto foi à cozinha, tomou um copo de água e depois foi se deitar. Sentia o peito oprimido, o corpo pesado, a cabeça atordoada. Precisava descansar. No dia seguinte pensaria no que fazer.

Pensou, pensou, mas ficou dividido entre o medo e a vontade de não ir. O pedreiro que o levara ao terreiro foi incisivo:

— Você precisa obedecer. É para seu bem. Eu estava mal, minha mulher me traía, estava doente. Fui lá e tudo mudou. Consegui mandá-la embora, melhorei de saúde e até estou ganhando melhor.

— Você também precisou trabalhar lá?

— Não. Eu até gostaria, isso é uma honra. Mas não sirvo. Não tenho o dom. Já você deve ter capacidade. Logo no primeiro dia o puseram na roda para trabalhar. Nunca vi isso antes.

— Sabe o que é, Onofre, eu não dou para isso. Não gosto de ficar lá, eu passo mal. Cheguei a desmaiar.

Onofre meneou a cabeça, dizendo sério:

— Isso é assim mesmo. Quando o guia chega, toma o corpo, você precisa deixar. Vai ver que resistiu e ele precisou usar a força.

— Saí de lá com dor de cabeça, o corpo pesado.

— Claro. Em vez de aceitar e agradecer, ficou criando caso. Eles são poderosos, sabem o que estão fazendo. Você precisa respeitar a vontade deles, ter fé.

— Também não é assim. Não gosto que mandem em mim.

— Então não devia de ter pedido nada a eles.

— Começo a pensar que você tem razão. Não devia mesmo.

— Mas, já que pediu, tem que honrar o compromisso. Não dá mais para voltar atrás.

Roberto ficou se debatendo na dúvida até o momento em que deveria ir lá para começar a trabalhar. Quando chegou a hora, decidiu ir. Não se sentiu com coragem de desistir. Acontecesse o que acontecesse, estava disposto a enfrentar.

Aurélio procurou Renato e informou que Gioconda havia começado a melhorar. Informada de que Gabriela deixara a empresa e se mudara com a família para o Rio de Janeiro, ficou satisfeita.

Pela primeira vez desde que fora detida, ela ficou calma. Perguntou pelos filhos, demonstrando maior interesse, deixou de ameaçar Gabriela para quem quisesse ouvir.

Ao contrário, garantia que agora ela poderia viver em paz com a família. Tornou-se obediente, sensata, mostrando intenso desejo de voltar para casa.

— Quero ir embora, cuidar de minha família. Estou curada. Não preciso mais ficar no hospital.

— Tenha um pouco mais de paciência — disse Aurélio.

— O juiz não me condenou. Não estou presa. Ele sabe que sou inocente. Fiquei fora de mim por causa daquela mulher. Agora que ela está longe, estou em paz. Por favor, doutor Aurélio, ateste que estou curada para que eu possa ir para casa.

— A senhora está melhorando, mas ainda precisa de tratamento.

— Não faça isso comigo. O senhor sabe que eu não sou louca.

— Não depende de mim. Para que possa sair daqui, será preciso que uma junta médica lhe dê alta e ateste sua sanidade.

— Então diga ao meu advogado e arranje isso. Preciso ir o quanto antes.

— A senhora ainda não está preparada para um exame desses. Eu a estou ajudando e, quando achar que é hora, convoco os especialistas.

Gioconda irritou-se:

— O senhor está contra mim. O que eu lhe fiz?

— Não diga isso. Saiba que, se pedirmos o parecer deles e o resultado for negativo, só poderemos pedir outro exame depois de um ano. É isso que quer?

— Nesse caso vou ficar doente de tristeza. Eles terão de me mandar para casa.

— Se fizer isso, será pior. Eles não vão se deixar levar. Tenha paciência e trate de melhorar, ficar mais positiva.

— Ela gosta de se fazer de vítima — disse ele a Renato.

— Sempre foi assim. Por qualquer coisa ela ia para a cama fazendo-se de doente e tentava controlar todo mundo.

— Apesar disso, noto que está melhor. Pode ser que tenha alta mais depressa do que esperávamos.

— Prefiro que fique lá o maior tempo possível. Fora dali, ela vai me dar mais trabalho. Meu advogado vai entrar na justiça com o pedido de divórcio.

— Essa notícia poderá piorar seu estado.

— Por essa razão ainda não fiz nada. Não posso esperar mais. Quero resolver tudo antes que ela deixe o hospital. Tenho estado angustiado por causa disso. Ela vai querer ficar com os filhos, e isso me preocupa muito.

— De fato, dona Gioconda não está em condições de conviver bem com os filhos.

— Vai envenená-los, torcendo os fatos como sempre fez. Eles mudaram muito depois que ela saiu de casa. Célia está mais segura de si, mais equilibrada. Tenho conversado muito com ela. A volta de Gioconda, com seus joguinhos emocionais, suas chantagens, vai prejudicá-los.

— É uma situação delicada. Você vai precisar continuar conversando com eles o mais possível.

— Quando ela voltar para casa, não estarei mais lá. Vou me mudar.

— As crianças ficarão com ela?

— Esse é meu dilema. Como mãe ela tem direito a ficar com eles. Mas tenho medo dessa convivência.

— Poderá mover uma ação judicial alegando o estado emocional dela. Mas isso vai contribuir para que ela fique pior.

— Não é o que eu quero. Gostaria muito que ela realmente ficasse mais equilibrada.

— Talvez possa contratar uma professora, uma governanta, que assuma o controle de tudo.

— Com o gênio que Gioconda tem, isso não será fácil. Ela não vai aceitar.

— Podemos arranjar as coisas para que ela não se sinta menosprezada. Essa pessoa terá que ser muito bem escolhida, ter jeito para lidar com ela. Talvez eu possa arrumar isso. Conheço uma enfermeira que desempenharia bem essa tarefa.

— Seria muito bom. Tenho estado angustiado pensando nisso. Não venho dormindo direito, acordo no meio da noite, perco o sono. Tenho pesadelos.

— Não se pressione para resolver o futuro. Tudo tem sua hora, e muitas vezes a solução não depende de nós. A vida é sábia e tem seus próprios caminhos. Deixe o tempo correr. Aos poucos tudo vai se encaminhar para o lugar certo.

— É. Meu amigo Hamílton diz sempre isso.

Naquela noite Renato procurou Hamílton. Sentia o peito oprimido. Gabriela não lhe saía do pensamento.

— Estou muito preocupado — disse assim que se viram a sós. — Tenho tido alguns pesadelos em que Gabriela me pede socorro. Está pálida e diz que vai morrer. Desejo socorrê-la, mas quando me aproximo ela se dissolve. Tento achá-la, mas não consigo. Fico correndo de um lado a outro desesperado, acordo passando mal, coração batendo descompassado, corpo molhado de suor.

— Cilene e eu também temos pensado muito nela. As notícias que conseguimos com nossos amigos espirituais nos deixam apreensivos.

— Precisamos fazer alguma coisa. Peça a eles que nos ajudem.

— Estão ajudando. Precisamos ter paciência. Eles sabem o que estão fazendo.

— Sequer tenho o endereço deles. A mãe diz que não sabe onde estão, não sei se diz a verdade. O fato é que Roberto sumiu com a família.

— Estivemos com dona Georgina. Ela diz a verdade. Está revoltada com a atitude do filho, que se mudou prometendo mandar o endereço e, até agora, nada.

— Sinto vontade de mandar alguém investigar e depois ir até lá, saber como vão as coisas.

— Não se precipite. Continue frequentando os trabalhos espirituais sem desanimar. Gabriela está sendo ajudada, tenho certeza. Vamos confiar e esperar.

Na tarde seguinte, Hamílton ligou para Renato e avisou:

— Nossos mentores marcaram uma reunião especial para Gabriela e pediram que você comparecesse.

— Quando?

— Hoje às oito da noite.

— Estarei lá.

Renato desligou o telefone pensativo. Sentia-se ansioso, angustiado. E se estivesse enganado? E se Gabriela houvesse se reconciliado com o marido, se sentisse feliz e ele estivesse fantasiando coisas? A saudade e o medo de nunca mais a ver não estariam criando ilusões sobre eles? Não seria melhor esquecer aquele amor impossível?

Mas apesar disso não esquecia. Os pesadelos, o rosto dela pedindo ajuda, tudo isso o angustiava.

O telefone tocou. Era Aurélio.

— A junta médica ficou de fazer uma avaliação de Gioconda daqui a uma semana. Se eles derem alta, ela poderá sair logo.

Renato desligou o telefone apreensivo. Ele conversou com a enfermeira que o médico indicara e teve boa impressão. Tratava-se de uma mulher de meia-idade, inteligente, instruída, apta para tomar conta de Gioconda e das crianças. Combinaram que ela iria para sua casa na semana seguinte, para ir se familiarizando com as crianças e com sua rotina. Aurélio queria que quando Gioconda chegasse já a encontrasse cuidando de tudo.

Renato planejava transferir-se para um apartamento de sua propriedade cujo inquilino se mudara para o exterior. Mandou pintá-lo e mobiliá-lo do seu gosto. Ficaria pronto dali a poucos dias.

Não conseguiu trabalhar o resto da tarde. Sua vida estava mudando e ele se sentia apreensivo por causa das crianças.

Não havia ainda conversado com os filhos sobre sua separação de Gioconda. Notava que Ricardinho e mesmo Célia não desejavam que ele se mudasse. Mas teriam de aceitar. Falaria com eles, abriria seu coração. Teriam de entender.

Faltavam alguns minutos para as oito quando Renato encontrou Hamílton no centro espírita. Foi conduzido a uma sala em penumbra, onde Cilene já estava em companhia de algumas pessoas sentadas ao redor de uma mesa grande. Oravam em silêncio.

Alguns livros sobre a mesa, uma jarra com água e copos, um vaso com flores. Havia uma cadeira vazia, e Hamílton pediu a Renato que se sentasse nela.

Cilene proferiu ligeira prece pedindo ajuda espiritual para as pessoas cujos nomes estavam sobre a mesa.

Renato sentiu aumentar sua angústia. Sua respiração estava diferente, queria sair dali, mas conteve-se. Cilene pediu que continuassem orando em silêncio.

De repente, uma senhora disse com voz calma:

— É um caso de obsessão. Quem conhece mentalize as pessoas envolvidas. Vejo um casal sendo vampirizado. Ela, hipnotizada, está fora da realidade. Ele fez pacto com uma entidade perigosa para conseguir seus fins. Vamos precisar de tempo para tentar ajudar.

— Veja se consegue ir mais fundo — pediu Hamílton.

A médium ficou em silêncio por alguns segundos, depois disse:

— Eu vejo a moça se debatendo em um corredor escuro, procurando saída sem conseguir. Está pedindo socorro.

Renato olhou para Hamílton. Era assim que ele via Gabriela em seus sonhos.

Hamílton aproximou-se dele, dizendo baixinho:

— Calma, Renato. Não se deixe impressionar. Continue mentalizando Gabriela. Veja-a saudável e alegre, cheia de luz.

Ele obedeceu. De repente outro médium estremeceu e começou a rir. Depois disse:

— Vocês podem fazer o que quiserem, mas não vão conseguir nada. Este é trabalho de quem sabe. Vocês são fracos, não podem nada. Desistam e não se metam onde não são chamados.

— Vocês estão interferindo no destino das pessoas. Só Deus tem esse poder.

— Nós somos poderosos. É bom que saibam com quem estão se metendo.

— É melhor refletir sobre o que estão fazendo. Vocês querem ser mais do que Deus, e isso não vai dar bom resultado. A vida responde às nossas atitudes. Parem enquanto é tempo, para que não venham a sofrer as consequências.

Ele riu sonoramente, depois respondeu irônico:

— Ai que medo! Vocês estão enganados. Ficam aí rezando, iludindo-se, querendo ajudar os outros sem ter como. Cuidado. Nós podemos dar o troco.

— Não temos medo de você. Estamos do lado do bem maior. A favor da vida. Por que não faz o mesmo? Você serve a um chefe que o escraviza. Sou eu que o estou advertindo. Você não veio aqui por vontade própria. Foi trazido por uma força maior para ouvir o que temos a dizer. É um primeiro contato. Queremos que libertem esse casal. Desistam de mantê-los sob seu controle.

— Essa é boa! Você querendo nos dar ordens... Acha que vamos obedecê-lo?

— Seria bom que obedecessem. Olhe em volta e verá quem está conosco, comandando nossos trabalhos.

O médium remexeu-se na cadeira, depois gritou nervoso:

— O que é isto? Uma cilada? Não havia ninguém aqui a não ser vocês, e de repente aparece toda essa gente? Tirem essa luz da minha frente. Pretendem me cegar? Quero ir embora, não gosto dessa luz. Deixem-me sair.

— Está vendo com quem vocês estão envolvidos? Nós temos interesse em liberar esse casal. Vamos deixá-lo ir para que procure seu chefe e dê nosso recado.

— Ele não vai querer ouvir. Ao contrário, vai me castigar, dizer que fraquejei. Ele é duro, sabe? Vou sair, mas não darei recado algum.

— É melhor obedecer. Está vendo esse soldado ao seu lado?

— O que é isso? Ele vai me prender?

— Não. Ele vai com você.

— Estou prisioneiro! Não posso aparecer lá com ele. Vai dizer que delatei nosso esconderijo.

— Ele conhece seu esconderijo. Ele vai, mas ficará oculto. Ninguém do seu grupo o verá.

— Tenho medo. Não quero ir.

— É melhor obedecer. Ele vai protegê-lo. Não tenha medo. Se fizer tudo como dissemos, terá nossa ajuda. Não gostaria de melhorar sua vida? Viver em liberdade, cuidar de seus problemas, do seu bem-estar, em outro lugar?

— Até que eu gostaria. Mas tenho uma dívida com ele. Eu não posso ir.

— Com nossa ajuda, poderá. Mas é preciso que deixe de querer se meter na vida dos outros. Cada um tem seu caminho. Se você cuidar do seu progresso, sua vida mudará para melhor.

— Será? Não está me enganando?

— Experimente e verá. Agora vá. Continuaremos orando por você.

Ele se foi. Hamílton fez uma prece de agradecimento e encerrou a sessão. As luzes acenderam-se. Tomaram um pouco da água. Renato aproximou-se de Hamílton.

— E então? — perguntou.

— Você ouviu. Eles estão sendo manipulados por entidades ignorantes. Hoje demos o primeiro passo para libertá-los.

— Eles devem ser poderosos. Gabriela sempre foi pessoa equilibrada, tem bom senso, mas mesmo assim eles a dominaram.

— Isso não é verdade. O mal se utiliza dos pontos fracos das pessoas para dominá-las. As pessoas impressionáveis, as que se julgam fracas, que se deixam dominar pelo medo, as que se culpam pelos erros, são manipuláveis por eles. Conhecem seus pensamentos íntimos, fazem sugestões mentais. Assim minam a resistência dessas pessoas e as dominam. Não se deixar envolver pelo negativismo, procurar ser otimista, é o primeiro passo para libertar-se deles.

— Seria bom que todos soubessem disso. Eu penso que deve ter acontecido isso com Gioconda.

— Eles exploraram o ciúme dela e continuarão a fazer isso enquanto ela não mudar. Os espíritos ignorantes usam as pessoas para seus fins, mas não podemos esquecer que não existe vítima. Cada um é obrigado a provar o resultado de seu próprio veneno. Não é assim que a vida cura?

— Mas as pessoas não conhecem isso. Gioconda jamais acreditaria. Vive dominada pelo ciúme e pela revolta. O marido de Gabriela também. Mas e Gabriela? Não é uma vítima? Sempre foi boa esposa, honesta, interessada no bem da família. Como se deixou envolver por esses espíritos?

— Para responder a essas perguntas teríamos que conhecer todos os pensamentos dela, suas vidas passadas, seus compromissos familiares. O que sei é que a vida faz tudo certo. Se ela não precisasse aprender alguma coisa com essa experiência, teria sido poupada. Por que será que a pessoa atrai um companheiro ciumento? Você mesmo, por que terá atraído para o seu lado uma mulher como Gioconda?

— Não sei. Coincidência. As pessoas mudam depois do casamento.

— As pessoas revelam-se como são, é o que quer dizer. Mas antes, mesmo no período do namoro, elas dão muitas dicas. A maioria das pessoas, porém, não quer enxergar, prefere iludir-se acreditando que poderá fazer tudo dar certo. Claro que há o lado humano, terreno, as conveniências. Mas isso é só aparência. É preciso ir mais fundo e descobrir quais atitudes suas atraíram uma pessoa como Gioconda.

— Não sei. Ela era bonita, alegre, valorizava-me. Pensei que poderíamos ser felizes.

— É o que parece. Mas por trás há seu temperamento. Pessoas exuberantes, que brilham, alegres, vistosas, que são notadas onde chegam, costumam atrair companheiros ciumentos.

— Por que será?

— O ciumento é alguém que se julga menos do que os outros e tenta aparentar o que não é. Para isso se torna perfeccionista, não se permite errar, gosta de ser notado. É comum apaixonar-se por quem tem brilho próprio, representa tudo que ele gostaria de ser. Não se satisfaz com um relacionamento normal, quer mais, quer para si as qualidades que vê no outro. Como isso é impossível, sente-se inseguro, tem medo de perder, e isso se torna verdadeira obsessão.

— O que diz tem lógica. Gabriela é exatamente assim, como você diz, e Roberto se sente menos. Tudo piorou depois que ele perdeu o dinheiro e ela assumiu a despesa da família. Mas esse é o temperamento dela, não lhe cabe culpa alguma por ser assim. Aliás, ela não se exibe, ela é o que é. Por que teria que pagar esse preço?

— Hoje ela usa seus atributos na medida certa. Mas e ontem? Como teria agido em outras vidas? O equilíbrio é conquista que cada um faz com o tempo. Como ela teria se tornado o que é?

— Começo a entender. Em outras vidas ela poderia ter usado seu carisma sem bom senso.

— E com isso ter se envolvido em situações inacabadas que está retomando agora para solucionar.

— E eu? Não tenho o carisma nem o brilho de Gabriela. Por que atraí Gioconda?

— Não tente escapar. Você também é um espírito inteligente, brilha onde aparece, um vencedor.

— Não sei, vou meditar sobre isso.

— Depois de amanhã faremos outra sessão para Gabriela, na mesma hora. Não deixe de vir.

Renato despediu-se e saiu. A noite estava estrelada e fria. Onde estaria Gabriela naquele momento? Teria tido alguma melhora?

Ele se sentia mais leve e melhor. Pelo menos estavam fazendo alguma coisa para ajudá-la. Com esse pensamento, foi para casa. Queria ver as crianças e descansar.

Capítulo 22

Renato consultou o relógio e levantou-se. Estava na hora de ir ao Centro. Fazia três meses que eles haviam feito aquela sessão em favor de Gabriela e, apesar de não terem ainda tido notícias dela, continuavam.

Às vezes Renato desanimava, mas tanto Cilene quanto Hamílton o aconselhavam a ter paciência e fé. O problema era grave. A orientação espiritual era que o casal estava sendo assistido e eles fazendo o possível, mas era preciso esperar.

Clara, a enfermeira, tinha começado a trabalhar como governanta na casa de Renato, mostrando-se atenciosa, prestativa, porém firme e organizada. A princípio as crianças, habituadas a fazer o que queriam, haviam estranhado a nova disciplina.

Clara, no entanto, conversava com os dois, explicando o porquê de cada coisa, mostrando-lhes que a organização e a ordem facilitam a vida. Carinhosa, porém firme, sabia valorizar os pontos positivos de cada um. Aos poucos eles perceberam que ela desejava que aprendessem o melhor e desfrutassem de uma vida mais feliz.

Tornaram-se seus amigos, procurando-a para conversar, contar suas dúvidas e receios, alegrias e aspirações.

Assim, Renato viu satisfeito que Clara era a pessoa ideal para ajudá-lo na difícil tarefa de educar os filhos. Quando Aurélio avisou que Gioconda passara no teste e logo iria para casa, Renato conversou com as crianças preparando-as para o que iria acontecer.

Disse-lhes que os amava muito, mas que, apesar disso, teria de se mudar. Célia agarrou-se a ele nervosa:

— Pai, eu quero ir com você.

— Eu gostaria muito. Mas sua mãe esteve muito doente. Está se recuperando, vai voltar para casa e precisa muito da nossa ajuda.

— Nesse caso você tem que ficar! — disse ela inconformada.

— Não, filha. Minha presença só vai perturbá-la ainda mais. Quero que saibam a verdade. Há muito o nosso relacionamento não vinha bem. Para um casal viver junto, é preciso que haja amor, e isso entre nós acabou. Se eu ficar, ela vai exigir de mim demonstrações de carinho que não poderei dar. E isso vai deixá-la doente de novo. Ela sabe que vamos nos separar. E, quando o tempo passar e ela se recuperar, vai sentir que foi melhor assim.

— Você vai nos abandonar... — disse Célia chorando.

Renato abraçou-a com carinho:

— De jeito nenhum. Você e Ricardinho terão sempre todo o meu amor e atenção. Nada vai mudar entre nós. Apenas vou morar em outra casa, mas vocês poderão ir ficar comigo lá o tempo que quiserem, e nos veremos todos os dias.

— Eu gostaria de ir com você! — disse Célia com voz triste.

Ricardinho, que ouvia calado, olhos úmidos, interveio:

— Papai tem razão, Célia. Ele precisa se mudar, mas nós teremos que ficar para ajudar mamãe a melhorar.

— Ele bem que podia ficar...

— Se eu ficar, ela não vai se recuperar logo. Se vocês a abandonarem, ela sofrerá muito e poderá piorar. Ela está doente, sua cabeça está confusa, mas sempre os amou muito. Cada vez que alguém vai visitá-la no hospital, só fala em vocês, na saudade que sente, o quanto gostaria de estar em casa.

Célia baixou a cabeça pensativa e Ricardinho argumentou:

— Nós somos crescidos e temos que ajudar o papai. Vamos fazer tudo como ele quer. Depois, não vai ser ruim. A mamãe brigava muito com ele e agora não vai ter com quem brigar.

— Vai brigar comigo e com você...

— Mas nós vamos nos esforçar para que ela não fique nervosa. Quando isso acontecer, não vamos ligar. Sabemos que ela é doente e que precisamos ter paciência.

— Isso mesmo, meu filho — concordou Renato, comovido. — Ela deverá chegar no sábado. O doutor Aurélio virá com ela. Eu não estarei aqui e Clara cuidará de tudo. Depois, vocês têm meu telefone. Liguem-me e contem-me como vão as coisas. Ficarei em casa esperando a ligação. Qualquer coisa que quiserem, podem me chamar.

No sábado cedo, ele se mudou para o apartamento. Havia combinado tudo com Aurélio e Clara. Queria que Gioconda ficasse confortável e se sentisse bem.

Fazia quinze dias que Gioconda voltara para casa e tudo havia corrido conforme ele previra. Antes de sua alta no hospital, Aurélio a havia prevenido de que Renato não estaria em casa quando ela voltasse.

A princípio ela se revoltou, mas ele, aos poucos, convenceu-a de que Renato estava muito chocado com o que havia acontecido, desejava a separação. Se ela não aceitasse, se revoltasse, os médicos do hospital não atestariam sua melhora e ela teria de ficar lá muito tempo.

Esse argumento a convenceu. Estava cansada, queria ir para casa. Sentia falta dos filhos, do conforto a que estava habituada, das suas coisas, da liberdade que perdera.

Por tudo isso, mostrou-se cordata, disse haver esquecido seu ódio por Gabriela, estar arrependida. Levou vida normal, calma, obedeceu a enfermeiras e médicos, e finalmente conseguiu voltar para casa.

Contudo, sua liberdade era condicional. Deveria submeter-se a novos exames a cada três meses para nova avaliação. Ela sabia que, se demonstrasse qualquer desequilíbrio, poderia ser internada novamente.

Em vista disso, controlava-se. Mas dentro do seu coração, ainda havia o ódio por Gabriela. Confortava-a saber que ela havia se mudado com a família para o Rio de Janeiro e que ninguém, nem mesmo a mãe de Roberto, sabia o endereço.

Com Gabriela distante, o perigo havia passado. Renato, tendo perdido o amor daquela mulher, se arrependeria do que havia feito e um dia a procuraria, pedindo para voltar. Então, ela seria feliz e realizada. Finalmente havia vencido a rival.

Para isso, precisava ser cordata, mostrar paciência, mansidão, arrependimento. E isso ela sabia fingir muito bem.

Depois, Renato era pródigo no sustento da família e o advogado informara-a de que ele lhe daria uma mesada para as despesas pessoais enquanto não estabelecessem as normas legais da separação.

Como eram casados em comunhão de bens, Renato encarregara o doutor Altino de fazer a avaliação dos bens. Ele pretendia dar a Gioconda a parte a que ela tinha direito, para que pudesse manter-se.

Gioconda não tinha profissão e nunca havia trabalhado fora. Não teria como se sustentar. Além disso, ele desejava manter um relacionamento com ela o mais calmo possível, por causa dos filhos.

Ele precisaria se desfazer de alguns imóveis, porém sua empresa estava bem, e com o tempo conseguiria aumentar novamente seu patrimônio. Desejava cuidar de si, viver em um ambiente calmo, onde pudesse fazer o que lhe aprouvesse. Reconhecia que a rotina do casamento, o temperamento de Gioconda, seus joguinhos manipuladores haviam transformado sua vida em uma desagradável sucessão de problemas dos quais ele procurava escapar isolando-se, e assim foi perdendo o prazer das pequenas coisas do dia a dia, das músicas que gostava de ouvir na penumbra da biblioteca, saboreando um copo de vinho, relaxando e sentindo a vibração gostosa que aquilo provocava. Da leitura de um bom livro, do qual saboreava as tiradas inteligentes e argutas de um bom escritor. Do prazer de uma conversa interessante com os amigos, ou simplesmente deixar-se ficar na sala de estar em silêncio, sem pensar em nada, usufruindo o momento de calma e de harmonia interior.

Havia muito tempo ele deixara de fazer essas coisas, porque quando estava em casa Gioconda seguia-o por toda parte, monopolizando sua atenção, reclamando quando ele desejava ficar só, interrompendo-o quando estava lendo ou ouvindo música, dizendo-se abandonada e mal-amada.

Para não ouvir suas queixas, ele preferia demorar mais na rua, depois do expediente do escritório, para reduzir ao máximo sua presença em casa.

Apesar de todos os problemas que estava vivendo, da preocupação com o bem-estar dos filhos, da saudade de Gabriela, da inquietação quanto ao seu destino, Renato sentiu-se bem no novo apartamento.

Lá tudo era do seu gosto, havia silêncio, calma, harmonia. Podia fazer tudo sem se preocupar em incomodar ninguém ou até não fazer nada, deixar-se ficar quieto, relaxado, dono de si.

Naqueles quinze dias percebeu o quanto seu relacionamento com Gioconda o infelicitara. Sentiu-se livre, leve.

Assim que voltou para casa, Gioconda tentou marcar um encontro com ele, a pretexto de resolver a situação da família. Mas quando ela telefonou, Renato disse-lhe francamente que não havia nada para falar. Tudo estava claro com o advogado, e se ela precisasse de alguma coisa deveria dirigir-se a ele.

— Mas eu quero conversar com você! Estou arrependida do que fiz. Eu estava fora de mim. Gostaria de contar-lhe o que passei.

— Não precisa.

— Quero pedir-lhe perdão. Fui injusta com você.

— Não há nada a perdoar. Já passou.

— Se fosse verdade, você viria conversar, voltaria para casa e tudo ficaria bem.

— Não guardo rancor, acredite. É melhor aceitar a verdade. Nosso casamento acabou. Nunca mais voltarei para casa. Trate de esquecer, refazer sua vida como quiser.

— Vai ver que já arranjou outra mulher...

— Vê? Você não mudou nada. Vou desligar.

— Não quero ficar sozinha aqui. A casa está diferente. Clara tomou conta de tudo, as crianças gostam mais dela do que de mim.

— Esses são problemas que você vai ter que resolver. Minha parte já fiz. Clara é excelente e está cuidando de tudo muito bem. Você não vai precisar se preocupar com nada. É tudo que posso fazer.

Ela começou a chorar.

— O que vai ser de mim agora sem você? O que fazer de minha vida, só, abandonada?

— Isso é problema seu. Você é uma mulher inteligente, adulta, capaz de cuidar da própria vida. É melhor deixar de bancar a vítima, o que você não é. Perturbou duas famílias, quase matou uma pessoa, fez-se de coitada e controlou os psiquiatras para conseguir a liberdade. Coragem você tem até demais. Trate de usar essa força para reconstruir sua vida sem mim. Eu já estou fora.

— Você vai se arrepender de me humilhar assim.

— A verdade dói, mas pode curar. Pense nisso.

Ela desligou o telefone sem responder. Renato suspirou, tentando expulsar a sensação desagradável que a conversa lhe provocara.

Mais tarde o advogado ligou dizendo que Gioconda estava muito zangada e que nunca mais permitiria que ele visse os filhos, ao que Renato respondeu:

— Diga-lhe que, se colocar meus filhos contra mim, impedir que me visitem, corto a mesada dela. Talvez assim ela recupere a calma.

Mais tarde Altino ligou para dizer que ela havia chorado, reclamado, se lamentado e no fim concordou em fazer o que Renato queria.

Enquanto se dirigia ao centro espírita para a sessão, Renato pensava nos últimos acontecimentos. Apesar de não ter notícias de Gabriela, de estar frequentando o centro nos últimos meses, não perdia a fé.

Agora mais do que nunca acreditava na interferência dos espíritos na vida das pessoas. Sabia o quanto era importante manter bons pensamentos, fazendo o possível para vencer os desafios que a vida lhe trazia, mas reconhecia seus limites, e os problemas que não conseguia resolver entregava nas mãos de Deus.

Seu amor por Gabriela não era correspondido, mas, mesmo que o fosse, nunca poderiam ser felizes. Havia os compromissos de família.

Roberto não aceitaria uma separação, tornaria a vida dela um inferno. Os filhos sofreriam. Não era isso que ele desejava para ela.

Depois, ela amava o marido, estava decepcionada, mas com certeza o havia perdoado, retomado a vida normal. Talvez nem se lembrasse dele.

Apesar disso, não era seu sentimento de amor por ela que o angustiava. Quando pensava nela, recordava seu rosto, seu sorriso, sua espontaneidade, sentia agradável calor no peito. Sentir esse amor dava-lhe prazer, alegria, motivação para ser melhor com as pessoas. Havia se conformado em guardar esse segredo para sempre.

A angústia, a inquietação, era por não saber o que havia acontecido com ela, se estava bem, se era feliz.

Quando ia ao Centro, orava pela felicidade dela. Naquela noite, quando chegou à sala de reuniões, estava na hora de começar. Ocupou o lugar que lhe foi destinado e, quando o dirigente iniciou a prece, pareceu-lhe vê-la na sua frente, pálida, magra, mãos estendidas, pedindo ajuda, igual acontecia em seus sonhos.

Emocionado, Renato, em pensamento, rogou aos espíritos presentes que a ajudassem. Naquele momento ele teve certeza de que ela estava sofrendo, precisando de auxílio. As lágrimas desciam pelo seu rosto e ele implorava a Deus que ela pudesse voltar a ser a moça alegre, saudável, bem-disposta que sempre fora.

Um rapaz começou a falar:

— Desejamos agradecer a perseverança de vocês neste caso. Graças a ela, estamos avançando em nossos propósitos. Dentro em breve terão notícias deles. Não se preocupem com o que lhes disserem. Às vezes parece que tudo está pior, mas isso representa o começo da cura. Peço-lhes que continuem firmes. Confiem em Deus e creiam que nada acontece por acaso. A vida é a grande mestra que nos ensina sempre, torna-nos mais conscientes, faz-nos amadurecer. Guardemos o coração em paz e em oração.

Quando as luzes se acenderam, Renato procurou Hamílton.

— Hoje eu vi Gabriela na minha frente, como aparece nos meus sonhos. Estava mal, pedia ajuda. Teria sido minha imaginação? Eu estava preocupado com ela.

— Não foi. Eu também a vi. Seu espírito foi trazido aqui para fortalecimento.

— Ela veio mesmo?

— Sim. Nossos mentores a tiraram do corpo e trouxeram para tratamento. Ela recebeu forças para resistir à magnetização dessas entidades que a estão envolvendo.

— Fiquei emocionado. Senti que era ela.

— Não permita que as emoções o dominem. Reaja. Pense que ela está sendo atendida e que logo teremos notícias.

— Eles disseram isso. Mas até agora nem o investigador que contratei conseguiu descobrir algo.

— Ao contratar o investigador, você usou os recursos de que pode dispor, fez sua parte. Entretanto, eu sei que há outros interesses em jogo. Só descobriremos alguma coisa quando for a hora. Não se esqueça de que Gabriela e Roberto estão sendo auxiliados pelos nossos mentores desde o início. Eles possuem uma visão mais completa dos acontecimentos, conhecem as vidas passadas, as verdadeiras causas de tudo. Sabem que os desafios de cada um são determinados pelas suas necessidades de amadurecimento. Respeitam o ritmo e o arbítrio deles. Conforme suas atitudes, eles agem.

— Mas eles estão sendo manipulados por entidades perigosas das quais têm dificuldade de se livrar. Esperar não será falta de caridade?

— Ninguém é vítima, Renato. De alguma forma eles atraíram essas entidades. Não temos condições de julgar, nossa visão é parcial e muitas vezes está deformada pelas crenças erradas que o mundo nos ensinou. A vida é amorosa, sábia, perfeita. Jamais permitiria uma injustiça.

— Não é isso que nos parece neste mundo.

— Parece, mas não é. Falta-nos conhecimento para poder avaliar adequadamente. Mas, acreditando que o Universo é perfeito, que foi criado por um Deus que não erra, chegaremos a esta conclusão.

— Vemos tanta gente boa sofrendo... é difícil entender.

— É verdade. Mas nossos conceitos de bondade estão limitados pelas regras da sociedade e na maioria delas os verdadeiros valores da alma estão invertidos. Nossa cabeça está cheia de regras e costumes que variam de país a país, o que prova sua precariedade.

— Como poderemos entender melhor?

— Acabando com os preconceitos. Valorizando o que sentimos, aprendemos a ouvir nossa alma. Usando o bom senso. Descobrindo nossas qualidades, mas olhando nossos pontos fracos sem medo. São eles que determinam os desafios que a vida vai nos trazer.

— Conhecer nossas fraquezas não vai nos levar à depressão?

— Não se fizer isso sem culpa e desejar fortalecer esses pontos.

— De que forma?

— Dando-se força. Jamais se criticando ou ficando contra você.

— A culpa é difícil de carregar.

— Se dramatizar, sim. Mas, se olhar para um erro pensando em não o cometer de novo, vai se livrar dela e aproveitar a lição. Entendeu?

— Sim. Olhando a vida dessa forma, tudo fica mais fácil. Estou até me sentindo mais leve.

— Isso mesmo. Procure visualizar nossos amigos alegres e felizes. Pense que tudo está bem e só vai acontecer o melhor.

— Está certo. Se tiver alguma novidade, ligue-me.

Renato foi para casa sentindo-se mais tranquilo. A conversa com Hamílton fizera-lhe enorme bem.

Naquela mesma noite, Roberto chegou em casa passava da uma e meia da madrugada. Sentia-se cansado e nervoso. Estava voltando do terreiro onde trabalhara desde as sete da noite. Naqueles meses conversara com Pai José pedindo que o liberasse daquela tarefa, mas não conseguiu.

Se ele não pagasse o que devia com trabalho, seria castigado. Perderia tudo e ainda ficaria muito mal. Embora contrariado, Roberto não se atrevia a desistir. Lá desempenhava várias tarefas desagradáveis com animais, comidas, fazendo entrega em cemitérios, na mata, no mar.

Roberto cumpria o que lhe mandavam por obrigação e medo. No meio da roda não ficava mais inconsciente. Ouvia tudo que estava falando, percebia o que fazia, mas não conseguia parar. Era como se estivesse do lado, observando.

Apesar de cansado, tomou um banho e foi se deitar. Gabriela dormia e ele acendeu o pequeno abajur de sua mesa de cabeceira, olhando-a preocupado. Ela havia emagrecido muito e estava pálida.

Conversara com Pai José, pedira-lhe um remédio. Nicete todos os dias preparava o chá com as ervas que ele havia receitado, mas Gabriela continuava na mesma, alheia a tudo, emagrecendo e sem apetite.

As crianças andavam nervosas, brigando entre si, dando trabalho para Nicete quando estavam em casa e arrumando confusão no colégio.

Roberto deitou-se e apagou a luz. Isso não era vida. Ele conseguiu o que desejava, porém não se sentia feliz. O preço estava sendo muito alto. Ele queria Gabriela bonita, alegre, saudável, e ela estava se acabando. Ela não conversava com as crianças e ele também não tinha tempo para isso. Trabalhava o dia inteiro e três vezes por semana precisava ir ao terreiro, que tinha horário para começar, mas nunca para acabar.

Muitas vezes os trabalhos avançavam noite adentro e não raro precisavam sair para fazer despachos à meia-noite.

Roberto sentiu saudade do tempo em que ele tinha seu depósito de materiais de construção, sua família estava bem. Neumes era culpado de tudo. Roubara seu dinheiro e deixara-o na miséria, tendo de suportar a vergonha de ver sua família mantida pela mulher. Isso ele nunca iria perdoar.

Nunca mais vira aquele safado. Se o encontrasse, ele o faria devolver tudo. Foi então que teve a ideia de falar com Pai José sobre ele. Afinal, estava trabalhando no terreiro e tinha o direito de pedir ajuda.

Por que não pensara nisso antes? Eles eram poderosos. Apesar dos problemas que estava enfrentando, haviam revertido completamente sua situação. Pediria que fizessem um trabalho para que Neumes aparecesse e lhe devolvesse seu dinheiro. Queria também que ele fosse castigado. Era justo.

Conversou com Pai José, que prometeu fazer o que ele queria. Roberto sentiu-se confortado. Logo estaria rico, poderia reabrir seu negócio. Era o que ele mais desejava. Pai José dissera-lhe que com o tempo Gabriela iria melhorar. Roberto acreditou. Conformou-se em dever-lhe mais aquele favor. Afinal, tinha de ir lá mesmo e, já que não podia se afastar, pelo menos usufruiria daquele pacto.

Nicete estava cada dia mais preocupada. Não se conformava com as mudanças de Gabriela, das crianças e do próprio Roberto, que se tornara sisudo e não brincava mais com as crianças.

Ela sentia o ambiente pesado e muitas vezes tinha pesadelos, acordava cansada, corpo doído, aflita. Sabia que Roberto estava trabalhando no terreiro e que não ia lá para fazer nada de bom.

Ela sabia que havia terreiros onde só ajudavam as pessoas, confortando, aconselhando, tentando curar as doenças. Mas o lugar que Roberto estava indo não era desse tipo.

Percebia pelos resultados. As coisas na casa estavam cada vez piores. Nos últimos dias ficara impressionada com a apatia de Gabriela. Guilherme pisara sobre um caco de vidro e cortara a sola do pé. O sangue escorria e Nicete tratara logo de socorrê-lo, chamando Gabriela.

Ela se limitou a olhar, e não saiu do lugar. Apavorada, Nicete lavou o ferimento e percebeu que o corte não tinha sido fundo. Fez um curativo e logo o menino estava bem.

Gabriela sequer perguntou o que havia acontecido. Continuou sentada no sofá, olhar fixo e distante. Assustada, Nicete recolheu-se em seu quarto e rezou, pedindo ajuda. Aquela situação não podia continuar. Precisava fazer alguma coisa.

Não conhecia ninguém no Rio de Janeiro. Como Gabriela estava indiferente a tudo, era ela quem estava tendo de assumir todas as responsabilidades da família. Havia conversado várias vezes com Roberto, pedindo-lhe que tomasse providências, que levasse Gabriela ao médico, porém ele lhe respondia que ela estava bem e não precisava.

A quem recorrer? Pensou em Georgina. Roberto não lhe dera o novo endereço. Ela não era confiável. Sempre falava mal de Gabriela e desejava prejudicá-la. O que fazer?

Decidiu procurar na escrivaninha de Gabriela. Era lá que ela costumava fazer as contas e guardar os documentos da família. Abriu uma gaveta e começou a procurar. Não encontrou nada. Foi ao guarda-roupa e pegou a bolsa de Gabriela, que ela costumava usar para ir trabalhar.

Sentou-se na cama, abriu a bolsa e virou-a de cabeça para baixo. O que havia dentro dela caiu sobre a cama, porém um pequeno papel dobrado foi ao chão.

Nicete apanhou-o e leu: centro espírita Luz do Caminho. Lá havia o nome de Gabriela e a indicação para um tratamento espiritual. Atendente Cilene. Havia endereço e telefone.

Nicete recolocou tudo na bolsa e em seguida foi ao telefone. Discou o número e pediu para falar com Cilene. Depois de alguns instantes ela atendeu.

— Meu nome é Nicete, estou falando do Rio de Janeiro. Trabalho na casa da dona Gabriela. Tenho em mãos um papel do centro assinado por você. Sabe de quem se trata?

— Claro. Graças a Deus você ligou. Como vai ela?

— Mal. Não sei o que fazer. Precisamos muito de ajuda.

Em poucas palavras Nicete contou o que estava acontecendo e finalizou:

— Por favor, ajude-me. Não sei mais o que fazer.

— Acalme-se. Preciso do endereço.

Nicete falou e ela anotou. Depois esclareceu:

— Desde que vocês se mudaram estamos fazendo trabalhos em favor de todos. Os espíritos nos informaram que vocês precisavam de ajuda. Mas estava difícil, porque sequer sabíamos o endereço. Obrigada por nos ter informado. Você é a única pessoa da casa que não foi dominada por essas entidades. Fique firme. Será nosso apoio aí. Não se deixe envolver pelo desânimo. Continue mentalizando luz e orando. Amanhã à noite é dia da nossa reunião em favor de vocês. Lá pelas oito e meia da noite, procure se ligar conosco. Ponha água numa jarra e ore. Depois de meia hora, dê um copo dessa água a Gabriela e o restante dê jeito que toda a família beba. Entendeu?

— Sim. Farei tudo direitinho. Só de falar com você, sinto-me aliviada. Muito obrigada.

— Assim que tiver alguma orientação, ligarei.

Cilene desligou o telefone e procurou Hamílton para contar a novidade. Imediatamente ele ligou para Renato.

— Bem que eles nos avisaram! — disse ele. — E agora, o que faremos?

— Amanhã vamos pedir orientação. O caso é delicado. Teremos que trabalhar com eles.

— Tenho vontade de ir lá imediatamente tentar trazer Gabriela e os filhos de volta.

— Não pode interferir dessa forma. Ela está com o marido. Vamos esperar até amanhã à noite. Você nos ajuda mais não se deixando envolver pelas emoções. Controle-se. Vamos precisar de serenidade para oferecermos apoio ao trabalho dos espíritos. Pense que tudo vai ficar bem, mentalize todos com saúde e paz.

— Vai ser difícil esperar até amanhã...

— Tudo tem sua hora. Domine a ansiedade, que só serve para atrapalhar. Conserve a confiança, procure o equilíbrio. Contamos com a ajuda preciosa dos nossos amigos espirituais. Portanto faça sua parte.

— Está certo. Vou me esforçar.

Renato desligou o telefone sentindo o coração bater descompassado. Finalmente sabia onde ela estava! Sentia vontade de ir até lá protegê-la, mandando para longe todos os que a estavam perturbando.

Não sabia os detalhes, mas imaginava que o estado dela teria se agravado, para Nicete haver procurado ajuda. Meu Deus! Quando terminaria aquela confusão?

Estava resignado a não a ver mais, porém desejava que ela estivesse feliz. Era só o que pensava. Faria o que pudesse para que ela ficasse bem.

Pensando assim, foi para seu quarto, sentou-se na cama, fechou os olhos e começou a rezar pedindo pelo bem-estar de Gabriela e das crianças. Era o que ele podia fazer naquele momento.

Capítulo 23

Na tarde seguinte, Renato ligou para Aurélio. Os dois haviam se tornado muito amigos. Nos momentos mais difíceis, Renato procurava-o para desabafar e sempre saía aliviado.

Aurélio era um estudioso não só do comportamento, mas também da vida. No trato com os pacientes, vivenciara experiências que escapavam à lógica médica. Desde o início de sua carreira habituara-se a questionar os fatos, buscando entender como eles ocorreram e por quê.

Suas pesquisas o levaram ao estudo da mediunidade e da interferência dos espíritos desencarnados na vida das pessoas. Não tinha mais dúvidas a respeito da sobrevivência do espírito após a morte e da reencarnação.

Como amigo de Renato, travou conhecimento com Cilene e Hamílton. A simpatia foi recíproca e logo estabeleceram laços de amizade. Aurélio ficara viúvo havia cinco anos e morava sozinho na casa que pertencia à sua família. Seus dois filhos estavam casados.

Discreto, mas muito interessado nos problemas humanos, ele gostava de reunir os amigos em sua casa para uma boa conversa. Eram poucos os que privavam de sua intimidade. Renato, Hamílton e Cilene estavam fazendo parte desse grupo.

Reuniam-se ora em casa de Renato, ora em casa de Aurélio para um jantar agradável e depois se entregavam ao prazer da boa conversa.

Quando Aurélio atendeu, Renato confidenciou:

— Ontem tivemos notícias de Gabriela e Roberto. — Contou o que havia acontecido e finalizou: — Hoje à noite faremos uma reunião no centro para pedir orientação. Eles nos haviam dito que teríamos notícias.

— De fato. Parece que o grupo está bem entrosado.

— Você nunca foi lá. Hamílton já o convidou.

— É verdade. Acontece que eu prefiro ficar de fora. Não desejo me sugestionar.

— Assim você perde ocasião de experimentar.

— Nesses lugares as pessoas dizem que é preciso ter muita fé. Sabe como eu sou: se estiver lá, vou querer observar tudo, ficar com os olhos abertos para não perder nada. Sou questionador, você sabe. Eles acham que é falta de fé. Por essa razão não vou a essas sessões. Gosto das manifestações espontâneas.

— Até certo ponto concordo. Principalmente quando há fanatismo. Mas lá o grupo é muito bom. Tem bom senso. Não aceitam as coisas sem as estudar. Ainda penso que você deveria ir. Além de nos dar apoio, tenho certeza de que suas energias vão contribuir com o trabalho.

— Está certo. Você me convenceu.

— Passarei em sua casa às sete e meia.

Quando Renato e Aurélio entraram na sala da reunião, o ambiente em penumbra, os médiuns sentados ao redor da mesa, indicavam que estava na hora de iniciar.

Hamílton ficou em pé enquanto Cilene acomodava os recém-chegados nos dois lugares vagos ao redor da mesa. Depois ela se sentou novamente e Hamílton fez ligeira prece pedindo ajuda para as pessoas cujos nomes estavam sobre a mesa.

O ambiente era de paz. Depois de alguns minutos de silêncio, um rapaz começou a falar:

— Meu nome é Elvira. Tenho muito interesse neste caso. Agradeço a ajuda que estão dando e espero poder retribuir de algum modo, prestando serviço nesta casa. Vocês receberam notícias do casal. Era o sinal que esperávamos para tomar algumas iniciativas. Como vocês sabem, a vida trabalha pelo bem de todos os envolvidos. Contudo, se alguém resiste preferindo permanecer nas ilusões do mundo, deixamos que siga o rumo que escolheu, na certeza de que a vida tem meios de levá-lo aonde precisa ir. Não é justo que os outros que já estão maduros fiquem à mercê de energias negativas por causa de um. O que querem perguntar?

— O que poderemos fazer para ajudar? — disse Hamílton.

— Vamos orientar. Antes vou contar-lhes uma história. No começo do século passado, em Paris, havia uma jovem de rara beleza, filha de família abastada, que lhe dera esmerada educação. Tocava piano, falava vários idiomas, conhecia todas as regras da corte, onde brilhava e conquistava corações.

Seu pai, entretanto, não era nobre e sonhava casar a filha com alguém que pudesse dar-lhe um título de nobreza. Homem astucioso, conseguira as boas graças de uma duquesa, que tomara Gabrielle como sua dama de companhia.

Ela, porém, não era ambiciosa como o pai. Sonhava com um casamento de amor. Um dia apaixonou-se por um jovem mercador e foi correspondida. Sabendo que o pai jamais concordaria com o casamento, planejaram fugir.

Uma das damas de companhia da duquesa, cheia de inveja pelo sucesso que Gabrielle fazia, descobriu tudo e delatou-os ao pai dela.

Cheio de indignação, ele prendeu a filha na cela de um convento. O assunto foi muito comentado, e um conde, que estava muito apaixonado por ela, procurou o pai e pediu-a em casamento. Radiante, ele aceitou. Ela não queria, mas o pai obrigou-a, ameaçando a vida do seu amado. Ela se casou. A amante do conde, abandonada com o casamento dele, jurou vingança.

O conde, muito apaixonado, esforçou-se para conquistar Gabrielle procurando fazer-lhe todas as vontades. Ela, no entanto, ficava apática e triste. Desprezado por ela, o marido sentia um ciúme doentio. Acabou por prendê-la no castelo sob a vigilância de sua mãe, uma mulher interesseira que, irritada com a atitude da nora, fazia tudo para perturbá-la.

Valorizando o filho, julgava que ninguém chegava à altura de merecê-lo. Gabrielle, além de plebeia, ainda se dava ao luxo de recusá-lo.

O jovem mercador, sabendo que sua amada estava sofrendo maus-tratos, decidiu salvá-la. Planejou com dois amigos ludibriar a vigilância e libertá-la. Armou um ardiloso plano e depois de certo tempo conseguiu o que pretendia.

Raptou Gabrielle e com a cumplicidade dos amigos conseguiu levá-la para a Itália, onde passaram a viver juntos. O conde Alberto ficou desesperado e jurou vingança.

Contratou pessoas para procurá-los, até que conseguiu descobrir onde moravam. Indignado, armou vários homens e foi à procura deles. Chegaram à noite e imediatamente invadiram a casa onde o casal dormia. Raul, o jovem mercador, tentou impedi-los de levar Gabrielle, mas foi derrubado com violenta pancada. Caiu desacordado. No quarto ao lado, uma criança chorava assustada. Gabrielle gritava desesperada:

— Soltem-me. Meu filho está chorando. Larguem-me.

Mesmo debatendo-se vigorosamente, eles a levaram. Uma hora depois, Raul acordou e, dando conta do ocorrido, deixou o filho com a ama, armou-se e saiu à procura dos raptores.

Conseguiu alcançá-los em uma estalagem onde se haviam recolhido. Ficou à espreita e, quando todos dormiam, entrou sorrateiro. Ouviu vozes e reconheceu Gabrielle discutindo com o conde. Aproximou-se. Ele a acusava de traição, dizendo que ela teria o castigo que merecia.

Gabrielle implorava que a deixasse em paz, dizendo-lhe que tinha um filho pequeno que precisava dela. Irritado, Alberto tentou agarrá-la, dizendo:

— Você é minha mulher. Vou fazer de você o que quiser.

Abraçou-a tentando beijá-la. Raul abriu a janela do quarto e pulou para dentro, gritando:

— Solte-a. Deixe-a em paz.

Alberto voltou-se para ele e imediatamente pegou a espada, mas nessa hora Raul, que tinha um revólver na mão, atirou. Alberto caiu e logo o sangue molhou o assoalho. Gabrielle chorava em pânico.

Raul ajudou-a a pular a janela e, enquanto as pessoas que ouviram o tiro arrombavam a porta do quarto, ele apanhou o cavalo, colocou Gabrielle na garupa, montou e partiu a galope.

Chegando em casa, arrumou os pertences e partiu com o filho e a jovem ama, que era órfã e dispôs-se a acompanhá-los.

Elvira fez uma pausa, enquanto os presentes emocionados não se atreviam a dizer nada. Foi Hamílton quem quebrou o silêncio:

— Você está falando de Gabriela. Os outros personagens fazem parte do processo que enfrentamos hoje.

— Isso mesmo — concordou ela. — O espírito do conde viu-se no astral revoltado, planejando vingança. Raul, além de roubar-lhe a mulher amada, tirara-lhe a vida. Augusta, sua ex-amante, ajudava-o nessa empreitada. Eu sofri muito. Laços de amor me prendem a Alberto. Tivemos ligações em vidas passadas, nas quais começamos por uma louca paixão e acabamos por sublimá-la quando o recebi como filho. Tentei de todas as formas que ele me ouvisse e concordasse em perdoar. Tenho amigos que me ajudam e todos nos empenhamos para que ele compreendesse que é inútil lutar contra a força das coisas. Que essa atitude só traz sofrimento. Mas ele não me ouviu. Descobriu onde o casal vivia e colou-se ao rival com intenção de destruí-lo.

Raul tornou-se nervoso, irritado, ora sentindo-se inquieto, ora caindo em apatia, desmotivado para o trabalho.

Aos poucos foi perdendo o entusiasmo pela vida e lembrando-se do rival que havia assassinado. Começou a vê-lo ameaçador, cobrando o que lhe devia. Gabrielle fazia tudo para trazê-lo à razão, porém a cada dia ele ficava pior.

Eles haviam tido quatro filhos, e Gabrielle, notando que Raul se descuidava do trabalho, substituía-o enquanto ele ficava no quarto dormindo ou andando inquieto pelas ruas da cidade. Eles haviam montado pequena loja de onde tiravam o sustento. Raul foi ficando pior e Gabrielle assumiu inteiramente o negócio, tendo por ajudante Nina, a órfã que haviam recolhido e que a apoiava em tudo.

Raul nunca se recuperou. Foi enfraquecendo e acabou morrendo antes dos quarenta anos. Quando acordou no astral, Alberto esperava-o cheio de ódio, satisfeito com o que conseguira. Vendo-o, Raul atacou-o enraivecido e os dois rolaram, agredindo-se mutuamente.

Não pudemos separá-los naquele momento. Levamos tempo até que Raul, cansado, sofrido, arrependido, aceitou nossa ajuda e foi recolhido em um lugar de recuperação. Lá, estudou, recuperou-se, aprendeu que, para se libertar da sua ligação com Alberto, precisava perdoar. Mas só o conseguiu quando entendeu que cada pessoa é o que é e só tem condições de fazer o que sabe. Ele se julgava com direito ao amor de Gabrielle porque ela o amava. Via o conde como um intruso que se valera de sua fortuna para roubar-lhe a mulher amada. Por tudo isso não sentiu culpa quando a raptou. Contudo, o conde tornara-se marido dela e viu-se no direito de tê-la de volta. Como tudo é relativo ao entendimento de cada pessoa, os dois, cada um por sua vez, acreditavam que estavam com a razão.

Foi preciso tempo para que ambos entendessem que ninguém é de ninguém e que sentir amor não dá o direito de agarrar-se ao ser amado e a esse pretexto manipular sua vida cobrando retribuição. Para conquistar a paz, precisavam ceder e mudar de atitude. Isso só aconteceu quando Gabrielle voltou para o astral, compreendeu as necessidades de cada um e resolveu trabalhar pelo entendimento de todos. Só assim teriam equilíbrio para seguir adiante.

Alberto não se conformava em notar que, apesar do título de nobreza que ostentara no mundo, Raul era mais bonito, inteligente, culto do que ele. Acreditava que por essa razão Gabrielle o preferira.

Gabrielle, desejando ajudá-lo, concordou em reencarnar, aceitá-lo como marido, ficar um tempo a seu lado a fim de motivar-lhe a autoconfiança, o sucesso. Acreditava que, depois desse tempo, ele teria condições de progredir por si mesmo. Então ela estaria livre para ficar ao lado de Raul, a quem realmente amava.

Alberto preparou-se para a nova encarnação, feliz por poder contar com a companhia dela. Apesar de saber que ela amava outro, no fundo guardava a esperança de poder conquistá-la definitivamente.

Gabrielle foi aconselhada pelo seu orientador espiritual a não mergulhar naquela aventura. Ela, porém, sentia-se culpada por haver casado com ele e depois tê-lo abandonado e pela tragédia que os envolvera.

Seus orientadores concordaram, porquanto sabiam que ela não teria paz enquanto não se livrasse daquela sensação de culpa que a atormentava.

A mãe de Alberto, apegada ao filho, sentindo que não o ajudara como deveria, prontificou-se a recebê-lo novamente. Reencarnou e recebeu o nome de Georgina. Alberto nasceu e teve o nome de Roberto. Conforme o combinado, casou-se com Gabriela, porém não conseguia dominar o ciúme. A sensação de traição, de perda, ainda estava muito forte em seu inconsciente.

Gabriela foi se desiludindo e compreendendo que ninguém muda ninguém. A presença dela ao lado dele, em vez de ajudá-lo, fazia-o recordar-se mais dos problemas passados.

Sua atitude fazendo-a passar por autora do desfalque fê-la ter certeza de que ele ainda não estava pronto para mudar. Entrou em depressão. Roberto sentiu que a havia perdido. Em vez de conformar-se, voltar atrás e tentar reconquistá-la provando o quanto a amava, persistiu no desejo de dominá-la. Para isso, fez um pacto com algumas entidades perigosas que os estão explorando. Infelizmente essa é a situação hoje.

Renato sentia o coração bater descompassado. Tinha certeza de conhecer essa história e de haver feito parte dela. Teve vontade de perguntar se Raul também havia reencarnado. Mas não teve coragem.

Hamílton perguntou:

— Eles estão em condições de serem libertados?

— Ele ainda não. Você sabe: pediu a ajuda dessas entidades, recebeu favores, comprometeu-se de livre vontade. Agora, terá que colher os resultados dessas atitudes. Nada poderemos fazer. Todavia, ela, apesar de tudo, fez a parte que lhe cabia. Manteve-se fiel, procedeu dignamente.

— Nesse caso não poderia ter sido poupada?

— Não. Ela se julgava capaz de influenciá-lo, fazê-lo mudar. Isso é uma ilusão. As pessoas só mudam quando amadurecem e decidem-se a isso. Ela não foi poupada justamente para que se livrasse dessa ilusão, percebesse a verdade.

— É um difícil desafio... — comentou Hamílton.

— Sim, mas muito proveitoso. A ilusão de que ela poderia intervir no processo de evolução dele a fez sentir-se culpada. A verdade é que cada um erra por sua própria cabeça, ninguém é responsável pelo erro dos outros. O conde, mesmo sabendo que ela amava outro, desposou-a. Ele também estava iludido pensando que com o tempo poderia conquistá-la. Ficou frustrado e não entendeu que um casamento como o dele só poderia dar no que deu. Em vez de enfrentar a verdade, muitos preferem manter a ilusão, e isso é que atrai sofrimento. Toda planta que meu pai não plantou será arrancada. Sábias palavras de Jesus. Todas as ilusões serão destruídas. Porque a verdade é luz, é imutável, é felicidade. Quando os homens entenderem isso, vão se poupar de muitos sofrimentos. Eu gostaria de indicar algumas providências para esse caso.

— Já temos o endereço. Podemos ir visitá-los.

— Vocês não. O médico que vocês conhecem e que é nosso amigo, embora não se recorde de nós no momento, poderá ir até lá no próximo sábado, como se fosse ao acaso. Uma vez lá, nós o inspiraremos como agir. Fiquemos firmes. Em breve voltaremos. Deus os abençoe.

Continuaram em prece silenciosa por mais alguns minutos, depois Hamílton encerrou a reunião.

Quando as luzes se acenderam, Aurélio não se conteve. Abraçou Hamílton, dizendo comovido:

— Que maravilha! Nunca assisti a nada igual.

— Parece que Elvira mencionou você — respondeu ele.

— Eu senti que falava comigo. Estou à disposição.

Renato interveio:

— Estou emocionado! Tive vontade de perguntar muitas coisas!

— Eu sei — disse Hamílton. — Você também viveu essa história.

Renato baixou a cabeça tentando esconder o brilho de algumas lágrimas.

— Uma coisa me intriga... — disse Aurélio.

— O quê? — perguntou Hamílton.

— A reencarnação deles foi programada pelos mentores espirituais. Mas Roberto não soube aproveitar como poderia. O que vai acontecer agora?

— Os programas são feitos antes da reencarnação direcionados às necessidades de aprendizagem de cada um. Mas o aproveitamento varia de acordo com as atitudes que escolherem durante a estada aqui. O livre-arbítrio é respeitado — esclareceu Hamílton.

— Nesse caso — considerou Aurélio —, ela vai ser ajudada, mas ele não.

— Você não entendeu. Todos sempre são ajudados. Neste momento, a ajuda para ele será a de perceber os próprios enganos, e isso só será possível experimentando os resultados desagradáveis de suas atitudes. A desilusão ajuda a eliminar os falsos valores e reconhecer os verdadeiros.

— A vida tem seus próprios meios de ensinar — tornou Aurélio.

— Quando você vai ao Rio? — indagou Renato.

— Neste fim de semana, conforme eles pediram. O assunto é urgente e é melhor não perder tempo.

— Gostaria de ir junto — disse Renato.

— É melhor não — interveio Hamílton. — O doutor Aurélio vai sozinho. Manteremos contato todo o tempo.

— Pensei em ir junto, mas manter-me incógnito. Não pretendo aparecer para eles.

— Mesmo assim, Renato. Você se esquece de que essas entidades perceberão sua presença e isso poderá despertar suas suspeitas, inutilizando nosso esforço. Nesses casos precisamos seguir à risca a orientação dada. Controle sua ansiedade. Tudo acontecerá na hora certa.

Cilene juntou-se a eles e combinaram os detalhes. Aurélio viajaria no sábado pela manhã e à tarde iria até a casa de Gabriela fingindo não saber que estavam ali. O resto ficaria por conta dos espíritos.

Naquela noite Renato não conseguiu dormir logo. A história de Gabriela não lhe saía do pensamento. Hamílton dissera que ele também estava lá. Pelo amor que sentia por Gabriela, ele só poderia ter sido Raul, o homem que ela havia amado.

A esse pensamento, ele estremecia de emoção. Nesse caso, ela também o amara. Por que nunca notara nada? Ela o teria substituído por Roberto?

Não, ele estava delirando. Não podia ter sido Raul. Se o fosse, ela certamente teria demonstrado algum interesse. Se houvesse notado que ela o queria, não teria conseguido dominar a atração que sempre sentira.

Precisava perguntar para Hamílton se de fato ele havia sido Raul. Dominado por contraditórios sentimentos, finalmente adormeceu.

Sonhou que estava parado em frente a uma pequena casa, cujo jardim cheio de flores o emocionou. Ele conhecia aquele lugar. Abriu o pequeno portão, subiu os degraus que o levavam à varanda e abriu a porta principal.

Entrou. A sala era simples, mas acolhedora. Renato sentia-se emocionado. Naquele momento uma jovem veio correndo ao seu encontro e abraçou-o, beijando-lhe os lábios com amor.

Era Gabriela. Um pouco diferente da que ele conhecia, mas ele sabia que era ela. Apertou-a de encontro ao peito, beijando-lhe os cabelos com carinho.

— Estava esperando ansiosa para contar a novidade. Vamos ter um filho!

Nesse momento, ele ouviu uma criança chorando enquanto alguns homens entravam na sala e o agrediam. Ele olhou em volta e viu seu corpo no chão enquanto Gabriela era levada aos gritos por aqueles homens.

Tudo foi rápido. Ele tentou ver para onde eles haviam ido, porém não conseguiu. Viu-se perambulando solitário e aflito por um lugar triste, sombrio, enquanto uma voz gritava:

— Assassino! Assassino! Eu me vingarei.

Renato acordou suando frio. Levantou-se, foi até a cozinha tomar água.

Agora não tinha mais dúvida. Ele fora Raul. Gabriela o havia amado. E agora, depois de tudo, como estaria seu coração? Um dia se recordaria do amor que sentira por ele?

Passou a mão pelos cabelos, nervoso. Mesmo que ela viesse a saber do passado e esse amor ainda estivesse dentro do seu coração, nunca poderiam ser felizes. A vida os havia separado. Ela estava casada, tinha filhos.

Também havia Gioconda. Ela nunca lhes daria paz. Era inútil sonhar. Precisava conformar-se em continuar esperando. Talvez, quando tudo estivesse nos devidos lugares, a vida lhes desse oportunidade de ficarem juntos usufruindo desse amor.

Capítulo 24

Roberto entrou desanimado no terreiro. Apesar de estar ganhando muito dinheiro na construção dos prédios, a situação em casa continuava difícil.

Gabriela estava mudada. Desleixada, indiferente, passava o dia inteiro estendida no sofá, a custo atendendo Nicete, que lhe pedia para ajudar com as crianças. Quando o fazia, demonstrava-se sem paciência, desatenta, nervosa.

Maria do Carmo e Guilherme mostravam-se irritados, brigavam por qualquer motivo, solicitando a intervenção de Nicete.

Hamílton havia telefonado para Nicete informando que estavam trabalhando em favor deles. Era para ter paciência e esperar. Ela se esforçava para manter tudo em ordem, porém muitas vezes sentia-se indisposta, cabeça atordoada, corpo pesado, sensação de desânimo. Nesses momentos, rezava, reagia.

Roberto, no terreiro, olhou em volta do galpão, onde além dos médiuns estavam as pessoas para serem atendidas.

— Vamos logo, Roberto. Você está atrasado. Nós temos disciplina. Pai José não gosta que chegue tarde.

Roberto dissimulou a contrariedade, entrou no meio dos outros prontos para o trabalho da noite. O batuque e os cantos começaram.

Agora ele não perdia mais a consciência. Seu corpo estremecia, ele rodava, depois começava a falar. Sabia que era seu guia. Conforme lhe fora ensinado, fazia de tudo para não interferir, mas era difícil. Não gostava de ficar de lado observando enquanto alguém dominava seu corpo.

De repente, uma mulher aproximou-se dele, dizendo:

— Falei com Pai José e ele disse que você vai me ajudar.

— O que posso fazer por você? — perguntou Roberto.

— Vim pedir ajuda para meu marido. Ele tem outra mulher. Quer sair de casa para viver com ela, o ingrato. Quando era pobre, valorizava-me. Depois que ficou rico, não sirvo mais. Eu quero que ele a deixe, mas também quero que sofra muito, que perca dinheiro.

— Você é casada com ele?

— Sou.

— Nesse caso você vai perder também.

— Não faz mal. Durante esses anos de casada fui guardando dinheiro. Tenho economias. Quero que Neumes perca tudo.

Roberto sobressaltou-se:

— Você disse Neumes? Por acaso seu nome é Antônia?

— Sim. Como sabe?

— Eu sei muitas coisas. O dinheiro dele é maldito. Foi roubado.

— Sim. Ele fugiu, deixou o sócio na miséria.

— A polícia esteve procurando-o.

— Ele mudou de nome. Abriu outro negócio em meu nome.

— Ele precisa devolver ao antigo sócio o dinheiro que roubou.

— É você quem terá de fazer isso. Ele nunca vai querer.

— Aqui está escuro. Vá lá fora, escreva o nome e o endereço dele e volte aqui.

Ela foi e voltou em seguida. Roberto estava radiante. Finalmente iria conseguir vingar-se do ex-sócio. Pegou o papel que ela entregou, prometeu ajudá-la, encaminhou--a ao companheiro, explicou-lhe o que iria precisar para fazer o trabalho. Era ele quem estipulava o preço e a forma de pagamento.

Depois que ela se foi, Roberto procurou Pai José e contou-lhe a novidade.

— Você pediu, eu trouxe. Agora vamos fazê-lo pagar por tudo.

Roberto exultou. Finalmente teria de volta o que lhe fora roubado. Poderia reabrir seu negócio.

— Tenho o endereço dele. Vou até lá cobrar o que me deve.

— Não precisa. Ele virá aqui. Vamos esperar a mulher trazer o dinheiro. Faremos o trabalho e tudo dará certo.

No dia seguinte, Antônia levou o dinheiro e começaram a fazer o trabalho. Roberto só apareceu no salão quando estava escuro. Antônia foi colocada no meio da roda e eles começaram as rezas. Quando ela saiu, uma hora depois, pensava ter resolvido seus problemas.

— Agora que ele já está amarrado, você pode ir à casa dele — disse Pai José a Roberto. — Mas vá prevenido, porque ele é traiçoeiro.

— Isso eu sei. Pode deixar, sei o que fazer.

Ele riu satisfeito. No dia seguinte telefonou para casa de Neumes e foi informado que ele só voltaria no fim da tarde.

Apanhou o revólver que ficava na gaveta do vigia no prédio em construção, verificou que estava carregado e guardou-o no bolso.

Eram quase seis horas quando Roberto tocou a campainha. Foi Neumes quem abriu a porta. Vendo-o, estremeceu e tentou fechá-la. Roberto, porém, empurrou-a com força e ele não conseguiu segurá-la.

— Vim buscar o que me deve — disse com raiva.

— Eu não tenho dinheiro. Posso explicar o que houve.

— Não precisa. Eu sei. Você roubou todo o meu dinheiro e deixou todas as dívidas. Vai me pagar ou se arrependerá.

— Espere aí, vai ter que ter paciência. Não tenho dinheiro aqui comigo.

Roberto sacou o revólver e ameaçou:

— Você me paga ou vai para o inferno agora.

— Está bem. Não precisa nada disso. Todo dinheiro que eu tenho está no banco. Posso lhe dar um cheque.

— Não confio em você. Pode querer me enganar. Vou ficar aqui. Amanhã quando o banco abrir iremos juntos retirar o dinheiro. Pode ter certeza de que desta vez você não me fará de bobo.

— Faça como quiser. Mas, pelo amor de Deus, guarde essa arma. Antônia está para chegar. Não quero que ela se assuste.

— Está bem. Mas a qualquer atitude suspeita, eu vou atirar. Não facilite.

Sentou-se no sofá da sala. Neumes olhou-o temeroso. Aquele louco bem poderia atirar. Ele precisava se defender. Tentou ganhar tempo.

— Precisa saber que estou arrependido. Aquele dinheiro não me deu sorte. Se pudesse voltar atrás, nunca teria feito aquilo.

— Você não sabe os problemas que eu tive por causa do que me fez. Comi o pão que o diabo amassou, precisei fechar a loja, fiquei desempregado, cheio de dívidas. Minha mãe me atormentou, quase perdi minha mulher, sofri todas as humilhações. Sinto vontade de acabar com você agora mesmo.

— Acalme-se. Já disse que estou arrependido e vou devolver tudo.

Olhando o rosto pálido de Neumes, Roberto teve vontade de esbofeteá-lo. Conteve-se. Depois que tivesse o dinheiro nas mãos, lhe daria um bom corretivo. Ele merecia.

Neumes viu o brilho rancoroso nos olhos de Roberto e pensou: "Ele quer acabar comigo. Tenho que sair desta".

Antônia chegou e surpreendeu-se com a presença de Roberto. Passou pela sala e foi logo para a cozinha. Percebeu o que estava acontecendo. Bem feito! O trabalho do terreiro estava surtindo efeito. Agora ele teria de devolver tudo que havia roubado, ficaria sem dinheiro. Ela estava vingada!

Tratou de fazer o jantar como sempre. Pretendia ficar fora daquela discussão. Quando a comida ficou pronta, foi até a sala onde os dois estavam calados, cada um sentado em um canto, e disse com naturalidade:

— O jantar está pronto. Você vai jantar conosco, não é?

— Não se preocupe comigo, Antônia. Lanchei antes de vir e não tenho fome. Podem ir comer.

Neumes foi para a sala de jantar e ela colocou a comida na mesa. Ele estava calado. De repente, disse baixinho:

— Converse comigo e faça de conta que eu estou aqui comendo. Vou ao escritório e já volto.

Ela deu de ombros e ficou calada. Não pretendia ajudá-lo em nada. Ele olhou para ela com raiva, levantou-se procurando não fazer ruído e foi ao escritório que ficava ao lado. Rapidamente apanhou o revólver na gaveta da escrivaninha, colocou-o no bolso da calça e voltou à mesa de jantar.

Assim que acabou de se sentar, Roberto apareceu na soleira. Vendo-os à mesa, resmungou:

— O silêncio estava me intrigando. Pensei que não estivessem aí.

— Você deveria comer um pouco — disse Neumes com naturalidade.

Roberto não respondeu. Voltou à sala e sentou-se novamente no sofá. A noite ia custar a passar, mas ele aguentaria. Se facilitasse, aquele malandro seria bem capaz de fugir. As horas foram passando. Antônia disse boa-noite e foi dormir.

— Estou com sono — comentou Neumes. — Vou para o quarto dormir. Você pode descansar no sofá.

— Você não vai a lugar nenhum. Vai ficar aqui no sofá. Se está pensando em fugir, desista. Não vou tirar os olhos de você o resto da noite.

Neumes dissimulou o rancor e fingiu aceitar.

— Está enganado. Desta vez não vou fugir. Mas, se prefere assim, ficarei aqui.

O relógio marcava uma hora quando Neumes se levantou de repente, sacou o revólver e gritou:

— Sabe de uma coisa? Não vou pagar coisa nenhuma.

Roberto, apanhado de surpresa, apanhou o revólver disposto a atirar, mas Neumes foi mais rápido e apertou o gatilho duas vezes, atingindo-o. Roberto ainda teve tempo de atirar, mas a bala perdeu-se na parede da sala e ele caiu em uma poça de sangue. Antônia acudiu apavorada e gritou:

— Você o feriu. Meu Deus! Vamos chamar uma ambulância.

Mas era tarde. Roberto, olhos vidrados, exaurindo em sangue, perdeu os sentidos. Antônia, assustada, tornou:

— E agora, o que vai ser de nós? Ele está morto!

— Telefone para a polícia. Matei em legítima defesa. Ele invadiu nossa casa para me matar. Veja: ele atirou, e só não me matou porque fui mais rápido do que ele.

No mesmo instante em que Antônia telefonava para a polícia, Gabriela acordou gritando apavorada. Nicete levantou-se e correu para socorrê-la:

— Dona Gabriela, o que foi?

— Nicete, um pesadelo horrível. Vi Roberto em uma poça de sangue e dois homens mal-encarados riam satisfeitos. Tenho medo deles. Roberto está em perigo.

— Acalme-se. Foi apenas um pesadelo. Não aconteceu nada. Vou buscar um copo d'água.

Gabriela levantou-se e agarrou as mãos dela com força.

— Não quero ficar sozinha. Por favor, Nicete, fique comigo. Onde está Roberto?

Nicete foi forçada a dizer que ele não voltara para casa ainda.

— Está vendo? Eu tenho certeza de que alguma coisa aconteceu. Por favor, ajude-me.

— Vamos à cozinha. Tente se acalmar. As crianças estão dormindo e podem se assustar.

Ela obedeceu. Seu corpo tremia como se estivesse com frio. Nicete pegou um xale e jogou-o em seus ombros. Na cozinha, fê-la sentar-se e disse:

— Vou fazer um chá de cidreira. A senhora vai tomar bem quentinho. Precisa reagir. Vai ver que logo mais o senhor Roberto estará em casa. Não aconteceu nada.

Mas o dia clareou e ele não apareceu. À medida que o tempo passava, Nicete dissimulava a preocupação. Roberto não era homem de dormir fora de casa. Alguma coisa podia mesmo ter acontecido.

Passava das cinco da tarde quando o telefone tocou e a informação chegou. Roberto havia sido assassinado. Nicete sentiu a cabeça rodar, mas controlou-se. Deu todas as informações que a polícia pediu. Quando desligou o telefone, não soube o que fazer.

Como dar aquela notícia à família? Sentiu o peito oprimido, falta de ar. Abriu a porta e saiu à rua para respirar um pouco e acalmar-se. Estava parada no portão quando um homem se aproximou dizendo:

— Você é Nicete, não é? Eu a conheço. Aqui é a casa de Roberto e Gabriela?

Ela fitou-o surpreendida. Ele se apresentou:

— Eu sou o doutor Aurélio, amigo da família.

— Agora o estou reconhecendo. Doutor, foi Deus quem o mandou aqui. Estou desesperada.

Inteirado do ocorrido, Aurélio abraçou-a, dizendo:

— Quem tem fé está amparado. Vamos entrar. Podem contar comigo. Acalme-se.

— Tenho que dar esta notícia! Já pensou? As crianças vão sofrer! Pobre do seu Roberto, não merecia esse fim.

— Vamos pedir a Deus que nos ajude. Precisamos de serenidade. Procure controlar-se.

Eles entraram. Gabriela, vendo-o, correu a abraçá-lo, dizendo emocionada:

— Doutor Aurélio, o senhor aqui? Aconteceu alguma coisa a Roberto? Ele não veio dormir em casa. Esta noite tive um pesadelo terrível!

Ele a abraçou, dizendo a Nicete:

— Cuide das crianças. Nós vamos conversar na sala.

Nicete indicou o caminho. Ele tomou Gabriela pelo braço, conduziu-a ao sofá e sentou-se a seu lado. Ela passou a mão pela testa, dizendo admirada:

— Estou me sentindo estranha. De repente parece-me ter acordado de um longo sono. É difícil explicar.

— Não é preciso tanto. Eu deveria dizer-lhe que cheguei até aqui por acaso. Contudo, diante do que aconteceu, tenho que lhe dizer a verdade. Vim a pedido de Cilene e Hamílton seguindo uma orientação espiritual. É preciso que tenha calma para ouvir o que tenho a dizer.

— O que é? Não tenho andado bem. Minha cabeça tem estado pesada, não conseguia pensar com clareza. Sinto-me deprimida, fraca, sem prazer de viver. De repente perdi a vontade de lutar.

— Você precisa reagir. Tem dois filhos que dependem de você. Depois, ainda é moça, terá muitos anos pela frente. Aconteça o que acontecer, não pode se deixar abater. É uma mulher forte e inteligente.

— Por que está me dizendo tudo isso? Tenho um triste pressentimento. Onde está Roberto?

— Ele se envolveu em uma briga. Descobriu onde morava o ex-sócio, armou-se e foi procurá-lo. Parece que ficou ferido.

Gabriela levantou-se sobressaltada:

— De novo? É grave?

— É. Pode ter acontecido o pior.

— Eu sinto que já aconteceu... Ele está... — ela não conseguiu terminar.

— Está morto, Gabriela.

Ela se deixou cair no sofá novamente e não conseguiu articular nenhuma palavra. Aurélio foi à cozinha, apanhou um copo de água com açúcar e deu-o a ela, dizendo:

— Vamos, beba. Você precisa ser forte. Teremos que falar com as crianças.

Ela segurou o copo. Suas mãos tremiam tanto que Aurélio a ajudou. Ela tomou alguns goles, depois disse:

— Eu sempre pedi a Roberto que o perdoasse. Infelizmente ele nunca esqueceu. Como foi que aconteceu?

— Ainda não sabemos os detalhes. A polícia ligou para dar a notícia. Nicete conversou com eles.

— Meu Deus! O que faremos agora?

— Estou aqui para ajudá-la.

A campainha tocou e logo Nicete apareceu na sala, dizendo:

— Há um policial aí. Quer conversar com a senhora.

— Mande-o entrar — disse Aurélio.

As crianças apareceram assustadas e correram a abraçar a mãe, perguntando pelo pai:

— Ele foi ferido de novo? — disse Guilherme.

— Está no hospital? — tornou Maria do Carmo.

Gabriela abraçou-os dizendo triste:

— Infelizmente ele está muito mal. — Vendo que o policial entrava com Nicete, pediu: — Vão com Nicete, que preciso conversar com este senhor.

— Eu quero ficar, mãe — reclamou Guilherme.

— Eu também — completou Maria do Carmo.

Nicete abraçou-os, dizendo:

— Venham, sua mãe precisa conversar com este senhor.

— É verdade — esclareceu Gabriela. — Assim que terminarmos, contarei tudo a vocês, eu prometo.

O policial estava constrangido. Sua missão não era nada fácil. Aurélio apresentou-se, pediu-lhe que se sentasse.

— Preferimos dar essas notícias pessoalmente. Mas, como foi a empregada quem atendeu, adiantamos o assunto. A senhora já sabe o que aconteceu.

Gabriela concordou com a cabeça. Aurélio pediu:

— Gostaríamos de saber como foi.

— O assassino está detido na delegacia. Ele nos esclareceu que foi sócio da vítima, que se desentenderam e ele foi procurá-lo armado, disposto a matá-lo. Alegou que atirou em legítima defesa.

— Ele roubou meu marido e fugiu. Por causa disso perdemos a loja, ficamos sem nada. Meu marido esteve desempregado. Foi muito difícil.

— Ele não lhe disse o que pretendia fazer?

— Não. Eu não sabia que ele havia encontrado Neumes. Se eu soubesse, teria feito tudo para evitar a briga.

— Ele foi armado à casa do desafeto e tentou atirar, mas a bala se perdeu. O outro foi mais rápido. Quando chegamos, não havia nada a fazer.

Gabriela chorava trêmula e o policial comentou:

— As pessoas não entendem que a violência não resolve nenhum problema. Vocês têm filhos, pelo que observei.

— Dois menores. O que faremos agora?

— Sinto muito, senhora. Geralmente a família é a maior vítima. Compreendo sua dor, mas vamos precisar de sua presença na delegacia para reconhecer o corpo.

Gabriela levantou-se assustada. Aurélio interveio:

— Ela vai prestar declarações. Eu sou amigo da família e a vítima era meu cliente. Eu mesmo farei o reconhecimento.

— Está bem. Gostaria que nos acompanhasse agora.

— Ela está muito chocada. Poderemos deixar para amanhã?

O policial pensou um pouco, depois tornou:

— Agora já é noite mesmo. Podem ir amanhã cedo.

O policial despediu-se depois de anotar algumas informações. Gabriela estava trêmula. As crianças abraçaram-na aflitas.

Aurélio aproximou-se deles, dizendo:

— Sentem-se aqui do meu lado. Vou contar-lhes tudo.

Gabriela olhou preocupada para ele, mas o médico considerou:

— A verdade sempre é melhor.

Nicete, no canto da sala, não conseguia impedir que as lágrimas lhe descessem pelas faces enquanto Gabriela torcia as mãos angustiada.

Aurélio colocou um de cada lado, segurou as mãos deles e com voz calma contou a história do desfalque e da briga entre seu pai e Neumes. Eles ouviam sem perder nenhuma palavra, olhos emocionados, mas esforçando-se para manter o controle.

Aurélio finalizou:

— O pai de vocês perdeu.

— Ele já esteve muito mal, vai se recuperar — disse Maria do Carmo.

— Não, minha filha. Infelizmente essa briga ele perdeu. E já partiu.

Guilherme, olhos marejados, disse emocionado:

— Quer dizer que ele está...

— Sim. Ele se foi para outro mundo. A morte é como uma viagem. O corpo morre, mas o espírito continua vivo, conserva seu corpo astral e esse corpo é próprio para viver nesse mundo para onde ele foi.

— Ele não vai voltar mais? — indagou Maria do Carmo chorosa.

— Você sabe que todos nós um dia também faremos essa viagem. Então, lá, encontraremos com aqueles que amamos e que partiram antes de nós. É preciso ter paciência e esperar a hora de ir para lá. Enquanto isso, vocês precisam ajudar sua mãe a enfrentar a nova situação.

Eles se levantaram e abraçaram a mãe, beijando-a com carinho, como a dizer que eles estavam juntos para enfrentar e decidir os destinos da família.

Nicete aproximou-se de Aurélio, dizendo emocionada:

— Foi Deus mesmo que o enviou. Não sei o que teria sido de nós sem a sua ajuda.

— Gabriela está muito pálida. Preciso que vá à farmácia buscar alguns medicamentos. Ela precisa descansar. O dia amanhã será exaustivo.

Ele fez anotações no receituário e ela saiu em busca dos remédios. Aurélio conversou com os três, procurando ajudá-los. As crianças fizeram perguntas. Queriam saber como era o mundo para onde o pai estava indo, como se vivia lá.

Aurélio havia lido muito a respeito do astral, mas, apesar de ficar muito interessado, questionava sua veracidade. Entretanto, depois da sessão no centro com Hamílton e de como os fatos estavam se desenrolando, todas as suas dúvidas haviam sido dissipadas.

Agora, tinha certeza de que ele fora mesmo enviado para fazer aquele trabalho. Os espíritos sabiam o que iria acontecer com Roberto e mandaram-no para socorrer a família. Sentia-se agradecido a Deus, emocionado por estar sendo um instrumento da vontade divina.

Com essa certeza no coração, conversou com as crianças contando o que ele sabia sobre a vida nas outras dimensões. Olhando seus rostinhos confiantes, emocionados, Aurélio sentiu que dali para a frente daria novo sentido à sua vida. Ser instrumento dos espíritos de luz era gratificante, fazendo-o sentir-se útil, realizado.

Quando Nicete retornou, pediu-lhe que fizesse uma sopa substanciosa e conseguiu que cada um tomasse um pouco. Depois, ministrou um calmante a Gabriela e só saiu de seu lado quando a viu adormecer.

As crianças dormiram abraçadas a Nicete, que não as largou em nenhum momento. A casa estava em silêncio e Aurélio telefonou para Hamílton. Foi com emoção que o colocou a par dos acontecimentos, pedindo-lhe que continuassem orando por eles.

Ligou também para Renato. Sabia que ele estava ansioso. Contou o que havia acontecido, ao que ele tornou:

— Vou imediatamente para aí. Vocês precisam de ajuda.

— Estou conseguindo controlar a situação. Confesso que estou emocionado e agradecido a Deus por ter me dado esta missão. Gostaria que viesse, mas quero lembrar que prometemos fazer tudo de acordo com as instruções dos espíritos. Antes de decidir, será melhor falar com Hamílton. Ele já está sabendo de tudo.

— Está bem. Eles nos aconselharão sobre o que será melhor.

Renato desligou o telefone com o coração batendo forte. O que iria acontecer agora? Gabriela continuaria morando no Rio? Não seria melhor a família voltar a São Paulo? Mil perguntas passavam pela sua mente.

Como ela reagiria à morte do marido? Ela o amava e deveria estar sofrendo muito. Se ao menos ele pudesse aliviar aquele sofrimento! Pensou nas crianças. Eles tinham quase a mesma idade dos seus filhos. Como estariam? Pensou em Roberto e sentiu-se penalizado. E se fosse ele que tivesse partido, como seus filhos ficariam?

Passava da meia-noite, e Renato resolveu esperar pela manhã seguinte para conversar com Hamílton. Deitou-se, mas foi difícil pegar no sono.

Pensava no destino de Roberto, que, tendo conseguido escapar da morte pelas mãos de Gioconda, havia encontrado o fim por meio de outra pessoa. Ele estaria destinado a morrer assassinado?

Não encontrava resposta, mas de certa forma sentia-se aliviado por Gioconda não haver sido a assassina. Apesar de suas fraquezas, ela fora poupada de perpetrar aquele crime.

O dia estava clareando quando ele conseguiu adormecer. Acordou duas horas depois, levantando-se apressado. Eram sete horas. Precisava ir ao escritório tomar providências para o caso de ter de se ausentar.

Ele desejava ir imediatamente para o Rio, mas decidiu falar com Hamílton, avisando-o. Enquanto ele se preparava para sair, Hamílton ligou.

— Eu e Cilene estamos indo para o Rio — informou ele.

— Eu também vou — disse Renato.

— Nesse caso iremos juntos.

— Vou passar no escritório e dentro de uma hora estarei no aeroporto. Encontro-os lá.

Passava das onze horas quando os três chegaram à casa de Gabriela. Nicete atendeu-os avisando que Aurélio e Gabriela haviam ido à delegacia. Os três dirigiram-se imediatamente para lá.

Ela estava prestando declarações em uma sala reservada, e os três ficaram esperando. Meia hora depois, Gabriela e Aurélio apareceram. Vendo-os, ela se emocionou.

Eles mal conseguiram falar. Foi Aurélio quem informou:

— Vamos precisar de um advogado. Há providências que só ele poderá tomar.

— Vou ligar para o doutor Altino. Ele virá imediatamente.

— Ótimo. Foi bom terem chegado. Poderão levar Gabriela para casa. Terei que ir fazer o reconhecimento do corpo.

— Irei com você — disse Hamílton.

— Eu também. Desejo ajudar nas providências para o sepultamento — tornou Renato.

— É melhor você ficar com elas. Agora só vamos reconhecer o corpo, saber quando estará liberado. Você sabe, às vezes eles demoram. Assim que tivermos as informações, voltaremos e então providenciaremos o resto.

Gabriela, Cilene e Renato foram para casa. Gabriela estava abatida, calada. Cilene, vendo o ar preocupado de Renato, disse-lhe baixinho:

— Ela está sob efeito de um calmante forte que o doutor Aurélio lhe deu.

Renato não respondeu. Estava chocado com sua magreza e abatimento. Gabriela estava muito diferente da moça bonita que sempre fora.

Sentia que ela precisaria de um bom tratamento a fim de recuperar a saúde. Falaria com Aurélio para que ela fizesse todos os exames necessários.

Uma vez em casa, Cilene pediu a Gabriela que fosse dormir um pouco. Ela, porém, recusou. Estava preocupada com as crianças, não desejava separar-se delas nem para ir dormir.

Nicete havia servido o almoço para as crianças e insistiu para que Gabriela comesse um pouco. Ela não quis.

Finalmente, Cilene convenceu-a a ir com os filhos para o quarto descansar.

Nicete havia preparado mais comida e convidou-os a comer um pouco.

— Não se preocupe conosco, Nicete. Iremos a algum restaurante.

— Eu fiz bastante comida, doutor Renato.

— Não queremos lhe dar trabalho — interveio Cilene.

— Fiz com prazer. Depois, eu precisava me ocupar. Fiz as crianças me ajudarem para que se distraíssem.

— Nesse caso vamos aceitar — respondeu Renato.

No fim da tarde, Hamílton e Aurélio voltaram. Gabriela e as crianças ainda estavam descansando. Eles se reuniram na sala para decidir o que fazer.

Aurélio esclareceu:

— Gabriela contou ao delegado toda a história da sociedade de Neumes com Roberto e o que aconteceu depois. Ela não sabia que o marido havia encontrado o ex-sócio. Neumes ficará detido até o delegado terminar o inquérito. Mas, devido aos antecedentes do caso, o próprio delegado nos aconselhou a arranjar um bom advogado para pleitear a devolução de tudo que Neumes roubou. Será uma forma de amparar a viúva e os filhos.

— É justo — concordou Hamílton.

— Já liguei para o doutor Altino. Amanhã cedo ele estará aqui. Eu acompanhei os problemas da família por causa desse roubo. Além disso, Neumes tirou a vida de Roberto. A justiça tem que ser feita. Ele terá que devolver tudo com correção.

— Será que ele ainda tem esse dinheiro? Pode ter gastado tudo.

— O delegado acha que tem. Mora em uma bela casa, com luxo. Parece que tem um negócio também — esclareceu Aurélio.

Eles continuaram conversando, procurando encontrar o melhor meio de ajudar aquela família a enfrentar os desafios do momento. Apesar da situação trágica, um pensamento unia-os em um sentimento de harmonia e paz. Estavam amparados pelos amigos espirituais e pela misericórdia divina, que nunca desampara ninguém.

Em seus corações guardavam a certeza de que tudo aconteceria pelo melhor.

Capítulo 25

Gabriela colocou as malas no quarto, olhando em volta com tristeza. Se a situação fosse diferente, ela teria procurado outra casa para morar. Fazia três meses que Roberto se fora, e ela precisava economizar.

Na pressa de ir embora para o Rio de Janeiro, Roberto havia alugado a casa para um militar amigo por preço irrisório. Quando ele morreu, a família ainda estava morando lá, porém, no último mês, o militar fora transferido para o nordeste e havia se mudado.

Gabriela ficara morando no Rio esperando a decisão da justiça na cobrança do dinheiro que Neumes havia roubado. Em seu depoimento, Antônia contou como ele dera o desfalque e onde estava o dinheiro.

Apesar da tese de legítima defesa que seu advogado defendera, pedindo que ele, por ser primário, esperasse o julgamento em liberdade, Neumes não conseguiu sair livre por causa dos antecedentes do caso.

O juiz não o deixou em liberdade, alegando que ele havia fugido do sócio uma vez e que poderia fugir novamente. Por essa razão teve decretada a prisão preventiva.

Neumes ficou arrasado. Sua mulher, cheia de raiva por causa de Jurema, desejava que ele mofasse na prisão. Ele e seu advogado conversaram com Altino tentando um acordo. Neumes devolveria a Gabriela o dinheiro de Roberto e ela retiraria a queixa do desfalque.

Aconselhada por Altino, Gabriela concordou. Aquele dinheiro a ajudaria a manter a família. Pretendia procurar emprego, porém ainda não se sentia bem. Os exames revelavam que estava com profunda anemia. Precisava tratar-se.

Depois, as crianças estavam na escola e não podiam perder o ano. Na verdade, ela desejava voltar a morar em

São Paulo. Seus parentes moravam no interior, e assim ficaria mais próxima a eles.

Neumes conseguiu liberar o dinheiro e Gabriela, a conselho de seu advogado, deixou uma parte para as despesas da casa e aplicou o restante. Precisava pensar no que fazer com ele. Sentia-se aturdida, sua cabeça ainda estava conturbada, não conseguia pensar com clareza como antigamente.

Quando sua casa em São Paulo ficou vaga, ela se mudou imediatamente. As crianças haviam terminado o ano letivo.

Rever a casa onde vivera com o marido a fez recordar o passado, porém reagiu. Pensou em pintá-la, mudar algumas coisas, para apagar as lembranças. A vida continuava e ela não desejava olhar para trás.

Sacudiu os ombros como que para jogar fora todas as tristes recordações e tratou logo de ajudar Nicete a acomodar as coisas. Notando que as crianças estavam tristes, chamou-as dizendo com voz firme:

— Esta casa para nós está cheia de recordações. Mas o que passou acabou e não volta mais. Vamos guardar em nossas lembranças todas as coisas boas daqueles tempos. Nós amamos seu pai e desejamos que ele seja muito feliz nesse mundo para o qual ele se mudou. Mas se ficarmos tristes ele também ficará. Ele tem o direito de ser feliz e nós também. Então, de hoje em diante, nesta casa faremos o possível para conservar a alegria. Vamos cooperar com ele. Vendo-nos alegres, ele se sentirá feliz.

Eles concordaram com a cabeça, e Gabriela continuou:

— Agora vamos trabalhar. Precisamos arrumar tudo no lugar. Pretendo reformar a casa. Comecem a planejar como querem o quarto. O resto da casa é por minha conta, mas cada um vai escolher como quer seu quarto.

Diante da novidade, os dois se entusiasmaram e começaram a planejar as mudanças. Vendo-os trabalhando na arrumação e planejando o futuro, Nicete não se conteve:

— Foi a melhor coisa que poderia ter feito. Eles estão muito melhor.

— Eu disse a verdade. Nossa vida mudou e temos que aceitar com boa vontade.

Trabalharam o dia inteiro, e Nicete, que havia ido às compras no fim da tarde, preparou o lanche. As crianças estavam cansadas e dormiram logo. Nicete e Gabriela continuaram a colocar as roupas no lugar.

— Amanhã irei ao mercado. A senhora tem que se alimentar muito bem. Não pode viver de lanche.

— Estou bem nutrida. Na próxima semana farei novos exames e, se o doutor Aurélio me liberar, começarei a procurar trabalho.

— Pretende voltar à empresa do doutor Renato?

Ela hesitou um pouco, depois respondeu:

— Não sei. Ele sempre foi muito bom. Mas há sua mulher. Tremo só em pensar que ela pode perturbar nossa vida de novo.

— Eles estão separados desde quando ela atirou no seu Roberto. Ele me disse.

Gabriela parou um instante, pensativa, depois respondeu:

— Ele é uma boa pessoa. Merecia coisa melhor.

— Com a senhora ele tem sido muito dedicado. Quando soube da morte do seu Roberto, largou tudo e foi dar apoio à família. Pagou todas as despesas. Sabe como é, naquela hora ficamos perdidos, sem saber o que fazer.

— De fato, ele nos ajudou muito. Pedi ao doutor Altino que fizesse um levantamento de tudo quanto ele e o doutor Aurélio gastaram, para devolver. Felizmente temos dinheiro para pagar.

— Isso me deixou pensando. Deus fecha uma porta, mas abre outra. Já pensou se esse dinheiro não tivesse voltado?

— Tem razão. Reconheço que apesar de tudo tivemos muita ajuda espiritual. Na próxima semana pretendo ir ao centro falar com Cilene, ver o que me aconselha.

— Eu gostaria de ir também. Não esqueço que, quando recebi a notícia da morte do seu Roberto, fiquei sem fôlego. Faltou o ar, eu não sabia como lhes contar. Saí para a rua tentando respirar melhor e lá, como num passe de mágica, encontrei o doutor Aurélio. Nunca esquecerei esse milagre.

— Abençoada hora em que ele apareceu naquele dia. Eu estava em estado de choque. Sabe, Nicete, há momentos em que me parece estar acordando de um pesadelo. Às vezes não consigo me lembrar do que fiz neste último ano. Isso me intriga.

— Ouvi o seu Hamílton dizer que, enquanto morávamos no Rio, eles aqui sabiam que as coisas não estavam bem. O doutor Aurélio foi até lá naquele dia a pedido deles.

— Tem certeza?

— Tenho. Ele e o doutor Renato iam ao centro rezar por todos nós. De fato, as coisas naquele tempo andavam muito mudadas. A senhora estava diferente, estranha. O seu Roberto frequentava um terreiro e voltava de madrugada.

— Roberto? Tem certeza? Nunca notei.

— Eu lavei muita roupa branca dele.

— Por que nunca me disse nada?

— A senhora não conversava mais. Andava sempre com sono, cansada. Pensei que soubesse.

Gabriela ficou pensativa. Roberto nunca fora dado a religião. Mas Nicete não costumava mentir.

— O que teria ele ido fazer em um terreiro?

— Eu acho que ele trabalhava lá. Ia três vezes por semana.

— Trabalhava como?

— Isso não sei. Mas ele mudou muito nos últimos tempos. A senhora não percebeu?

— Não. Para dizer a verdade, tudo ainda me parece um sonho. É como se eu tivesse me tornado outra pessoa.

Nicete sacudiu a cabeça, pensativa:

— O que aconteceu também me parece estranho. De repente tudo mudou. As crianças ficaram diferentes, a senhora, o seu Roberto, tudo. Até parece macumba. Seria bom a senhora conversar com o seu Hamílton. Desconfio que ele pode lhe explicar muitas coisas.

— É. Também acho.

Naquela noite, deitada em seu quarto, apesar de cansada, Gabriela não conseguia esquecer sua conversa com Nicete. De fato, depois que Roberto se recuperara do ferimento, ela começara a se sentir mal. Seu comportamento se modificara. Havia um detalhe que a intrigava. De repente, sentira aumentar seu desejo sexual de maneira insaciável.

Mesmo durante o dia, quando Roberto não estava, ela se sentia excitada tendo pensamentos eróticos esperando ansiosamente o momento de ir para a cama com o marido.

Seu relacionamento sexual com Roberto havia sido satisfatório nos primeiros anos de casamento. Depois, seu interesse por ele diminuíra por causa do excessivo ciúme e da desconfiança que ele demonstrava. Quando descobriu que ele fora o autor do desfalque, percebeu que não podia mais viver ao lado dele.

Havia planejado que, quando ele se recuperasse do ferimento, iria pedir a separação. Não o amava mais. Sempre que ele a tocava, sentia repulsa.

Gabriela sentou-se na cama assustada. Lembrava-se perfeitamente desse fato. Como explicar seu súbito interesse sexual pelo marido? Como entender essa paixão repentina que nunca conseguia saciar completamente?

Sempre fora pessoa equilibrada. Nunca se sentira arrastada por um desejo que não conseguisse dominar. Reconhecia que era sensata. O que havia acontecido com ela?

Sentiu-se oprimida. Levantou-se, foi à cozinha e tomou um copo de água. Havia ali um mistério que precisava decifrar. A ida de Roberto ao terreiro teria alguma coisa a ver com isso?

Passou a mão pelos cabelos, pensativa. Talvez estivesse exagerando. Ela começara a sentir isso antes de se mudarem para o Rio. A não ser que...

— Não pode ser. Ele não seria capaz de uma coisa dessas!

Depois, não acreditava em macumba. Isso era crendice. Foi para o quarto e deitou-se. Tentou dormir, mas não conseguiu. Lembrou-se de que Roberto havia sido capaz de fazê-la passar por ladra sem nenhum pudor. Quem fora capaz disso bem que poderia ter se valido de magia para dominá-la. Ele não desejava a separação. Pressentia que ela pensava em deixá-lo.

Apesar das dúvidas, sentia que de alguma forma ele havia se utilizado da ajuda dos espíritos do mal para conseguir o que queria.

Lágrimas desceram-lhe pelas faces. Um sentimento de tristeza a acometeu:

— Por que Deus permitiu isso? Não era justo. Sempre fui esposa dedicada, fiel, cumpridora das minhas responsabilidades. Por que fui tão castigada?

Sentia-se impotente, invadida, usada. Naquele momento, alguma coisa dentro dela se rebelou. Tinha o direito de se defender da maldade dos outros. Não se sentia culpada de nada, não merecia ser manipulada daquele jeito.

Sentou-se novamente na cama, cerrou os punhos e disse em voz alta:

— Eu sou boa e forte. Ninguém vai me dominar ou destruir. Vou reagir, refazer minha vida, ser feliz. Eu mereço. Amanhã mesmo falarei com Hamílton para esclarecer esses fatos. Tenho de saber que forças são essas que nos dominaram e como conseguiram fazer isso.

Deitou-se novamente e sentiu-se mais calma. Ajeitou-se na cama e em seguida adormeceu. Não viu que um vulto de mulher a abraçava com satisfação, dizendo para seu acompanhante:

— Felizmente ela começou a reagir. Agora poderemos ajudá-la a se libertar.

Depois de beijarem sua testa com carinho, os dois se afastaram rapidamente.

No dia seguinte, Gabriela acordou mais disposta. Apesar de ter muitas coisas para fazer, ligou para Hamílton pedindo que a atendesse naquela noite mesmo.

No fim da tarde, antes de sair, Gabriela chamou Nicete, dizendo:

— Estou indo ao centro falar com Hamílton. Direi que você também quer frequentar. Ficarei com as crianças para você ir.

— Obrigada. É o que mais quero.

Gabriela chegou ao centro pouco antes da hora marcada e na porta encontrou-se com Renato.

— Como vai, Gabriela? — perguntou ele.

— Melhor. Aos poucos estou me recuperando.

— Fico feliz. Estivemos preocupados com vocês.

— Nicete contou-me que vocês rezavam por nós mesmo quando não sabiam onde estávamos.

Os olhos de Renato brilharam emocionados. Ele se esforçou para controlar-se. Não queria que ela descobrisse o que sentia.

— Eu sabia que vocês não estavam bem.

— Hamílton disse alguma coisa?

— Sonhei algumas vezes com você muito triste pedindo-me que a libertasse. Sem saber o que fazer, procurei Hamílton. Ele fez uma consulta e soube que vocês precisavam de ajuda. Orientados pelos amigos espirituais, fizemos nossas orações.

— É verdade que o doutor Aurélio foi ao Rio naquela tarde a pedido dos espíritos?

— É. Nicete havia ligado para o centro pedindo ajuda. Assim, conseguimos seu endereço. Eu estava tão preocupado que desejava ir também. Mas eles nos disseram que só Aurélio deveria ir. Marcaram até o dia.

Gabriela comoveu-se.

— Então é verdade! Ele não estava lá por acaso...

— Ele foi sem saber o que teria de fazer. Não nos disseram nada. Foi uma surpresa terrível.

— É. Foi terrível mesmo. Mas passou. Estou disposta a recomeçar minha vida. Tenho dois filhos para criar.

— Estou à sua disposição para o que precisar.

Ela olhou séria para ele e respondeu:

— Você tem sido um bom amigo. Nem sei como lhe agradecer.

Ele baixou a cabeça para esconder o brilho emocionado do seu olhar.

Ela hesitou um pouco, depois perguntou:

— Como estão as coisas em sua casa?

— Estão bem, dentro do possível. Gioconda ainda está em tratamento psiquiátrico. Tem se mostrado muito resistente. Mas, quando ela abusa, Altino lhe diz que se continuar assim os médicos vão mandá-la de volta ao sanatório, então ela melhora um pouco.

— E as crianças?

— Estão morando com ela. Graças a Aurélio conseguimos uma governanta maravilhosa, que cuida de tudo. Conversa com as crianças explicando a doença da mãe, pedindo que cooperem no tratamento, é firme com Gioconda, mas muito bondosa. Célia tem melhorado bastante. Está mais sociável, alegre. Ambos adoram Clara.

— Você não pensa em voltar a viver com a família?

— Não. Minha vida com Gioconda tornou-se impossível. É difícil continuar junto quando o amor acaba.

Gabriela pensou em Roberto e considerou:

— Sei como é isso.

Renato fitou-a curioso, querendo penetrar seus pensamentos íntimos. Mas Gabriela lembrou:

— Vamos entrar. Está na hora.

Hamílton esperava-os na porta da sala de reuniões. Vendo-os, abraçou-os e depois dos cumprimentos disse a Gabriela:

— Foi bom ter vindo. Hoje é dia da sessão que fazemos para tratar do seu caso.

— Não sabia. Eu vim porque fiquei sabendo de algumas particularidades. Desejo conversar com você.

— Nós conversaremos depois da reunião. Agora está na hora de começar.

Entraram na sala em penumbra e Gabriela viu que, além de Cilene, Aurélio também estava presente. Sentou-se no lugar que lhe foi indicado.

Ao som de uma música suave, Cilene fez ligeira prece, abrindo os trabalhos. Depois, pediu orientação para o caso em tratamento e solicitou que as pessoas presentes continuassem orando em silêncio.

Gabriela sentiu que uma brisa suave a envolveu e comovida não conteve as lágrimas. As indagações que vinha fazendo desde a noite anterior reapareceram e ela se perguntava por que estava sendo castigada se não havia feito nada errado.

Subitamente, uma médium começou a falar:

— Sinto-me feliz por poder abraçá-los e desejo que continuem orando em favor daquele que partiu. Infelizmente não pudemos evitar que a tragédia se consumasse. Várias vezes tentamos fazer com que ele saísse da faixa negativa, sem conseguir. Ele tinha conhecimento para enxergar a vida de outra forma. Contudo, levado pela ilusão de que sozinho não conseguiria viver, procurou ajuda de espíritos vingativos e perigosos para alcançar seu fins. Comprometeu-se com eles, passando a servi-los. A essa altura, nada nos restava fazer senão deixar que ele assumisse os resultados de suas escolhas. Os outros envolvidos haviam cumprido a parte que lhes cabia e agora devem seguir separados dele.

"Todavia, o que parece a vocês uma tragédia pelos sofrimentos que provocou, representou a única ajuda possível. Arcando com os resultados de suas atitudes insensatas, ele aprenderá as lições necessárias. A felicidade é conquista que compete a cada um, e os desafios, quando enfrentados, acabam por demonstrar o quanto somos fortes e capazes.

Educado de forma errada, valorizando as aparências, comparando-se com valores convencionais e ilusórios, ele se julgava menos que os outros. Sentia-se incapaz e, para compensar, gostava de dominar as pessoas que amava, pensando com isso ficar forte e protegido. Perder esse apoio representava olhar para si mesmo, e isso ele não poderia suportar, uma vez que se via como uma pessoa inferior.

Enfrentando a responsabilidade de suas escolhas, ele terá de fazer uso do grande potencial da força que possui, mas da qual não se dava conta. Dessa forma, saberá o quanto é forte, valoroso, e sairá dessa experiência amadurecido, sentindo-se mais confiante e capaz.

Por tudo isso não lamentem o que aconteceu. O que partiu está sendo beneficiado pela experiência, e os que ficaram devem dar por encerrada uma etapa, seguir adiante sem olhar para trás, confiantes de que tudo está certo e dias melhores virão."

O silêncio se fez e Hamílton aproveitou para indagar:

— Podemos dar por encerrado o atendimento deste caso?

— Em parte. Não precisaremos mais de reuniões especiais. A ligação com as entidades perturbadoras foi cortada. Entretanto, há que ser feita toda uma recuperação energética para as pessoas da casa, inclusive as crianças.

— Algum tratamento específico?

— Para as duas mulheres, além do tratamento de rotina, um pouco das luzes da cromoterapia.

Hamílton agradeceu a ajuda. Permaneceram silenciosos durante algum tempo, depois ele encerrou a reunião.

Quando as luzes se acenderam, depois de os participantes tomarem um pouco de água fluida, Hamílton aproximou-se de Gabriela:

— Sente-se melhor?

— Sinto-me mais leve. Mas minha cabeça ainda não está normal.

— Vamos conversar na outra sala.

Renato aproximou-se com Aurélio e propôs:

— Estamos com fome. Queremos convidá-los a comer alguma coisa. Depois os levaremos em casa.

Gabriela olhou-os um pouco indecisa. Cilene, que se juntara a eles, foi quem respondeu:

— Aceitamos, é claro. Eu estava pensando nisso.

— Vou conversar um pouco com Gabriela, terão que esperar — disse Hamílton.

— Esperamos, desde que você também nos acompanhe — interveio Aurélio com um sorriso.

Hamílton concordou e conduziu Gabriela para outra sala. Uma vez sentados um ao lado do outro, ele considerou:

— Sei que deseja saber pormenores do seu caso. Estou pronto, pode perguntar.

— De fato, quando estava no Rio eu me sentia um tanto alheia, cabeça pesada, desanimada, aturdida. Mas assim que voltei a São Paulo, entrei em minha antiga casa, comecei a questionar certos fatos. Nicete contou-me que Roberto frequentava ou trabalhava em um terreiro três vezes por semana. Ele nunca foi religioso. Analisando tudo, tive medo.

Senti que havia sido envolvida por uma força muito esquisita que me dominou e obrigou a fazer coisas que nunca foram da minha natureza.

— Graças a Deus você está voltando ao normal. O que sei é que Roberto, sentindo que você pensava em deixá-lo, fez um pacto com um espírito perigoso prometendo servir-lhe desde que ele fizesse o que ele desejava.

— Como ele fez isso? Que eu saiba, o único centro que ele frequentou antes de nos mudarmos para o Rio foi este aqui.

— Para fazer um pacto como esse não é preciso ir a um Centro. Ele pensou em fazer e esse espírito logo se aproveitou. Essas entidades formam grupos de auxílio mútuo para realizarem seus fins e estão sempre atentas. Ele deu abertura e o espírito procurou-o.

— Como pode ser isso?

— Em sonhos ou mesmo em contato mental. Nosso pensamento é um livro aberto para os habitantes do astral. Eles sentem o teor das energias que nos circundam e agem.

— Isso é injusto. Por que Deus permite que estejamos à mercê dessas entidades?

— Engana-se. Não é assim que funciona. Cada um atrai as companhias de acordo com sua maneira de ser. Roberto atraiu-os quando pensou que precisava dominá-la de qualquer jeito. Pagou o preço.

— Mas e eu? Por que fui envolvida? Nunca desejei nada disso.

— De alguma forma você também permitiu que eles a dominassem. Teve atitudes que toldaram suas energias, facilitando esse assédio.

Gabriela ficou pensativa por alguns instantes, depois disse:

— Bem, eu estava muito revoltada por Roberto ter se unido a Gioconda e ter feito aquele desfalque. Pensava mesmo em separar-me dele.

— Pensar em separar-se dele era um direito seu. Mas é preciso perceber a forma como você fez isso. A indignação, mesmo quando é justa, permite várias interpretações. Para que possa saber onde estava seu ponto fraco, terá que analisar com cuidado seus sentimentos. Geralmente a indignação esmorece quando aceitamos que as pessoas são o que são e não do jeito que gostaríamos que fossem. Embora tenhamos o direito de não querer mais conviver com uma pessoa que age dessa forma, conservar a mágoa, o ressentimento, é sempre cair em negatividade.

— De fato, eu estava muito indignada. Até hoje, quando me lembro do que ele fez, sinto muita revolta.

— Isso facilitou seu processo de obsessão. Procure pensar que Roberto agiu assim porque ainda não tinha amadurecimento para agir diferente. Ele pensou apenas em se defender, não em prejudicar você. Ao contrário, desejava dar tudo para a família. Não pensou que estivesse fazendo mal querendo conservar seu amor. Pode até ter acreditado estar defendendo a união da família.

— Isso é bem dele. Garanto que foi assim.

— Pense nisso e talvez consiga libertar-se da mágoa. Você encerrou uma etapa de sua vida. Tem novas oportunidades de felicidade à sua frente. Não se deixe dominar pelo que foi. Analise, medite, recorde os fatos, procure fazer isso com sinceridade. Tenho certeza de que um dia sentirá que está livre, alegre e disposta a seguir adiante.

Gabriela sorriu e disse:

— Obrigado por me ajudar tanto. Farei tudo para encontrar a paz interior, educar meus filhos com carinho e construir para nós uma vida melhor.

— Eu estou certo disso. Agora vamos que nossos amigos estão nos esperando.

Naquela noite, Gabriela voltou para casa mais animada. A conversa com Hamílton fizera diminuir sua inquietação. Depois, as atenções e o carinho dos amigos, a conversa descontraída e proveitosa da qual havia participado no restaurante tiveram o dom de mostrar-lhe que a vida poderia ser muito melhor do que havia sido nos últimos tempos.

De repente, sentiu-se viva, livre, capaz. A certeza de que a vida continuava depois da morte era confortadora.

Deitou-se, mas não dormiu logo. Por sua mente as lembranças de seu romance com Roberto desfilaram e ela compreendeu com clareza o que Hamílton lhe dissera. De fato, Roberto amava-a do seu jeito. Nunca aceitou o fato de ela ser mais instruída, nem de ganhar dinheiro quando ele não conseguia.

Quando ele percebeu que conseguiria ganhar para sustentar a família, desejava provar que era capaz de sustentá-la sozinho. Ele não percebia que para ela o emprego era uma realização pessoal.

Ela fora incapaz de analisar os fatos claramente. Para ele, o desfalque fora uma prova de amor, para ela uma traição cruel.

Naquele momento Gabriela percebeu que, tendo cultivado a mágoa, havia sido tão cruel quanto ele. Exigiu de Roberto um comportamento do qual não era capaz. Além disso, tornara-se também presa fácil dos espíritos perturbadores. Em toda aquela história, ela não havia sido vítima, como julgara. Dali para a frente, iria se esforçar para olhar o passado de outra forma.

Roberto, mergulhado em suas ilusões, optara por aquele caminho doloroso, e agora estava enfrentando as consequências. Ela não tinha o direito de atirar sobre ele sua incompreensão, suas expectativas que ele fora incapaz de satisfazer.

Ela desejava ser feliz, poder olhar para trás sem remorsos ou recriminações. Mas sentia que era importante aprender os valores verdadeiros e eternos do espírito para saber se colocar diante dos desafios futuros.

Capítulo 26

Tudo aconteceu muito rápido. Roberto notou o revólver na mão de Neumes apontado em sua direção, viu quando ele puxou o gatilho. Ele também apontou, conseguiu dar um disparo, mas sua mão não obedeceu mais. Sentiu um líquido quente ensopando suas roupas e perdeu os sentidos.

Acordou assustado e olhou em volta. Estava deitado em uma esteira e sentia-se muito fraco. Lembrou-se de Neumes.

"Ele me acertou", pensou.

Onde estava? Olhou em volta, mas não conseguiu ver muito. Estava escuro. Tentou levantar-se, porém não teve forças.

Talvez Neumes o tivesse escondido naquele lugar escuro para que ele não recebesse tratamento e morresse. Sentia uma dor ardida no peito e no ventre. Passou a mão e notou que havia duas feridas abertas, de onde saía uma secreção que ele não soube determinar se era sangue. Neumes o havia acertado. Precisava de atendimento médico.

Olhou em volta procurando encontrar ajuda. Mas a fraqueza era muito grande. Fechou os olhos assustado. Ia morrer ali, esquecido de todos.

Lembrou-se de que não tinha dito a ninguém onde Neumes morava nem que iria até lá. Com certeza Gabriela o estaria procurando, mas não iria encontrá-lo.

Roberto pensou em Pai José. Talvez ele pudesse socorrê-lo, ir contar a Gabriela onde ele se encontrava. Fazendo grande esforço, Roberto chamou por Pai José com insistência.

Depois de algum tempo, uma pálida claridade formou-se a seu lado e um desconhecido apareceu. Roberto indagou aflito:

— Onde estou? Quem é você?

— Sou seu amigo. Pai José está ocupado e mandou-me saber o que você quer.

— Ainda bem. Já estava com medo. Estou prisioneiro aqui. Quero que vá avisar minha mulher para vir me socorrer. Estou ferido, preciso de um médico.

O homem começou a gargalhar, exibindo algumas falhas de dentes, e respondeu:

— O que você quer é impossível. Sua mulher não vai poder vir aqui. Mas tenha paciência, que Pai José virá quando puder.

— Você não entendeu. Preciso de socorro. Estou muito ferido. Posso morrer.

O outro continuou rindo. Quando parou, disse com má vontade:

— Deixe de ser bobo. Você não vai morrer, não. Agora você não morre mais.

— Como assim?

— Porque você já está morto. Já foi enterrado e tudo.

Roberto sentiu tontura e esforçou-se para não desfalecer.

— Não brinque comigo. Começo a desconfiar que você não foi mandado por Pai José. Deve ser amigo de Neumes.

— Se me ofender vou embora, arrume-se como puder. Se eu disse que foi Pai José quem me mandou, é porque foi.

— Está bem. Não quero ofendê-lo. Mas estou mal. Não posso ficar aqui sem atendimento.

— Garanto que não vai acontecer nada. Aguente firme. Descanse. Aos poucos vai se sentir melhor. Pai José vai vir assim que puder. Agora preciso ir. Trate de dormir.

Ele desapareceu e Roberto chamou-o de volta, inutilmente. Se ao menos ele conseguisse enxergar onde se encontrava... Mas estava escuro e ele sentia frio.

Aflito, fez várias tentativas para levantar-se, sem conseguir. Desesperado, tentou gritar, mas sua voz era fraca.

"Assim ninguém vai me ouvir", pensou.

Forte sensação de medo acometeu-o. Estaria destinado a morrer ali, sozinho, sem socorro? Naquele momento, sentindo-se impotente, arrependeu-se de haver procurado Neumes.

Várias perguntas sem resposta vieram-lhe à mente, aumentando sua inquietação. Pai José havia-lhe garantido que poderia ir ver Neumes. Se ele de fato sabia tudo, por que não o prevenira do perigo que estaria correndo? Se houvesse sido avisado, teria tomado mais cuidado.

Ele lhe garantira proteção, então por que agora não aparecia para socorrê-lo? Sentiu vontade de rezar, porém não teve coragem. Pai José dissera-lhe que os espíritos iluminados não ajudavam quem ousava intervir no destino, fazer justiça com as próprias mãos. Finalizava dizendo:

— Eles acham que devemos aceitar tudo e esperar Deus determinar. Mas, ao que sei, ele está sempre ausente. Até quando vamos ficar passivos diante dos erros dos outros?

Se ele apelasse para os espíritos superiores, eles iriam pedir-lhe contas do que fizera.

Roberto lembrou-se de que no terreiro ajudara a fazer inúmeros despachos, para separar ou unir pessoas, conforme os pedidos dos frequentadores, tendo se acumpliciado com várias entidades do astral.

Ele sabia que estava errado, porém obedecia às ordens de Pai José. A culpa era dele. Entretanto, agora, pensando melhor, sentia que não era tão simples assim.

Sua consciência começou a incomodá-lo. Estaria sendo castigado? Nesse caso, a quem recorrer?

Apesar da fraqueza, sua sensibilidade estava aumentada. Por sua mente passaram vários acontecimentos de sua vida. Pensou nos filhos, e as lágrimas desceram pelas suas faces.

Permaneceu assim longo tempo. Depois, vencido pelo cansaço, adormeceu. Acordou sentindo que alguém o sacudia. Ainda atordoado, balbuciou:

— O que foi? O que aconteceu?

— Viemos tomar satisfações. Por que se meteu em nossa vida?

— Eu?!

Admirado, Roberto fixou os dois homens que o olhavam com raiva.

— Você, sim. Não se faça de tolo — tornou um deles, sacudindo-o pelo braço.

— Vocês estão enganados. Não os conheço.

— Agora que está mal, deseja escapar, mas não vamos deixar.

— Afirmo que não sei do que estão falando.

— Sabe, sim. Vocês fizeram mandinga para Mariinha separar-se de João a pedido da desavergonhada da Joana. Ela ficou doente, eles se separaram por causa de vocês.

— Não tive culpa. Só fazia o que Pai José mandava.

— Mentira. Vimos quando você fez o despacho. Eu jurei me vingar. Mariinha é minha filha. Quem faz mal a ela compra briga comigo.

— Agora que você veio para cá — disse o outro, satisfeito —, vai ter que desmanchar tudinho. Acho bom se preparar para começar logo.

Roberto começou a tremer. O que estaria acontecendo com ele? Por que estava à mercê daqueles homens estranhos?

Lembrava-se do caso de Mariinha. Eles haviam vencido e Joana fora até o terreiro agradecer a Pai José. Ele havia ganhado uma garrafa de vinho para comemorar.

— Quem soube beber o vinho vai saber desmanchar tudo. Vamos levar você já — disse o pai de Mariinha.

— Eu estou muito ferido. Não posso me levantar. Preciso de um médico.

— Precisa criar vergonha, isso sim. Deixe de frescuras. Levante-se e vamos embora — decidiu o outro.

Ao mesmo tempo puxou o braço de Roberto tentando fazê-lo levantar-se. Ele sentiu uma dor forte nas duas feridas e perdeu os sentidos.

— Ele não vai aguentar — disse um.

— Nesse caso, teremos de fazê-lo melhorar. Vamos buscar Neco.

Os dois saíram, deixando Roberto desacordado, estendido na esteira. Voltaram algum tempo depois e ele não havia acordado ainda.

Neco era um negro alto, magro, ágil, rosto sisudo, mãos fortes. Aproximou-se de Roberto, colocou a mão sobre sua testa por alguns segundos, depois disse:

— Ele não tem como fazer o que querem. Se forçar, será pior. Ele vai perder os sentidos e ficar muito tempo desacordado.

— Nesse caso, o que faremos? Precisamos dele para ajudar Mariinha.

— Vamos levá-lo para nossa colônia. Lá o deixaremos em condições de fazer o que desejam. Vou chamar meus ajudantes.

Concentrou-se por alguns segundos. Depois disse:

— Eles estão a caminho. Vamos esperar.

Depois de alguns minutos chegaram quatro negros. Abriram uma padiola, colocaram Roberto sobre ela e, a uma ordem de Neco, seguiram de volta para seu ponto de origem.

Roberto acordou e olhou em volta, preocupado. Estava em um pequeno quarto, deitado em uma cama tosca e por entre as frestas da pequena janela entrava uma claridade acinzentada que lhe permitia divisar perfeitamente o lugar.

Notou os curativos em suas feridas, sentiu-se aliviado. Havia sido socorrido. Mas não estava em um hospital. O quarto pequeno, pobre, sem um mínimo de higiene, parecia mais com uma casa de fazenda do que um lugar de tratamento.

Sentou-se na cama sem dificuldade. Estava melhor. Levantou-se e deu alguns passos apoiando nos pés da cama e em uma mesinha ao lado da janela. Sentiu-se tonto, parou, respirou fundo. O importante era que estava sarando. Precisava saber onde estava e quando poderia voltar para casa.

Quanto se sentiu melhor, abriu a janela e olhou para fora. O dia estava nublado, mas ele viu que lá havia vários casebres, em uma rua estreita e sem calçamento. Que lugar seria aquele? Certamente alguma pequena cidade onde o progresso ainda não havia chegado.

A porta do quarto abriu-se e Neco entrou:

— Vejo que está melhor — disse.

— Estou. Por que não me levaram para minha casa? Eu estava com meus documentos no bolso do paletó.

— Sua casa agora é aqui. É melhor se acostumar.

— Quem é você? Por que me trouxeram a este lugar tão pobre? Eu posso pagar um tratamento melhor.

— Seu dinheiro aqui não vale nada. Deite-se, eu quero examiná-lo e continuar o tratamento.

— Você é médico?

— Estou cuidando de você.

— Eu agradeço por ter me tirado daquele lugar horrível, mas quero ir para um hospital decente, ver minha família. Eles devem estar preocupados com meu desaparecimento. Há quanto tempo estou aqui?

— Contando à moda da Terra, uns dois meses.

— Dois meses? Não pode ser...

— Deite-se. Vou esclarecer tudo.

— Estou muito bem de pé.

— Faça o que estou dizendo. Vai precisar se deitar.

A voz dele era autoritária e Roberto obedeceu. Vendo-o estendido na cama, Neco colocou a mão direita sobre a testa dele e disse:

— Seu tempo na Terra acabou. Os tiros que recebeu estragaram seu corpo de carne. Ele está morto. Não há nada a fazer quanto a isso.

Roberto estremeceu e sentiu que ia perder a consciência.

— Não fuja — disse Neco com voz firme. — Enfrente a verdade. Será melhor.

Roberto reagiu. Precisava esclarecer tudo. Ele estava blefando. Aquilo não podia ser verdade. Ele tinha corpo, estava ferido e, o que era mais importante, estava bem vivo.

— É assim mesmo — continuou Neco. — Você continua vivo, só que em outro mundo. Você morreu para a Terra e para sua família. Já foi enterrado. Não tem volta. Agora começa outra etapa, e, diante dos problemas que arranjou, é melhor cooperar.

Roberto tremia qual folha batida pelo vento forte, sentia frio e uma sensação de medo incontrolável.

— Você é homem ou o quê? — desafiou Neco. — Os brancos são fracotes mesmo. Que vergonha!

Enquanto falava, Neco passava suas mãos ao redor do corpo de Roberto, detendo-se em alguns pontos. Aos poucos ele foi se controlando. Depois de alguns minutos, Roberto indagou triste:

— Tem certeza do que está dizendo?

— Tenho. Você, que andava trabalhando no terreiro, não sabe disso? Talvez não saiba também que está aqui na condição de prisioneiro de Juvêncio e Brito.

— Não pode ser. Não os conheço!

— Conhece, sim. Eles foram visitar você naquele brejo em que estava enfiado e pediram que eu o socorresse. Juvêncio é o pai e Brito o tio de Mariinha. Eles trouxeram você para cá.

— O que desejam de mim?

— Você deve para eles. Vai ter que trabalhar para reparar as besteiras que fez contra Mariinha.

— Não fui eu. Só fiz o que Pai José mandou.

— Não se faça de bobo, que não adianta. Eu posso ver o que está pensando. Quer saber de uma coisa? Se eu fosse você, tratava de obedecer, pagar o que deve a eles e depois, quem sabe, talvez possa ir para outro lugar.

— E se eu me recusar?

— Eles têm meios de obrigar. Garanto que vai se dar muito mal.

— Você parece uma boa pessoa. Como pode permitir que eles façam isso comigo?

— Não me meto nos negócios dos outros. Pediram-me para ajudá-lo e estou ajudando, mas é só. Depois, eles têm direito de exigir justiça. Foi você quem fez aquele trabalho sujo.

Roberto ficou pensativo. Tudo aquilo seria verdade mesmo? Estaria morto? Precisava pensar, refazer as ideias. Era possível que ele estivesse internado em algum manicômio por engano. Se estivesse lidando com um louco, teria de ganhar tempo, fingir que aceitava tudo.

Neco olhou seriamente para ele, meneou a cabeça negativamente, depois disse:

— Não tente bancar o esperto. Isto aqui não é um hospital de loucos. É uma colônia de pessoas que morreram no mundo e aqui construíram esta cidade. Temos sociedade organizada, nosso governador cria nossas leis, que devem ser obedecidas. São muito diferentes das da Terra. Aqui, as vítimas têm o direito legítimo da vingança e da reparação.

Roberto sentiu um arrepio de medo. Neco havia lido seus pensamentos.

— Reconheço que está difícil acreditar em tudo que você disse. Mas vou fazer força. Preciso colocar meus pensamentos em ordem. Foi uma mudança muito repentina.

— Eu sei. Agora eu me vou. Logo mandarei trazer-lhe alimentos mais fortes. Você já pode comer melhor.

Depois que ele se foi, Roberto, ainda deitado, repassou na mente tudo quanto lhe havia acontecido. O que Neco lhe dissera poderia ser verdade. Nesse caso, o que aprendera no centro valia. Se os tiros de Neumes houvessem matado seu corpo, ele continuava vivo, sofrendo, sentindo, apalpando suas carnes, como quando estava no mundo.

Era incrível, mas era verdade. Pensou em Gabriela, nos filhos, e as lágrimas desceram-lhe pelas faces. Sentiu-se muito triste. Arrependeu-se de haver procurado Neumes, porém era tarde.

O que seria de sua vida dali para a frente? Como estariam Gabriela, as crianças, sem seu amparo? Rompeu em soluços e chorou durante algum tempo. Depois, as lágrimas secaram, só restando a tristeza e o desalento.

Decidiu que prestaria os serviços que aqueles dois desejavam. Talvez, se o fizesse de boa vontade, pudesse transformá-los em aliados que o ajudariam a cuidar de sua família. Agora Gabriela estava livre e talvez se juntasse a Renato. Isso ele não poderia permitir. Era injusto. Ele continuava vivo, amando-a, sofrendo a ausência compulsória. Fosse o que fosse, o importante era que ele estava melhorando. Apesar das circunstâncias, eles o haviam socorrido.

Decidiu obedecer. Talvez assim granjeasse a simpatia e a amizade deles. Estava em um lugar desconhecido, e o melhor era contemporizar. Com o tempo, havendo recuperado a saúde, decidiria o que fazer.

Tendo tomado essa decisão, dali para a frente Roberto passou a demonstrar boa vontade. Dois dias depois, sentiu-se disposto e recuperado. Resolveu sair, dar uma volta para conhecer melhor a cidade.

Assim que atravessou a soleira, surgiu um negro com um fuzil, que o impediu de sair.

— Entre — disse ele.

Roberto obedeceu e respondeu:

— Eu quero sair um pouco. Já me sinto melhor.

— Agora não pode. Vou avisar Neco.

Pouco depois Neco entrou e disse satisfeito:

— Vejo que está bem.

— Estou. Quero sair, dar uma volta, conhecer a cidade.

— Ainda não pode. Vou levá-lo à casa de Juvêncio. Ele vai apresentá-lo ao conselho. Minha missão com você acabou.

— Está bem. Decidi seguir seu conselho. Vou pagar o que devo a eles. Quando eles me libertarem, o que acontecerá comigo?

— Depende de como você se comportar.

— Estive pensando. Não conheço nada aqui, nem tenho para onde ir. Disseram-me que quando a gente morre encontra os amigos e parentes que tinham morrido antes. Isso era mentira. Não encontrei ninguém.

— Não é mentira, não. Alguns encontram mesmo.

— Bom, eu não encontrei, e pensei que talvez pudesse continuar morando aqui.

— Isso é o conselho quem decide.

— Aqui não mora nenhum branco?

— Mora. Acontece que a maioria dos servos é de negros. Agora venha comigo.

Eles saíram, e dessa vez ninguém apareceu para impedir. Caminharam pela rua estreita e sinuosa e foram dar em uma praça onde havia alguns prédios cinzentos, cada um com quatro andares. A construção, parecendo alvenaria, era lisa, tinha pequenas janelas simétricas e paredes rústicas.

Roberto notou a ausência de plantas. A terra era seca e não havia nem mato. Neco conduziu-o para a entrada de um dos prédios onde havia um negro alto, vestido com uma túnica de cor indefinida, com um fuzil em posição de sentido.

— Viemos ver Juvêncio.

Eles entraram e subiram uma escada estreita e escura. Atravessaram um corredor mal iluminado, onde havia várias portas. Neco parou em frente a uma delas e acionou uma sineta. Imediatamente a porta se abriu e eles entraram em uma sala onde havia uma mesa tosca com algumas cadeiras e um armário. Imediatamente Juvêncio veio do aposento contíguo.

— Chegou em boa hora — disse ele dirigindo-se a Roberto. — Nós fizemos tudo que pudemos, agora é sua vez.

— Vim disposto a cooperar. Fazer o que você quiser. Quero ser seu amigo.

Juvêncio olhou sério para ele. Ficou silencioso por alguns instantes, depois respondeu:

— É. Vejo que pensou bem. Mas, depois do que fez, não quero ser seu amigo.

— Eu não conhecia você. Não sabia que eu estava errado. Sabe como são as coisas quando se vive na Terra. Tudo fica tão complicado...

— Bem, isso veremos. Saiba que terá que ser tudo do meu jeito. Não vou admitir fracassos nem mentiras. Sou justo. Se fizer como eu quero, tudo bem, senão, não perdoo. É melhor saber disso logo. Não estou disposto a tolerar fraquezas nem falsidade.

— Não precisa repetir isso. Estou disposto a pagar tudo que lhe devo. Quero viver bem.

Juvêncio bateu palmas e logo apareceu uma mulher de meia-idade, vestindo uma túnica parda. Juvêncio ordenou:

— Este é o homem do qual lhe falei. Cuide dele.

Ela se aproximou de Roberto, tomou seu braço e disse:

— Meu nome é Nena. Venha comigo.

A mão dela era fria, seu rosto inexpressivo. Roberto sentiu um arrepio e vontade de tirar aquela mão do seu braço. Sentindo o olhar crítico de Juvêncio, tratou de dissimular e deixou-se conduzir sem resistência.

— Obrigado, Neco. Estou lhe devendo mais este favor. Pode estar certo de que não esquecerei. Sou reconhecido a quem me presta um serviço.

— Sei disso. Se o amigo precisar, estarei à disposição.

— Fez um bom trabalho. Ele ficou mais obediente.

— Só lhe disse a verdade. Ele ainda não sabia que tinha morrido. Agora sabe que não lhe resta remédio senão obedecer.

— Ainda bem que ele não chamou nenhum servo da luz. Eu tinha medo de que ele me escapasse.

— Fiz o possível para evitar isso. Agora cabe a você.

— Ele pensa que vai sair daqui logo. Não sabe com quem está lidando. Agora que o tenho nas mãos, ficará muito tempo.

— Se ele se rebelar, você sabe o que fazer. É só trazer a lembrança da culpa que ele sente por haver tramado contra sua mulher que ele vai ficar manso logo. Esse é seu trunfo.

— Eu sei. Pode deixar que não vou esquecer.

Sentado na estreita cama do pequeno quarto, Roberto sentiu enorme tristeza. Como fora parar naquele lugar horrível em meio a pessoas tão desagradáveis? Ah, se ele pudesse voltar atrás!

Às vezes beliscava-se tentando acordar do pesadelo em que imaginava estar mergulhado, porém essa atitude apenas lhe provava que não se tratava de um sonho, mas de uma difícil realidade que dali para a frente ele teria de suportar.

Pensou na família, e algumas lágrimas molharam suas faces. O que ele havia feito de sua vida? Por que se envolvera com pessoas desconhecidas, interferindo em seus caminhos?

Nena havia-lhe dito:

— Vai ficar aqui até o patrão chamar.

Pouco depois, Juvêncio apareceu e disse-lhe:

— Há uma túnica no armário. Vista logo, que vamos ao conselho.

Roberto abriu o armário, pegou a túnica e respondeu:

— Não posso ir com minha roupa mesmo?

Juvêncio impacientou-se:

— Vista logo. Você é meu servo e tem que se apresentar com o uniforme de minha casa.

Roberto obedeceu e acompanhou-o sem dizer mais nada. Andando pelas ruas estreitas e sem calçamento, olhando o céu nublado, as casas feias e mal-acabadas, Roberto pensou que talvez aqueles homens não fossem tão poderosos como diziam.

Porém mudou de ideia quando chegaram a uma praça com calçamento, onde o tipo de construção mudava completamente. Havia casas bem construídas, prédios sólidos e bem-acabados. Brancos e negros misturavam-se nas ruas e ele observou que os brancos iam na frente acompanhados pelos negros, que lhes obedeciam.

Notando sua admiração, Juvêncio esclareceu:

— Do que se admira? Aqui somos conservadores. Há os senhores e os escravos.

— A escravidão acabou.

— Acabou no papel. Há muitas formas de se escravizar. Mas aqui nós temos nossas leis. Quem deve fica escravo. É justo. A escravatura é o melhor sistema social.

Roberto ia responder, mas desistiu. O que poderia dizer? Aquela realidade era uma aberração. Concluiu que estava em uma cidade muito atrasada.

Precisava sair dali. Mas como? Resolveu contemporizar, ganhar a confiança deles e depois decidir. Por esse motivo acompanhou Juvêncio, mostrando boa vontade.

Entraram em um prédio e Roberto notou que a construção ostentava um luxo pesado e grosseiro. Foi conduzido a um salão onde havia uma bancada ao fundo e cadeiras na frente. Parecia um tribunal.

Atrás da bancada estavam sentados alguns homens de postura austera, alguns com barba, trajando batas recamadas de galões dourados.

Juvêncio aproximou-se, curvou-se e disse:

— Saúdo nossos maiores e peço permissão para ficar com esse escravo a meu serviço.

Eles olharam para Roberto atentamente, depois um deles considerou:

— Ele é seu escravo em que condições?

— Quando na Terra, prejudicou minha filha Mariinha, fez feitiçaria contra ela. Não pude fazer nada para impedir. Eu o vigiava e quando veio para cá o tomei a meu serviço para recolocar as coisas no lugar.

— Ele foi assassinado — disse um outro sério. — Foi você quem tramou isso?

— Não — esclareceu Juvêncio. — Foi um ajuste de contas que ele fez e perdeu. Não tive nada a ver com isso.

— Porque, se teve, sua dívida já está quitada.

— Não. Vossa Excelência pode verificar como foi.

Alguns segundos de silêncio depois, o que estava sentado no centro e parecia ser o líder decidiu:

— Concedido. Ele poderá ficar até quando você se considerar pago. Mas deve obedecer a nossas regras. Ele é seu. Pode ir.

Juvêncio, satisfeito, tomou Roberto pelo braço e conduziu-o para fora.

— Vamos para casa. Temos que programar a ajuda a Mariinha.

Roberto estava emudecido de surpresa. Nunca imaginou que existisse um lugar como aquele. Mas notou que eles não estavam de brincadeira. Se quisesse ficar bem e livrar-se, teria de cooperar.

De volta ao prédio onde estava instalado, foi conduzido a uma sala onde Brito já os esperava.

— Agora é nossa vez — disse, vendo-os entrar. — Você terá que fazer a sua parte.

— O que querem de mim? — indagou Roberto.

— Vamos preparar você. Depois terá que entrar naquele terreiro de Pai José e descobrir o que queremos.

— Não sei como fazer isso...

— Vai saber logo — esclareceu Juvêncio. — Antes vamos preparar tudo. Você vai fazer do jeito que queremos. Nem pense em nos trair.

— Temos como controlá-lo. Se estiver fazendo alguma coisa errada, temos como trazê-lo de volta imediatamente — disse Brito. — Então vai se ver conosco.

— Eu não estou pensando em fazer nada. Se estou devendo a vocês, quero pagar tudo e ficar livre. Eu tenho muito interesse em fazer o que desejam. Já vi que são poderosos, e estou pronto a obedecer.

— Melhor assim — respondeu Juvêncio. — Para desfazer o trabalho de Mariinha, precisamos destruir um polo que está guardado na sala fechada onde só entra o encarregado. Sem isso não conseguimos nada. O lugar é vigiado e nós não pudemos entrar de jeito nenhum. Você é conhecido deles. Não vão impedir sua entrada nem desconfiar de nada.

— Não sei como ir até lá.

— Deixe por nossa conta — tornou Juvêncio. — Vamos mostrar-lhe o lugar e o trabalho que terá que destruir. Você vai, diz que precisa de ajuda, não fala nada de nós. Começa a frequentar, depois lhe daremos nossas instruções. Se fizer tudo direitinho como ensinarmos, vai conseguir.

Roberto entusiasmou-se. Ele iria voltar à Terra. Do terreiro seria fácil dar um pulo em casa para ver a família.

— Estaremos vigiando todo o tempo. Está vendo esta tela aqui? Vou ligar para você ver.

Ele tocou em um lado e ela se acendeu, mostrando o terreiro de Pai José, àquela hora deserto. Maravilhado, Roberto perguntou:

— Eu poderia ver como está minha família?

— Não. Conseguimos este acesso, mas ainda não podemos ver tudo.

— Vou fazer o que puder para servi-los. Mas, quando estiver lá, gostaria que me dessem permissão para eu ir até minha casa.

— Isso não é possível — disse Brito. — Você não pode desviar sua atenção. Depois, pode se perder. Se ficar emocionado, se as coisas em casa não estiverem correndo bem, pode pensar em nos desobedecer. Isso não vamos permitir.

— Por outro lado — tornou Juvêncio, maneiroso —, se fizer tudo direito e conseguir o que queremos, nós o ajudaremos a ir ver sua família. Mas só depois.

Apesar de ansioso, Roberto achou bom concordar. Era melhor do que nada.

Nos dias que se seguiram, ele recebeu aulas sobre como se locomover, esconder-se, várias técnicas, e ficou tão entusiasmado aprendendo coisas do seu novo estado que esqueceu até seus projetos de sair daquele lugar. Afinal, estava sendo muito útil.

Tinha certeza de que um dia poderia ser autossuficiente, voltar a ver a família, saber de tudo e cuidar de Gabriela.

Capítulo 27

Gabriela saiu da sala de aula que frequentava no centro Espírita e encontrou-se com Renato, que também estava deixando uma das salas. Era a primeira vez que se encontravam depois da reunião de que haviam participado quinze dias antes.

Gabriela sorriu e ele se aproximou dizendo:

— Seu tratamento continua?

— Acabou. Hoje comecei um curso de mediunidade. Foi a primeira aula.

— Que coincidência! Também estou fazendo um curso de bioenergética. Como você está?

— Melhor. Estou mais disposta. Afinal, a vida continua e temos de andar para a frente.

— Gostaria de conversar. Vamos comer alguma coisa?

Ela aceitou e foram caminhando até uma lanchonete próxima. Uma vez acomodados, tendo pedido um lanche, Renato perguntou:

— Quais seus planos para o futuro?

— Bem, felizmente minha situação financeira melhorou. Recebi nosso dinheiro com juros e correção.

— Então, agora vai se dedicar a seus filhos. Não vai mais trabalhar.

— Claro que vou me dedicar aos meus filhos, como sempre, porém não pretendo ficar em casa sem fazer nada. Nicete é boa companheira e cuida muito bem de tudo. Eu quero continuar aprendendo, sendo útil. Tenho pensado bastante. Agora possuo um capital que me permite abrir um negócio próprio. Contudo, ainda não sei o quê. Não posso arriscar o futuro dos meus filhos. No momento, esse dinheiro está aplicado.

— Você tem competência para administrar uma empresa. Conheço a sua capacidade. Tenho sentido muito sua falta. — Vendo que ela o encarava surpreendida, continuou: — Profissional. Depois de você já tive duas funcionárias e ainda não estou satisfeito. É difícil encontrar uma pessoa honesta, caprichosa, esforçada e disposta a trabalhar como você. Se você aceitasse seu emprego de volta, me faria um grande favor.

— Não estou ocupada com nada ainda. Poderia voltar a trabalhar com você, pelo menos até decidir se vou ou não abrir uma firma. Entretanto...

Ela hesitou e ele perguntou:

— O que é?

— Gioconda. Todos sofremos muito. Ela é doente. Se souber que estou lá novamente, pode ficar pior. Não desejo agravar seu estado.

— Gioconda é uma mulher mimada, age como criança. Se não tiver esse motivo, arranja outro. Não aceita a verdade. Um homem, quando escolhe uma companheira, deseja uma pessoa com quem dialogue de igual para igual. Tenho aprendido que, quando um dos dois é inseguro e julga-se menos, o relacionamento acaba. Para uma vida em comum bem-sucedida há que se ter maturidade. Ela insiste nas mesmas coisas, ainda não compreendeu isso.

— Entendo o que diz. Vivi o mesmo problema.

— Você amava seu marido, por isso suportou. Mas, eu, havia muito tempo que não a amava mais.

— Engana-se. Eu amei meu marido. Mas é como você diz. Com o tempo notei que ele não tinha condições de me oferecer o que eu esperava. Quando ele sofreu o atentado em meu lugar, eu estava pensando seriamente em me separar. Depois, não o fiz porque ele estava mal. Fiquei esperando que ele se recuperasse para tomar essa decisão.

Os olhos de Renato brilharam emocionados. Ele não se conteve e indagou:

— Nesse caso, por que deixou a empresa e mudou-se para o Rio de Janeiro?

— Até hoje, quando me recordo desse período, há um branco em minhas lembranças. Parece mentira que tenha acontecido. Hamílton explicou que me deixei envolver por entidades maldosas.

— Então foi verdade mesmo. Eu acredito nas explicações de Hamílton. Aliás, eu estava presente quando o espírito de Elvira falou a respeito. Mas pensei que você houvesse sido envolvida por causa do seu amor por ele.

— Foi exatamente o contrário. Foi por estar magoada, por não ter podido perdoar aquele desfalque que fiquei vulnerável. Minhas energias estavam negativas.

— O curso que estou fazendo é para saber mais sobre as leis de influências, como ficamos vulneráveis às energias negativas e como aprender a recuperar o equilíbrio. Pela aula de hoje, percebi que terei muito o que aprender. Esse campo é delicado.

— É verdade. Eu acredito que, conhecendo como o plano energético funciona, nós nos livraremos de muitos sofrimentos. Somos nós que atraímos as energias de acordo com nossas atitudes e com o nível de evolução que possuímos. É interessante que essas leis funcionam de forma relativa ao nível de desenvolvimento de cada um.

Renato olhou-a enlevado. Era fácil conversar com ela. Satisfeito, considerou:

— É isso que torna a justiça divina perfeita. Ninguém sofre nada além da sua necessidade de aprender. Se você aprende pela inteligência, certamente vai se poupar de muitos sofrimentos.

Os dois continuaram conversando animadamente até que Gabriela olhou o relógio e assustou-se:

— Meu Deus, como o tempo passou depressa! É quase meia-noite. Tenho que ir.

— Vou deixá-la em casa.

— Obrigada.

Uma vez no carro, Gabriela ficou pensativa. Como Renato era diferente de Roberto. Se houvesse se casado com ele, teriam sido felizes. Era um belo homem, elegante, culto, compreensivo.

Suspirou forte e Renato perguntou:

— O que está pensando? Ficou calada de repente.

Apanhada de surpresa, Gabriela inquietou-se. Ele não podia saber o que ela estava pensando. Tentou dissimular.

— Pensava o que fazer de minha vida daqui para a frente.

— Volte a trabalhar comigo, nem que seja por algum tempo. Se resolver abrir um negócio, poderei ajudá-la.

— Bem que eu gostaria. Estou ansiosa para me ocupar. Penso em Gioconda. Ela pode começar tudo outra vez.

— Nós dois sabemos que nunca fizemos nada de errado. Não podemos levar em conta a maldade dela.

— Não só dela. Há dona Georgina. Ela deu muito trabalho por ocasião do enterro de Roberto. Vai continuar me perseguindo.

— Pensei que não se importasse com a opinião dos outros, principalmente de pessoas desequilibradas.

Gabriela sorriu. Sentia que ele estava querendo muito que ela voltasse. Ela também gostaria de retomar o emprego. Além do mais, ele se havia revelado um amigo maravilhoso. Devia-lhe muitos favores.

O carro parou em frente à casa de Gabriela. Ele se voltou para ela e perguntou:

— E então, o que me diz?

Havia um brilho ansioso em seus olhos, e Gabriela sentiu-se emocionada. Após ter sido usada pelo marido, sentir-se tão valorizada por uma pessoa que prezava muito era confortador. Por essa razão, respondeu:

— Quando posso começar?

— Se não for pedir muito, amanhã cedo.

— Estarei lá.

Ela estendeu a mão e ele a tomou entre as suas, dizendo:

— Obrigado. Saberei reconhecer sua dedicação.

— Eu é que tenho de agradecer toda a ajuda que sempre me deu. Obrigada. Até amanhã.

Ele ficou esperando que ela entrasse, depois ligou o rádio. Estava alegre, feliz, como há muito não se sentia. Não tencionava falar-lhe do seu amor. Mas usufruir da sua companhia todos os dias fazia-o cantar de alegria.

Gabriela entrou em casa contente. Renato sempre a fizera sentir-se bem. Apesar da diferença de posição, ele a tratara de igual para igual, às vezes até com certa admiração.

O que aconteceria quando Georgina ou Gioconda soubessem que ela estava de volta ao antigo emprego? Certamente não a poupariam. Mas Renato tinha razão. Eles não deviam nada a ninguém. Nunca haviam feito nada de errado. Essa consciência lhes bastava.

As crianças estavam dormindo, mas Nicete esperava-a.

— Ainda acordada? É tarde.

— A senhora nunca demora tanto. Fiquei preocupada.

— Desculpe, Nicete. A aula acabou cedo, mas encontrei o doutor Renato e ele me convidou para um lanche. Ficamos conversando e quando olhei o relógio era quase meia-noite.

— O doutor é boa companhia. Ele já se declarou?

Gabriela olhou para ela surpreendida.

— Nós somos apenas bons amigos. Ele me pediu para voltar a trabalhar lá. Até agora ainda não arranjou ninguém competente. Foi uma conversa profissional.

Nicete sorriu e respondeu:

— A senhora não viu como ele a olhava lá no Rio?

— Nunca notei nada. Você está enganada.

— Não estou, não. Ele está escondendo. Não deseja que saiba. Mas está caidinho. Quando a senhora olhava, ele disfarçava; mas, quando estava distraída, ele ficava olhando-a com olhos de peixe morto. Eu sei como é isso.

Gabriela sorriu, abanou a cabeça negativamente e disse:

— Você está lendo muitos romances, imaginando coisas. Se houvesse qualquer coisa, eu teria percebido.

— Quando vai voltar a trabalhar?

— Amanhã. Vamos dormir, que preciso levantar cedo.

Gabriela deitou-se, mas as palavras de Nicete não saíam de sua mente. Ela teria visto bem? Renato estaria interessado nela? Mesmo que isso fosse verdade, entre eles nunca poderia existir nada. Seria dar força à maledicência. Iriam pensar que ela havia sido amante dele ainda quando Roberto estava vivo.

A este pensamento, Gabriela sentiu um arrepio. Pensou nos filhos, ainda traumatizados com a morte violenta do pai. O que eles pensariam dela? Talvez fosse melhor não voltar a trabalhar lá.

Mas algo dentro de Gabriela se rebelou. Estava precisando trabalhar. Gostava de lá, estava familiarizada com o trabalho, o salário era compensador, havia possibilidade de progredir. Por que teria de se preocupar com o que os outros pensavam? Ela sabia que nunca havia traído o marido. Ele agora estava vivendo em um plano onde poderia conhecer a verdade. Era isso o que importava.

Tentou dormir, porém a figura de Renato desenhou-se em sua mente. Ele era um homem bonito, atraente, tinha tudo que uma mulher poderia desejar. Ela agora estava livre; ele, porém, apesar de separado, ainda estava casado. Tinha filhos.

Gabriela firmou o propósito de evitar qualquer aproximação pessoal com Renato. Assim não correria o risco de interessar-se por ele. Tendo tomado essa decisão, finalmente adormeceu.

Gioconda deixou de lado a revista que folheava sem interesse e foi até a janela do quarto, pensativa. O que tinha feito de sua vida? Por que um casamento que havia começado tão bem tinha dado errado?

Estava cansada de ser vítima da maldade alheia. Havia sido uma esposa dedicada, fiel, cuidava dos filhos com carinho. Se Gabriela não houvesse aparecido em sua vida, ela ainda estaria com o marido.

Ela havia sido a culpada de tudo. Ainda bem que Roberto tivera a feliz ideia de se mudar para o Rio e levá-la da empresa. Suas esperanças de recuperar o marido haviam reaparecido. Porém ele havia se mostrado irredutível.

Não permitia qualquer aproximação. Ela havia tentado tudo quanto sabia para ver se o trazia de volta, sem conseguir. Nenhum dos seus planos deu certo. Ele continuava distante, indiferente.

Se ela adoecia, ele mandava um médico; se ficava deprimida, lá vinha Aurélio. Não gostava dele. Ia vê-la para cuidar dos interesses de Renato. Nunca concordava com o que ela dizia. Naturalmente estava do lado dele.

Quando se queixava de Clara, o marido mandava o advogado, outro que estava combinado com Renato, para ameaçá-la de voltar ao sanatório.

Nos últimos tempos recorrera à igreja. Quando ficava muito deprimida, chamava um padre de quem ficara amiga. Ele comparecia, ouvia sua confissão, mandava-a perdoar, passava-lhe uma penitência e ia embora, levando sempre o donativo que ela generosamente ofertava.

Ele nunca lhe pedira nada, mas ela pensava que assim, dando-lhe boas somas para as obras da igreja, obteria sua estima e futuros favores.

Certa vez pediu-lhe que fosse conversar com Renato para interceder em favor da sua família, pedindo-lhe que voltasse para casa.

Ele fora de boa vontade. Mas foi pior. Depois que conversou com Renato, ficou mais distante dela. Gioconda percebeu que ele estava mudado. Certamente Renato falara mal dela e conseguira convencê-lo de que a errada era ela.

Gioconda estava inconformada. Sentia-se abandonada, sem amigos, rodeada de inimigos que desejavam mantê-la prisioneira. Isso era insuportável.

Clara cuidava de seu conforto, de sua saúde, tentava distraí-la. Mas quando ela ficava muito chorosa, reclamando, ela se afastava. Era evidente que estava do lado de Renato. Como é que ele conseguia isso? Certamente comprando as pessoas. Tinha muito dinheiro.

As crianças procuravam alegrá-la sem sucesso. Afastavam-se quando notavam que ela estava muito deprimida.

Gioconda saiu da janela, sentou-se em uma poltrona, apanhou novamente a revista, mas sequer a abriu.

Clara bateu levemente na porta do quarto e entrou. Observando seu estado de espírito, sugeriu:

— Por que não vai passear um pouco? A tarde está agradável e José está à sua disposição com o carro. Poderia fazer umas compras.

— Para quê? Nunca tenho aonde ir. Meu armário está cheio de roupas que nunca uso.

— Por que não vai ao cinema?

— É horrível sair sozinha.

— Aquela sua prima viúva adoraria acompanhá-la. Por que não a convida?

Gioconda deu de ombros.

— Não tenho paciência para ouvir a conversa dela. Prefiro ficar em casa.

— A senhora precisa se distrair. Não é bom ficar fechada em casa.

— O que posso fazer? Meu marido não se incomoda comigo.

— O fato de a senhora ficar se deprimindo não o trará de volta. As pessoas fogem da companhia de quem vive triste.

— Deixe-me em paz. Agora quer me culpar por ele ter ido embora?

— Desculpe. Só quis ajudar. Mas a escolha é sua. Se prefere ficar se deprimindo, viverá triste.

Clara afastou-se. Estava difícil vencer a resistência de Gioconda. Se ao menos ela aceitasse a verdade!

Gioconda sentiu uma onda de revolta. A culpada era Gabriela. Tentou controlar-se. Apanhou o telefone e ligou para o escritório do marido.

— Quero falar com o doutor Renato. É Gioconda.

— Ele está em uma reunião e pediu para não ser incomodado.

— É mentira. Ele não quer me atender.

— Não é nada disso. Ele está ocupado mesmo. Posso anotar a chamada e pedir para ele ligar assim que puder.

— Passe a ligação. É um assunto importante e urgente. Não posso esperar.

— Nesse caso vou passar para dona Gabriela, a assistente dele. Ela verá o que pode fazer.

Gioconda assustou-se. Gabriela? Ela teria voltado?

— Deixe estar. Mais tarde eu ligo.

Desligou o telefone. Seu coração batia descompassado. Precisava ter certeza. Apanhou um lenço, colocou no bocal do telefone e ligou novamente.

— Quero falar com dona Gabriela. É da parte do doutor Altino.

— Um momento, por favor.

Logo depois Gabriela atendeu:

— Pronto...

Gioconda desligou rapidamente. Reconheceu a voz. Era ela mesma. Não havia dúvida. Estava outra vez com Renato. Há quanto tempo teria voltado?

Sentiu a cabeça rodar e sentou-se na beira da cama procurando se acalmar. Tinha de descobrir por que ela estava lá de novo.

Roberto era um fraco. Como teria concordado em voltar para São Paulo? Agora que seu marido estava separado, talvez Gabriela também houvesse deixado Roberto para ir viver com Renato.

A esse pensamento, uma onda de raiva acometeu-a. Precisava saber. Não podia cruzar os braços diante daquela traição. Contratar um detetive era perigoso. Da outra vez se dera mal. Agora tinha de ser mais esperta. Precisava falar com Roberto, saber de tudo. Juntos poderiam agir.

Nesse momento, Roberto entrou no quarto e aproximou-se dela, dizendo ao seu ouvido:

— Estou aqui. Agora só você pode me ajudar.

Ela pensou: "Preciso encontrar Roberto. Tenho sido vigiada. Clara não me deixa sair sozinha. Onde será que ele está?".

— Estou aqui — tornou ele. — Não pode me ouvir nem me ver, mas posso ajudá-la.

Ela, porém, não notou sua presença. Ele continuou ali pensando numa maneira de comunicar-se com ela. Vendo que não conseguia, chamou Juvêncio.

Depois de alguns segundos ele entrou, dizendo:

— Por que está me chamando? Nosso negócio já acabou. Agora é por sua conta.

— Fiz tudo que me pediu, Mariinha está bem. Posso ajudá-lo no que quiser, mas preciso de você.

Em poucas palavras, Roberto explicou tudo para Juvêncio e finalizou:

— Você é poderoso, sabe muito mais do que eu. Ela tem que saber que estou aqui e fazer o que eu quero.

— É fácil. Ela nem precisa saber que você está aqui. Não perca tempo com isso. Notei que ela é impressionável.

Basta mentalizar o que quer que ela faça e imaginar que ela está cumprindo.

— Só isso?

— Só. É muito fácil lidar com quem é impressionável. Ela pega tudo fácil.

— Vou tentar. Mas, pelo que notei, ela está como prisioneira. Quero que me ajude a elaborar um plano.

— O que você quer conseguir?

— Gabriela voltou a trabalhar com Renato. Quero que ela deixe outra vez a empresa e afaste-se dele para sempre.

Juvêncio ficou calado por alguns segundos, depois disse:

— Não vai ser fácil. Ele está apaixonado por ela.

Roberto não se conteve:

— Eu sabia. Eles estão me traindo. Vai ver que desde que eu estava com ela.

— Não. Ela não o traiu ainda. Você estava enganado. Ela não é capaz de trair. Mas agora está livre. Você está morto... — concluiu ele rindo.

— Não diga isso. Eu estou vivo. Não quero que ela ande com ele.

— Se não quer, tem que trabalhar rápido. Ele só pensa nisso. Ela também se sente atraída por ele. Foram casados no passado.

— Ainda essa? Parece que tudo conspira contra mim.

— Se quer separá-los, terá que ser muito esperto.

— Você tem que me ajudar. O que devo fazer?

— Envolvê-la para que ela venha para cá. Assim conseguirá separá-los e ainda ficarão juntos.

Nesse momento a imagem dos dois filhos veio-lhe à mente e ele respondeu:

— Isso não. Não posso deixar as crianças abandonadas. Elas precisam da mãe.

— Nesse caso será mais difícil. Mas vou pensar. Preciso conhecer as pessoas, examinar os fatos, e depois conversaremos. Ainda tem que me dizer como pretende pagar este serviço.

— Serei seu escravo por quanto tempo quiser. Sabe que faço um bom trabalho.

— É. Vamos ver. Agora preciso ir. Mais tarde o procurarei para irmos visitar Gabriela e Renato. Então direi o que faremos.

Roberto agradeceu satisfeito. Gabriela era dele. Não estava disposto a permitir que ela se apaixonasse por Renato. Ela precisava se lembrar do amor que sentira por ele.

Lembrando-se do que Juvêncio dissera, aproximou-se de Gioconda para começar a impressioná-la. Imaginou uma cena de amor entre Gabriela e Renato com tantos detalhes que chegou a sentir aumentar seu ódio pelo rival.

Aproximou-se de Gioconda colocando a mão direita em sua testa, dizendo:

— Veja como eles estão felizes, enquanto você está abandonada, triste, sozinha. Isso não é justo. Você tem que fazer alguma coisa. Prometo que vou ajudá-la. Pense nisso.

Gioconda não ouviu o que ele estava dizendo, mas em sua mente imaginou Renato e Gabriela beijando-se. Enquanto eles estavam felizes, ela estava só, doente, fraca, abandonada. As lágrimas começaram a rolar em suas faces e ela soluçou desesperada.

— Não se deixe abater. Você é uma mulher inteligente, forte. Tem que reagir. Vai deixar que eles vençam? A esta altura estão rindo de você. Vai permitir isso?

Gioconda viu os dois rindo e pensou: "Eles estão rindo de mim. Tenho que reagir. Mostrar que sou mais forte e esperta do que eles. Tenho que fazer um plano. Eles vão me pagar".

Roberto sorriu satisfeito. Estava sendo fácil. Gioconda era mesmo muito impressionável. Logo ele poderia manejá-la como quisesse.

Dois dias depois, Gabriela chegou em casa alegre. Havia conseguido fechar um bom contrato. Além disso, Renato não lhe dera margem para preocupar-se. Tratara-a de maneira profissional, e ela concluiu que Nicete havia se enganado. Isso a deixava livre de preocupações. Poderia trabalhar tranquila. Gostava do que fazia. O salário era compensador.

Vendo-a, Nicete comentou:

— Noto que está se recuperando. Faz tempo que não a vejo tão bem.

— Estou mesmo. Daqui para a frente vou trabalhar, criar meus filhos e fazer tudo do jeito que eu gosto. Recuperar a alegria de viver.

— Que bom!

Naquela noite, antes de se deitar, Gabriela sentou-se na cama e agradeceu a Deus. Sentia-se feliz. As crianças haviam melhorado, estavam alegres e cooperativas. Sentia-se protegida e calma.

Naquele momento, Roberto e Juvêncio entraram no quarto. Roberto ia se aproximar, mas Juvêncio o deteve.

— Agora não. Ela está protegida. Não viu que está ligada com uma luz?

— Não. O que tem isso?

— É perigoso. Temos que esperar.

— Esperar o quê?

— Que ela esteja vulnerável.

— Quer dizer que você não pode com ela?

— Você tem muito ainda que aprender. É preciso ser inteligente. Agir no momento certo.

— Não posso fazer o mesmo que fiz com Gioconda?

— Com ela não vai funcionar. É uma mulher que sabe o que quer. Não se impressiona com facilidade.

— Isso é. Gabriela nunca ouviu ninguém. Só faz o que acha bom.

— Por isso não vai ouvir você. Agora vamos embora ver o outro.

Eles saíram e foram ver Renato. Ele já havia se deitado e pensava em Gabriela. Estava feliz por tê-la perto o dia inteiro. Ela era maravilhosa. Estava mais linda do que nunca. Em pouco tempo colocou os negócios em dia com invejável competência.

Desejava que ela fosse feliz. Mesmo sabendo que não era amado, amava-a. Esse amor fazia-o sentir-se vivo, de bem com a vida. Gabriela jamais deveria saber a verdade. Tinha certeza de que, se ela descobrisse, iria embora imediatamente. Não desejava correr esse risco.

Roberto percebeu os pensamentos de Renato e olhou para Juvêncio surpreendido. Não esperava ouvir isso dele.

— Ele não está querendo conquistá-la — comentou aliviado.

— Não seja bobo. Ele não sabe, mas essa é a maneira de conquistá-la. Se ele partisse para a conquista, ela se afastaria. É uma mulher difícil, muito honesta.

— Mas está viúva.

— Mas ele não. Isso é tão forte nela que a impede sequer de pensar nele como homem. Você agiu muito errado com ela. Duvidou do que ela tem como sagrado. Fez exatamente o contrário. Perdeu-a por esse motivo. Se tivesse mostrado que confiava nela, você a teria até hoje. Para manter um relacionamento é preciso conhecer bem o parceiro, jamais tripudiar sobre o seu temperamento.

— Puxa, eu deveria ter conhecido você antes.

— Quando estava na Terra, se tivesse ficado do meu lado, teria tudo isso.

— Agora estou do seu lado. Farei o que disser. Você acha que, apesar de Renato pensar assim, ela poderá se apaixonar por ele?

— Podemos tentar fazer com que ele volte com a esposa. Isso a afastará dele.

— É boa ideia.

— Trata-se de um homem que gosta da família. Ama os filhos. Apesar de tudo, respeita a esposa e deseja ajudá-la. Acho que esse pode ser um bom caminho. Vou pensar melhor.

Quando se afastaram, Roberto ficou pensativo. Uma vez no quarto que Juvêncio lhe destinara e ele conseguira permanecer mesmo depois de haver terminado o trabalho que lhe devia, estendeu-se na cama, sentindo-se deprimido.

A descoberta de que Gabriela sempre fora honesta e o respeitara, se por um lado o alegrava, por outro mostrara com clareza sua falha. Ele fora incapaz de perceber as qualidades da mulher maravilhosa que ela era.

Por que entrara naquela onda de ciúme? Por que trabalhara contra o amor, que era tudo em sua vida? Cerrou os punhos com força e não pôde impedir que as lágrimas descessem pelo seu rosto.

Uma onda de tristeza imensa acometeu-o. Agora a havia perdido. Fora um fraco, havia sido maldoso. Ela confiara e ele a havia traído. Gabriela era inocente. Não tinha culpa de nada. O único culpado de tudo era ele.

Enquanto ela era honesta e confiante, ele fora desonesto, desconfiado, maldoso. Ele havia sido o traidor.

Lembrou-se dos primeiros tempos de namoro, da alegria de Gabriela, de seu sorriso bonito, da felicidade dos primeiros tempos. Do nascimento dos filhos. Da dedicação dela quando ele perdeu tudo.

Por que não soubera entender? Por que fora tão ignorante? Lembrou-se das palavras de Aurélio, das palestra que ouvira de Cilene, das mensagens no centro espírita.

Ele havia sido alertado de várias formas. Por que havia sido tão resistente? Por que preferira aquele pacto espúrio com as entidades do mal? Por que se acumpliciara com Pai José, interferindo na vida de pessoas que sequer conhecia, assumindo responsabilidade pelos problemas dos outros?

Naquele momento de reflexão, Roberto arrependeu-se amargamente de suas atitudes. Chorou muito. Depois, levantou-se e ajoelhou-se ao lado da cama, pedindo agoniado:

— Meu Deus! Sei que não mereço, mas tenha piedade de mim. Estou arrependido. Ajude-me a apagar este remorso do coração. Tenho andado errado. Quero deixar este caminho e aprender como reconquistar a paz. Penitenciome pelos meus erros. Aguentarei qualquer castigo sem reclamar. Quero pagar pelo mal que fiz, mas mostre-me como encontrar a luz.

Roberto calou-se e respirou fundo. Pela primeira vez percebeu como havia desperdiçado as oportunidades que a vida lhe dera. Estava cansado. Queria mudar, poder se sentir de novo respeitado, digno.

Nesse instante viu emocionado um clarão, e uma mulher linda e serena surgiu, olhando para ele com bondade.

— Meu nome é Elvira. Vim buscá-lo.

Roberto não conseguiu falar, deslumbrado. Aquela mulher maravilhosa, aureolada por uma luz muito clara, estendia-lhe os braços olhando-o com amor.

Ele não conteve os soluços e balbuciou:

— Eu não posso ir. Não mereço nada. Sou mau. Tenho que pagar pelos meus erros.

— Engana-se. Você é um espírito que amamos muito e que nos sentimos felizes em ter conosco. Venha!

Ela abriu os braços e ele baixou a cabeça sem forças para levantar-se. Ela se aproximou, segurou suas mãos, levantou-o e abraçou-o com carinho.

Roberto não conseguiu dizer nada. Deixou-se ficar naqueles braços protetores sentindo-se amparado, acariciado, amado como nunca se lembrava de haver sido antes.

Quando conseguiu falar, disse:

— Se estou sonhando, não quero acordar. Pedi um castigo e deram-me o paraíso.

Ela sorriu e, colocando o braço em sua cintura, disse alegremente:

— Deus só distribui o bem. O castigo é o homem quem faz. Agora vamos embora. Temos que ir para muito longe.

De repente, toda a angústia, a mágoa e a dor haviam desaparecido do peito, e Roberto deixou-se conduzir maravilhado, olhando o céu cheio de estrelas, volitando com ela no espaço infinito.

Capítulo 28

Roberto apressou-se. Elvira ficara de buscá-lo para um encontro com um elevado assistente da colônia em que residia, e ele estava ansioso. Seis meses haviam decorrido desde aquela noite em que, sentindo a dor do remorso e tendo a consciência de seus erros, Elvira o socorrera.

Logo na chegada, após atravessar os altos muros que cercavam a cidade, fora conduzido a uma sala onde um assistente o entrevistou, anotando os dados em uma ficha. Depois informou com voz calma:

— Aqui você receberá toda a ajuda de que precisa para se reequilibrar. Em troca precisa cumprir o regulamento. Ninguém pode conquistar a paz sem disciplina. Terá orientação espiritual e terapêutica. Qualquer dificuldade que tiver deverá ser reportada a eles. Esta é uma cidade de tratamento e recuperação. Não poderá sair sem autorização. E, quando não souber o que fazer, é melhor perguntar. Está de acordo?

— Sim. Estou disposto a me esforçar para ficar bem.

Em seguida ele foi apresentado a uma assistente que o conduziu ao aposento onde estava morando desde então.

Apesar da saudade e do arrependimento que sentia, da sensação de incapacidade que o acometia, Roberto esforçou-se para seguir o tratamento. Aos poucos foi se integrando com as sessões de terapia de grupo, de bioenergética, e foi se sentindo mais calmo. Nos últimos tempos havia procurado os programas de lazer da comunidade e feito algumas amizades.

Elvira não morava naquele local. Ia visitá-lo de vez em quando. Era com ansiedade que Roberto esperava por aqueles momentos. Quando ela aparecia, ele sentia no peito um calor brando, agradável.

Contava-lhe seus progressos, suas dúvidas, e ela ouvia contente, encontrando sempre uma palavra de entusiasmo e incentivo. Muitas vezes, sozinho, olhando o céu cheio de estrelas, sentado em um banco do jardim em frente ao edifício onde morava, Roberto pensava nela.

Desde que a vira sentira-se atraído. Não era paixão, era um sentimento de alegria, afeto, que o fazia sentir-se vivo, capaz, forte.

Qualquer progresso que conseguisse deixava-o alegre, pensando no que Elvira diria ao saber. Sua presença o deixava de bem com a vida.

Nos momentos em que a lembrança do que fizera o deixava deprimido, reagia pensando que Deus fora muito bondoso permitindo que Elvira o socorresse. Sentia que ela era um espírito cheio de luz e ele não merecia o afeto que ela demonstrava.

Estremecia quando ela o abraçava e assustado notava que desejava tomá-la nos braços e beijá-la. Isso era loucura. Ela o procurava por bondade. Precisava conter-se para não se deixar influenciar por uma fantasia e perturbar a amizade que havia entre eles.

Naquela tarde, antes que ela chegasse, renovou os propósitos de controlar as emoções. Certamente estava confundindo as coisas. Ele amava Gabriela. Depois, o que sentia por Elvira era muito diferente do que sentia por sua antiga esposa.

Apesar do esforço que fez para se controlar, assim que a viu surgir olhando para ele com carinho, seu coração bateu mais forte. Ela estava linda e em seus olhos havia muito amor.

Depois de abraçá-lo, disse contente:

— Vejo que está melhor.

— De fato. Sinto-me bem. Quando você chega, fico melhor.

Pelos olhos de Elvira passou um brilho de emoção e ela respondeu:

— Você me tem feito muitas perguntas sobre o passado. Hoje terá algumas respostas. O convite de Osíris para este encontro indica que você já está apto para dar um passo à frente. Fico feliz que tenha aproveitado o tempo.

— Quero aprender, melhorar. Sinto saudade de minha família. Desejo vê-los, mas somente quando estiver bem, assim poderei levar-lhes energias saudáveis.

— Concordo. Agora vamos. Está na hora.

Saíram do prédio, atravessaram a praça e andaram por uma larga avenida, cheia de árvores e lindas casas.

Elvira parou em frente a um portão, dizendo:

— É aqui.

Apertou um pequeno disco dourado que havia do lado de fora e logo o portão se abriu e uma voz convidou-os a entrar.

Um jovem de rosto rosado atendeu-os e conduziu-os a uma sala onde um homem elegante, de fisionomia serena, olhos lúcidos, levantou-se e abraçou Elvira, dizendo:

— Como vai, minha amiga?

— Feliz com seu convite.

— E você, Roberto, como se sente?

— Melhor.

Era a primeira vez que ele se encontrava diante de Osíris, e sentiu uma onda de simpatia e de muito respeito.

— Tenho acompanhado seu progresso com satisfação. Mas sentem-se, vamos conversar.

Eles se acomodaram e Osíris continuou:

— Você está bem e já deve estar tendo algumas reminiscências do passado.

— Algumas vezes, quando olho no espelho, tenho a impressão de que meu rosto está diferente. Quando fixo melhor, tudo volta ao normal. Quando faço meditação, tenho visualizado rostos que, embora desconhecidos, parecem-me familiares.

— Sua memória está começando a voltar. Sua vontade de cooperar está apressando sua recuperação. Na fase em que está, é normal aflorarem sentimentos contraditórios que seu consciente não tem como explicar porque refletem experiências passadas. Sua razão não entende, mas, quando se recordar, farão sentido. É no seu inconsciente que se encontra o arquivo de suas vivências passadas, que, apesar de esquecidas temporariamente, continuam lá, atuando no presente.

— De fato, isso está acontecendo comigo.

— E a cada dia se tornará mais forte, até que aos poucos vá se lembrando.

Roberto olhou sério para os dois. Ia falar, mas hesitou.

Osíris interveio:

— Se deseja recuperar logo a lucidez, é melhor falar a respeito.

Ele olhou para Elvira com certa preocupação, depois respondeu:

— Não é nada importante. Estou misturando as coisas.

— Deseja que eu saia? — indagou ela.

— Não, é melhor que ele enfrente a verdade. Você deve ficar — sugeriu Osíris.

Depois, voltando-se para Roberto, continuou:

— Não se acanhe. Eu e Elvira ouvimos seus pensamentos.

Roberto sentiu vergonha e tentou escapar:

— Nesse caso não preciso dizer nada.

— Não é para nós que terá que se colocar, mas para si mesmo. Quando tiver coragem para admitir seus sentimentos verdadeiros, você vai se recordar do passado com facilidade.

Ele se remexeu na cadeira. Não se sentia confortável sabendo que seus pensamentos estavam sendo compartilhados com eles. Tomou fôlego e respondeu:

— Não desejo que me julguem mal. Quando eu estava desesperado, sem ver saída, sofrendo, apelei para Deus e ele me mandou Elvira. Para mim ela é um anjo, uma santa. Eu a admiro, respeito.

Ele parou interdito. Estava sendo difícil falar. Os dois ficaram silenciosos esperando. Roberto tomou coragem e completou:

— Acho que ainda sou muito materialista, muito terreno. Nos últimos tempos tenho tido maus pensamentos. Eu resisto, mas, quanto mais tento esquecê-los, mais aparecem. Penso que estou ficando louco.

— Você está interpretando o que sente. É melhor não resistir, deixe fluir.

Roberto cobriu o rosto com as mãos. Saber que eles conheciam seus pensamentos íntimos deixava-o envergonhado.

— Não devo. Se não os controlar, eles tomarão conta de mim.

— Reprimir é pior. Procure não julgar, apenas observar o que está sentindo e deixe fluir.

Roberto lembrou-se da emoção que sentia quando Elvira chegava, do prazer que sentia quando ela o abraçava e o fitava com amor. A vontade de tomá-la nos braços e beijá-la reapareceu forte, viva.

— Não julgue, apenas sinta — aconselhou Osíris.— Não tenha medo da verdade.

Roberto obedeceu e sua fisionomia distendeu-se. Uma luz tênue, amarelada, surgiu em seu peito e ele disse emocionado:

— É muito bom sentir isso!

Naquele momento ele viu Elvira, muito jovem, um pouco diferente do que era, abraçada a um rapaz alto, elegante. Sentiu que aquele era ele. Emocionado, ficou olhando a alegria e o carinho dos dois, trocando carícias e beijos.

— Se isso é um sonho, não quero acordar! — disse baixinho.

Em seguida, tudo passou e ele abriu os olhos assustado. Olhou para Elvira, que emocionada observava em silêncio. Depois tornou:

— Eu vi uma cena do passado. Tenho certeza de que já vivemos juntos.

— É verdade — respondeu Elvira. — Muitas coisas aconteceram desde aqueles tempos.

— Talvez por esse motivo eu esteja misturando meus sentimentos. Reconheço que, apesar de estar no astral, conservo impressões muito fortes de quando vivia no mundo.

— Você continua o mesmo. As emoções que sentia quando estava no corpo de carne são mais intensas aqui. O corpo terreno é apenas um veículo, uma máquina que possibilita interagir naquele plano. Quem pensa, ama, escolhe, sofre e se alegra é o espírito imortal. Vir para cá é continuar sendo o mesmo.

— Pensei que certos desejos fossem provocados pelo corpo material.

— Não. O corpo é apenas um meio de manifestação. Quem deseja, quer, é o espírito.

— Nesse caso...

Roberto parou hesitante. Osíris interveio:

— A união de duas pessoas que se amam, o sexo, continua existindo neste plano. Claro que lá, no mundo terreno, é através do corpo carnal. Aqui há outra forma. Contudo, o efeito é o mesmo. O orgasmo neste plano é mais intenso, principalmente quando há amor.

— Eu pensei que sexo fosse pecado.

— As religiões criaram essa crença na intenção de evitar os abusos. Mesmo assim eles continuaram acontecendo. A Terra é uma oficina de experimentação. Tentando ser feliz, o homem corre atrás de todas as emoções que julga capazes de levá-lo à felicidade e nessa busca experimenta as sensações em vários campos, colhendo os resultados de suas atitudes. Abusa do amor, do dinheiro, dos alucinógenos, do poder e de outras coisas mais, na tentativa de encontrar o que procura. Quando regressa para cá, em meio a tantas vivências, está mais amadurecido. Mas ainda é o mesmo, com as crenças e ideias que tinha no mundo. Não se admire nem se envergonhe do que sente. O sexo é manifestação de Deus para o sagrado ministério da evolução. Sem ele, a reencarnação não seria possível.

— Eu pensei que aqui isso não existisse.

— Muitos no mundo pensam assim. Mas o corpo astral daqueles que ainda deverão reencarnar na Terra novamente precisa de todos os elementos que possibilitem comandar a formação do corpo de carne que o receberá de volta. Não se esqueça de que o perispírito, ou seja, o corpo astral, é o modelo organizador biológico da formação do corpo em gestação. Sem ele, nenhuma gravidez vai até o fim.

— Estou admirado. Mas tem lógica.

— Não se envergonhe de sentir amor à moda do mundo. O importante é como você administra esse sentimento. Quanto mais verdadeiro e profundo, mais gratificante será.

— Há pouco, vi uma cena de amor entre mim e Elvira. Foi prazeroso, mas ao mesmo tempo me constrange. Ela para mim é uma santa.

— O que sente é natural — interveio Elvira com voz calma. — Nossa ligação é antiga. Estivemos juntos no mundo vivendo situações diferentes de parentesco. Você regressou do mundo há pouco tempo. Não se recorda do passado. Quando estiver de posse da sua memória total, compreenderá melhor.

Roberto remexeu-se na cadeira inquieto e tornou:

— Estou ansioso por saber tudo. Pelo que senti hoje quando vi aquela cena, sei que será muito bom. Vocês poderiam me contar o que ainda não sei?

Osíris sorriu e respondeu:

— Calma. Tudo tem seu tempo certo. Deve acontecer naturalmente. Aconselho-o a continuar fazendo o que fez hoje. Quando sentir uma emoção que não entende, recolha-se a um lugar tranquilo, não a reprima. Ao contrário, entre nela, deixe-a fluir sem julgamento ou medo. Isso vai ajudá-lo muito.

Quando Roberto se viu sozinho no quarto, deitou-se e a cena que vira entre ele e Elvira não lhe saía do pensamento. Quanto mais pensava, mais tinha certeza de que eles haviam se amado. Pensou em Gabriela e reconheceu que o que sentia por Elvira era muito diferente do que o que sentia por ela.

O sentimento por Elvira era doce, prazeroso, dava-lhe uma sensação gostosa de alegria, paz. O que sentia por Gabriela era doloroso, provocava insatisfação, angústia, ciúme, insegurança. Por quê? Como um amor podia ser tão diferente do outro?

Recordou-se de tudo que acontecera entre eles e reconheceu que desde o começo Gabriela despertara nele aqueles sentimentos, misto de prazer e angústia.

De repente ocorreu-lhe que Gabriela também havia feito parte de suas vidas passadas. Aqueles sentimentos poderiam refletir acontecimentos esquecidos, mas que continuavam arquivados em seu inconsciente, como Osíris tinha dito.

Sentou-se no leito, pensativo. Queria saber a verdade. Deitou-se novamente e tentou fazer o que Osíris aconselhara. Lembrou-se de seu relacionamento com Gabriela, sentiu a mesma angústia e perguntou:

— De onde vem esse sentimento? Gabriela sempre foi boa esposa, fiel. Por que sinto isso sempre que penso nela?

No mesmo instante, viu-se em um quarto com Gabriela. Apesar de um pouco diferentes, ele os reconhecia. Roberto gritava nervoso:

— Você me traiu! É minha mulher, não a deixarei ir.

A raiva e o ciúme reapareceram com violência. Tentava abraçá-la, mas ela o empurrava chorando e pedindo que a deixasse ir, que amava outro e tinha um filho pequeno.

Nesse instante um homem surgiu pela janela empunhando um revólver. Ele reconheceu Renato. Apanhou a espada, mas o outro atirou. Sentiu o sangue escorrendo no pescoço, sua vista turvou-se e ele caiu.

Assustado, viu-se novamente no quarto, a visão havia desaparecido. Então era verdade mesmo: Gabriela o havia traído. Sentiu um misto de alívio e raiva ao mesmo tempo. Alívio por saber que seu ciúme fora justificado. Raiva por descobrir que ela o trocara por Renato.

Havia acontecido em outra encarnação, porém a mágoa continuava dentro dele.

Que triste destino o seu. Assassinado duas vezes. Por quê? Não era justo. Nos dois casos ele fora a vítima. Traído pela mulher e roubado pelo sócio.

Haviam lhe ensinado que tudo está certo, que Deus é perfeito. Não era verdade. Alguma coisa devia estar errada.

Não conseguiu ficar deitado. Levantou-se e começou a andar de um lado a outro inquieto. Queria ver mais, saber detalhes daquele passado. Aquele flash aguçara sua curiosidade.

Depois de algum tempo, cansado, lembrou-se de que quando estava desesperado havia pedido a ajuda de Deus e fora atendido. Imediatamente se ajoelhou e rezou, implorando esclarecimento.

Não conseguiu o que desejava, porém aos poucos foi se acalmando. Deitou-se e pensou: "Preciso me refazer. Amanhã tentarei falar com Osíris. Ele vai me esclarecer".

Depois disso, conseguiu adormecer. Na manhã seguinte, logo cedo, procurou Osíris. Depois de esperar algum tempo, ele o recebeu dizendo:

— Já o esperava. Sente-se e vamos conversar.

— Ontem vi uma cena que me emocionou muito. Algumas coisas ficaram claras em minha cabeça, mas outras me confundiram. Preciso de esclarecimentos.

— O que quer saber?

— Em outra vida fui casado com Gabriela. Ela fugiu com outro, traiu-me, já que tinha um filho dele. Apesar de eu ter sido a vítima, foi o amante dela quem me matou. O mesmo aconteceu com Neumes: eu fui roubado e ele me matou. Não posso compreender. Eu era inocente, por que Deus permitiu isso?

— Você está enganado. Não existe vítima. Só a necessidade de aprender. Por essa razão, cada um colhe o resultado de suas atitudes. Foi o que aconteceu.

— Mas eu fui roubado, traído. Nunca roubei nem traí ninguém.

— Você ainda não se lembrou de tudo. Quando conseguir, compreenderá.

— Você pode me contar o que ainda não sei.

— Não. É você quem precisa rever os fatos para entender.

— Estou me sentindo angustiado. Por favor, ajude-me a recuperar a paz.

— Vou ver o que posso fazer. Deite-se nesta maca.

Roberto obedeceu e ele continuou:

— Feche os olhos, relaxe. Lembre-se de um lugar agradável a que você gosta de ir, sinta bem-estar, calma. Respire suavemente, continue pensando que tudo está certo, que a vida é perfeita e segue seu curso agindo sempre para o melhor. Agora pense na cena que viu ontem. Você está preparado para conhecer a verdade. Quer saber o que aconteceu no passado. As causas de tudo que tem passado. Volte no tempo e deixe-se conduzir.

Roberto sentiu que um vento forte soprava e deixou-se levar sem resistir. Depois se viu conversando com Gabriela, que chorava e dizia:

— Não posso me casar com você. Eu amo Raul!

Ele tentou abraçá-la, dizendo:

— Eu quero você! Tem que ser minha de qualquer jeito! Seu pai concordou, e amanhã nos casaremos.

Ela chorava desesperada:

— Eu imploro: desista! Eu não amo você!

— Você me amará com o tempo.

Depois, ele viu várias cenas: o casamento, a frieza dela na noite de núpcias, a noite em que ela fugiu com Raul, a procura desesperada, o encontro, o rapto e finalmente a cena do quarto onde ele perdeu a vida.

Começou a soluçar em desespero. Osíris disse calmo:

— Tudo isso já passou. Acabou. Reconheça que ela não o amava e foi você que forçou a situação. Se houvesse compreendido, desistido desse casamento, teria se poupado de muitos problemas.

Aos poucos ele parou de soluçar, abriu os olhos e disse:

— Agora compreendo. Gabriela nunca me amou nem me amará. Eu estava iludido. Acreditei que ela um dia pudesse me amar. Mas não tenho o poder de mudar os sentimentos dela. Isso foi naquele tempo. Mas desta vez ela disse que me amava, concordou em se casar comigo, não posso entender.

— Gabriela possui elevados valores de honestidade. Depois que Raul o assassinou, sentiu muita culpa e pensou que, dedicando um tempo a você, estaria se libertando desse peso.

— Quer dizer que não era amor mesmo. Ela se casou por pena!

— Não é exatamente isso. Ela tentou se livrar da própria culpa. Foi um caso de consciência.

— Agora estou entendendo muitas coisas. O doutor Aurélio me disse que eu atraí Neumes em minha vida por pensar que ele era mais importante e que sabia mais do que eu.

— Outra ilusão. Ninguém é mais do que ninguém, embora existam diferenças de níveis e de conhecimentos. Como está se sentindo?

— Melhor. Ainda preciso pensar um pouco mais em tudo. Rever algumas atitudes.

— Faça isso. Você está indo muito bem. Dentro de pouco tempo poderá deixar este lugar e seguir rumo a novas experiências. Há alguém que há muitos anos espera por isso.

Roberto hesitou um pouco, depois disse:

— Elvira. Pressinto que ela foi muito importante em minha vida. Há um sentimento muito forte nos unindo. Entretanto, não sei por que, quando penso nela como mulher me sinto inibido. Parece que estou cometendo um pecado.

Osíris sorriu e respondeu:

— Vocês são livres para se amar. Nada há que os impeça. Um dia vai entender seus sentimentos.

Roberto deixou a sala de Osíris sentindo-se leve, alegre. Toda a angústia havia passado. Ele forçara Gabriela a um casamento indesejado. Por essa razão nunca tivera certeza de que ela o amava.

Reconhecia que cada um é livre para amar e que isso acontece naturalmente, sem que a vontade interfira. A atração entre os seres obedece a critérios próprios cujo mistério nem sempre se pode explicar.

Percebia o quanto errara tentando forçar uma situação, seja usando as fraquezas de Gioconda, seja valendo-se da ignorância de espíritos atrasados.

Ele estivera errado o tempo todo. Gabriela, apesar de o haver traído anteriormente, nesta última vida, mesmo convivendo com Renato, que havia sido o grande amor de sua vida, conseguiu ser fiel aos compromissos assumidos.

Então ele entendeu por que ele fora atingido e ela poupada. Ele tinha sido o culpado pelo que acontecera. Se tivesse confiado nela, ainda estaria no mundo, ao lado da família.

Naquele momento sentiu muita culpa e amargo arrependimento. Precisava fazer alguma coisa para libertar-se desses sentimentos. Pensou nos filhos com carinho. Como estariam? Até quando precisaria ficar longe deles, sem saber notícias? Haviam lhe prometido que quando estivesse bem poderia visitá-los.

Até lá faria tudo para reconquistar o equilíbrio perdido. Tinha certeza de que assim conseguiria o que desejava.

Pensou em Elvira. Seu coração bateu forte. Ela o amava. Lera isso em seus olhos desde que ela atendera seu chamado aflito da primeira vez.

Era maravilhosa! Uma mulher iluminada como aquela preocupava-se com ele, cuidava de seu bem-estar, trabalhava para sua felicidade.

Um brando calor surgiu em seu peito e ele se sentiu valorizado, querido, agasalhado.

Gabriela não o amava, porém Elvira sim. Talvez com ela estivesse sua felicidade. Para isso, precisava apenas esperar.

Capítulo 29

Renato atendeu o telefone:

— É Clara. O senhor pode atender?

— Sim. Pode passar. Clara, o que foi?

— É dona Gioconda. Ela está muito agitada. Quis sair, mas eu vi que não estava bem e não deixei. Ela ficou fora de si, tentou me agredir. Consegui prendê-la no quarto, mas ela está esmurrando a porta.

— E as crianças?

— Estão muito assustadas. Não quiseram ir à escola. Já liguei para o doutor Aurélio e ele está vindo para cá.

— Fez bem. Dentro de alguns minutos estarei aí.

Ele desligou e preparou-se para sair. Gabriela entrou e notou sua preocupação.

— Aconteceu alguma coisa?

— Sim. Vou para casa. Gioconda está tendo um acesso. Clara trancou-a no quarto e o doutor Aurélio está indo para lá.

— Deseja que eu faça alguma coisa?

— Tome conta de tudo até eu voltar. O doutor Menezes ficou de vir daqui a uma hora. Telefone para ele transferindo para amanhã. Assim que puder eu ligo para cá.

Ele saiu apressado, e Gabriela, depois de fazer o que ele pedira, sentou-se em sua sala, pensativa. A cada dia mais admirava Renato. Apesar de separado da esposa, levava vida discreta, recolhendo-se cedo, cuidando dos filhos com carinho e do tratamento de Gioconda com interesse.

Tratava-a com respeito e atenção, interessando-se pelo futuro de Guilherme e Maria do Carmo, atento a qualquer problema que tivessem. Roberto, que era o pai, nunca fizera nada disso. Amava os filhos, mas jamais tivera a delicadeza de Renato.

Muitas vezes notara que ele ficava triste, e Gabriela imaginava que era por causa da família. Nessas ocasiões sentia vontade de confortá-lo. Procurava assuntos alegres, tentava de todas as formas fazer com que ele recuperasse a alegria. Só se sentia bem quando aquela ruga da testa dele desaparecia e ele distendia a fisionomia.

Algumas vezes surpreendera-o fitando-a com enlevo. Estremecia e pensava que estava imaginando coisas. Sentia-se muito só e ele lhe transmitia segurança, conforto.

Nicete dizia que ele a amava e que um dia acabaria por se declarar. Ela gostava tanto de Renato que desejava muito um romance entre eles.

— A senhora fala que não, mas o que vai fazer no dia em que ele se declarar?

— Esse dia nunca chegará. Você está imaginando coisas.

— Não estou. Esse dia vai chegar. Ninguém pode esconder um sentimento desses o tempo todo.

Gabriela sorriu e pensou: "E se ele se declarasse mesmo, o que eu faria?".

Ao pensar nisso, sentiu calor e um arrepio pelo corpo. Levantou-se e tomou um copo de água. Afundou-se no trabalho tentando esquecer aqueles pensamentos.

Quando foi levar alguns documentos à mesa de Renato, olhou o retrato dele que estava em um canto. Era um homem bonito, forte, seguro de si. O que faria se ele a abraçasse? Gabriela corou a esse pensamento. O que estava acontecendo com ela? Precisava se controlar. Renato não podia perceber que tinha esses pensamentos.

Renato chegou em casa e Aurélio já estava no quarto com Gioconda. Procurou Clara, que estava com as crianças no quarto de Célia. Vendo-o, a menina correu a seu encontro chorando.

— Pai, a mamãe está mal. Acho que enlouqueceu!

— Eu já disse para ela que foi apenas uma crise nervosa — interveio Ricardinho.

— Acalmem-se os dois. Estou aqui para cuidar de tudo.

— Ela enlouqueceu — continuou Célia com voz chorosa. — Ontem quando entrei no quarto ela disse que ia nos matar e se matar. Estava com os olhos arregalados. Fiquei com muito medo.

— Eu estou aqui. Não vai acontecer nada.

— O doutor Aurélio disse que seria bom tirar as crianças daqui — disse Clara.

— Eu quero ficar — disse Ricardinho.

— Pois eu vou. Estou com medo — tornou Célia.

— Não tenham medo. Não os deixarei. Agora preciso falar com o doutor Aurélio. Clara vai ficar com vocês enquanto conversamos.

— Quero que ela tranque a porta — pediu Célia.

— Faça isso, Clara. Vou ver como Gioconda está.

Renato saiu e Clara fechou a porta. Estava assustado. Gioconda ameaçara Célia. Era bem capaz de tentar alguma loucura. Ela ficava furiosa quando não conseguia obter o que desejava.

Foi até o quarto de Gioconda, mas não entrou. Sua presença poderia fazê-la ficar mais furiosa. Tentou perceber o que acontecia lá dentro. Ouviu vozes, mas não entendeu o que diziam.

Ficou esperando, até que finalmente Aurélio abriu a porta.

— Como ela está?

— Teve uma violenta recaída. Pensei que precisasse chamar uma ambulância do sanatório. Não estava conseguindo controlá-la. Depois, concordei com tudo que ela dizia, prometi fazer o que ela queria e, quando ela parou de gritar, eu lhe apliquei uma injeção. Agora está dormindo. Podemos conversar.

— Nesse caso vamos até a sala.

Uma vez acomodados lá, Renato continuou:

— Estou muito preocupado. Ela ameaçou Célia. Pode tentar alguma coisa.

— Ela está ameaçando matar Gabriela e os filhos se você não voltar para casa. Não sei como, mas ela descobriu que Gabriela voltou à empresa.

— É uma ideia fixa! Ela é bem capaz de tentar fazer o que diz.

— Terá que ser internada novamente. Não há outro jeito.

— Estive pensando... Vou falar com o doutor Altino e requerer a guarda das crianças. Eu não queria. Pensei que ao lado deles ela pudesse se recuperar. Mas agora não posso correr esse risco.

— Qualquer juiz lhe dará razão. Estou disposto a colaborar atestando o estado mental dela. Também penso que ela não pode ficar ao lado deles. Mesmo que não faça o que diz, sua convivência é prejudicial. Principalmente para Célia, que é mais impressionável.

— Ela está tão assustada que não quer ficar mais aqui.

— Eles poderão ficar. Vamos interná-la hoje mesmo. Infelizmente, não temos outro recurso.

— Virei para cá. Não posso deixá-los sozinhos.

— Vou ligar agora mesmo para o sanatório. Seria melhor você ir dar uma volta com as crianças. Precisamos poupá-los. Eu e Clara cuidaremos de tudo.

— Está bem. Vou levá-los comigo até o escritório. Assim que terminar, ligue-me e voltaremos.

Renato bateu na porta do quarto de Célia, e, quando abriram, ele disse:

— Vão se arrumar que nós vamos sair um pouco. Tomar um sorvete, dar uma volta.

— E a mamãe? — indagou Ricardinho.

— Está dormindo. O doutor Aurélio deu-lhe um calmante. Quando acordar estará melhor. Agora vamos.

Enquanto eles se arrumavam, Clara acompanhou Renato até a sala e ele informou-a:

— Teremos que interná-la, Clara. Não podemos permitir que ela faça nada às crianças.

Apesar do controle que tinha sobre si, os olhos de Clara brilharam emocionados:

— Ela está muito mal. Esta noite não dormiu nada. Fui várias vezes a seu quarto, mas ela me expulsava. Fechei a porta por fora.

— Vou entrar na justiça para requerer o pátrio poder. Vocês vão morar comigo.

— Diante das circunstâncias, será melhor. Célia tem estado transtornada. Tem pesadelos, fica trêmula a qualquer ruído. A presença de dona Gioconda está sendo muito prejudicial a ela.

— Foi o que o doutor Aurélio disse. Gioconda ficará internada. Quando melhorar, vai para uma casa de recreio. Nada lhe faltará.

As crianças desceram e Renato despediu-se de Clara, dizendo:

— Vamos dar uma volta, depois estaremos no escritório. O doutor Aurélio ficou de ligar. Se você precisar de algo, ligue.

Depois que eles saíram Clara meneou a cabeça tristemente. Havia se afeiçoado às crianças, e aquela situação era-lhe penosa. Mas estava disposta a fazer tudo que pudesse para que elas fossem mais felizes.

Renato levou-os a uma sorveteria, depois foram ao escritório. Ele só tencionava levar as crianças para casa depois que Gioconda já houvesse saído.

Vendo-o entrar com os filhos, Gabriela sentiu um aperto no peito. Ele estava abatido. Embora se esforçasse em mostrar-se calmo e satisfeito, ela notou logo o quanto ele estava tenso. Ela procurou conversar com as crianças, tentando distraí-las. Levou-as para conhecer todos os departamentos, apresentando-as aos funcionários. Depois conduziu-as à sua sala, mostrando as fotos de seus filhos.

Ricardinho mostrava-se mais falante. Gabriela sentiu que Célia estava tensa e insegura. Passou o braço sobre os ombros dela, dizendo séria:

— Sua mãe vai melhorar. Quando você voltar para casa, ela já estará bem.

Célia encolheu-se, dizendo angustiada:

— Não quero voltar para casa. Estou com medo.

Apanhada de surpresa, Gabriela não respondeu logo. Ricardinho interveio:

— Papai não vai deixar acontecer nada. Ele cuida de tudo.

Gabriela preparou um pouco de água com açúcar e ofereceu a Célia.

— Beba, assim vai se sentir melhor. Ricardinho tem razão. Nada acontecerá de mau. Seu pai está cuidando de tudo.

Ela bebeu a água estremecendo de vez em quando e Gabriela ficou penalizada. Abraçou-a com força, dizendo com carinho:

— Eu conheço uma fada que tem muito poder. Ela protege as crianças de todos os perigos. Gostaria de conhecê-la?

Os olhos de Célia brilharam quando perguntou:

— Ela tem esse poder mesmo?

— Tem. Mais do que qualquer outra fada. Ela é invencível. Quer evocá-la?

— Quero. Acha que viria?

— Se fizer de coração, tenho certeza. Só que há uma coisa: ela é invisível à luz do dia.

— Por quê?

— Por que seu nome é luz. De dia, mesmo ela estando, ninguém a vê. Mas, à noite, costuma aparecer às crianças durante o sono.

— Como ela é? — perguntou Célia interessada.

— Linda! Iluminada.

— Onde ela mora?

— Na terra das fadas. A missão dela é proteger as crianças contra o mal.

O rosto de Célia transformou-se. Ficou corada, seus olhos brilharam. Gabriela continuou:

— Vou ensiná-la a evocá-la. À noite, antes de se deitar, imagine uma luz brilhante e diga: "Eu evoco a fada da luz para me proteger com a força de Deus". Repita três vezes e depois pode dormir sossegada.

— Eu vou sonhar com ela?

— Vai. Pode ser que nos primeiros dias não consiga vê-la, mas continue firme. Logo conseguirá. A luz é a força que nos protege.

Célia abraçou-a contente.

— Obrigada, Gabriela. Você também pede a proteção dela?

— Sempre.

— Nesse caso, pode pedir também para mim e para minha mãe?

— Posso, mas para dar certo é a própria pessoa quem deve pedir.

Gabriela levantou os olhos e viu que Renato as observava comovido. Tentou dissimular a emoção. O drama daquelas crianças tocara-a muito.

— Vejo que está melhor — disse Renato satisfeito.

— Ainda bem — tornou Ricardinho.

— Agora temos que ir embora. Obrigado pela ajuda, Gabriela.

Célia aproximou-se de Gabriela, dizendo baixinho:

— Vou fazer tudo direitinho.

— Faça mesmo.

Depois se levantou nas pontas dos pés e beijou o rosto de Gabriela, que sensibilizada abraçou-a, beijando-a na testa. Ricardinho também a abraçou, beijou-a na face, depois piscou um olho dizendo baixinho:

— Boa essa sua jogada. Gostei.

Gabriela sorriu e respondeu:

— Experimente. Funciona para você também. Vai se surpreender.

Depois que eles se foram, Gabriela pensou nos problemas que tanto seus filhos como os de Renato estavam enfrentando. Não sabia o que era pior: se a morte do pai ou a vida tumultuada dos filhos de Renato, órfãos de mãe viva.

Durante o trajeto, Renato preparou os filhos para a separação da mãe.

— O doutor Aurélio ligou e disse que precisou levar a mãe de vocês para o hospital. Ela precisa de um tratamento mais forte.

Ricardinho apertou fortemente os lábios, tentando controlar-se. Renato continuou:

— Ela precisa. Em casa estava ficando cada dia pior. Infelizmente ela estava muito descontrolada. Quando alguém está assim, pode fazer coisas sem pensar e machucar as pessoas.

— Ela poderia nos machucar? — perguntou Ricardinho.

— Ela nunca faria isso se estivesse em seu juízo perfeito. Ela os ama muito. Mas quando tem essas crises fica atordoada e não reconhece as pessoas.

— Eu senti que ela seria capaz de me matar! — disse Célia.

— Já passou. Não pense mais nisso — pediu Renato, impressionado pelo tom da filha.

— Agora eu estou protegida. Gabriela me ensinou e não tenho mais medo.

— Isso mesmo, minha filha. Além do mais, estamos juntos.

— Você vai voltar para casa? — indagou Ricardinho.

— Preciso saber a opinião de vocês. Estou pensando que sua mãe está muito doente e vai precisar de um longo tratamento. Então pensei em pedir ao juiz autorização para que vocês fiquem morando comigo para sempre.

Célia respondeu alegre:

— Eu quero. Que bom! Com você, não tenho medo de nada.

— Eu também — concordou Ricardinho.

— Vocês gostariam que sua mãe estivesse junto. Mas, por razões que desconhecemos, a vida dispôs as coisas de forma diferente. Contudo ela age sempre certo e precisamos aceitar o que não podemos mudar. No momento, é o melhor a fazer.

Eles ficaram em silêncio por alguns instantes. Depois Ricardinho perguntou:

— Quando o médico lhe der alta, ela virá para nossa casa?

— Não. Terá sua própria casa, mas vocês continuarão morando comigo. Poderão visitá-la sempre, até mesmo passar algum tempo com ela, se desejarem.

Célia suspirou aliviada e respondeu:

— Ainda bem. Acho que não vou querer ficar com ela nem um dia.

— Ela é nossa mãe, não tem culpa de estar doente da cabeça. Temos que tratá-la com carinho — disse Ricardinho.

— Isso mesmo, meu filho. Ela precisa do nosso apoio. Mas para fazer isso não precisam morar na mesma casa com ela.

— Pai, quero que Clara fique em nossa casa.

— Ela ficará. Vai continuar cuidando da casa e de vocês.

Eles se deram por satisfeitos e Renato sentiu-se aliviado. O pior havia passado. Aurélio dissera-lhe que, mesmo que melhorasse, Gioconda não teria condições de assumir a família.

Sua resolução estava tomada. Falaria com o advogado e trataria imediatamente de requerer o divórcio e a tutela dos filhos. Sentiu-se satisfeito por haver assumido aquela responsabilidade.

Gioconda acordou e olhou assustada as paredes claras do quarto. Sua cabeça estava atordoada. Tentou levantar--se, mas não conseguiu. Onde estava? Aquele não era seu quarto. Fechou os olhos e respirou fundo, tentando reagir. Onde estava Clara? Olhou em volta tentando se localizar. Do lado da cama havia uma campainha. Apertou com força.

Logo uma enfermeira entrou e aproximou-se da cama, indagando:

— Como se sente?

— Mal. Onde estou?

— No hospital. Fique calma. Estamos cuidando de tudo.

— Não posso ficar aqui. Tenho que ir para casa. Meus filhos precisam de mim.

— Descanse. Eles estão bem cuidados. Não se preocupe.

— Não quero ficar aqui. Não gosto deste lugar. Tenho que ir embora.

— Precisa tratar da saúde. Irá quando estiver bem.

Gioconda olhou em volta, depois disse baixinho:

— Tenho uma missão importante para cumprir. Minha família corre perigo. Preciso falar com o médico.

— O doutor Aurélio virá logo.

— Esse não serve. Está contra mim, a serviço dela. Ela voltou para acabar comigo. Mas não conseguirá!

— Acalme-se. O doutor Aurélio é seu médico. Está do seu lado.

— Mentira! Você também está do lado dos meus inimigos.

— Estou aqui para ajudar. Precisa tomar a injeção.

— Afaste-se. Não se aproxime. Sei que quer me envenenar. Não vou tomar nada. Saia daqui.

Deu violento soco que alcançou a mão da enfermeira, derrubando a cuba com os medicamentos. A moça retirou-se apressada, fechando a porta por fora.

Depois de alguns minutos entraram dois enfermeiros.

— Você precisa tomar os medicamentos — disse um.

— Não quero — gritou ela, furiosa. — Deixem-me em paz.

Eles se aproximaram e, enquanto um a segurava com força, o outro lhe aplicava a injeção. Após alguns minutos ela deixou cair a mão e adormeceu.

Aurélio informou-se de seu estado e à noite foi à procura de Renato depois do jantar.

— Como vão as coisas aqui? — indagou o médico assim que se sentaram na sala.

— Melhor. Tenho conversado com as crianças e parecem-me conformadas.

— Quando cheguei, observei que estavam mais alegres.

— Ficaram felizes quando voltei a morar com eles. E Gioconda?

— Nós a mantivemos dormindo nos últimos dias. Hoje acordou, mas continua revoltada. Foi preciso aplicar-lhe mais calmante. Está dormindo.

— Célia estava muito assustada. Não quer de forma alguma voltar a morar com a mãe. É de admirar, porque sempre foi a mais apegada.

— Ela me pareceu muito nervosa. Observe bem como está reagindo. Se for preciso, faremos um suporte psicológico.

— A outra vez deu bom resultado. Tenho vindo cedo para casa. Fico fora só o tempo estritamente necessário para trabalhar. Sinto que eles precisam do meu apoio.

— Isso mesmo. As crianças precisam de segurança. Como a mãe não tem condições de apoiá-los, ficaram inseguros. Sua atitude está suprindo essa necessidade.

— Tenho conversado muito com eles, indagando como foi o dia deles, contando as ocorrências da empresa, trocando ideias. Desejo que eles sintam que estamos integrados, que formamos uma família. Que um pode ajudar o outro, trocando experiências.

— Esse é o melhor caminho. Foi bom ter assumido a educação deles. Receio que Gioconda não consiga mais fazer isso.

— Ela está tão mal assim?

— Está. Acordou hoje revoltada, achando que todos estão contra ela, interessados em matá-la. Foi preciso dopá-la de novo. Tenho sérias dúvidas quanto ao seu problema mental. Não se trata mais de uma crise provocada pelo seu inconformismo em aceitar a separação.

— Você acha que não foi isso a causa do seu desequilíbrio?

— Acho. Tenho estudado o comportamento dela minuciosamente. Durante os meses que a tratei, consegui que falasse da sua infância, da adolescência e da juventude. Notei um procedimento altamente neurótico, uma personalidade fracionada, uma visão distorcida da realidade, indicando que ela necessitava de um tratamento psiquiátrico mais intenso.

— Você a medicou, receitou-lhe calmantes.

— Sim. Tentei evitar o agravamento do seu estado.

— Apesar de dizer que nossa separação não foi a causa da sua doença, isso deve ter influenciado para que seu estado se agravasse.

— Para uma personalidade doentia como a dela, qualquer coisa, por insignificante que fosse, teria efeito pernicioso. Claro que a separação influenciou. Mas não causou a doença. Apenas revelou o que estava encoberto. Entendeu?

— Sim. Lamento ter provocado isso. Mas não podia mais suportar nossa convivência. Como você disse, qualquer coisa era motivo para que ela se deprimisse. Notei que, quando eu aparecia, seu estado se agravava. Ficava mais queixosa, mais chorosa, mais incapaz. Cheguei a pensar que ela estivesse fingindo para me manipular.

— Ela é uma manipuladora contumaz. Se você fosse fraco, ela o teria dominado completamente. Acontece que, de tanto distorcer os fatos para conseguir o que desejava, acabou por perder a noção de realidade. Ela acredita no que imagina. Sofre, mas não percebe o mal que está fazendo a si mesma.

— Pensei que com a separação ela voltasse ao normal, uma vez que eu não estaria lá para ela representar seu papel.

— Não lamente sua atitude. Se houvesse continuado ao lado dela, as crises teriam acontecido da mesma forma. O problema não é você. É ela com ela.

— Quando ela acordar, se estiver consciente, vai sofrer muito.

— Na próxima semana faremos alguns exames clínicos. Depois estudaremos como ajudá-la.

— Gabriela sugeriu que eu levasse os meninos ao centro para um novo tratamento espiritual.

— É bom. Aos sábados há um tratamento só para crianças.

— Isso mesmo. Naquele dia em que Gioconda foi internada, levei-os ao escritório e Gabriela conseguiu acalmar Célia. Contou-lhe uma história de fadas e ela adorou. Todas as noites faz o que Gabriela lhe ensinou, ajoelha-se ao lado da cama e imagina uma luz, chama pela fada, agradece e pede proteção.

— Ótimo. Dessa forma ela está se ligando com a luz da espiritualidade.

— Ricardinho, que gosta de parecer adulto, disfarça, mas também faz. Diz que é para convencer Célia.

Os dois riram. Aurélio comentou:

— Aos poucos a vida de vocês está se equilibrando. Gabriela tem estado mais alegre, seus filhos também. Às vezes fico pensando em Roberto. Como estará? Até agora não apareceu nas sessões que frequentamos no Centro.

— Elvira, aquele espírito que nos ajudou, também não apareceu mais. Ela disse que era muito ligada a ele. Será que se encontraram?

— Gostaria de saber. Outro dia perguntei isso a Hamílton e ele acredita que os dois ainda virão nos visitar. Então, saberemos muitas coisas.

No dia seguinte, Gabriela estava na sala com Renato quando ele disse de repente:

— Ontem eu e o doutor Aurélio falamos sobre Roberto. Você tem pensado nele?

Apanhada de surpresa, Gabriela não respondeu logo. Notando que Renato estava esperando a resposta, disse:

— De vez em quando. Fico me perguntando como estará.

— Tem sentido saudade?

— Dos bons tempos, um pouco. Mas não sou de ficar lamentando o passado. O que passou acabou. Guardo as boas recordações, e as ruins tento esquecer. A vida continua.

— Pensa em se casar novamente?

— Não sei. Ainda não pensei nisso. O casamento quase sempre é uma prisão.

— Pois eu gostaria de ser livre, para me prender de novo.

Gabriela olhou para ele surpreendida.

— Está com saudade de Gioconda?

— Não. Nosso casamento foi um erro. Somos muito diferentes.

— Então...

— É muito triste ter encontrado a mulher ideal tarde demais.

Renato falava mais para si mesmo, considerando seu amor impossível. Gabriela não respondeu. Uma ponta de tristeza acometeu-a. Renato estaria apaixonado por outra mulher?

Esse pensamento a entristeceu. Procurou esquecer, mas durante todo o dia as palavras dele não lhe saíram do pensamento. Irritada, pensou: "Ele se sente solitário. Está separado, é livre. É natural que deseje recomeçar a vida. Não tenho nada com isso. Por que esse pensamento me incomoda?".

No fim da tarde, levou alguns documentos para Renato. Enquanto ele os assinava, ela notou sua postura elegante, aspirou o gostoso perfume que vinha dele, observou os traços firmes de seu rosto moreno. Concluiu que ele era um homem bastante atraente.

Lembrou-se de suas palavras: "É muito triste ter encontrado a mulher ideal tarde demais".

Emocionada, reconheceu que ela também havia encontrado o homem ideal tarde demais. Se ela o houvesse encontrado quando eram livres, tudo teria sido diferente.

Ele levantou a cabeça e seus olhos se encontraram. Gabriela sustentou o olhar e Renato sentiu o coração bater mais forte.

— Gabriela! — disse emocionado.

Assustada diante dos próprios sentimentos, ela deu meia-volta e deixou a sala. Renato sentiu vontade de segui-la, porém o telefone tocou.

— É o doutor Aurélio — disse Gabriela, após atender.

Renato pegou o aparelho. Aurélio informou:

— Gioconda acordou.

— Está melhor?

— Não. Perdeu a noção de realidade. Sequer me reconheceu.

— Continua revoltada?

— Não. Está calma. Esqueceu-se de tudo que a incomodava. Foi a maneira que encontrou para fugir dos problemas. Alienou-se.

— Como ela fez isso?

— É uma reação natural. Uma vez que aceitar a verdade é doloroso para ela, seu inconsciente criou uma defesa, fazendo-a esquecer. É uma trégua.

— O que poderemos fazer?

— Continuar o tratamento. Podemos medicar, manter sua saúde física, protegê-la como uma criança, para que não se machuque. É um processo delicado, ao qual nosso acesso é muito relativo. Só ela pode reagir e encontrar o caminho da volta.

Depois que desligou, Renato pensou em Gabriela. Pela primeira vez percebera carinho em seus olhos. Havia esperança para eles?

A esse pensamento foi dominado por forte emoção. Sentia-se muito só, gostaria de abraçá-la, abrir seu coração. Tinha certeza de que ela era a pessoa certa para entender o que se passava em seu íntimo.

Precisava vê-la. Foi procurá-la, mas não havia ninguém. Todos haviam saído. O relógio marcava quase sete horas. Precisava estar no centro às sete e meia. Era dia de reunião.

Tomou um café e foi para lá. Encontrou Aurélio, que lhe forneceu detalhes do estado de Gioconda e finalizou:

— Apesar de tudo, ela está melhor agora. Voltou para a adolescência. Cantarola as músicas da época, conversa com pessoas com as quais conviveu.

— Mesmo assim é triste. Não menciona as crianças?

— Não. Para ela eles ainda não nasceram.

Os olhos de Renato brilharam emocionados. Aurélio considerou:

— A alienação choca os familiares, porém para a pessoa é um meio de aguentar uma realidade que não deseja. Ela voltou a uma época de sua vida em que estava feliz. E esqueceu o resto.

Hamílton chamou-os, dizendo:

— Vamos entrar, está na hora.

Gabriela chegou apressada e entrou logo depois deles. As luzes apagaram-se e depois da prece um amigo espiritual manifestou-se, falando sobre os casos em atendimento. Depois de breve pausa, um dos médiuns começou a falar:

— Sou Elvira. Hoje volto a abraçá-los com alegria. Trago comigo um amigo de vocês que deseja cumprimentá-los.

O homem calou-se por alguns instantes, depois se remexeu na cadeira, respirando forte. Hamílton aproximou-se do médium e colocou as mãos sobre sua testa e nuca. Então ele disse com voz que a emoção entrecortava:

— É com grande emoção que volto a esta casa onde recebi tanta ajuda quando ainda estava no mundo. Se os houvesse escutado, tudo poderia ter sido diferente.

Ele fez silêncio por alguns instantes, depois continuou:

— Mas não estou aqui para falar dos meus erros passados nem do meu sofrimento, mas sim para agradecer a Deus e a vocês tudo que fizeram por mim. Reconheço minha responsabilidade nos fatos que culminaram com minha morte. Vejo aqui uma pessoa que me é muito querida, cujo valor e sinceridade só pude avaliar quando cheguei aqui.

"Lamento. Gostaria de poder voltar no tempo para agir de outra forma. Mas isso é impossível. Eu pensei que você um dia pudesse me amar, e essa é uma ilusão que já perdi. Você ama outro e é correspondida. Estou procurando aceitar essa realidade e posso dizer que desejo aos dois toda a felicidade. Mando um beijo para nossos filhos. Diga-lhes que sempre os amarei e, se Deus permitir, onde estiver estarei rezando pela felicidade deles. Quero dizer também que hoje os estou devolvendo a vocês dois. Antes de serem meus filhos, eles foram seus.

Gostaria que se lembrassem de mim com amizade. Podem ter certeza de que estou muito feliz. Minha vida aqui está sendo produtiva e o carinho de Elvira tem me motivado a progredir. Talvez um dia, quando eu estiver mais amadurecido, possa viver ao lado dela para sempre.

Agora tenho que ir. Deixo um abraço agradecido e votos de muita alegria e felicidade a todos. Deus os abençoe."

O silêncio se fez, apenas cortado pelos soluços abafados de Gabriela, que não conseguia conter o pranto. A emoção tomava conta dos presentes, que se rejubilavam com a mensagem.

Renato, tocado em seus sentimentos, tinha receio de acreditar que, falando do amor de Gabriela, Roberto estivesse se referindo a ele.

Lembrava-se da história que Elvira havia contado, entre Gabrielle, Alberto, o conde que a desposara, e Raul, o mercador que ela amava. Tinha certeza de que se tratava de Gabriela e Roberto. Mas e Raul, teria sido ele? Nesse caso, teria sido o verdadeiro amor de Gabriela?

Roberto disse que eles seriam felizes. Haveria tempo ainda? Gabriela reconheceria seu amor por ele?

Hamílton fez breve pausa, depois proferiu ligeira prece e encerrou a reunião. As luzes acenderam-se. As pessoas silenciosamente serviram-se da água, beberam-na e foram-se. Não sentiam vontade de conversar. Desejavam guardar a magia daquele momento.

Ficaram apenas Aurélio, Renato, Gabriela e Hamílton. Depois de abraçar Gabriela, Hamílton disse apenas:

— Nós vamos indo. Renato vai levá-la para casa.

Todos se foram. Renato deu um lenço para Gabriela, que enxugou os olhos tentando sorrir.

— Vamos — disse ele tomando-lhe o braço.

Saíram em silêncio. Uma vez no carro, ele a abraçou, dizendo:

— Esta noite recebemos um presente divino. Sinto-me comovido.

Ela descansou a cabeça em seu peito, depois se afastou um pouco e respondeu:

— Eu também. De repente, muitas coisas ficaram claras em minha mente. Compreendi tudo. Eu fui Gabrielle, Roberto foi o conde e você foi Raul, o homem que...

Ela parou hesitante e Renato segurou as mãos dela, dizendo emocionado:

— Você também acha que eu posso ter sido ele?

Ela baixou a cabeça e não respondeu. Seu coração batia descompassado e ela sentia a força de um amor que o tempo adormecera e que despertara agora em toda a plenitude.

— Olhe para mim, Gabriela. Diga que também sente este amor que tenho tentado conter, mas que agora rompe todas as barreiras e toma conta de mim.

Renato começou a beijá-la com carinho e Gabriela correspondeu, revelando o que sentia sem precisar das palavras.

Quando conseguiram se acalmar, Renato considerou:

— Gabriela, quero me casar com você. Juntos criaremos nossos filhos. Seremos felizes. Diga que aceita.

— Essa seria a maior felicidade. Mas e Gioconda?

— Estamos divorciados. Mas cuidarei dela como sempre. Nada vai lhe faltar.

— Quando ela souber que estamos juntos, vai sofrer.

— Ela nunca saberá. Gioconda enlouqueceu. Esqueceu tudo, voltou no tempo. Está como uma adolescente. Sequer se lembra de mim ou das crianças.

— É muito triste.

— O doutor Aurélio acha que ela encontrou um jeito de não sofrer. Você aceita?

— Sim.

— Amanhã mesmo falarei com nosso advogado para tratar de tudo. Quero que você seja minha sócia na empresa.

— Não é preciso nada disso.

— Eu quero cuidar do seu futuro e do futuro dos seus filhos. Acha que eles me aceitarão?

— Tenho certeza. E os seus, gostarão de mim?

— Eles já gostam. Célia só fala em você.

Gabriela sorriu feliz. Renato beijou-a levemente na face.

— Adoro seu sorriso.

Enquanto eles se beijavam felizes, Elvira e Roberto estavam lá. Ele observava calado, olhos marejados.

Elvira segurou-o pelo braço, dizendo:

— Devíamos ter ido embora. Você poderia ter se poupado.

Ele a fitou nos olhos e respondeu:

— Não. Eu precisava ver para avaliar melhor meus sentimentos.

— Está se atormentando sem necessidade.

— Engana-se. Eu mudei. Minha paixão por Gabriela também mudou. Analisando meus sentimentos, descobri que meu amor por ela foi o desejo de autoafirmação. Eu a via como um prêmio para minha vaidade. Perdê-la significava afirmar minha incapacidade. Por essa razão quis ficar aqui. Vendo-a nos braços de Renato, não senti ciúme nem raiva. Confesso que senti até certo alívio. Agora eu sei que posso cuidar de mim, que tenho capacidade para escolher melhor meu caminho. Desejo que sejam felizes. Outra é minha preocupação...

— O que quer dizer?

— Vamos sair daqui. Nos últimos tempos tenho pensado muito em você. Sei que ainda terei que aprender muito para viver sempre a seu lado. Apesar disso, é o que mais desejo.

— Você sabe que eu o amo muito e que sempre o amei.

Haviam deixado o carro e tomado o caminho de volta. Roberto pegou as mãos dela e disse emocionado:

— É isso que me intriga. Sinto que a amo, desejo tomá-la nos braços, beijá-la, mas ao mesmo tempo fico inibido. Parece que estou cometendo um pecado.

Ela sorriu e respondeu:

— Está na hora de saber que nós já vivemos uma louca paixão. Juntos mergulhamos em perigosas ilusões. Mas nosso amor era verdadeiro, e para descobrir isso tivemos que reencarnar como mãe e filho. Esses sentimentos contraditórios que você sente resultam dessa experiência. Contudo, os laços de sangue são apenas limitações do mundo físico. O que conta é o amor incondicional que sela nossa vida.

Roberto abraçou-a inebriado, beijando seus lábios com amor. Sentiu um calor no peito, ao mesmo tempo que dentro dele acendeu-se uma luz que o envolveu todo, provocando indescritível bem-estar.

Elvira não conteve uma exclamação de alegria:

— Você conseguiu! Meu amor, você alcançou a vibração de amor e luz que sempre esperei. Agora poderemos ficar juntos para sempre! Nunca mais nos separaremos. À nossa frente estende-se um caminho de progresso e de felicidade.

Tomando a mão dele com delicadeza, Elvira pediu:

— Venha, ajoelhe-se a meu lado. Veja este céu cheio de estrelas e de maravilhosos mundos. Agradeçamos a Deus a glória de viver e a felicidade que nos une para sempre neste momento. Juntos, caminharemos trabalhando sempre a favor da vida. Onde quer que estejamos, cantaremos o amor e distribuiremos a alegria. Que Deus nos abençoe.

Nesse instante uma claridade desceu do alto e envolveu os dois, que, abraçados, elevaram-se desaparecendo rumo ao infinito.

Fim

Sucessos de ZIBIA GASPARETTO

Romances mediúnicos, crônicas e livros. Mais de 17 milhões de exemplares vendidos. Há mais de 20 anos, Zibia Gasparetto é uma das autoras nacionais que mais vendem livros.

Romances
Ditados pelo espírito Lucius

- O poder da escolha
- O encontro inesperado
- Só o amor consegue
- A vida sabe o que faz
- Se abrindo pra vida
- Vencendo o passado
- Onde está Teresa?
- O amanhã a Deus pertence
- Nada é por acaso
- Um amor de verdade
- Tudo valeu a pena
- Tudo tem seu preço
- Quando é preciso voltar
- Ninguém é de ninguém
- Quando chega a hora
- O advogado de Deus
- Sem medo de viver
- Pelas portas do coração - nova edição
- A verdade de cada um - nova edição
- Somos todos inocentes
- Quando a vida escolhe - nova edição
- Espinhos do tempo
- O fio do destino - nova edição
- Esmeralda - nova edição
- O matuto
- Laços eternos
- Entre o amor e a guerra
- O morro das ilusões
- O amor venceu

Crônicas mediúnicas
Espíritos diversos

- Voltas que a vida dá - nova edição
- Pedaços do cotidiano
- Contos do dia a dia

Crônicas
Ditadas pelo espírito Silveira Sampaio

- Pare de sofrer
- O mundo em que eu vivo
- Bate-papo com o Além
- O repórter do outro mundo

Peças
Zibia Gasparetto no teatro

Coleção que reúne os romances de maior sucesso da autora adaptados para o palco e que promete dar vida às histórias.

- O advogado de Deus (adaptado por Alberto Centurião)
- O amor venceu (adaptado por Renato Modesto)
- Esmeralda (adaptado por Annamaria Dias)
- Laços eternos (adaptado por Annamaria Dias)
- O matuto (adaptado por Ewerton de Castro)
- Ninguém é de ninguém (adaptado por Sergio Lelys)

Outros livros
de Zibia Gasparetto

- A hora é agora!
- Conversando Contigo!
- Eles continuam entre nós - volumes 1 e 2
- Reflexões diárias
- Pensamentos - Vol. 1.
- Pensamentos - Vol. 2.

Sucessos de LUIZ GASPARETTO

Estes livros vão mudar sua vida! Dentro de uma visão espiritualista moderna, vão ensiná-lo a produzir um padrão de vida superior ao que você tem, atraindo prosperidade, paz interior e aprendendo, acima de tudo, como é fácil ser feliz.

- Afirme e faça acontecer
- Revelação da luz e das sombras (com Lúcio Morigi)
- Atitude
- Faça dar certo - nova edição
- Prosperidade profissional
- Conserto para uma alma só (poesias metafísicas)
- Para viver sem sofrer
- Se ligue em você (adulto) - nova edição

Série AMPLITUDE

- Você está onde se põe
- Você é seu carro
- A vida lhe trata como você se trata
- A coragem de se ver

Livros
Ditados pelo espírito Calunga

- Um dedinho de prosa
- Tudo pelo melhor
- Fique com a luz
- Verdades do espírito
- O melhor da vida
- Calunga revela as leis da vida

Livros infantis

- Se ligue em você – 1, 2, e 3
- A vaidade da Lolita

Sucessos de SILVANA GASPARETTO

Obras de autoconhecimento voltadas para o universo infantil. Textos que ajudam as crianças a aprenderem a identificar seus sentimentos mais profundos, tais como: tristeza, raiva, frustração, limitação, decepção, euforia etc., e naturalmente auxiliam no seu processo de autoestima positiva.

- Fada Consciência 1 e 2

OUTROS AUTORES
Nacionais

Conheça nossos lançamentos que oferecem a você as chaves para abrir as portas do sucesso, em todas as fases da sua vida.

Amadeu Ribeiro

- Reencontros
- Juntos na eternidade
- O amor nunca diz adeus
- A visita da verdade
- O amor não tem limites

Ana Cristina Vargas
Ditados por Layla e José Antônio

- Sinfonia da alma
- O quarto crescente - nova edição
- Em busca de uma nova vida
- Em tempos de liberdade
- Encontrando a paz
- A morte é uma farsa
- Intensa como o mar
- O bispo - nova edição

André Ariel Filho

- Surpresas da vida
- Em um mar de ilusões

Eduardo França

- A escolha
- Enfim, a felicidade
- A força do perdão
- Vestindo a verdade

Ernani Fornari

- Fogo sagrado
- Alinhamento energético

Evaldo Ribeiro

- Eu creio em mim
- O amor abre todas as portas

Flávio Lopes

- A vida em duas cores
- Uma outra história de amor

Floriano Serra

- A grande mudança
- A outra face
- Nunca é tarde
- O mistério do reencontro

Getúlio Gomes

- Sai desse corpo que não te pertence
- Defenda-se!

Irineu Gasparetto

- Presença de espírito (pelo espírito dr. Hans)

Leonardo Rásica

- Fantasmas do tempo
- Luzes do passado

- Sinais da espiritualidade
- Celeste - no caminho da verdade

Liliane Moura Martins

- Viajando nas estrelas
- Projeção astral

Lucimara Gallicia

Ditado por Moacyr

- Sem medo do amanhã
- O que faço de mim?

Lúcio Morigi

- O cientista de hoje

Marcelo Cezar

Ditados por Marco Aurélio

- Coragem para viver
- Treze almas
- O que importa é o amor
- Ela só queria casar...
- O próximo passo
- A vida sempre vence - nova edição
- O amor é para os fortes
- Um sopro de ternura
- A última chance
- Para sempre comigo
- O preço da paz
- Você faz o amanhã
- Medo de amar - nova edição
- Nunca estamos sós
- Nada é como parece
- Só Deus sabe

Maria Aparecida Martins

- Mediunidade clínica
- A nova metafísica
- Conexão – "Uma nova visão de mediunidade"
- Mediunidade e autoestima

Mario Enzio

- O profissional zen
- O bom é ter senso

Mário Sabha Jr.

- Você ama ou fantasia tudo?

Maura de Albanesi

- A espiritualidade e você
- Coleção Tô a fim

Mônica de Castro
Ditados por Leonel

- Impulsos do coração
- Desejo - até onde ele pode te levar?
  - (pelos espíritos Daniela e Leonel)
- Apesar de tudo...
- Virando o jogo
- Jurema das matas
- Uma história de ontem - nova edição
- De frente com a verdade
- De todo o meu ser
- A atriz
- Gêmeas
- Só por amor
- Lembranças que o vento traz
- Giselle – a amante do inquisidor - nova edição

- Segredos da alma
- Greta - nova edição
- O preço de ser diferente
- Até que a vida os separe
- Com o amor não se brinca
- Sentindo na própria pele

Sérgio Chimatti

- Apesar de parecer... ele não está só
- Lado a lado
- Ecos do passado
- Os protegidos

Rose Elizabeth Mello

- Desafiando o destino
- Verdadeiros laços

Valcapelli

- Amor sem crise

Valcapelli e Gasparetto

- Metafísica da saúde - 5 volumes

VIDA & CONSCIÊNCIA
GRÁFICA

Rua Agostinho Gomes, 2.312 – SP
55 11 3577-3200

grafica@vidaeconsciencia.com.br
www.vidaeconsciencia.com.br